鲤鱼也被视为中国鱼文化的代表和国鱼。在 1.2 万年前的中国，捕鱼是广泛采猎活动的一部分。公元前 7000—前 6000 年，长江沿岸开始种植水稻，渔业也变得越来越重要。长江中游的洪泛平原盛产鲤鱼，鲤鱼骨也出现在当地的考古遗迹中。

　　中国人会使用一种著名的捕鱼技术。他们把捕来的鸬鹚圈养起来，经过驯化后，这些鸬鹚可以为主人捕捉小鱼。

渔民一般会在鸬鹚的颈部戴上麻环，防止它们将鱼吞食，不过训练有素的鸬鹚不需要戴麻环。遇到大鱼时，一只鸬鹚无法单独应付，几只鸬鹚便会合力将鱼带上岸。

　　太平洋中南部法属波利尼西亚塔希提岛上的居民能够轻松驾驭各种捕捞方式，很大程度上得益于他们对海洋动物的深刻了解，并且能够视情况调整自己的方法。在这里，海龟堪称上等美食，龟壳可以用来制作鱼钩和饰物，而龟肉则被当地人献给寺庙。

　　遍布溪流、湖泊和潟湖的鳗鱼是一种相当美味的食物，它在塔希提岛民间传说和神话故事中占据着重要地位。

　　石斑鱼、鲷鱼和鲹鱼都是食肉动物，捕捉它们的最佳工具就是如今常见的饵钩和渔线。在耶利马莱遗址的堆积层中，已知最早的史前鱼钩——耶马莱鱼钩，恰好与大量石斑鱼和鲹鱼的鱼骨同时出现。耶利马莱岩棚遗址位于东帝汶东岸末端，人类出现在耶利马莱遗址的时间最早可追溯到 4.2 万 ~ 3.8 万年前。

　　四线笛鲷，又名四带笛鲷。身体和鱼鳍呈黄色，四条浅蓝色的条纹是其标志性特征。白天群聚于珊瑚构造的礁区、洞穴或残骸等的周边水域；幼鱼则栖息于礁区周边的海床。主要以鱼和小型甲壳类动物等为食。广泛分布于印度洋和太平洋的热带地区。四线笛鲷已被列入《世界自然保护联盟濒危物种红色名录》（*IUCN*）。

　　扳机鱼是鲀形目鳞鲀科鱼类，又称扳机鲀、炮弹鱼。身材扁平，体长普遍不超过 60 厘米，长着锋利的大背鳍；体较高，鳞大，眼位高，属于体色最为光彩夺目的族群。因为它的第一背鳍像手枪的扳机一样可以自由收放，故得名。

　　鳟鱼在受到惊扰时游动速度快如闪电，长矛几乎刺不到它。尼安德特人可能掌握了给鳟鱼挠痒痒的艺术，他们用手指轻轻摩擦鳟鱼的下腹部，使之进入一种精神恍惚的状态，再乘机将其扔到岸上。

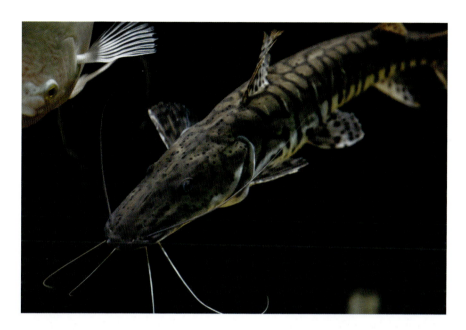

　　200万年前，我们的非洲祖先小心翼翼地观察水塘，等待鲇鱼浮出水面，然后紧紧抓住这个难得的机会。他们要悄悄接近鲇鱼，不能让自己的身影投射在水面上，再以极其灵巧的手法将困在浅水滩中的鲇鱼抓出来。我们很难把这种活动称为"捕鱼"，它更像是一种延续了数万年并带有机会主义色彩的狩猎活动。

　　公元 750 年，肯尼亚东北部海滨的拉穆群岛中最大的岛屿帕泰岛就出现了名为"尚加"的人类定居点。尚加渔民还捕捞带大理石纹路的鹦哥鱼，这种鱼更喜欢栖息在生长着大量水藻和海草的避风海湾与潟湖当中。

鲟鱼是一种常见于欧洲和欧亚大陆的大型溯河产卵鱼类，但由于体型太大，它们比较难以捕获。

　　世界上最早的一本烹饪手册就出自西西里厨师麦瑟库斯（Mithaecus）之手。虽然这本手册如今只剩下一些碎片，但可以肯定的是，鱼在他的食谱中占据着重要地位。一份食谱上写道："切下濑鱼鱼头，洗净，切片，把奶酪和油倒在上面。"

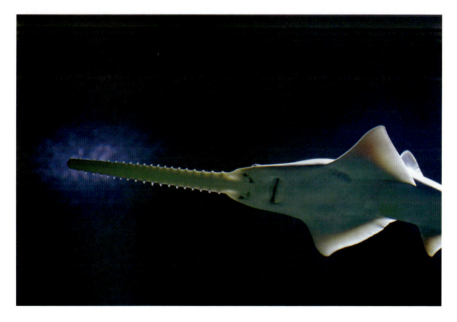

　　考古学家曾挖掘出一把 5 米长的锯鳐制成的锯子，其年代可追溯到公元前
4000 年。

    在城镇集市和军队的物资供应所，鱼的真正价值才能体现出来。在罗马帝国鼎盛时期，像鲭鱼这种体型较小的鱼类是水手和士兵们的常规食物，部分原因在于它们很轻，易于散装运输。

　　加利福尼亚州圣巴巴拉海峡的渔民会把仙人掌叶子磨碎，放进篮子，以便吸引数以百计的沙丁鱼。

公元 8 世纪，淡水鱼是精英阶层日常饮食的重要组成部分，尤其是梭鱼、大鳟鱼和鲑鱼等溯河产卵鱼类。

　　大洋洲和波利尼西亚的岛屿极其缺乏植物群和陆生动物群。在那些地方，最好的食物都在海里。珊瑚礁群、潟湖及热带太平洋岛屿周围的中上层水域，拥有各种各样的可食用鱼类、软体动物和甲壳纲动物，还有海胆、海星、海参等棘皮动物和各类海草。

　　蛤蜊、帽贝、牡蛎和海螺等都是成群结队生长在一起的，至于能否采集到，要取决于它们的可采性、水流或潮汐状况。与鱼类一样，软体动物也是一种起补充性作用而非人们首选的食物。

　　砗磲是世界上最大的双壳类软体动物。因壳的表面具有隆起的放射肋，壳缘有大的缺刻，弯曲如荷叶边，像一道道深深的凹槽，如车渠，故名。

　　1795 年，在纽芬兰的一次海豹捕猎行动中，船员们乘坐纵帆船到达冰面，并在一周内屠杀了 3 500 头海豹。

能登半岛位于日本海的海岸线上，那里分布着很多宁静的海湾。在半岛上的真脇史前遗址，居民以捕杀海豚为生，并将这种习惯延续至今。

　　大西洋蓝鳍金枪鱼产于大西洋和地中海大部分地区，数千年来一直都是人们追捧的食用鱼类。如今，工业化捕捞已经使金枪鱼的数量大大减少，它们面临着严重的生存威胁。

在丘马什人的宇宙观中，搁浅的鲸鱼被视为海神送给他们的礼物。

　　作为便携式食品，鱼干可以让水手在海上度过数个月的时间，从而提升了人口迁移的效率。

　　打造吉萨金字塔的工匠、祭司和平民均以面包、啤酒和数以百万计的尼罗河鱼的鱼干为食。

　　假如没有渔民和他们捕捞到的渔获物，法老就不可能建造出吉萨金字塔，而柬埔寨那令人赞叹的吴哥窟寺庙也不会是它现在的样子。

劳作的渔民

鱼宴
Fishing

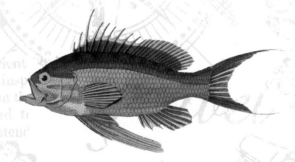

人类生存进化史
How the Sea Fed Civilization

[英] 布莱恩·费根◎著
(Brian Fagan)

李文远◎译

中国科学技术出版社
·北 京·

北京市版权局著作权合同登记　图字：01-2023-4907

图书在版编目（CIP）数据

鱼宴：人类生存进化史 /（英）布莱恩·费根
(Brian Fagan) 著；李文远译 . -- 北京：中国科学技
术出版社 , 2024.7
　　书名原文：Fishing: How the Sea Fed
Civilization
　　ISBN 978-7-5236-0572-1

　　Ⅰ . ①鱼… Ⅱ . ①布… ②李… Ⅲ . ①渔业经济－经
济史－世界 Ⅳ . ① F316.49

中国国家版本馆 CIP 数据核字 (2024) 第 056826 号

执行策划	黄 河 桂 林	
责任编辑	申永刚	
策划编辑	申永刚　宋竹青	
特约编辑	郎 平	
版式设计	吴 颖	
封面设计	东合社·安宁	
责任印制	李晓霖	

出　版	中国科学技术出版社	
发　行	中国科学技术出版社有限公司	
地　址	北京市海淀区中关村南大街 16 号	
邮　编	100081	
发行电话	010-62173865	
传　真	010-62173081	
网　址	http://www.cspbooks.com.cn	

开　本	787mm×1092mm　1/16
字　数	223 千字
印　张	26
版　次	2024 年 7 月第 1 版
印　次	2024 年 7 月第 1 次印刷
印　刷	深圳市精彩印联合印务有限公司
书　号	ISBN 978-7-5236-0572-1/F·1227
定　价	98.00 元

Fishing
船边的两名渔夫

两名渔夫靠在一艘小船上，

他们背对陆地，面迎大风，凝视着前方。

两人胡子拉碴、满脸风霜，严峻和不屈的表情，

让人明白大海的含义。

油画由丹麦艺术家迈克尔·安克（Michael Ancher）（1849-1927）

创作于 1879 年（本图片由丹麦国家美术馆提供）

人类生存进化史

How the Sea Fed Civilization

本书赞誉

林永青

价值中国新经济智库 CEO

渔业，作为人类获取食物的最古老的方式之一，"沉默"却深刻地帮助人们创造了现代世界。好奇心，观察力和机会主义心理，这三项人类的基本特质，从文明的混沌鸿蒙时代一直绵延至今。本书正是从这三个方面，用渔业的独特"历史案例"，以时间纵深加上世界地域的结构，重写了一部别样的"人类进化简史"。这是一部不可多得的兼具了极度趣味性和深邃思想性的"大历史"作品。

本　力

香港中文大学（深圳）高等金融研究院政策研究员、《香港国际金融评论》执行总编辑

鱼类作为水产品的重要代表，是人类最古老的食物之一，并且是海洋生产力发展的基本动力和主流。《鱼宴：人类生存进化史》一书不仅讲述了与渔业生产相关的故事，还能激发读者从捕捞、烹饪、气候、地理、工具等多个维度，对人类经济文明进行别样的追溯和思考。

廖 杰

江西广播电视台《读书廖理》主持人

　　《鱼宴：人类生存进化史》是一部深刻揭示人类与海洋共生关系的杰作。作者布莱恩·费根以其渊博的考古学知识和丰富的历史洞察力，带领我们穿越时空，探索捕鱼活动如何塑造人类文明。从古埃及金字塔的建造到罗马帝国的扩张，再到现代世界的崛起，渔业始终扮演着至关重要的角色。书中不仅展示了渔业对人类经济和文化的影响，还深刻反思了人类对海洋资源的利用和保护。这是一部让读者重新认识海洋、思考人类未来的必读之作。

姜维勇　文化学者、作家

深圳大学城市文化研究所特约研究员，深圳之窗城市阅读推广人

　　早在公元前一世纪，哲学家西塞罗就提出了"谁控制了海洋，谁就控制了世界"。本书从考古、贸易、文化等多角度有趣地阐述了鲜为人知的海洋文明：以我们所熟悉的"渔业"破题，带领读者了解人类曾经这样艰难地拓展过生存空间。中国是古代大河文明的典型国家，在如今大国博弈波谲云诡，海洋污染触目惊心的现实中，本书将帮助读者重新认识我们赖以生存的蔚蓝星球。

郝纪柳

深圳大学城市文化研究所特约研究员

　　文明发展过程中非常重要的"渔业史"，因人类长期的定居生活而被忽略或遗忘。作者以生动的笔触再现了这段文明史，他带领读者站在历史的高度，进入到与陆地平行的海洋世界，让我们重新认识当下的生活，并看向未来。

周 昊
企业管理效能提升专家、财经作家

本书不仅是一部历史书籍，更是一部波澜壮阔的史诗，描绘了人类与海洋之间复杂的互动关系。本书通过世界各地的考古遗址，向我们展示了捕鱼如何为人类定居、社会复杂性的提高、城市的发展以及最终的现代世界提供养料。费根的叙述生动而翔实，让读者仿佛亲身经历了人类文明的每一个重要转折点。本书是对人类历史的一种全新解读，值得每一个历史爱好者和思想探索者细细品读。

《经济学人》

《鱼宴：人类生存进化史》是一部极具学术价值又趣味盎然的著作。费根向我们生动地展示了人类文明是如何依赖富饶的海洋资源的。对于历史爱好者来说，这是一部不可错过的佳作。对于历史学家而言，这更是一部不可多得的工具书。

《纽约书评》

费根认为他作为一个渔民的成就是微不足道的，但他同时也是一流的考古学家和46本书的作者……费根的工作提醒我们，有时即使是最复杂的考古学研究也会遗漏一些非常重要的东西。

安德鲁·摩尔博士（Dr. Andrew Moore）
美国考古研究所第一副院长

费根出色的洞察力源自他丰富的地理、考古和历史等专业学科知识，是他毕生学术研究和深刻反思的产物。

詹姆斯·C. 斯科特（James C. Scott）
《国家的视角》（*Seeing Like A State*）**作者**

这是一部关于世界各地的人们如何捕鱼和从海洋觅食的历史记录，内容极具深度和启发性。费根让我们知道捕鱼业在人类历史上的地位与农业同样重要。

威廉·H. 马夸特（William H. Marquardt）
佛罗里达自然历史博物馆（Florida Museum of Natural History）**馆长**

费根这本扣人心弦的著作揭示了鱼类和贝类在人类文明崛起中的重要作用。这是一项惊人的成就。

全球首部涵盖各文明的渔业全史

很多年前，在英国一条平静的小溪里，我用手指挠着一条鳟鱼，然后抓住它，这是我作为渔夫的唯一成就。我唯一一次垂钓经历要回溯到九岁那年和几个朋友在当地的一条小河里碰运气，当时我们只抓到了鳗鱼。那曾是一种很受欢迎的食物，但我母亲不喜欢，因为她觉得这种鱼很恶心。

我对于鱼类食物的喜爱度不亚于任何人，不过对于《钓客清话》（*The Compleat Angler*）的作者艾萨克·沃尔顿（Izaak Walton）所说的"钓鱼的艺术"，我却没有太大兴趣。耐心和观察力是以垂钓作为休闲活动的渔夫必备的两种品质，而我恰好缺乏，因此很羡慕拥有它们的人。总而言之，这是一部由从来没捕过鱼的人写的渔业史。除了少数研究北大西洋鳕鱼贸易的著作以外，目前业界几乎没有任何书籍甚至通俗文章从全球化的视角探讨人类渔业史。

捕鱼业在人类历史上扮演着重要的角色却往往被人们忽略。远古人类获取食物有三种方式，分别是狩猎、采集和捕捞。1.2万年前，农业和畜牧业开始发展，远古人类获取食物的三种方式中只有捕鱼业依旧发挥重要作用。在当今世界，野生植物的采集已经没有任何经济意义。狩猎则存在于两个领域，一是非法象牙贸易和传统医药贸易所倚赖的非法偷猎，二是被北美洲作为控制野生种群的手段。相比之下，捕捞活动不仅被人们承袭了下来，而且在不断演变发展。它先是为埃及法老提供口粮，然后为北欧水手提供食物，今天则为数百万人供应日常食材。然而，渔民和从事渔业的团体几乎完全被人们忽视。他们中间很少孕育过强大的君主或非凡的统治者，其捕鱼知识也秘不外传，从生到死，他们都默默无闻。因此，写下他们的历史就得借鉴许多艰深的专业知识。

很多历史会随着事件亲历者的逝去而消失，这个问题在渔民身上体现得尤为明显。通过一代接一代的口耳相传，那些来自海上艰苦日子的不成文知识向我们展示了渔业的发展。19 世纪 70 年代末，丹麦北部城镇斯卡恩（Skagen）的渔民仍旧依靠在北海捕鱼求生，丹麦艺术家迈克尔·安克（Michael Ancher）给我们留下了与这些渔民生活相关的大量画作。其中一幅画描绘的是两名渔夫靠在一艘小船上，他们背对陆地，面迎大风，凝视着前方。两人胡子拉碴、满脸风霜，严峻和不屈的表情顿时让人明白了大海的含义。渔民靠海求生，而大海充满了艰险和未知，且毫不关心渔民的命运和所遭遇的艰难困苦。本书将阐述这些渔民在现代世界的形成过程中发挥了哪些作用。

最早的捕捞方式源自人性中的机会主义倾向。200 万年前，我们的非洲祖先小心翼翼地观察水塘，等待鲇鱼浮出水面，然后紧紧抓住这个难得的机会。他们要悄悄接近鲇鱼，不能让自己的身影投射在水面上，再以极其灵巧的手法将困在浅水滩中的鲇鱼抓出来。捉鲇鱼的技巧在于懂得选择观察鲇鱼出现的时间和方位，这跟采集蜂蜜、与狮子夺食和追赶小羚羊是同一个道理，只不过抓鲇鱼是在水里作业而已。我们很难把这种活动称为"捕鱼"，它更像是一种延续了数万年并带有机会主义色彩的狩猎活动。

虽然软体动物比鱼容易抓，但上述观察方法也同样需要。蛤蜊、帽贝、牡蛎和海螺都是成群结队生长在一起的，至于能否采集到，要取决于它们的可采性、水流或潮汐状况。与鱼类一样，软体动物也是一种起补充性作用而非人们首选的食物。对采集狩猎者来说，贝类是一种可预知的食物，也是他们维持生命的保障。每到深冬和春季，其他食物供应不足时，人们就去河床寻找软体动物。

每年穿越大大小小的狩猎区时，人们都会进行一些投机性捕捞和贝壳采集活动。4万多年前，游到岸边的鲣鱼就是东帝汶（East Timor）岛民的猎物。每当有需要或遇到合适机会时，尼安德特人（Neanderthal）和冰期（Ice Age）晚期的猎人都会捉些鱼和软体动物。1.5万年前，生活在法国西南部韦泽尔河（Vézère River）河畔和其他地方的居民每逢春秋两季都会收获洄游^①的鲑鱼，然后艺术家们把鱼的形象雕刻在驯鹿的鹿角和洞穴的墙上。

这些捕捞活动不需要任何"投资"，只要在特定时间出现在特定地方，每个人都可以满载而归。古人的捕鱼方式给我留下了深刻的印象，他们虽没有惊人的技术创新，捕获的鱼类数目却相当可观。带木刺或鹿角尖的长矛不仅常用于陆地狩猎，还常被人们用来在浅水滩捕鱼，另外尖锐的鹿角、骨头、木钩和后来发明的鱼钩也是理想的捕鸟工具。令人惊讶的是，古往今来，尽管人们发明了专用的鱼钩和更大的渔网，但渔具的样式却没有发生变化，而且渔夫的观察力一直都是捕鱼最重要的主要因素之一。

---

①洄游，鱼类运动的一种特殊形式，是一些鱼类主动、定期、定向、集群、具有种群特点的水平移动。洄游也是一种周期性运动，随着鱼类生命周期各个环节的推移，每年重复进行。——译者注（若无特殊说明，以下脚注均为译者注。）

渔业创造人类文明

1.5 万年前，全球变暖，末次冰期结束。距今 6 000 年，海平面逐渐稳定，人类的捕捞活动变成我们今天熟悉的样子。不断上升的温度、冰原的退却和海平面的上升改变了北方的环境，人们迁徙到海边、河岸、湖滨和潟湖 ① 附近。对于那些刚刚在富饶海岸线上安家的群体来说，捕捞显得尤为重要，因为那里盛产浅水鱼和软体动物。也正是在这个时候，捕捞成为他们维持生计的核心手段。人类的生存状态首次发生了转变，很多族群开始在同一个地方永久居住或停留好几个月。

随着当地人口的不断增加，族群之间的领土界限变得越来越清晰，软体动物赖以生存的海床、河床及渔场数量锐减。为了争夺海洋资源，不同族群之间有时会发生暴力冲突，比如加利福尼亚州南部的丘马什人（Chumash）之间的争斗和斯堪的纳维亚半岛 ② 埃特伯勒人的族群纷争。世界各地以软体动物、植物和富饶渔场产出为生的社群开始精细分工，重要的家族领袖成为权威个体，并因为其能与祖先或某种超自然世界保持特殊联系而受人崇敬。

这些统治者既不像法老那样被奉为神明，也有别于美索不达米亚平原的苏美尔人领袖。他们的权力取决于个人魅力和经验以及追随者的忠诚度，而忠诚是最变化无常的。以渔业为生的社群无法发展成拥有城市和常规军队的文明社会。他们的领袖享有威望和财富，有钱购买充足的食物和具有异国情调的首饰之类的高档物品，但这些领袖永远成不了国王，因为渔场资源太不稳定。在工业化之前，渔民一直处在人类文明的边缘。

---

①潟湖，被沙嘴、沙坝或珊瑚从外海分离出来的局部海水水域。
②斯堪的纳维亚半岛，位于欧洲西北角。

人类的渔业发展史大部分与迁移有关。迁移不仅是推动渔业发展的力量，还促进渔业社区与其他共生群体之间的互动。渔业是推动船舶技术发展的主要动力，而船舶技术又促进了贸易、移民和探险等行业的发展。4.5 万年前，人们在东南亚沿海捕鱼；3 万年前，人类的捕鱼活动延伸到了太平洋西南部的俾斯麦群岛（Bismarck Archipelago）；公元 1200 年，独木舟出现在社会群岛（Society Islands）、复活节岛（Rapa Nui）和夏威夷群岛（Hawaii），人们开始靠专业的船舶驾驶技术和潟湖捕捞技术在太平洋岛屿上谋生。

日本北部绳文（Jomon）渔区的形成在很大程度上依赖于大量洄游的鲑鱼，这些鲑鱼冒险进入千岛群岛（Kuril Islands）波涛汹涌的海域，甚至游向亚洲东北端的堪察加半岛（Kamchatka）。这种鲑鱼与首批在阿拉斯加沿岸定居的美洲人所捕获的鲑鱼是同一品种。在大约 1.1 万年前的遥远北方，西伯利亚和阿拉斯加仍由白令陆桥 ① （Bering Land Bridge）连接。捕鱼和猎杀海洋哺乳动物等活动不仅具有流动性，而且高度依赖时机，是陆桥上的人类为了适应环境而做出的举动之一。

从向海求生到与海共生

自给性捕捞有两个截然不同的目的，一是为了给家庭和村庄提供足够的食物，二是将大批量捕捞到的鱼作为商品出售。在古代，渔业丰收很常见，但捕捞到的鱼大部分在本地消费，只有小部分被卖到远近各地。正因如此，当多瑙河畔的鲟鱼进入浅水区产卵时，当地的渔民便大获丰收。在美国西北部太平洋沿岸，一个人只要控

①白令陆桥，位于白令海，伸延至极限时长达 1 600 千米。白令陆桥连接现今的美国阿拉斯加西岸和俄罗斯西伯利亚东岸。

制住洄游的鲑鱼，就掌握了当地的经济和政治命脉，在日本绳文地区可能也是如此。所有这些自给性农业都依赖于高效的食物保存手段，比如晾晒、盐渍和烟熏等数十万年来猎人们所使用的技术。

即使在有序的收获季节，本地的自给性捕捞在本质上也有别于大规模捕捞，而后者曾为古埃及建造吉萨金字塔群（Pyramids of Giza）的工匠提供了充足的鱼干作为口粮。这种活动需要配备大量抄写员和胥吏，他们的职责就是记录那些全职渔民用大围网捕捞上来的鱼类数量。数千人将鱼去除内脏，清洗干净，切开摊平，然后晾晒成鱼干。对尚未实现工业化的国家来说，这些鱼干是劳动者最理想的粮食，因为它们重量轻、便于携带，而且可以存放较长时间。随着非农业人口的不断增加，城市市场的出现以及军人和水手对补充营养的需求日益提高，鱼干也顺理成章地变成日常食品，而渔场的规模也由此发生了变化。

水产养殖业也不是人为发明的。随着人们对鱼类需求的激增，当地的鱼类遭到过度捕捞，人们只能有三种选择：一是用更长的渔线和其他器具捕更多的鱼，二是到更远的地方寻找更多渔场，三是从捕捞转为水产养殖。水产养殖是蓄养大型鱼类的一种方式，对于想进行小规模捕鱼的渔民来说也是合理的选择。中国人早在公元前3500年就开始养殖黑龙江鲤（Amur Carp）。富有的罗马人则热衷于在奢华的宴会上向宾客炫耀他们培育的大鱼。中世纪的欧洲僧侣们喜欢在自己的住所养殖鱼类，部分原因是基督教教义要求虔诚的信徒必须增加不吃肉食的宗教节日。

曾几何时，在异教徒眼中，鱼是死亡的象征，但在天主教徒眼中，鱼却最能代表耶稣基督及其所遭受的十字架酷刑。两千年来，星期五一直都是天主教徒禁止吃肉的日子，虔诚的忏悔者在这天只吃谷物、蔬菜和鱼。到了13世纪，天主教徒在一年中有将近一半的日子里都不吃肉。信徒们对海鱼，尤其是鲱鱼和鳕鱼的无尽需求催生了相关国际贸易：来自挪威卑尔根（Bergen）和波罗的海国家的腌制鲱鱼和鳕鱼被卖到了欧洲各国；15 世纪，北海的渔民在冰岛南部海域捕捞鳕鱼；1497 年，约翰·卡博托[①]（John Cabot）发现纽芬兰岛（Newfoundland）之后，北美大陆以外和近岸浅滩的鳕鱼渔场开始蓬勃发展。值得注意的是，直到 18 世纪，人们捕捞鳕鱼的技术依旧处于中世纪水平。

19 世纪的新技术将捕捞变成一项工业化产业。由于产量下降，人们开始用长钓线和更大的流刺网捕鱼，对海床具有破坏性的海底拖网也首次出现。接着，蒸汽机、柴油发动机和汽油发动机相继问世，将拖网渔船带向了更深的水域，并引发了我们今天所面临的渔业危机。

渔业危机是全球范围内的海洋和气候环境灾害带来的后果之一，而海洋和气候问题真正决定了人类文明的生死存亡。关于这方面的书籍可谓是汗牛充栋，我没有班门弄斧的资格，也不想贻笑大方，但我坚信，我们需要从历史的角度审视人类最后一种主要的野生食物。如果将来某一天鱼类不再扮演这种角色，那么人类悠久历史中的一段重要联系将被切断。

①约翰·卡博托，意大利航海家。1497 年他受英王亨利七世之命航行到达今天的加拿大，他当时以为到了亚洲的东海岸。第二年他到达了今天的美国东海岸，向英王报告发现了新领土。英王根据卡博托的报告宣称北美大陆属英国所有，为以后英国的殖民主义活动打下了所谓的"合法"基础。

人 类 生 存 进 化 史

How the Sea Fed Civilization

作者注

关于日期

　　本书当中所有根据放射性碳年代测定法校订的日期都是公历日期，并使用"公元……年""公元前……年""距今……年"等常规方式表示。为了方便起见，早于公元前1万年以前的日期都用"距今……年"或"……年前"表示。

关于地名

　　本书的现代地名采用目前最常用的拼写方式。在适当的情况下，本书也采用一些被人们普遍接受的古老拼写方式。

　　为了方便起见，每当提及如今属于某个现代国家（比如伊朗或秘鲁）的一片古代区域时，我会在国家名前面省略"现被称为"之类的字眼。显然，很多现代国家得名时间并不长。

关于计量单位

　　本书的所有计量单位都是公制，这是目前约定俗成的科学计量方法。

关于"渔夫""渔民""渔工"等称呼的互换使用

同样为了方便起见，我在整本书中有意不区分性别地交替使用"渔夫""渔民""渔工"。在绝大多数古代社会和传统现代社会当中，捕鱼活动由男性完成，而女性往往从事去除内脏、清洗、调制或腌制鱼类及采集软体动物的工作。考虑到这些职责的灵活性，我选择用"渔夫"和"渔民"涵盖男女两种性别的渔业从业者。

休闲式捕鱼活动

由于篇幅有限，本书没有涵盖从法老时代，甚至早于法老时代就开始的休闲式捕鱼活动。

前 言
Fishing

奔赴一场鲜活生动的文明盛宴

很多年前，我在非洲中部一个有着千年历史的村庄帮一位同事进行考古挖掘。我在工作中发现了一些鱼骨，但那位同事把它们扔掉了。"没用的，"他说，"我们无法鉴定这些骨头。"作为一名新手，我没什么发言权。我敢说，他很快就忘记了那些碎鱼骨，可即使到了 60 年后的今天，我依然记得他说过的话。我对于古代渔业的兴趣正是从那次早就完成的考古挖掘活动开始的。

20 世纪 60 年代初，我开始在非洲村庄进行独立考古挖掘，但没有找到任何和鱼相关的证据。那里的村民以种植谷物和养牛为生，偶尔出去打点野味或寻找一些可食用的野生植物。在一次考古挖掘中，我们发现了猎人和植物采集者的踪迹。那个地方叫吉绍（Gwisho）温泉，位于村庄最北部。3 000 年前，一小群猎人在温泉旁宿营，从那里俯瞰卡富埃河①（Kafue River）冲积平原。每到夏季，洪水就涌

---

①卡富埃河，东非河流。源出刚果（金）-赞比亚边界，流经卡富埃低地和卡富埃峡谷，在津巴布韦的奇龙杜（Chirundu）附近汇入赞比西河。

入这片巨大的平原，当其退去后，便留下很多浅水池。

在吉绍温泉，我和比利时同事弗朗西斯·范·诺顿（Francis Van Noten）的运气不错。遗址被水浸泡着，我们发掘出一些木矛头、一把原始的铲子、无数羚羊骨头、植物化石，还找到了一堆鱼骨。我请赞比亚渔业官员格拉汉姆·贝尔-克罗斯（Graham Bell-Cross）来检查那些鱼骨，结果发现它们几乎都是鲇鱼的骨头。因为洪水消退后，猎人们可以用长矛刺杀鲇鱼。我们不知道能从这堆骨头当中获得多少信息，克罗斯告诉我们，骨头最完整的那条鱼重 2～3 千克，跟如今卡富埃河的鲇鱼个头差不多，这让我们大为震惊。3 000 年前，鱼在吉绍人的食谱中并没有占据重要地位。现在回想起来，吉绍人肯定是在洪水退去时趁机捕获了这些鲇鱼。那时候人们很容易在浅水滩里发现和杀死鲇鱼，他们甚至可能徒手抓了一些鱼。

人类什么时候开始吃鱼？

这些年来，我拜访过非洲和其他地方的现代渔村，仔细研究过一些难以辨认的古代鱼骨，并且跟很多渔民交谈过。那些渔民来自不同地方，他们有的在深海捕过鱼，有的在浅水水域劳作。我见过美国西北部太平洋沿岸洄游的鲑鱼，它们挤在湍急水流和浅水滩里，那幅景象让我着迷。那时我才意识到，地球曾经拥有过富饶的渔场，但直到近些年，考古学家和历史学家才开始认真关注渔业这种人类最古老的生存方式之一。

长久以来，渔民都是一个默默无闻的群体，他们通常处于社会边缘，远离法老的宫殿和拥挤的街市。人们每天都能吃到渔民捕来的鱼，却不知这些鱼来自何方。如果愿意的话，人们一年四季都能吃到鱼，因为它是一种稳定的食物来源。古代渔民目不识丁，现代学者很难找到他们留下的文字记录，渔民的贸易史更是充满挑战性的难解之谜。因此我们必须从多学科收集渔业方面的知识，比如考古学、人类学、历史学、海洋生物学、海洋学及古生物学等。

由于极度缺乏18世纪以前的第一手资料，所以我们只能通过宫廷秘史、水产上市信息、庄园和寺院日记以及偶尔能找到的相关论文寻找渔业方面的史料。此外，当代学术界从人类学角度对古代的自给性捕捞和软体动物采集进行了深入研究，其研究成果给我提供了丰富的材料，让我能够从一个宝贵的角度去审视在考古遗址发现的数千块残缺不全且非常细小的鱼骨头。

第一批认真研究史前鱼类和软体动物的人是19世纪的斯堪的纳维亚考古学家。他们在波罗的海沿岸的考古遗址附近发现了巨大的贝冢（即史前贝丘），然后他们仔细地把鱼骨头和贝壳进行了分类。他们的工作鲜为人知，这种情况并不让人意外，因为在20世纪初，绝大多数考古学家只要挖掘到鱼骨，就只会认为那是当地居民捕捞上来的，而不会对鱼类的品种、捕获年份和重量等信息分门别类地分析，他们的考古报告几乎没有评估这些鱼类和软体动物对于吃它们的人来说有什么重要性。

20世纪50年代，这种情况发生了变化。考古学家们开始意识到，研究远古社区的意义远大于计算石器数量或对比陶瓷碎片。为了获得所需信息，考古学家们转而研究动物骨骼、植物残骸和鱼骨，这也是如今的考古发掘速度比上一代要慢得多的原因之一。

20世纪70年代，考古挖掘队通过细筛网和水来过滤沉积物样本，以回收那些不显眼的植物残骸和鱼骨，筛网的孔越细小越好。这种方法通常被称为湿筛法，或者叫浮选法，它能够给我们提供大量关于古代渔业的知识。在瑞典东南部拥有9 000年历史的诺耶·桑南桑德（Norje Sunnansund）远古遗址，考古人员使用网眼直径为 5 毫米的筛网，而非 2.5 毫米筛网，结果鱼骨的回收数量减少了94％。将这些细小的古代鱼骨与现代鱼骨进行对比之后，考古人员可以识别它们是哪种鱼。

一直以来，这种对比工作都是个精细活，只有内行人才做得来。现在，鱼类专家可以从鱼骨中梳理出更细微的答案，而不仅是鱼的形状和种类。具体而言，他们可以根据鱼骨解决如下问题：这种鱼的年龄是多少？只有在产卵季节才能捕获这种鱼，还是全年都可以捕获？这种鱼在人们的饮食结构中扮演了什么角色？人们使用什么方法来宰杀和保存这种鱼？只要发挥自己的想象和聪明才智，挖掘者就能罗列出问题和答案清单，因为科技已经为我们解决了大部分难题。例如，随着应用于骨化学的稳定同位素分析法的不断发展，我们对于古人的饮食结构有了更深入的理解。现在我们可以利用人体骨骼样本来分析人们日常饮食中有多少食物来自海洋，又有多少食物来自陆地。

了解不同鱼类的生活习性之后，研究人员还可以将这些知识与考古信息和历史信息结合起来。现在，他们对地中海的蓝鳍金枪鱼等物种有了更多的了解，这种鱼习惯游到近海地区产卵，也因此而被人类大批量捕杀。在海洋生物学家的帮助下，人们比二三十年前更加了解鳀鱼①、鲱鱼、鲑鱼、鲟鱼和其他很多鱼类的习性。对考古学家来说，这些发现对他们的研究有着非常宝贵的价值。

古气候学是一门研究古代气候变化的学科，它正逐渐揭示出由不同气候变化造成的海洋生态系统的持续波动规律。与陆地生态系统相比，海洋生态系统的变化更复杂、更难察觉，而且会引发鱼类种群的巨大变化。人类对动植物栖息地的破坏，尤其是对近海水

①鳀鱼又名凤尾鱼，鱼尾呈叉形，是生活在温带海洋中上层的小型鱼类，也经常被人用作其他经济鱼类的饵料。

域的破坏也会造成同样后果。全球各地海平面大大小小的差异会给浅水渔场带来重大影响，例如佛罗里达州南部西海岸的海平面在过去 4 000 年里发生的微小变化，就体现在卡卢萨印第安人（Calusa Indians）所捕获的鱼类和软体动物身上。

更大规模的气候变化对渔场影响更大。北海（the North Sea）、英吉利海峡（the English Channel）和爱尔兰海（the Irish Sea）是世界上渔业产量最高的地区之一，冰期结束后，也就是大约 1.5 万年前，甚至更早的时候，当地人就开始开发这片海域了。和所有海域一样，这些海域都是动态的生态系统：气候的重大变化塑造了这些系统，海平面逐渐上升，形成厄尔尼诺（El Nino）现象和超级风暴。而人类的过度捕捞则改变了海洋生物的生存环境。

"北大西洋涛动"（North Atlantic Oscillation，NAO）是人类渔业史上的一个重要现象，它是由冰岛和亚速尔群岛[①]（Azores）之间的气压差异造成的。北大西洋涛动指数越低，西风就越弱，西伯利亚冷空气就会降临欧洲上空，导致欧洲气温骤降；而它的指数越高，西风就越强烈，欧洲的冬天就越温暖。因此，较低的北大西洋涛动指数会使渔港结冰；指数升高时，强烈的西风会形成破坏性极大的飓风，毫无征兆地席卷欧洲大陆。

1881 年 7 月一个皓月当空的夜晚，一支由 30 多艘敞舱渔船组成的船队正在设得兰群岛（Shetland Islands）的远处海面上放长线捕捞鳕鱼，不到几分钟时间，海上就刮起巨大的风暴，造成 10 艘渔船沉没。在这次海难中，有 36 名渔民溺亡，身后留下了 34 名寡妇和 58 名孤儿。

---

①亚速尔群岛，位于北大西洋东中部，群岛绵延 640 多千米，由 9 个火山岛组成。

北大西洋涛动变幻莫测，每年到达北海和沿海水域的鲱鱼鱼群规模都会受它的影响。中世纪，烟熏鲱鱼或腌鲱鱼是人们的主食，尤其是在神圣的日子里。鲱鱼大规模进入英吉利海峡、北海和南方比斯开湾（Bay of Biscay）的季节，正好是北大西洋涛动指数较低的时候。古代的渔民很清楚，他们每次出海捕捞到的鱼类品种和数量是不稳定的，但他们不知道原因何在。举个例子，英吉利海峡西面海域的鲱鱼以一种喜欢寒冷环境的箭虫为食，当海水温度上升时，会有另一种箭虫进入该海域，绝大部分鲱鱼选择离开，而沙丁鱼将取而代之。这两种鱼都是人们喜欢吃的食物，因此从沙丁鱼和鲱鱼的比例上，我们可以知道古代人类那时候经历的是寒冬还是暖冬。

北大西洋涛动是我们最了解的一种涛动现象，不过世界其他地方也出现过类似的周期变化，例如厄尔尼诺现象就导致秘鲁北部沿海的鳀鱼数量产生波动。类似这些现象还会削弱强国的实力，推翻国王和皇帝的统治。我想强调一点：人类渔业史上的很多复杂现象是很难用简单理由去解释的。能够确定的是，从过去到现在，鱼一直都是人类的一种重要食物，所以在各种大大小小或进步或倒退的社会变革中，食物的丰富或匮乏往往扮演着重要角色。

重现城市边缘"海洋之子"的传奇

19 世纪中期，考古挖掘者在斯堪的纳维亚半岛发现了贝冢，并对它进行了开拓性研究。从那以后，我们才开始在人类渔业史研究方面取得进展。那些考古挖掘者早于自己的同行 100 多年就意识到鱼类和软体动物对古代社会的重要性。一个半世纪后，精细的考古挖掘技术和高科技让人们惊讶地发现这些食物在过去是多么的重要。在国家文明和城市发展起来之前，自给性捕捞和软体动物采集往往是季节性的。每当尼罗河的鲇鱼被困在河水消退的浅滩中，或者美国西北部太平洋沿岸的鲑鱼在春天的河流中产卵时，人们便开始进行密集捕捞，而这个过程可能会持续几天或几周时间。大多数情况下，捕鱼是维持人类生存的一种机会性活动。秘鲁北部沿海的原始狩猎采集社会一年中大部分时间都在内陆活动，只有在特定时间才到海上捕捞鳀鱼。欧洲北部一些居民有采集贝类的习惯，但他们也只是在其他食物短缺的季节才吃贝类海鲜。

这种机会性捕捞活动的历史几乎与人类历史一样长。有时候，人们也大量捕捞鱼类和采集软体动物，但这只是为了获取食物而采取的部分策略。除此之外，人们还要捕猎动物、采集可食用植物，而这些活动更加复杂。

城市文明的发展使人类获取食物的方式产生了巨大变化。像法老或柬埔寨国王这样的统治者也许认为自己是神一般的领袖，可他们必须养活大量在他们宫殿和公共部门劳作的民众。和谷物一样，鱼是建金字塔的工人或水库建造者的口粮，只不过他们吃的是腌制过的鱼。早在那时，咸鱼已经成为一种不具名的标准化商品。

1 000 年后，当北欧海员开始探索北大西洋时，他们携带的也是咸鱼。对远洋水手来说，尼罗河的鲇鱼和大西洋的鳕鱼跟牛肉干没什么两样。每逢春季，罗马渔民便开始大规模捕杀成百上千条大型金枪鱼。几乎在所有文明社会中，捕鱼都是商业活动。虽然鱼类考古技术尚处于起步阶段，但潜力巨大。如今，借助相对成熟的鱼骨分析技术，我们可以识别来自挪威北部罗弗敦岛（Lofoten Island）那些被切掉鱼头后晒干出口的鳕鱼，甚至根据骨头计算出它们的平均重量。考古人员曾发掘出英国中世纪市场出售的鳕鱼，在对其脱氧核糖核酸（DNA）进行研究后，研究人员发现了当时国际鱼类贸易的演变趋势。

借助新科技，渔业生物学家和考古学家正在为我们重现一段迄今为止鲜为人知的历史，而这段历史的主角是在城市和强大文明的角落里默默劳作的渔夫以及他们捕捞到的各种鱼类。新科技让我们从全新的角度思考金字塔和法老的关系、吴哥窟（Angkor Wat）的粮食过剩问题，以及鳀鱼和鱼粉饲料对秘鲁沿海莫希（Moche）文化所产生的深远影响。也许渔业没有创造出文明，但它帮助文明延续了下来。

　　我认为，人类的捕捞活动已有将近200万年，甚至更长的历史。我还认为，最早的捕捞活动不过是机会主义行为而已。远古非洲人从浅水湖或河塘抓到一条鲇鱼，并且不让它滑走或咬到自己的手，这便是机会性捕捞活动。这种捕鱼方式就像狩猎和采集可食用植物一样平常。机会主义是人的本性，它能够让人类适应不断变化的环境，并使之转化为对人类有利的形势。准确地说，人类最早的捕捞方式就是寻找机会和抓住机会的过程。无论后来人们引入多少机械化手段，机会主义的成分从未完全脱离过捕捞活动。

　　机会主义并非捕捞活动独有，人类的祖先其实每天都在从事机会主义的觅食活动，比如捡食狮子捕杀的猎物，或者从蜂巢里采集蜂蜜。从洪水消退的池塘中抓产卵鲇鱼的做法与其说是靠技巧，倒不如说是靠时机（我就曾在非洲的泥潭中抓到过几条鲇鱼）。同样道理，人们也是趁着海水退潮的时机到熟悉地点采集贝壳的。数十万年来，捕鱼都是一种机会主义的狩猎方式，它和偷偷跟踪羚羊一样需要本能。直到大约1.5万年前，海平面开始迅速淹没大陆架[①]，渔业捕捞才逐渐进入全盛时期。

　　上一个冰期末期，地球上大约有1 000万人口不得不适应那个发生巨变的世界。绝大多数人变成专家所谓的广谱猎手或觅食者，

---

①大陆架，指大陆沿岸陆地在海面下向海洋延伸的部分。

靠捕猎小型哺乳动物、鸟类和采集植物为生。不断上升的海洋使河床坡度变平，水流变得更加缓慢。淤泥由此沉积，形成沼泽、三角洲和河口，大量鸟类、鱼类、可食用植物和贝类在那里生长繁殖。人类也被这些丰富的食物来源和多样化的景色所吸引。跟以前相比，渔业成为更宽泛的狩猎经济的一部分。人类最初采用的是一种主要依赖细微观察力的机会主义食物采集方式。冰期过后，这种方式变得更加复杂，也需要更加高超的技能。在海岸、湖泊、河流等更富饶的环境中，人们开始设计出更复杂、更专业的工具来攫取各种不同的食物。正是在这气候迅速变化的 1 000 年里，捕鱼成为人们广泛采取的一种生存方式。狩猎、采集和捕鱼这三种古人获取食物的方式均兴起于机会主义。

这些获取食物的方式还依赖于人类的另一种基本生存策略——移动。各种各样的食物不均匀地分布在大大小小的地域上，它们或是有蹄动物，或是生长在树上和灌木上的植物，又或者是生长在水中的生物。为了获取营养，古人必须上山下海，追踪产卵期洄游的鱼群和迁徙的动物，到海床或河床上采集贝类，或者爬树采摘成熟的橡果。这些觅食活动需要频繁的迁徙以及无数代人口头传下来的经验。那时候的世界地广人稀，人口流动率极低，每个人一生中平均只遇到 30 ~ 50 个人。不过，这并不意味着人们不会与左邻右舍互动，相互交换物品。

我们对岩石中的微量元素进行研究后发现，古人曾用一些能够制造工具、有着细密纹理的石器或类似矛头之类的人造物品与别人交换，还有些先民用从当地橡树上采摘下来的一篮篮橡果、剥下的鹿皮或奇特的贝壳进行易货贸易。所有这些物品都是当面交换的，令人惊讶的是有时候人们竟然会前往很远的地方交易。

作为精神寄托的亲属关系也远远超出了当地部族范围，人们往往能与远在他方的其他人建立联系。利用这些关系，人们可以找到自己的婚姻伴侣，更重要的是，他们有时候甚至能获取远方的食物信息。如今，考古学家对卡拉哈里沙漠 ① (Kalahari Desert) 和加拿大极圈区等地的以狩猎采集为生的部族进行了研究。结果表明，这些部落的成员数量是不断波动的，迁徙是游猎采集部族发展的天然动力，比如部族成员的女儿会嫁到部族以外的地方；部族内部发生争斗，失败者可能离开部族；某个年轻人和他的妻子会离开族群，去探索附近的山谷，并组建属于自己的部族。人们还要不断寻找新的猎场或渔场，这意味着他们能够在短暂的一生中游历很多地方。

想想看，人类从阿拉斯加向南迁移的速度有多么快。他们从阿拉斯加的最初定居点向南出发，大概只花了 2 000 年时间就跨越了 1.6 万千米的距离，到达南美洲的最南端。那里渔业资源丰富，只要有适合捕鱼的渔场，就会出现大量渔民。在秘鲁北部沿海，浅水捕捞活动早在公元前 9200 年之前就已经存在了。对于这里和其他地方来说，人员的流动性和机会性捕捞总是同时出现的。

远方的贝壳：探索鱼类商品化

农业是在几个地区独立发展的，包括中国和中美洲，但前面所述局面首先在亚洲西南部发生了变化。大约 1.2 万年前，中东地区一些游猎采集部族开始从事农业和畜牧业，至于他们为什么会发生这样的转变，考古界已经争论了好几十年。也许这个循环的出现与旱季有关，因为干旱的气候摧毁了结坚果的树木和野生谷类植物。反观农牧业，粮食生产如野火一样蔓延，仅仅过了几千年，地球上的绝大多数人都变成了农民或牧民，农村则演变成小城镇，然后进

①位于非洲南部的博茨瓦纳。

化为城市；一些强大的酋邦成为世界上第一批文明社会。人类进入灌溉农业、城市、识文断字、贸易和体制化战争的发展轨道，为如今人口的飞速增长和超级大都市的出现奠定了基础。

后来狩猎和植物采集的重要性逐渐下降。当今世界，采集谷物和其他野生植物的做法已不具备经济价值；人们狩猎也只是为了娱乐消遣、防治虫害或进行非法象牙贸易，而不是为了获取食物。只有自给性捕捞未发生任何转变，它依旧是一种主要的经济活动。

随着全球人口的不断攀升，渔业压力陡增。个人捕捞、家庭式捕捞或小群体式捕捞不可避免地让位于商业捕捞，鱼成为一种可收获的商品。自工业革命以来，旨在养活更多人口的密集捕捞迅速发展成大型的国际化产业。为了满足大城市对海产品的需求，人们发明了柴油机拖网渔船和深水拖网渔船，而正是这两种渔船使世界上大部分渔场饱受蹂躏。

自食其力的渔夫们只想着如何养活自己，他们想捕捞到更多的鱼，并将一些鱼晒干或烟熏，留到缺乏食物的冬天和春天食用。在人口密度相对较低的情况下，这种做法没什么问题，但随着人口数量的不断攀升，人们强化了捕鱼活动。他们往往使用大型围网或适宜出海的船只，进入那些鲜为人知的渔场进行捕捞。

公元前 4000 年，地球海平面逐渐稳定，强化捕捞变得越来越普遍。喜欢洄游至淡水水域产卵的溯河鲑鱼，以及类似于鲱鱼和鲭鱼这样的密集洄游性鱼群成为渔民们大规模捕捞的对象。

让我们回到公元 1000 年的美国西北部太平洋沿岸，看看洄游鲑鱼的捕捞过程：渔民们在泛着白沫的浅水河里打下一排由木桩子和篱笆组成的拦河坝，河水里挤满了逆流而上的鲑鱼，它们数量实在太多，一条鱼游动起来甚至会碰到其他鱼。遇到篱笆时，数以百计的成群鲑鱼便会乱转，而渔民们则手持长柄渔网站在结实的平台上。他们把渔网伸入拥挤的鱼群里，捞起来就是满满的一网鲑鱼，每条鱼可能重达14千克。接着渔夫们把捞到的鱼扔进身旁的篮子里，然后继续下网捕捞。最后，拦河坝上游的独木舟把满载鲑鱼的篮子运到岸边。

男人们把数百条鲑鱼搬上岸，女人们负责去除鱼的内脏，再把鱼肉切开摊平，然后放在木架上熏干或晒干。这些鱼足够几十个人吃好几个月了，但即使在丰收的年份，人们也可能捕不到足够的鱼，只能以贝类充饥。在农村，一到粮食作物歉收的时候，软体动物就扮演着与野生植物同样的角色。

在美国西北部太平洋沿海这种人口稠密的地方，频繁的自给性捕捞引发了重大的政治和社会变革。它不仅需要大量人力从事抛网、收鱼等工作，到了鲑鱼产卵季节，它还需要复杂的基础设施来捕捞和腌制数千条鲑鱼，以及储藏和运输这些鲑鱼所需的物流手段。所有这些都大大提高了社会的复杂化程度。一次成功的捕捞作业依赖于亲属关系、团队内外的社会责任及权威人物的监督。有权势的家族领袖时常涌现，他们不仅能力出众，而且具备超凡的个人魅力，拥有大批忠诚的追随者，承担着重要的祭祀职责，并且有权将食物和财富分配给其他人。他们主持宴会，与祖先和自然界的力量对话；追随者认为他们具有某些特殊能力，能够把生命和超自然事物联系起来，但这种特殊能力不一定是父母遗传给儿女的。对于以捕捞为生的族群来说，领导者最重要的品质是经验，他们必须知道行踪飘忽不定的鱼群将往哪里移动。

随着文明的发展，鱼类进一步商品化。公元前3000年后，不断增长的乡镇和城市人口增加了对鱼类的需求。在人类实现工业化之前，像埃及和美索不达米亚这样的文明社会需要大量劳动力从事除了养活自己以外的其他工作，因为有大量公用设施需要建立。

打造吉萨金字塔的工匠、祭司和平民均以面包、啤酒和数以百万计的尼罗河鱼鱼干为食。为了给他们精心配给食物，一个新工种——食物配给官应运而生。当渔民把鼓鼓的围网拖到岸上时，这些穿着白袍的官员便开始清点鱼的数量；鱼在上架晾晒之前，他们要再次计算鱼的数目；鱼被送到加工地点后，配给官将进行第三次清点，再让厨工把鱼干分配好。在那时候的埃及，鱼是一种常规商品，而同时代和后来处于罗马帝国统治下的美索不达米亚城市也把鱼当作一种商品。

在古罗马的狂欢宴上，一个人就可以吃掉 3 千克鲻鱼^①。也许我们可以谴责这种奢靡的生活方式，但只有在城镇集市和军队的物资供应所，鱼的真正价值才能体现出来。

在罗马帝国鼎盛时期，像鲭鱼这种体型较小的鱼类是水手和士兵们的常规食物，部分原因在于它们很轻，易于散装运输。渔民社会地位卑微，他们捕捉了大量这种小鱼，部分出售给城市的平民，部分制成罗马人日常饮食中常见的鱼露。鱼露是罗马帝国经济的重要组成部分，它被卖到远在北方的英国。这样渔民也能防止自己的捕鱼知识传给外人。古罗马的文献中还提到了住在印度洋和红海沿岸的"食鱼族"，他们为过往的船只提供鱼干。不过，类似于这样的记载很少。根据极少量的书面记录，"食鱼族"与世隔绝，不易相处，却对印度洋贸易至关重要。

到了罗马时代，鱼早已成为一种商品，它既是奴隶的口粮，也是批量出售的货物。事实证明，经过适当熏制或腌制后，鱼比牛肉和压缩饼干等其他干制食品更美味；同时上至法老，下至平民、体力劳动者、奴隶、士兵和水手，都喜欢吃鱼干。

---

①鲻鱼，隶属于鲻科，属于广温、广盐性鱼类，可在淡水、咸淡水和咸水中生活，喜欢栖息在沿海近岸、海湾和江河入海口处，是世界上分布最广的重要经济鱼类之一。

作为便携式食品，鱼干可以让水手在海上度过数个月的时间，从而提升了人口迁移的效率。公元500年左右，基督教教义规定教徒在宗教节日和大斋节①期间不能吃肉，鱼便成为中世纪和以后各国民众的主食。然而，即使加大了捕捞力度，鱼产品还是供不应求。于是在5 000年前，人们开始普遍采用人工养殖的方式获取鱼类，也就是俗称的水产养殖。

捕鱼不是人为发明的，水产养殖也同样如此。只要观察一下搁浅在浅水池中的鱼，我们就会知道，鱼如果被低矮的水坝围住就会留在水池中。这是一种非常简单的风险管理方式，但从传统意义上讲，这种做法绝不是水产养殖。大约公元前3500年，真正的水产养殖活动在中国逐渐增多。长江下游的农民建起了池塘，以确保鲤鱼在雨季洪水过后能够存活下来。鲤鱼特别容易养殖，而且生长迅速，因此产量很高，在大池塘中尤其如此。水产养殖成为中国农村生活的一个重要组成部分。

古埃及人需要养活尼罗河谷(Nile Valley)不断增长的人口，他们最初只是为了获取口粮而捕捞罗非鱼，但很快他们就开始集中养殖罗非鱼。他们将鱼苗和贝类引入人造环境并加以培育，还将水产养殖变成灌溉农业的一部分。古代鱼类养殖的典型案例同样来自那不勒斯湾②(Bay of Naples)。富有的罗马人建造了一些华丽的鱼塘，用于饲养野生环境中很少见的大型鲻鱼。他们一般为了自己吃而养鲻鱼，但这么做有时候也是为了在豪华宴会上进行炫耀。到了中世纪后期，水产养殖成为欧洲各国一个很重要的产业，其中一部分水

---

①大斋节也称"封斋节"，是基督教的斋戒节日。据《圣经新约》载，耶稣开始传教前在旷野守斋祈祷40昼夜。教会为表示纪念，规定棕枝主日前的40天为此节日，教徒在此期间一般于星期五守大斋和小斋。
②地中海所属第勒尼安海东岸的半圆形小海湾。位于意大利南部那不勒斯西南的米塞诺岬与坎帕内拉角之间。

产品被提供给教会，另一部分则供给大户人家和宗教节日里不吃肉的虔诚信徒。鲻鱼的价格非常贵，当价格较低的海鱼上市后，大部分鲻鱼养殖业都崩溃了。

13世纪，第一批定居者登上夏威夷群岛之后，人类历史上最成功的一些养殖场便被建造出来。夏威夷人在海边修建海塘，还搭起了格栅和水渠。这套设计独特的养殖系统只允许幼鱼进入池塘，并阻止生长成熟的鱼游到海里产卵。随着潮涨潮落，几乎不需要任何人工干预，海水就能循环进出池塘。

以上只是古代水产养殖业的几个例子。在工业革命和极具破坏性的海洋拖网捕捞开始后，世界范围内的水产养殖业进入衰退期。然而，随着人口加速增长、人口密集型城市逐渐增多以及浅水和深海鱼类资源遭到持续过度捕捞，水产养殖业如今又出现了复苏的势头。现在，来自养殖业的海产品几乎是人类所消费海产品的一半。

令人惊讶的是，在过去的10 000年里，无论是自给性捕鱼技术，还是捕捞数万条包括太平洋鲑鱼和多瑙河巨型鲟鱼在内的溯河鱼类[①]的技术，几乎没有发生任何变化。简易的双头鱼钩（见术语表）、骨尖矛或木尖矛、倒刺鱼叉、渔网和陷阱等装置和器具，几乎都是从数千年前用于捕捉陆地动物和鸟类的狩猎武器发展过来的。渔民们针对特定用途将鱼钩和其他狩猎武器进行了改装，以便逐渐适应渔业的独特挑战。

在渔业发展史的背后不仅仅是人类发明的简单高效的捕鱼技术，同样还有人类必须具备的一些独特品质，比如敏锐的观察力、创新力、悄无声息地跟踪猎物的能力以及周密计划的能力。这些能力和技巧形成于世界各地保守的渔业社区和我们可以想象到的任何一个水域中，而且它们也适用于狩猎。渔业为城市、文明社会、过往商

---

①即返回淡水产卵的海鱼。

船及所有陆军和海军提供物资。对生活在内陆的人来说，这种社会是一个陌生的世界。数千年来，每当提起渔业社会，人们就会想起来自遥远大海的奇特海贝。

每当在远离海洋数百千米的地方发现贝壳时，我总会感到震惊。我曾经在中非平原一座拥有 1 000 多年历史的非洲村庄遗址中发掘过贝壳残骸。那些是体型很小的玛瑙贝壳，与我在印度洋沙滩上看到的成堆被遗弃的贝壳完全相同。人们会把这些贝壳穿成串，使之流转到内地。即使远在中国西藏，也能找到这种贝壳，但它们在远离海岸的内陆通常只能被找到一两串。它们曾被人们当作珍贵的饰物别在头发上或缝制到衣服上，因此我一直在思考贝壳所代表的象征意义、它在人们眼中的价值以及它给自己的主人所带来的威望。

除了具备食用价值之外，色彩鲜艳的奇特贝壳早在远古时代就对人类产生了巨大的吸引力，例如生活在远离海洋的尼安德特人早在 5 万年前就拥有这些贝壳了，而欧洲的猎人和生活在乌克兰浅河谷的人们也于 1.7 万多年前就把贝壳穿孔后当作装饰品佩戴。

来自远方的贝壳经过精心打磨后会给人带来某种美感，在基本奉行平等主义的社会里，它会赋予自己的主人一定的地位。

亚洲西南部的早期农民将管状象牙贝这样的海贝带进坟墓；而较后期的易洛魁（Iroquois）部落则将象牙贝制成珍贵的贝壳念珠腰带。在东非沿海地区，很少有贝壳像锥形芋螺（Conus）那样受到人们的高度重视。当地人很喜欢这种底部呈圆形，内部呈螺旋形的海螺，所以商贩们会用珍贵的丝线把这些螺穿起来，在沿着赞比西河上游数百千米的范围内售卖。

1853 年，传教士兼探险家大卫·利文斯顿（David Livingston）称，在中非的某个王国，人们用两枚芋螺就可以买到一个奴隶。公元 1450 年，一位商人被埋葬在赞比西河中部山谷一处名为"因贡比-伊莱代"

的低矮山脊上，他脖子上戴着一串由9枚以上芋螺组成的项链，项链背面有一层薄薄的18克拉金箔。他生前肯定十分富有，因为项链上的芋螺是从950千米以外的一位渔民那里收集来的。

与贵金属不同的是，贝壳易于收集和加工。在东非海岸和北美墨西哥湾（Gulf Coast）沿岸，奇特的贝壳实际上保证了渔业社会进行远距离贸易的能力。贝壳类动物是一种丰富的可再生资源，早在农业、畜牧业和喧闹都市出现之前，人们就高度重视它们，而贝壳的价值远不止于它在美学上的魅力。有时候，贝壳的交换也具有深远的意义，它是人们与远方亲属联系的纽带，而这种关系可以持续好几代人。中美洲和安第斯山脉令人赞叹的凤螺既代表着身份地位，又可以在宗教仪式中当作号角使用。另外，它还被赋予了强烈的象征意义。对玛雅人来说，凤螺是月亮女神的符号。

古代的渔场提醒我们，海洋并非一成不变，而是像陆地环境一样复杂且千变万化。1653年，艾萨克·沃尔顿在他的不朽著作《钓客清话》中写道："大海比陆地更具生产力。"这番话放在当时可能没什么问题，但放到现在就不适用了。在沃尔顿去世后的三个半世纪里，工业化捕捞摧毁了人类长期赖以生存的河流和大海，而海洋中的一切改变几乎都是在机缘巧合之下从200万年前开始的。

人类生存进化史
How the Sea Fed Civilization

目录
Fishing

第一卷　伺机而动的捕鱼先祖

第1章　鱼骨告诉你，人类起源与进化的秘密　7

人类祖先觅食指南　11

藏在骨制矛头中的演化奇迹　14

第2章　史前人类生存策略　20

捕鱼奇谈：给鱼挠痒痒　21

独木舟时代的跨海探险　25

鱼叉与投掷棒：猎鱼人拥有了"武器"　28

第3章　"第一个吃贝类的人"　35

消失的陆地：揭开贝冢之谜　36

人类能在多种环境生存，贝类是最大功臣？　39

第 4 章	度过后冰期时代	46
	发酵鱼：独特的食物保存法带来饮食新风味	46
	波罗的海上的渔猎史诗	48
	铁门峡的巨鲟传说	53

第 5 章	日本绳文人征服海洋	58
	烹饪艺术与季节性生存策略	59
	绳文人是北美大陆的首批定居者？	66

第 6 章	美洲首批定居者的生存之旅	69
	追踪远古猎人的迁徙足迹	70
	揭秘人类南迁之谜	80

第 7 章	海狮皮艇上的美国西北部渔民	84
	阿留申人的海上经济与文化	85
	社群联盟：社会等级划分初露端倪	92

第 8 章	航海奇迹与海上帝国	98
	传说中的隐秘天堂	99
	如何对抗自然之力？	102
	贸易控制与权力游戏	109

第 9 章	在疾病与战争中求生	117
	随海平面波动的卡卢萨人	118
	鲨鱼猎人与失落的文明	122

第 10 章　　"大鱼来了！"　　　　　　　　　　130

　　航行在大洋洲与太平洋诸岛之间　　131

　　远航"中转站"——塔希提岛　　136

　　养鱼"巨"户：夏威夷岛民　　143

第二卷　从沉默到改变世界

第 11 章　　没有鱼干就没有金字塔？　　　　153

　　尼罗河盛宴　　154

　　鱼类成为商品　　161

　　吉萨金字塔工人的食粮　　164

第 12 章　　在地中海捕鱼　　　　　　　　　　169

　　渔业大丰收　　171

　　谁把海鲜变成了佳肴？　　176

　　屠杀金枪鱼　　178

　　咸鱼腌制工场　　181

第 13 章　　罗马人的"养鱼"文化　　　　　　185

　　鳗鱼帝国：探索水下农场　　186

　　豪门鱼塘和鱼痴　　195

第 14 章　　食鱼族与红海经济　　　　　　　　200

　　红海奇遇　　202

　　绕过"香料之角"，南下阿扎尼亚　　207

第 15 章　　**厄立特里亚海：越过世界边缘**　　**213**

苏美尔文明的摇篮　　214

"与来自河流深处的大蛇碰个正着"　　220

第 16 章　　**东方渔业"黄金时代"**　　**228**

马可·波罗眼中的中国鱼市　　228

东南亚海上贸易与帝国兴衰　　234

第 17 章　　**鳀鱼与印加文明**　　**243**

南美早期渔业社区——雾中绿洲　　245

"可怜的小鱼挤作一团"　　248

"鱼干"与安第斯文明的起落　　252

第三卷　富庶的终结

第 18 章　　**中世纪鱼宴**　　**265**

鲤鱼"荣耀"　　267

天赐的美食：鲱鱼罐头的诞生　　269

是渔民，也是海盗　　276

第 19 章　　**鳕鱼传奇：海洋里的牛肉**　　**282**

北欧：渔业变革起始地　　285

同位素、贸易站和锤鱼机　　288

鱼类贸易中心——布里斯托港　　293

第 20 章　"取之不尽的吗哪"　　297

竞逐纽芬兰渔场　　300

来自深海的祝福　　306

第 21 章　最大、最容易捕捞的鱼类消失殆尽　　314

长线固定钓、拖网和蒸汽渔船　　315

工业化捕捞：渔场的终结　　322

结　语　　327

致　谢　　339

人类生存进化史
How the Sea Fed Civilization

Fishing

第一卷

伺机而动的捕鱼先祖

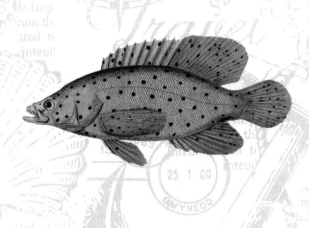

Opportunistic
Fishers

自给性捕鱼也被人们戏称为"养家糊口式捕鱼"，它的历史几乎和人类历史一样古老。也许从热带非洲的类人猿学会从逐渐干涸的池塘和河滩中拽出鲇鱼后，这种捕鱼方式就开始了。对于类人猿来说，自给性捕鱼是一项事关生存的重要活动，因此，我差点就把第一部分的标题定为"鲇鱼是如何创造了人类文明的"。可我并没有这样做，因为这样的标题掩盖了更为复杂的历史现实。但是作为人类获取食物的最古老方式之一，渔业确实帮助人们创造了现代世界。

　　本书第一部分详述了人类的三个基本特质：好奇心、观察力和机会主义心理。从类人猿到原始人类，从原始人类到智人，人类之所以能生存下来，依靠的是无穷的好奇心和对周围环境变化的敏锐觉察力。在面对无数食肉动物的进化过程中，我们的祖先既是猎人又是猎物。他们对周边地形、植物生长季节及食肉动物的活动规律了如指掌。他们必须成为技艺高超的机会主义者，时刻准备着捡拾狮子吃剩的猎物或者从蜂巢里偷蜂蜜。他们深知雨季结束时潜伏在浅水滩里的鲇鱼是可以抓到的。也许这种食物不是经常碰到，但雨过天晴、洪水退去之后，他们却可以预见到鲇鱼会在什么地方出现。

　　起初，鱼肯定是一种转瞬即逝的食物，因为它们在热带气候中会很快变质，数十万年来那些从浅水层采集到的淡水和咸水软体动物亦如此。人类族群的生存取决于食物在整个陆地上的分布情况及人们寻找食物的方式。在人口稀疏的早期世界，鱼和软体动物对于很多族群来说是依靠机遇捕捉的重要食物，他们要亲手去捕捞或采集鱼和贝类，而且有可能趁这些食物新鲜的时候就把它们吃掉。随着人类的狩猎和采集方式变得越来越复杂，这种获取食物的形式逐渐成为人类生活方式的一小部分。

人类在刚开始狩猎和采集食物的时候，采用的是比较原始的技术，基本上只能通过细心的观察和熟练的跟踪技巧，寻找机会在近距离用长矛攻击大型猎物。他们起初使用的是木制长矛，后来矛头被石头取代，即便如此，这也只是近距离攻击武器。除此之外，我们的远古祖先能够依靠的就只有自己的一双手、观察力及对自身所处地域的熟悉程度了。

大约在 190 万年前（这个时间尚未有定论），人类学会了如何使用火，而在这一过程中，他们可能也改变了捕鱼的方式。火带来了温暖，使猎人们能够烹调食物，也许还帮助他们认识到鱼肉是可以烤干的。鱼干好处众多：它们很轻便、易于携带，可以叠放在薄薄的皮袋里，还可以生吃或在短时间内烹饪好。对于四处走动的人来说，鱼干就是一种类似于牛肉干的口粮，只不过这种口粮来自水里而非陆地。从人类学会用火的那一刻起，鱼就开始从机会性食物转变成更具价值的食品。

在大约 4.5 万年前的冰期，一些具备娴熟捕捞技能的猎人为了捕鱼而穿梭于东南亚与新几内亚和澳大利亚之间的岛屿。当时，冰期的最后一次大寒流使全球海平面下降了约 90 米，巨大的大陆架露出海面，西伯利亚和阿拉斯加之间、英国与欧洲大陆之间都出现了大陆桥。在 1.5 万多年前，全球变暖，不断上升的海平面淹没了低洼的海岸，造成河流泛滥，形成大片浅滩、丰饶的渔场和可供软体动物栖息的河床。正是在这几千年快速变化的气候当中,三角洲地区、江河入海口以及盛产鸟类、鱼类和软体动物的沼泽地区兴起了自给性捕捞。考古学家在这些地方找到了早期人类用于捕鱼的工具,包括鱼钩、带倒刺的长矛、浅水陷阱和渔网等,它们都从猎杀陆地动物的工具改造而来。到公元前 8000 年左右,波罗的海沿岸的大型河谷和日本北部地区出现了越来越多以渔业为生的社群。随着人口的不断增加,一些社群在这些地区永久定居,繁衍生息。

尽管海洋面积辽阔,物产丰富,但为了生存,绝大多数人类社群仍然需要不断移动。即使是在最富饶的渔场,人们也要从一个地方迁徙到另一个地方,精心计算着他们每年来回花费的时间,以便能够捕捞到尼罗河沿岸产卵的鲑鱼或日本北部、西伯利亚和北美西部溯游的鲑鱼。即使是资源丰富的陆地或水域,其物产也是有限的,这就意味着猎人和渔民们一生当中需要不断迁移到远方寻找更大的猎场和渔场。冰期结束后,船舶的诞生也促进了人类的迁徙。对鱼类资源的追求不仅激励着人们不断改进船舶建造技术,也让人类有了远航的动力。

自给性捕捞是人类首次定居美洲的重要因素。有观点认为,第一批人类定居者是从阿拉斯加沿着太平洋海岸向南迁徙,而不是来自北美中部。这一观点已得到人们的普遍认同。在此过程中,迁徙者发现太平洋西北海岸、旧金山湾区、加利福尼亚州南部的圣巴巴拉海峡、美国中西部肥沃的河谷,以及佛罗里达州东北部和南部沿海非常适宜居住。自然而然地,这些地区的人口大幅上升,对海床、河床和富饶渔场的争夺也随之加剧。这意味着渔场变得更加有限,部族之间的竞争愈发激烈。

人们在同一地方生活的时间变得更长,社会也不可避免地变得更复杂,超越了简单的家庭关系,而家庭关系恰恰是延续了数千年的小团体和社群联系的纽带。地位崇高的宗族领袖出现了，他们由有威望的人士担任。这些人既要负责主持宗教仪式，又要在为人处事中以身作则。宗族领袖通常不是拥有绝对权力的神圣统治者。他们中有些人是通过世袭继承权力的，而另一些人的地位高低不仅在很大程度上取决于自己亲属和其他追随者的忠诚度，还取决于他们是否对其他宗族成员表现出足够的慷慨和关心。

很多宗族领袖被人类学家称为"伟人"，这是对波罗的海沿岸和日本北部渔业社群神秘领袖、美国西北海岸酋长，以及加利福尼亚州南部的丘马什部族首领的贴切称呼。

本书这一部分的几个章节所提到的渔民都是以鱼类和软体动物为食的自给性捕捞族群，他们的食物大部分来自当地。也许他们会拿鱼干或熏鱼跟邻居交换物品，但以现代的眼光来看，这种以物易物的行为与商业完全沾不上边。人们把食物送给那些有需要的人，因为他们知道，自己总有一天也需要别人送食物。真正的商业要在晚些时候才会到来。

数千年来，自给性捕捞的方式和技术几乎没有发生任何改变，这也是它最引人注目的地方。在史前社会，人们用渔网、长矛、鱼钩、渔线和陷阱捕鱼。今天，那些用具依旧是主要的捕鱼工具。其实，捕捞经验、细致入微的观察力、对周围环境的了解及对潜在猎物的熟悉程度才是最重要的，这些专业技能代代相传，并且很少教授给外人。正因如此，公元前3000年后，渔业社会才脱离人类早期文明进入更为复杂的发展阶段。

即使在世界各地出现了农业社会之后，自给性捕鱼依旧兴盛不衰。渔民的活动范围限于渔场，而非有限的农田或牧场。通常他们会沿着河岸、海岸和避风港搭建临时的房子，而农业是无法在这些地方蓬勃发展的。农民或牧民以种地或驯养动物为生；渔民则不同，他们随时可以使用独木舟和其他船只进入近海的广阔水域，那里有鱼群和软体动物繁衍的海床。其中一部分渔民可能会从事一定程度的农业活动，比如日本北部的绳文人；还有些渔民深知农业的重要性，但他们并不从事农业或只耕作少量农田，比如生活在加利福尼亚州沿岸的丘马什人和佛罗里达州南部的卡卢萨人。这些渔民即使在渔场被厄尔尼诺等短期灾害毁坏的情况下也可以采集贝类和可食用植物，或者捕捞不熟悉的鱼类。

渔民生活在陆地的边缘，与海岸、江河入海口、浅水水域和深海关系密切。对渔民来说，深海是一片陌生、超自然的领域，他们可以从海上经过，却不能住在海里，因为那里栖息着神话里才有的生物和万能的造物者。同样，自给自足的渔民也存在于历史的边缘，但他们出色的适应能力帮助人类迁徙到世界各地。

第1章

鱼骨告诉你，人类起源与进化的秘密

时光倒流，让我们回到175万年前的坦桑尼亚奥杜瓦伊峡谷 （Olduvai Gorge）。刺眼的阳光照在水位逐渐下降的湖泊上，湖面波光粼粼。午后的气温实在太高，湖的面积每天都在缩小。一群身材矮小的原始人小心翼翼地沿着湖边的浅滩移动，那里有一大堆因湖水迅速蒸发而搁浅死亡的鲇鱼，它们散发出阵阵腐烂的气味。

这群原始人完全不理会这股腐臭味，从死鱼堆里蹚出一条路来，往湖里走去。一个雄性原始人迅速冲到水里，抓住了一条大鱼，然后熟练地把鱼拖到岸上，他的同伴用棍棒将鱼打死。另外几个原始人蹚进另一个浅水滩，静静地站在那里，感受鱼在脚边游动，然后身手敏捷地抓住鱼尾巴，一把扔到岸上去。无论成年还是未成年的原始人，都知道死鱼在高温下会迅速腐坏，于是他们当场把新鲜鱼肉割下来塞进嘴里。与此同时，一群鬣狗和豺狼也在旁边吃着腐烂的鱼肉。

捕鱼活动是与人类相伴相生的，这一论断似乎有悖于传统观点。一直以来，人们都认为自己的远古祖先靠打猎和种植农作物为生，然而一小部分早期人类可能已经学会了捕食鲇鱼。我们往往忘记了一点：早期人类属于杂食动物，他们吃各种各样的食物，根据季节变化和不同时机调整自己的日常饮食。奥杜瓦伊峡谷里的鲇鱼就是这种机会性食物。考古学家在峡谷的早期人类活动遗址中发现了一堆工艺制品和动物骨头，其中散落着一些很小的鱼骨。几乎可以肯定的是，奥杜瓦伊的部分鱼骨来自被人类捕获的活鱼，只不过目前还没有充分的证据可以证明这一点。

工业化之前，人类的捕鱼活动无论以何种形式存在，在很大程度上他们都要等待捕鱼的机会降临并抓住这样的时机。人类就这样生存了 300 多万年，直至学会种植农作物，而机会性捕鱼活动正是人类能够存活如此长时间的关键所在。我们不应为早期人类懂得捕鱼而感到惊讶，那些从小溪和浅滩里捕鱼的原始人对于周边环境可供捕猎的食物了如指掌。处于产卵期的鲇鱼显然是非常容易捕获的猎物，原始人不但知道野果何时成熟、附近塞伦盖蒂大草原（Serengeti）的牛羚何时迁徙，也能够预测到鲇鱼什么时候搁浅。

每逢旱季，鬣狗、猎豹，甚至狒狒都会从浅水滩中捕食鱼类。通过观察这些动物的活动，早期人类肯定知道鱼是可食用的。季节性的食物短缺不仅影响到食草动物，也会影响到食肉动物。气候干旱时，因为植物的蛋白质含量很低，人类和他们捕食的动物体内的脂肪也随之消耗殆尽。现代靠狩猎和采集为生的部落通常以捕食鱼类和软体动物度过困难时期，尤其是在严冬和早春等食物匮乏的季节。

捕鱼不需要太多工具，几根木棒、几块用于切割的石器可能就足够了。在智力发育的某个阶段，人类开始懂得肉不必马上吃掉，而是可以放在太阳下晒干，把它们做成便于携带的食物，鲇鱼片也可以如法炮制。鱼类的营养很充足，渔业研究员发现，一条 40 厘米长的鲇鱼可以提供将近 1 千克富含脂肪和油的鱼肉，而且 1 千克鲇鱼肉中所含的脂肪量要高于 1 千克食草类哺乳动物肉中的脂肪量。这些营养足以维持一个家庭好几天的能量消耗。

从表面上看，奥杜瓦伊鱼骨也许不能算是一个确切的证据，证明原始人已经开始有意识地从事捕捞活动，而不是去捡搁浅的鱼。最近，考古学家在肯尼亚州北部图尔卡纳湖附近的一个古人类遗址发现了一些195万年前的鲇鱼骨，那些骨头也不一定能作为人类有意识地从事捕捞活动的证据。纯化论者①也许会说，原始人类所做的只是机会性捕食。严格地讲，这个观点是正确的，但是这种获取食物的方式广泛存在于世界各地，而且已经存在了数十万年之久，在狩猎群体看来，它完全可以被称为"真正的捕捞活动"，尤其是在长矛和其他工具投入使用之后。

能够确切证明人类吃水产品的最早证据来自爪哇岛（Java）的梭罗盆地（Solo Basin）。1894 年，荷兰化石勘探者尤金·杜布瓦（Eugene Dubois）在梭罗盆地一片由潟湖、河流和沼泽地组成的低地沿海平原上发现了世界第一份原始直立人样本，该样本可追溯到 70 万～ 100 万年前。杜布瓦和其他人的挖掘成果还包含陆地动物、鱼类骨骼及大量贝壳。鲇鱼喜欢沿海红树林沼泽那混浊的半咸水环境和其他潮湿环境，考古学家在特里尼尔（Trinil）发现了大量鲇鱼骨。目前，人们尚不确定特里尼尔的猎人是否会捕捉鲇鱼，因为那些鱼骨并没有显示出人类活动的迹象，比如清洗鲇鱼时留下的刀痕。但在鲇鱼产卵季节，猎人只要拿着长矛或棍棒就很容易捕捉到鲇鱼，他们甚至可以徒手抓鱼。

在前面说到的那个古人类遗骸周围，考古学家发现了一些假铰蚌残骸，即一种体形很大的贻贝②。其外壳大小罕见地呈现出一致性，这表明有人为了取食贝肉而专门采集这些贻贝。起决定性作用的证据来自另一种淡水贝类：东方尺贝（*Elongaria orientalis*）。它的尾端脆弱，人们通常打破其尾端，取出贝肉。与奥杜瓦伊人一样，

①要求事物完美，不带任何杂质的人。
②也叫青口，是一种双壳类软体动物，壳呈黑褐色，生活在海滨岩石上。

特里尼尔的直立人对周边生态环境了如指掌，并用一种存在了数十万年的觅食行为养活自己。

79万年前，以色列北部约旦河谷（Jordan Valley）的胡拉湖（Lake Hula）周围郁郁葱葱，到处都是野生动物、鱼类和可食用植物，湖里满是螃蟹和贻贝供人们捕捞。在那里，机会式捕捞大有用武之地。由于该地区食物种类繁多，人口稀少，所以那里的每个族群都只需占据一片较小的领地就能获取口粮，其中一个领地就是如今所说的"亚科夫女儿桥"遗址。

曾在亚科夫女儿桥遗址生活过的原始人不仅开发了陆地资源，还开发了胡拉湖的浅水区域。他们通过细心观察，捕捞到了充足的食物。尤其是在鱼类产卵季节，类似于鲃鱼和鲤鱼这样的鲤科鱼类喜欢在浅水区产卵，因此成了猎人的目标，比如奥杜瓦伊和特里尼尔的猎人。目光敏锐的猎人手握经明火烧制过的长矛，站在水里一动不动，等着鱼儿游近，然后以迅雷不及掩耳之势把长矛投掷出去，刺穿鱼身。

和陆地狩猎一样，用长矛捕鱼需要的是耐心，而不是追踪受惊羚羊时所需的精湛的跟踪能力。猎人们知道，只有在一年中某些时节的某几天时间里，他们才能如此轻松地抓到这些鱼，所以他们年复一年地回到同样的地方捕鱼。那里留存下来的鱼骨化石表明猎人们收获颇丰，而且他们捕到的大部分都是体长1米以上的大鲤鱼。遗址中的鱼骨大多数集中在两处，其中一处在灶台附近，也许猎人在那里把刚捕到的鱼煮熟或烤干，留作将来食用。

亚科夫女儿桥遗址因其保存完好而闻名于世，考古工作者能够从那里挖掘出非常精致的化石遗骸。不过，这样的遗址并非独一无二。毫无疑问，在其他或清澈或混浊的浅水区里，猎人们还有很多用长矛捕鱼的机会。与奥杜瓦伊、特里尼尔和其他遗址相类似的是，亚科夫女儿桥也证明了一点：对我们的杂食祖先来说，捕捞鱼类和软体动物是件再平常不过的事情，而不是智人特意发明出来的。

人类祖先觅食指南

南非尖峰洞（Pinnacle Point Cave）位于陡峭的悬崖之间，从那里可以俯瞰贫瘠的沿海平原。16.2 万年前，也许有两名猎人曾在洞口附近的临时营地前猎杀了一只小羚羊。一股强烈的西南风席卷了被尘土覆盖的大陆架，将沙尘倾泻到平原上。在给小羚羊取内脏时，两名猎人听到几千米以外的海滩上传来碎浪 ^① 的咆哮声。这天正值满月，正午时分的大海处于退潮期。部落里的一些妇女和儿童赤脚走在沙滩上，用脚趾头感受藏在沙里的贻贝。每过一会儿，他们就会弯下腰挖出一只贝壳，扔到肩上扛着的渔网或皮袋里。年纪较大的女人知道潮水很快就会涨起来，她们密切注视着涌动的海浪。很快，她们就退回到地势较高的地方，把贻贝带回洞里。

从解剖学角度来讲，住在尖峰洞的人很可能是现代人类，他们的长相和现在的人很像。如今，人们普遍认为我们的现代人祖先发源地可能是在 15 万 ~ 20 万年前的非洲。首批现代人不一定具备当今智人的认知技能，而且我们也不能确定祖先是如何从非洲进入亚洲的。另一个未解问题就是：现代人在何时全面开发了自身的智力？这些与智商相关的能力包括清晰的表达能力、概念化能力、计划能力、超前规划能力及想象力。据估计，他们是在大约 7.5 万年前完成智力进化的，这一点已经在学术界达成共识。但是在南非洞穴中发现的骨锥和改良过的矛头等人工制品表明，现代人祖先的一些行为变

---

①海浪从深海向浅海区涌来，然后直奔海岸时，在海底地形的影响下产生变形，于是成为碎浪。

化在更早的时候就已经开始，包括更娴熟的获取食物的方式。这些渐进式的变化使尖峰洞成为一个非常重要的考古学遗址，因为它向我们详细描绘了 16.5 万年前的人类是如何采集贝类的。我们之所以拥有今天的认知技能，完全要归功于这些变化，而使用贝壳作为个人装饰物，便是这些变化的最早标志。

尖峰洞 13B（考古学术语）位于南非莫塞尔湾（Mossel Bay）西面海岸的中南部，那里耸立着带有很多山洞的悬崖，站在悬崖上可俯瞰大海。过去，一块巨大的大陆架把陆地扩展到 120 千米以外，延伸到如今的大西洋和印度洋的交汇处。早在尖峰洞有人居住前，人类必定曾在这片现已被淹没的平原上狩猎和觅食。当潮汐退去后，吸引他们的不只是陆地动物，还有水塘里的软体动物。历史上，气候变化对尖峰地区有着重要影响。随着北半球冰川的消退和出现，海平面也相应地上升和下降。柯蒂斯·马里恩（Curtis Marean）等人对尖峰洞进行了长达 10 年的发掘，他们向我们描绘了数千年前的人们是如何系统采集软体动物的。

16 万年前，海洋与尖峰洞之间的距离约为 5 千米。经常在这些洞穴逗留的人生活在两个生态区的边界上，那里有多种多样可靠的食物来源。他们沿着世界上最富饶的海岸线狩猎，来自南极洲的大量本格拉上升寒流（Benguela Current）与来自非洲东部强大的厄加勒斯暖流（Agulhas Current）在那里汇集。这种气候条件使得海岸线岩石密布的潮间带长满各种贝类动物。从尖峰洞往内陆走，就是如今被称作"开普植物王国"① （Cape Floral Region）的地方，有 9 000 余种不同植物和各种小型哺乳动物在那里生长繁衍，大型动物则比

①开普植物王国由开普半岛到东开普沿岸的 8 个自然保护区组成，它于 2000 年被列入世界遗产名录。开普植物王国是世界上 6 个植物王国里最小但植物种类最丰富的一个，拥有 9 600 种植物，比北半球所有植物总合还要多，其中 70% 的植物是地球上独一无二的。

较少见。因此当地的狩猎部落大多数情况下要以可食用植物和小动物为食，与此同时，沿海潮间带的软体贝类动物也是一种可靠的食物来源，即使在漫长的旱季里依然如此。

尖峰洞妇女用脚趾找到的贝类叫沙蛤（Donax Serra）。沙蛤在历史舞台上起不到什么作用，她们找到的另一种贝类褐蛤（Perna Perna）也同样如此。然而，这两种贝类是科学界所知的最早被人类系统采集的软体动物之一。软体动物几乎存在于世界各地的所有水域中，它们通常聚集在潮水坑或地势较低的岩石里。人们只要用锋利的石刀就可以把它们从岩石里撬出来，然后扔进渔网或皮袋。其他一些贝类生长在深海中，只有潜水员才能接触到；还有一些贝类躲在沙地里，比如斧蛤（Donax）。采集这些贝类不需要什么高超技巧，只要掌握潮汐的涨落规律就行。

那些在尖峰地区采集软体动物的人知道，在某些季节，有害藻类形成的所谓"赤潮"会使贝类动物产生毒性。他们还知道，在暴风雨肆虐的季节，去海边寻找贝类的做法是非常危险的。软体动物往往成群结队地出现，这倒也是件好事，因为做一顿令人满意的大餐至少需要几百只贝壳。软体动物并非人类社会的唯一食物，但在陆地野生动物稀少、鱼类没有洄游或者可食用植物短缺时，软体动物就是一种很重要的补充物。

海水退潮时，尖峰沿海潮间带的软体动物就会暴露出来，它们是该地区周边最常见的生物。大潮总是与新月同时出现，而在这期间，开普部族可能要加大觅食的力度。现代狩猎采集部落特别喜欢在大潮期间觅食，以前生活在尖峰地区的人类祖先可能也有同样的偏好。尽管尖峰地区的绝大多数贝壳是易于采集的软体动物，但也有一些非常有趣的特例。觅食者还从只有潜水员才能接触到的深海软体动物身上收集外壳。该地区出土的几个贝壳样本看上去有轻微的磨损，仿佛它们在沙滩被海浪冲刷过一段时间，还有些贝壳被做成了坠饰。

与那些相对平淡无奇的浅滩贝壳相比，来自深海的贝类非常罕见且漂亮，并获得了特殊待遇。深海贝壳似乎被人在身上戴过，也许人们将它们当作饰物或者长者的标志。可能我们永远不会知道它们的真正用途，而且到目前为止，我们还没找到它们被卖给远方部族的证据。然而，它们出现在这个地方，就已经预示着人们将用海贝与远方的部落交换物品，因为这是人类的一种习惯性做法。

在离尖峰洞很远的北方，即盛产各种食物的以色列下加利利山区（Lower Galilee），有一个被称为"卡夫扎山洞"的史前洞穴。早在8万～10万年前，猎鹿人就到过这个山洞。他们还收集海洋双壳动物①，比如现今在地中海地区仍能找到的蚶蜊（*Glycymeris insubrica*）。然后，他们将那些贝壳从40千米外的地方带回山洞。在卡夫扎遗址，考古学家发现了7只完整的双壳贝，壳身都有天然的孔眼，这很可能是因为卡夫扎人在收集带孔的贝壳，以便用皮绳把它们穿起来。其中4只贝壳有凹槽，似乎它们被人悬挂起来后，久而久之壳身就出现了磨损。有些卡夫扎贝壳被染成红色和黄赭色，被人们从60千米外的地方带过来。虽然我们无法了解这些贝壳的用途，但它们很可能被用作个人装饰物。从与尖峰洞所在时期相距8万年的卡夫扎山洞里，我们可以看到人类自我意识的全面涌现，但随之而来的却是人类的虚荣心。

藏在骨制矛头中的演化奇迹

艾萨克·沃尔顿论及捕鱼时说道："可以这么说，捕鱼就和数学

————————
①即贝壳。

一样，是一门博大精深的学问。"他认为，一个人只有具备细致的观察力和丰富的经验，才能捕到鱼。当然，对古代猎人来说，观察浅水中的鱼类并不难，但想捕捉到行踪不定、游动速度极快的猎物则要难得多。只有当一大群鱼被困在干涸的水塘里，或者鲑鱼在河流的浅水区大量产卵，他们才可以轻而易举地伸手到水里去抓鱼。

起初，这种捕鱼方式只是一种短暂的行为，部落每年只用几天或几周时间进行。捕鱼需要提前规划时间，但对以狩猎和采集为生的部落来说这并不困难，因为他们经常观察猎物迁徙，熟悉可食用的水果和坚果的成熟与采摘时间。早期这种属于机会主义行为的捕鱼活动，是人们适应环境的结果。这种捕鱼方式出现在很多地方，尤其是在鱼类产卵时大量聚集的河流浅水区。与此截然不同的捕鱼方式则是日复一日、月复一月地追寻行踪不定的鱼类，或者到远离大陆的深海捕鱼。

长矛的使用把捕鱼变成了一项更严肃的活动。长矛是一种非常简单的工具，把木棍的一端削尖，再用火把尖端烧硬即能做成，早在 50 万年前，欧洲原始人就开始使用这种矛了。对渔民来说，长矛优势明显，能够让他们从更远的距离捕捉到深水区的鱼。在水里使用长矛可不像在陆地上那么容易。无论在白天的阳光下捕鱼，或者是在晚上借助火把或亮光捕鱼（这可能是古人的一种技巧），使用者都必须要考虑到光线折射问题。时至今日，澳大利亚的原住民才开始使用带有火炼矛头的木制长矛，但在很多地方，人们会用其他材质做矛头，比如鹿角、骨头、象牙和石头，到了最后他们才会做出金属矛头。在大约 40 万年前的德国北部舒宁根地区，猎人使用的是木制长柄矛。即便是最早期的渔民，必定也意识到了长柄矛的优势。这种优势在更深、更浑浊的水域或者冰层下体现得尤为明显，因为人们可以使用更大的力量将长矛投得更深。

鱼是滑溜溜的，鱼身被刺穿时身体会不断扭动，因此早期人类使用带有倒刺的长矛。这种工具最初很可能是被发明出来对付陆地动物的，但人们很快就发现，它也适用于捕猎水下猎物。

　　8万年前，生活在塞米利基山谷（Semiliki Valley）的猎人已经开始使用带倒刺长矛捕鱼了。呈东北偏北走向的这一山谷位于中非国家刚果（金）东部、东非大裂谷（Great Rift Valley）底部，覆盖范围始于鲁坦齐格湖（Lake Rutanzige）终于穆坦齐格湖（Lake Mutanzige）。当时的气候比现在凉爽和干燥，河流流经开阔的热带大草原，河两岸是茂密的森林和沼泽。对于在那里繁衍生息的人类和野生动物来说，塞米利基河有着巨大的吸引力，它也见证了人类一些早期的捕鱼活动。

　　如今，原住民用长矛在浅水区捕鱼的方式可能与8万年前的先民如出一辙。请想象这样一幅画面：一群大鲇鱼几乎一动不动地躺在温暖的浅水里，由于树荫的遮挡，它们就像隐身似的。两个人静静地站在齐膝的水中，手里握有插骨制矛头的长矛。还有一个人则站在河边放风，提防鳄鱼来袭。执矛者完全无视耳边嗡嗡作响的苍蝇，全神贯注地盯着河床，并且蓄势待发。一条鲇鱼轻轻地摆动着尾巴，似乎马上就要滑行出长矛的射程。一名猎人毫不费力地将长矛扔进水中，带刺的矛头刺入鱼身，鱼猛烈地摆动身体。猎人俯下身来，把鱼从矛上拔下，扔到岸上，放风的那个人则用棍棒把鱼打死。水面恢复了平静，两名猎人继续一动不动地站在水里，等待鱼从浅水游回水潭。

　　在塞米利基峡谷的起始点鲁坦齐格湖附近，有个名叫伊尚戈（Ishango）的小村庄。考古学家约翰·耶伦（John Yellen）和艾莉森·布鲁克斯（Alison Brooks）在距离村庄北部约6千米的卡坦达发现了大量原始工具及残缺的陆地动物骨头和鱼骨。他们认为，远古人类在卡坦达建了 3 个临时野营地，这些工具和骨头都是他们遗留下来的。动物遗骸来自沼泽地和较为干旱的热带草原，而大量鱼骨几乎都是大型鲇鱼的骨头。其中一些鲇鱼体长达 2 米以上，它们在产卵季节经常出现在塞米利基峡谷的浅水中。卡坦达渔夫使用的长矛矛头一侧有明显的倒刺，那是用大型哺乳动物的骨头制成的。在复原长矛制作手法的过程中，布鲁克斯和耶伦发现骨头上有被石头打磨过的痕迹。骨头一侧边缘先是被磨锋利，然后被斜切成一系列倒刺。为方便将骨头装在矛柄上，先民在骨头与矛柄的对接处刻了凹槽。

从人工制品和骨头的数量可以看出，古人到卡坦达捕鱼的次数相当频繁，至少有一个以上的捕猎团队年复一年地来到同一地点捕鱼，而且很可能是在鲇鱼的产卵季节过来的。这种简单的捕鱼方式持续了数万年，几乎没有任何明显的改变。大约 1.7 万～2.1 万年前，其他猎人在 7 千米以外的河流上游区域捕获了更多鲇鱼，但他们使用的也还是带倒刺的骨制矛头。唯一的变化发生在 200 多代之后，那时矛头两侧都出现了倒刺。所有这些都证明了一点：在鲇鱼产卵季节，古人会精心选择捕猎地点进行季节性捕鱼，这已经成为一项持久不变的传统。

自那以后很久，人们仍零星使用带倒刺的骨制长矛。在卡坦达以北靠近阿特巴拉河和尼罗河汇合处的苏丹阿特巴拉地区，坐落着 3 个重要的考古遗址。这些大规模的遗址位于河流阶地①上的干旱平原，其年份可追溯到公元前 6600 年—前 5500 年。当时的年降雨量略高于现在，每年都会发一次洪水。人们为了躲避洪水，选择在河阶上建立定居点。此外，每个遗址都靠近小段的干涸河道，河道里有一些浅水区，便于人们用长矛捕鱼或徒手抓鱼，也许这是古人选择定居点时更看重的因素。

---

① 河谷底部因河流下切侵蚀而超出一般洪水水位以上，呈阶梯状分布在河谷谷坡的地形。

当地渔民捕捞了多达 30 种河鱼,并采集了 3 种可食用的软体动物。其中很多鱼都是像鲇鱼这样的常见浅水鱼类,其他鱼类如体型巨大的尼罗河鲈鱼和带斑纹的尼罗河河豚则来自主河道。尼罗河河豚的肠子有毒,捕获后必须立即取出肠子。古人是如何从主要河道捕鱼的?直到今天,这依旧是个未解之谜。不过,他们有可能在旱季的时候用长矛捕鱼,因为旱季的河流水位较低。他们可能还使用了纤维织成的渔网,如果这一猜测被证实,那么他们就是第一批使用纤维渔网的非洲人。

那时候,在广袤的非洲大地上,人们都采用安装着带倒刺的骨制矛头的长矛捕鱼。那种矛头也出现在肯尼亚北部地区。公元前 7420 年—前 5735 年,图尔卡纳湖的降雨量和水位都比较高,那里的人们几乎完全靠鱼类生存了两千多年。考古人员还在埃塞俄比亚的奥莫河谷(Omo River Valley)和纳库鲁湖(Lake Nakuru)附近的甘布尔山洞(Gamble's Cave)发现了类似矛头。在博茨瓦纳北部的措迪洛丘陵遗址,考古人员也发现了大量带倒刺的矛头,而且这些矛头被制成的时间跨度非常大,最晚的来自公元 3 世纪,最早的可追溯到大约两万年前。

类似的捕鱼方式盛行于非洲各地。每到产卵季节,鲇鱼会在长满青草的浅滩中繁殖后代,只要用长矛或空手就可以捕捉到它们。鲈鱼栖息在沿海的浅水巢穴里,人们既可以空手或用长矛捕获它们,也可以用诱捕篓或渔网捉住它们,甚至可以用有毒植物在浅水滩里毒杀它们。地质学家在措迪洛丘陵的正南方发掘出了当时的地质沉积物,里面包含了淡水软体动物和硅藻类生物。这表明那里曾经存在一个水深达数米的湖泊,其面积可能达到 40 平方千米。从非洲一些代代相传的口述故事中可以得知,自古及今都有人在附近的山谷里捕鱼;而从非洲考古遗址出土的带锯齿状倒钩的骨制矛头则表明,每当降雨量增加时，古人就会进行机会性的捕鱼活动。这些史前器物绝不为非洲大陆所独有，包括北美洲和南美洲在内的世界大部分地区都出土过类似工具，只在澳大利亚和南非我们出人意料地没有发现这种矛头。从人类学角度来看，这些物件在别的地方用途广泛，但在非洲，它们总是与鱼骨联系在一起。

非洲出土的鱼骨、骨制矛头和软体动物遗骸越来越多，它们记录了人类的起源和进化到现在的过程。甚至到了今天，非洲的原住民每到产卵季节仍然会用长矛和棍棒捕捉鲇鱼。沃尔顿说的没错，机会主义才是成功渔民的基本素质。这些渔民认为，既然鱼这么好抓，他们就没必要改变捕鱼技术。

第 2 章

史前人类生存策略

    两个裹着毛皮的尼安德特人蹲在一条小溪中间的巨石上，石头被水流打磨得十分光滑，而这条小溪最终汇入了一条后来被后人称为"多瑙河"的河流。他们凝视着清澈的溪水，石尖矛就放在身边。鲑鱼的身影迅速掠过满是沙子和砾石的河底，偶尔会有一条大家伙的鱼鳍划破宁静的水面，激起阵阵涟漪。多瑙河的鲑鱼正准备产卵，它们之中有些体型巨大，几乎和一个成年人差不多。即使能抓到它们，仅凭一个人的力量也无法把它们从水里抬起来。这两个人一动不动，最终认定河里的鲑鱼太活跃了，肯定还没开始产卵。虽然空手而归，但这两个猎人对于收获猎物的时间更加心里有数了。他们会在小溪附近徘徊几天，然后带着族人来捕鱼。

    尼安德特人是欧洲的原住民，他们于 4 万 ~ 30 万年前（具体生存年代存在颇多争议）活跃于整个欧洲和西亚部分地区。尼安德特人身材矮胖，眉毛浓密突出，身手敏捷，极为强壮。当时的地球经历了数千年的严寒，冬天常常持续 9 个月时间，气温也时常在零摄氏度以下，然而尼安德特人却在如此严酷的气候中生存了下来。他们智力较为发达且拥有一定的语言能力。很多考古学家都认为坚韧不拔的尼安德特人擅长猎杀大型动物，他们拥有高超的狩猎技能、强大的蛮力和简单的武器，足以对付冰期体型最大的猎物。

尼安德特人确实捕猎过巨兽，但他们捕获小动物和采集植物的技术也很成熟。在冰期晚期的严寒环境中，生活异常艰苦，尼安德特人不得不成为杂食者。想要生存下来，他们必须依赖于火、皮毛衣物及足以抵御寒冬的居所。法国西南部的河谷曾住着大量尼安德特人，他们在春夏两季捕猎迁徙的驯鹿，然后在比较温暖的月份迁徙到更开阔的地区。新鲜的肉总是不够吃，尤其是在漫长的冬季。每到这个时候，他们只能以包括鲑鱼在内的各种食物为食。

捕鱼奇谈：给鱼挠痒痒

大西洋鲑主要分布在葡萄牙至挪威一带的海域和北美东部海岸，是最大的鲑科鱼类。其幼鱼出生在淡水河，并将在这里生活 1～4 年。在此期间，它们的生理结构将发生变化，包括表皮褪去适合在河流生存的伪装，长出适应于海洋环境的鲜艳颜色。每年 3 月—6 月，大西洋鲑会进入大海，随着海面洋流漂游，并以浮游生物或其他鱼类（如鲱鱼）的幼鱼为食。再经过 1～4 年的良好发育后，它们就可以通过辨认气味洄游到自己出生的河流产卵。此时，体型已经相当大的大西洋鲑会停止进食，沿河逆流而上，于晚秋时节在河流的沙砾层静静地产卵。与产卵后即死亡的太平洋鲑不同，大西洋鲑能够多次产卵，只不过这种情况很少见。

在古代，每逢洄游季节，河流的上下游便会出现成千上万条鲑鱼，它们或聚集在浅水区，或在湍急的河流中跳跃，或堵在狭窄的河道里。虽然每条河流的鲑鱼数量有所不同，但鲑鱼从来不会错过产卵的时间。它们会按时洄游，这也为猎人提供了极其稳定的食物来源。正如几十万年前非洲人亲眼看到热带食肉动物的捕鱼过程那样，尼安德特人也看到了狗熊和鸟类是如何在湍急的河流或浅滩上抓鲑鱼的。时至今日，阿拉斯加的狗熊和鸟类依旧在河里捕鱼。动物们的捕鱼方式很容易效仿，即使是一名技能不太娴熟的尼安德特猎人，也会用石尖矛刺中浅滩里的鲑鱼，然后将鱼扔到岸上，迅速用棍棒把它打死。

包括鲟鱼在内的其他鱼类可能也很有价值。鲟鱼是一种常见于欧洲和欧亚大陆的大型溯河产卵鱼类，但由于体型太大，它们比较难以捕获。其次就是褐鳟，它是一种生长在寒冷水域的淡水鱼，常出现在洁净的湖泊和河流中。褐鳟是鲑鱼的近亲而且比鲑鱼小，它更喜欢水流湍急的浅滩，并于早晨和晚上进食。中午时分，褐鳟经常游到绿荫遮蔽的浅滩中休息。鳟鱼在受到惊扰时游动速度快如闪电，长矛几乎刺不到它。尼安德特人可能掌握了给鳟鱼挠痒痒的艺术，他们用手指轻轻摩擦鳟鱼的下腹部，使之进入一种精神恍惚的状态，再乘机将其扔到岸上。

即使在尼安德特人时代，这种基本的捕鱼方式必定也经历了漫长的发展历史。很久以后，到了公元230年，希腊作家伊利安（Aelian）在他的著作《论动物本质》（De Natura Animalium）中提到，渔民们用脚在浅水滩里踩出一个窝，给鱼类创造出睡觉的地方。他写道："过了一会儿，渔民过来了……熟睡中的鱼被逮了个正着。"在莎士比亚名著《第十二夜》（Twelfth Night）中，奥利维娅（Olivia）侍女玛丽亚（Maria）想捉弄一下正在走过来的管家马沃里奥（Malvolio），于是她对同伴说："你就躺在那儿，因为这条'鳟鱼'已经来了，你不挠它痒痒的话，肯定抓不到它。"

给鳟鱼挠痒痒说起来容易，做起来很难。首先，渔夫要观察到岩石附近有鳟鱼的鳍尖冒出水面，或者它的尾巴在游动，然后跪下来，手指绕过岩石下面，直至感觉到鱼尾；接着，他要用食指轻挠鳟鱼的下腹部，同时手掌小心翼翼地沿着鱼的身体移动。当他的手指接触到鱼鳃时，鳟鱼便会处于恍惚状态，此时他会立刻把鱼抓住，从水里拽出来。在美国，给鱼挠痒痒也被称作"徒手搏鱼"。这是一门很精妙的艺术，毫无疑问，人类是机缘巧合之下学会这门艺术的。尼安德特人应该完全具备这种能力。

与尖峰地区的早期人类一样，尼安德特人并不是全职渔民或贝类采集者。他们开发的水生动物食物不仅仅限于鲑鱼和其他容易获取的鱼类，还包括软体动物。西班牙南部有一个名为"巴洪迪约山洞"的史前遗址，它是位于地中海沿岸陡峭悬崖上的一处狭长居所，处于现托雷莫利诺斯市（Torremolinos）辖下。为了采集软体动物，尼安德特人曾一次又一次地在那里搭建营地。415 万年前，他们第一次出现在该地区。当时的气候要比现在暖和一些，海平面也较高，山洞附近到处都是附满软体动物的岩石。

数万年里，尼安德特人一直都在采集这种唾手可得的食物。他们采集了至少 9 种海洋无脊椎动物，包括附着在岩石上的贝壳动物。退潮时，这些动物都很容易寻获。尼安德特人把这些软体动物带回远离潮汐线的山洞居所，把壳敲碎，吃掉里面的肉，再将贝壳扔掉。几千年间，这已经成为尼安德特人惯常的做法，一直都没有改变过，只不过他们到访山洞的频率每年有所不同而已。10 万年前，末次冰期爆发，地中海海平面开始下降，软体动物几乎完全从该地区消失。

在巴洪迪约，甲壳类动物只是人们多样化饮食的一部分，除了极少数情况外，它并未占据绝对重要的地位。鱼类比软体动物难抓，所以那里的人似乎很少吃鱼。但是在佩勒地区，还有一个洞穴被12.5 万 ~ 25 万年前的尼安德特人使用过，那里则是另一番情况。

佩勒山洞位于罗讷河（Rhône）上游的岬角，地理位置极佳，便于人们寻觅维持生计所需的各种食物，包括大小型动物和可食用植物。考古挖掘者没有在那里发现鱼骨，但他们用双筒显微镜仔细观察史前古器物和骨头，试图寻找其边缘磨损的明显迹象。他们在一些工具的线形纹路上发现了一种暗沉且油腻的抛光痕迹，这可能是在鱼类加工过程中造成的。

为了复制古代鱼类加工模式，研究人员做了一些实验，用那些工具给现代鱼类刮鱼鳞和宰鱼。结果他们在这些工具的边缘上找到鳞片、碎鱼骨甚至是微小的肌肉痕迹，而这些工具来自找不到任何鱼骨的尼安德特人住所。也就是说，渔民们很有可能是当场处理和吃掉了捕获的鱼，然后只将捕鱼工具带回了住所。

从西班牙到波兰，再到黑海海岸，欧亚各地的尼安德特人都盛行一个传统：一次次地回到同一个地方。大约 8.9 万年前，地球正处于非常寒冷的时期，尼安德特族群占据了位于阿布里·杜·马拉斯的一处岩棚。岩棚在一个小山谷里面，靠近罗讷河的支流阿尔代什河（Ardeche River）。与佩勒遗址不同的是，在马拉斯遗址出土了白鲑和欧洲鲈鱼的鱼骨。白鲑常见于寒冷水域，而欧洲鲈鱼会在每年 4 月底至 5 月初产卵。根据马拉斯遗址鱼骨的重量，研究人员计算出鱼的重量为 500 ~ 862 克。对于一般食肉动物来说，它们实在太重了，很难携带。

从表面上看，这些鱼很可能是尼安德特人有意搬到洞穴来的。库达洛 3 号洞位于东边遥远的高加索山脉（Caucasus Mountains），4.2 万 ~ 4.8 万年前，一群尼安德特人在库达洛 3 号洞吃了从当地河流中捕来的鲑鱼。4.18 万年前，尼安德特人曾在直布罗陀巨岩（Rock of Gibraltar）上短暂逗留，他们在先锋洞[①]（Vanguard Cave）附近的河口采集了大量贝类，用火迫使它们张口，然后就地吃掉这些贝壳。

①位于直布罗陀巨岩东南面，是已知的最晚的尼安德特人的栖息地之一，2016 年入选《世界遗产名录》。尼安德特人大约在 2.8 万 ~ 5.5 万年前生活在那里。

独木舟时代的跨海探险

　　东南亚先民很有可能是首批习惯使用独木舟和木筏捕鱼的人。在东南亚的热带环境里，海水温暖，人们可以连续好几个小时在浅水中捕鱼。冰期晚期，全球海平面下降，东南亚大陆附近的巨大大陆架露出水面，被地质学家称为"巽他大陆架"（Sunda）。在距离巽他大陆架南岸 100 千米处,有一条叫作"望加锡海峡"[①]（Makassar Strait）的狭窄水道，对岸是另一个大陆架，考古学家将其称为"萨胡尔大陆架"（Sahul），它包括了如今的新几内亚和澳大利亚，但大陆架的大部分地区已被海水淹没。

　　岩心钻探结果表明，巽他大陆架和萨胡尔大陆架包含河流三角洲、洪泛平原和沿海红树林沼泽等复杂生态环境。沿岸居民需要从红树林及其周边捕捞和采集浅水鱼类及贝壳类动物。在某一时刻，他们在就地取材的过程中发明了一些简单的木筏。这些木筏最大的优点就是相对平稳，因此可以作为捕鱼的流动平台。那里的捕鱼活动必定是持续进行的，而且人们使用渔网和长矛来捕鱼，遗憾的是，渔民们的住所已被大海淹没。

　　大约 5.5 万年前，一只木筏或一条独木舟横渡海峡，到达苏拉威西岛。如果你想载着货物或一小群人穿越开阔水域，至少需要一只木筏或者某种形式的舷外浮杆独木舟才能在波涛汹涌的海面保持稳定。那些远离陆地去海上冒险的人都是专业渔民，无论他们出于什么原因出海，其日常所吃的食物大部分或绝大多数均来自海洋。4.5 万年前，人们乘船穿过班达海的岛屿群到达新几内亚，再以新几内亚为起点，继续冒险远航。如今，我们只能通过散落在洞穴和岩

---

①是加里曼丹岛以东和苏拉威西岛以西之间的海峡，北通西里伯斯海，南连爪哇海和弗洛勒斯海，全长约 800 千米，平均宽 250 千米。

棚的手工艺品镶嵌图显示出的些许线索来了解他们曾经去过哪里。

耶利马莱岩棚遗址位于东帝汶东岸末端，那里一处凸起的珊瑚层与海岸线平行。当澳大利亚考古学家苏·奥康纳（Sue O'Connor）和她的同事在岩棚表层挖掘探坑时，他们发现了石器和38 687块鱼骨，这些石器和鱼骨占他们所发现的动物遗骸的一半以上。

人类出现在耶利马莱遗址的时间最早可追溯到3.8万～4.2万年前。那里的居民至少食用了15种鱼类，其中将近一半是各种鲣鱼。鲣鱼游动速度极快且非常贪吃，喜欢在海面捕食鳀鱼和其他小鱼。它们经常成群结队地迁徙，游到浅水区，产卵区域的水温一般高于28摄氏度。

绝大多数渔民在靠近海岸的地方用钓竿和钓线钓鱼。他们还有一种传统的钓鱼方法：在独木舟后面安装拖钓线，线的另一头是做工精致的倒刺鱼钩。距今9 000～17 000年前，耶利马莱出现了用大型鱼骨制作的尖锐器件，它们被用于制作鱼钩或矛头。

耶利马莱人可能还制作了竹筏。在菲律宾，用竹筏钓金枪鱼的做法甚至仍延续至今。竹筏在海面上形成一个平台，它的阴影能够吸引鱼类聚集在下面，若在竹筏下面挂上鱼饵，则捕鱼的效果更佳。筏钓最适用于捕猎幼鱼，我们必须注意到，耶利马莱遗址的大部分鲣鱼鱼骨来自幼鱼。它们可能是被竹筏的阴影和鱼饵所吸引，上钩后再被渔民用棍棒迅速打死。鲣鱼是温血动物，而且死后很快就会变质，所以在那个没有冰箱的年代，捕捉幼鱼对渔民来说更合理些。

2.4万～3.8万年前，末次冰期寒流处于高峰期，全球海平面下降，耶利马莱几乎变成无人居住的地方。但在1.7万年前，海平面上升，耶利马莱重新开始有人居住。在接下来的8 000年里，耶利马莱的居民们又开始捕鲣鱼，像石斑鱼和扳机鱼这样的近海鱼类也变得更加重要，可能因为它们生活在浅水区和暗礁，更容易接近一些。或许这也反映出冰期结束后，全球沿海浅水区水温变暖、气温升高的事实。

有着独特角状附属物的鹦哥鱼和独角鱼生长在多礁石和岩石的浅滩中，人们用长矛或小的纤维渔网就可以捕获它们。这两种鱼属于食草动物，靠藻类和植物为食。石斑鱼、鲷鱼和鲹鱼则是食肉动物，所以捕捉它们的最佳工具就是如今常见的饵钩和渔线。令人惊讶的是，耶利马莱遗址只发掘出两种无倒刺鱼钩，其中一种可追溯到 1.6 万 ~ 2.3 万年前，另一种则来自公元前 9000 年左右。它们是用大马蹄螺的贝壳制成的，这种螺的内部有着厚厚的珍珠质层，如今常被人们用来制作珍贵的珍珠纽扣。在耶利马莱遗址的堆积层中，这种鱼钩恰好与大量石斑鱼和鲹鱼的鱼骨同时出现。耶马莱鱼钩是已知最早的史前鱼钩，但从更早期堆积层的鱼骨来看，传统的手钓技术肯定在这种鱼钩出现之前就已经存在了。鱼钩需要配合结实的纤维钓线一起使用，这意味着当时的渔民们已经懂得用渔网捕鱼，这种工具也很适合在陆地上捕捉啮齿类动物和小型猎物。

除了捕鱼之外，木筏和独木舟还促进了人口的迁移。3.5 万年前，人们在太平洋西南部的新爱尔兰岛（New Ireland）捕捞金枪鱼和鲨鱼；而距今至少 3 万年的时候，布卡岛（Buka Island）基鲁岩棚的居民已经在捕捞鲭鱼、金枪鱼和其他深海鱼类了。在那段时间里，人们要在岛上建立居住地，就必须在海上航行 130 ~ 180 千米。来自海岸线或水下的鱼和软体动物是这些岛民的主要食物来源。

在岛屿上，陆地狩猎是一种机会主义行为，而捕鱼则成为主要觅食方式，这一点与非洲的情况恰恰相反。遗憾的是，我们无法得知这些岛屿的第一批定居者是谁，只知道他们乘坐独木舟或木筏到达这里，停留了一段时间，有时候在合适的岩棚下露宿，然后继续前进。他们离开的原因也许是当地的软体动物早被采集殆尽，或是他们发现了更好的渔场。无论在这些岛屿还是其他地方,渔民只有根据海洋环境、天气条件及鱼群不断移动的规律制订周密的迁移计划,才能成功捕到鱼。①

鱼叉与投掷棒:猎鱼人拥有了"武器"

洛尔特岩洞遗址位于法国上比利牛斯省(Haut Pyrenees)。考古学家在岩洞里发现了一块鹿角碎片,上面描绘着 3 只驯鹿排队渡河,几条鲑鱼在驯鹿的腿间活泼穿行,队列里的最后 1 只雄鹿回头张望着,在它的前面是 1 只雌鹿(图 2-1)。在冰期的最后一次寒潮期,驯鹿和鲑鱼是西欧人最重要的食物。这一幕碎片化场景被精心雕刻在一块 1.7 万年前的骨头上,没人能解读它的象征意义,我们能看到的只是两种古人认为必须描绘下来的动物。

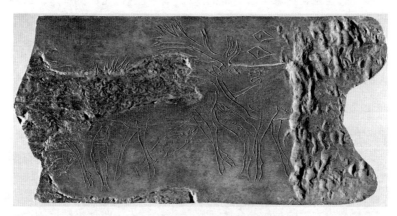

图 2-1 驯鹿与鲑鱼,约 1.7 万年前马格达林时期①(Magdalenian)的雕刻画,出土于法国的洛尔特岩洞遗址,现珍藏在位于圣日耳曼昂莱市(St. Germain-en-Laye)的法国国立考古博物馆(Musee des Antiquites Nationales)(本图片由布里奇曼影像提供)

————
①西欧旧石器时代晚期文化之一,距今约 1.2 万~1.7 万年。

大约 4.4 万年前，进化完全的现代人类首先在欧洲定居，他们是在地球气温短暂回升后从亚洲西南部或欧亚大陆到达欧洲的。考古学家在法国西南部莱塞济附近的一处岩棚中首次发现了这些外来者的遗迹，将他们称为"克鲁马努人"（Cro-Magnon）。克鲁马努人逐渐遍布欧洲，随后开始与原住民尼安德特人接触。在那个人烟稀少的区域，两个人种的首次相遇必定是短暂和偶然的，至于双方最终是朋友还是敌人，只能留待今人想象了。我们只知道 3 万年前，尼安德特人突然灭绝了。早在最后一个冰期高峰期到来之前，现代人类便把欧洲据为己有。

和前人一样，初来乍到的克鲁马努人很快就熟悉了当地环境，掌握了专业生存技能。他们与尼安德特人有着显著差别。克鲁马努人不仅深谋远虑，而且他们的技术比尼安德特人的石尖矛、刮刀和棍棒更先进。

想要了解早期欧洲人制造工具的方法，我们可以参考一下瑞士军刀。一把瑞士军刀包含了各种各样的工具，但它们都安装在带有铰链的同一个底盘上。与此类似，早期欧洲人先仔细地将一块有光泽的坚石打磨成型，然后从这个底盘上切下锋利的毛坯薄片，再将其加工成各种类型的工具，包括精致的锥子、刀、矛头、刮刀和木工刀具；最重要的是，他们还制造出了考古学家所说的刻刀。他们用刻刀在驯鹿的鹿角和骨头上刻凹槽，制作精致的象牙针头（用于缝制多层布料），还打造出各种各样的狩猎工具，比如用鹿角制成的带倒刺的长矛，这种武器杀伤力巨大。其中一些长矛底部有突起物，猎人将皮绳系在上面，如此便制造出一种革命性的武器：鱼叉。投掷棒则是另一项发明，它能够提高长矛的射程和杀伤力。用皮绳将鱼叉固定在投掷棒上扔出去，鱼叉插入猎物体内时与投掷棒分开，但由于有皮绳绑着，鱼叉不会脱离投掷棒。

有了这种武器以及不断增强的战略规划能力之后，捕鱼和寻觅软体动物就不再是一种机会主义行为。从 1.2 万 ~ 2.4 万年前开始，人们在葡萄牙南部的萨格里什半岛（Sagres Peninsula）附近的博伊河谷采集可食用和可制作饰物的软体动物。考古学家在博伊河谷定居点遗址的各年代地层中挖掘出大量贝壳，它们与许多兔骨和骨制矛头堆放在一起，那些矛头可能就是用来捕鱼的。

博伊河谷是鱼类和软体动物的主要栖息地。伊比利亚西部海岸毗邻富饶的上升流区，葡萄牙海域也因此成为多产的渔场。生活在这条海岸线上的任何居民都有机会接触到各种各样的海洋哺乳动物和贝壳类动物，因为强大的上升流带来了较冰冷的深海海水，从而向海洋表面注入了来自海底的营养物质，给所有种类的海洋生物提供养分。距今大约 1.8 万年，地球经历了末次冰盛期[①]（Last Glacial Maximum），葡萄牙北部和摩洛哥南部深海岩心的营养物质含量非常高，而当时南大西洋北部延伸带的洋流则有助于增强上升流强度，提高表层海面的营养水平。在最寒冷的几千年里，葡萄牙沿岸拥有一个非常富足的海洋环境，养活当地数量不多的人口完全不在话下。在全球气温回暖后，海洋营养物质含量急剧下降，如今的海产品产量已经比以前低得多了。

葡萄牙的其他考古遗址大多是露天的，位于潮滩附近的沙丘上，这说明当地居民也喜欢吃贝壳类动物。有些来自该地区的装饰性贝壳出现在 20 千米外一处名为拉加维尔荷的遗址中，考古学家不仅在遗址的房屋沉积层中发现了贝壳，还在一个孩子的陪葬品中找到了这种装饰物。此外，研究人员还在距离里斯本东北部约 100 千米、

---

①末次冰盛期是距我们最近的极寒冷时期，当时全球陆地约有 24% 被冰覆盖，而现代仅有 11%。由于大量的水形成陆冰，海平面可能比现代低 120 米，南极温度比现代低 10 ~ 12 摄氏度。

距离纳扎雷海岸约 50 千米的地方发现了两个洞穴。挖掘结果表明，居住在这两处洞穴的先民同样以捕鱼和采集贝类为生。上述遗址的考古发现证明了一点：早在 2.5 万年前，海产品就与鸟类、兔子和其他小型陆地动物一起成为伊比利亚沿海居民日常饮食的重要组成部分。

1.8 万年前，欧洲中部和西部的居民有着高超的狩猎和采集技能，考古学家以法国西南部的拉马德莱娜岩棚遗址给他们起名为"马格达林人"。马格达林人以其辉煌的洞穴艺术而著称，他们还制作了很多带装饰图案的便携物品，比如洛尔特岩洞遗址出土的涉河驯鹿图。作为杂食性猎人和觅食者，他们拥有非凡的创新能力。当时的气候在寒冷和温暖间不规律地循环着，也许正因如此，他们发明了一系列特殊的狩猎武器，不仅可以用于陆地打猎，也可以在江河和溪流中使用。

随着气候变暖，马格达林人也逐渐适应了不断变化的陆地环境。一些马格达林群落在北部开阔草原上度过了更长时间，并一直都在追踪驯鹿；还有些群落依旧留在林区，他们对于食物的需求越来越大，而且更加多样化。在发明了纤维网、陷阱和轻型武器之后，他们得以捕捉到更多数量的小型猎物。马格达林人喜欢捕食的兔子等小猎物繁殖速度非常快，所以没有过度狩猎之忧。在陆地上不断完善的技术创新同样也适用于鱼类捕捞。尼安德特人和早期现代人擅长用长矛刺鱼或陷阱捕鱼，相比之下，马格达林人则采用了更多精良的武器。他们拿鱼叉刺中深海或水面的鱼类，然后用与鱼叉头相连的渔线把鱼拖上岸。有些渔民可能使用双头倒刺鱼叉，以便更有效地捕捉大型鱼类。所有这些在陆地上已经非常完善的创新技术被马格达林人用于在河流和湖泊中捕捞大西洋鲑。

在欧洲大部分地区，鲑鱼成为人类日常饮食中的一种重要食物。1.8 万年前，气候开始无规律变暖，鲑鱼的地位变得更加突出。随着海平面的上升，河流坡度变缓，每逢春秋两季，大批开始洄游的鲑鱼挤满了加伦河和韦泽尔河等主要河流。这段时期，除了环境发生了重大变化，人类的宗教仪式和精神信仰似乎也有了长足发展。这强化了人类和猎物之间本来就很密切的关系，也促进了猎人对周围动物的了解。

可以肯定的是，马格达林人也捕捉鲑鱼，捕捞规模可能比尼安德特人大得多，因为他们要养活更多的人。到了产卵期，大量鲑鱼挤在狭窄的河道，人们无论用长矛、陷阱还是渔网，都可以捕获成百上千条鲑鱼。这样的捕鱼活动需要周密的计划，因为他们不仅要抓到鱼，还要将其清理干净并进行加工。即使捕获量不大，人们也必须紧密合作，迅速将鱼晒干或熏干，更不用说搭建储存鱼干的仓库了。他们一代又一代地返回同一地点，在前人废弃的晒鱼架附近搭设帐篷，修复好架子以便使用。

位于莱塞济附近的上劳哥芮岩棚遗址靠近盛产鲑鱼的韦泽尔河，长久以来，到访这里的猎人在附近浅滩捕猎驯鹿群的同时也捕鱼。妇女和孩子负责把鱼剔除内脏，切成片，然后放在架子上晒干或者用大火烤干。在鲑鱼洄游产卵期间，为了捕捞鲑鱼，当地各个群落之间可能要相互合作，或者每个群落占据一段湍流和浅滩进行作业。鲑鱼的洄游期结束后，每个群落将会收获数十万条鲑鱼。他们将这些鱼做成鱼干，留待严冬缺乏食物的那几个月里食用，因为届时没有多少猎物可捕，也找不到可食用的植物。

虽然诸如此类的事情肯定会发生，但可推断出这一事实的证据却非常少。马格达林人真的大规模捕捞过鲑鱼吗？鱼类反复出现在我们的艺术和考古发现中，洛尔特驯鹿渡河图和其他雕刻作品中都描绘过鲑鱼，可是我们很难从中了解到早期人类是否每年都对鲑鱼进行一次密集捕捞。很多用来捕获和加工鲑鱼的器物应该是用木材和纤维等易腐材料制成的。渔民可能用木制长矛捕鱼，但长矛无法保存下来，只有鹿角能保存得比较好。正如非洲渔民发明了带倒刺的矛头，马格达林人也使用了带倒刺的鹿角鱼叉。现代实验证明，这种鱼叉很适合刺鱼。

除了临时性的人工制品，人们在鲑鱼洄游的河边搭建的营地也无法保存很长时间，因为河流经常洪水泛滥，河道也会改变方向。考古学家之所以没有在山洞和岩棚中发现多少鱼骨，其中一个原因可能是渔民直接在河边加工鲑鱼，并将鱼骨和内脏扔进水中。直到现在，美国西北部以捕捞鲑鱼为生的渔民还经常这样做。

最能证明马格达林人以捕鱼为生的一些证据来自西班牙北部的一群学者，他们在阿斯图里亚斯省发掘出了至少88处史前遗址，其中3处遗址挖出了完整的鱼骨残骸，这为史前渔业的研究提供了有力帮助。

有一点似乎毋庸置疑：鱼是一种重要的食物来源，对于沿河居民来说尤其如此，他们利用鲑鱼和鳟鱼洄游产卵的时机进行大规模捕捞活动。考古学家还在邻近的坎塔布利亚地区发现了鲑鱼脊椎骨化石，证明人类至少在4万年前就从事捕鱼活动了。绝大多数族群只捕捞鲑鱼和其他淡水物种，因为在末次冰盛期的高峰时期，低海平面使大部分遗址比现在更远离海洋，渔民根本捕不到海鱼。

虽然有了一些孤立的线索，但我们仍然很难评估渔业对马格达林人的重要性，他们是否大规模捕捞过鲑鱼这一问题在考古学上依然成谜。作为马格达林社会的一个典型，莱塞济地区距离大西洋有150多千米，对于身处内陆的马格达林猎人来说，溯河产卵的鲑鱼是唯一来自海洋的食物。骨胶原测试结果表明：在绝大多数马格达林人日常饮食当中，海洋资源占有一小部分比重，但会随着时间的推移逐渐增加。不过这个结果是从少数测试样本上得来的。

人类对鱼类资源的开发很可能在大约 1.7 万年前发生了深刻变化。在冰期结束之前，人们可能还没有开始系统地捕捞鲑鱼。但是，当气候开始变暖时，马格达林人的传统猎物品种变得越来越稀少，而森林面积则逐渐增多。鹿角鱼叉以及史前器物和岩洞壁上描绘的鲑鱼或许反映了一个新时代的到来，已经习惯于寒冷环境下狩猎的人们必须适应新的环境。为了捕杀新猎物，人们改进了陆地捕猎工具，而这正是环境适应力的部分体现。在马格达林地区，考古学家没有发现鱼钩、渔网或其他捕鱼专用器具。但是，随着地貌的迅速变化，气温和海平面快速上升，人们开始收获大量鱼类，并以这一食物作为全年的基本生存资源。

　　马格达林人正在全天候和密集化捕捞的道路上摸索着，但他们依旧保留着猎人的特点，还未成为真正的渔民。他们的后人将继续这种转变。冰期结束约 6 000 年后，在波罗的海沿海居民的日常饮食中，海洋食物的占比达到 90%。

第3章

"第一个吃贝类的人"

凡是经历过北海^①风暴的人，都会对那样的场景永生难忘。

阴沉沉的乌云在海面上空盘旋，混浊的巨浪从四面八方袭来，风从甲板上呼啸而过。面对无情的大自然，人们感到无助。除了任由风暴摆布且尽量远离大海以外，他们别无他法。成千上万的渔民在这种风暴中丧生。令人难以想象的是，如今人们与风浪做斗争的每一处地方，曾经都是干燥的陆地。

北海只有约7 500年历史，从地质学角度看，这是一段很短的时间。1.5万年前，全球气温回升，剧烈的气候变化改变了欧洲北部和西部的整体地貌，而北海正是全球变暖的产物。那些居住在冰川消融地带的人们发现，当地的环境变得非常复杂。

公元前1万年，后来成为北海的地方是由杂乱无章的盐碱滩、沼泽地、河流、小溪和小湖泊组成的。这片低洼地区的江河入海口和沼泽地必定非常富饶，盛产各种鱼类和野生陆地动物，为时常出没在该地区的狩猎部落提供了理想的猎物。猎人们扎营时一般会选择地势较高、排水良好的地方。他们也会在小海湾或小溪后面驻扎，因为那里便于独木舟靠岸和卸载猎物。这片土地上曾升起缕缕炊烟，

---

①北海：大西洋东北部边缘海，位于欧洲大陆的西北，即大不列颠岛、斯堪的纳维亚半岛、日德兰半岛和荷比低地之间。

男人们用扁斧温柔地打造着独木舟，而女人们则用工具刮洗着钉在地上的鹿皮。然而随着河水逐渐泛滥并突然改变流向，后人将忘记这里曾有过熟悉的港湾和可供独木舟安全靠岸的地方。面对海平面不断上升的大海，人类束手无策，只能在这里留下短暂的生活印记。

消失的陆地：揭开贝冢之谜

数百年后，北海慢慢变成一个由地势低洼的岛屿组成的群岛，然后变成如今变化无常的浅水海域，灰暗的海水时不时卷起惊涛骇浪。海面下是一个已经消失的世界，只流传于人们的口中。不过，这并不妨碍低地居民继续打鱼。他们人生的大部分时间必定是在桦树皮或兽皮筏子制成的独木舟上度过的。随着海平面的升高，他们只能把家搬到地势较高的地方，或者沿着波罗的海急剧变化的海岸线定居，但他们的专业捕捞技能却世代沿袭了下来。

波罗的海盆地及盆地内的湖泊、沼泽和河流是在复杂的地质作用下形成的，即冰川、隆起的地壳和急剧变化的海平面塑造了盆地的地貌。斯堪的纳维亚冰盖逐渐消退，其南部边缘出现了一个冰川湖，湖水因德国和波兰北部沿海低矮丘陵的阻挡而无法流入大海。冰层的重量减轻时，陆地也开始上升。陆地和海平面的交错上升把海洋变成了湖泊，然后又变成了半咸水湖。大约在公元前5500年，海水终于淹没了丹麦和瑞典之间的陆桥，形成了如今波罗的海的前身。气候变暖使海洋哺乳动物和水鸟更加多样化，海鱼和溯河鱼类在不断变化的水温和盐度中茁壮成长，贝壳类物种也是如此。

早在公元前10500年，人们就开始居住在波罗的海的新环境中。公元前8000—前2000年，人类可获取的海洋食物和陆地食物极其丰富，品种多样。人口稠密的聚居地如雨后春笋般兴起，海洋食物也成为人们钟爱的食物。猎人们对海豹、水鸟、鱼类和软体动物的依赖度极高。数个世纪甚至数千年来，他们都在同一地点扎营捕猎，但是他们不一定生活得很好。波罗的海沿岸季节变化明显，一些鱼类和水鸟只在短时间内大量繁殖，尤其是春季和秋季；而在其他季节，沿海地区的人们只能依赖陆地猎物、近岸鱼类和贝类动物为食。贝类的作用非常重要，因为它们四季常有，而且很容易大量采集，特别是在海水退潮后。在古代社会，尽管贝类动物只是日常饮食的一种补充，但它的来源稳定可靠。贝类动物在波罗的海社会中扮演着重要角色，很多营地附近留下了巨大的贝壳堆。在一些地方，人们甚至在贝壳堆上面建房。

对于首次研究这些贝壳的考古学家来说，大大小小的贝壳堆定义了波罗的海沿岸的早期居民。丹麦动物学家、哥本哈根大学动物学教授亚帕图斯·斯滕斯特鲁普（Japetus Steenstrup）是第一个研究丹麦陆地上数百个史前贝壳堆的学者，并给它们起名"贝冢"，后来19世纪的考古挖掘者也沿用了他的命名。这位极具天赋的动物学家从古代留下来的贝冢中发现了古人采集贝壳习惯的变化，但在随后的100多年里，考古界并不认同他的结论。

斯滕斯特鲁普及其同事通过已经发展完善的种族优越进化论审视历史。但那时候，人们已经开始从非西方社会的全新视角，科学地理解人类的多样性。英国考古学家约翰·卢伯克（John Lubbock）热衷于研究以采集贝类为生的原始人，他引用了查尔斯·达尔文（Charles Darwin）在《小猎犬号航行记》（*The Voyage of the Beagle*）中对火地岛印第安人的描述："主要以贝类为生的当地居民不得不经常改变居住地，但从通常重达数吨的一堆堆古老贝壳中可以看出，他们偶尔也会返回同一个地方捕捞贝类动物。"在那个时代，人们从严格的线性角度看待生物进化和社会进化，无论是火地岛印第安人，还是斯堪的纳维亚半岛的早期觅食者，都没有得到学者的赞美之词。"从岩石上撬一只青贝下来是件很简单的事情，"达尔文写道，"甚至都不用耍任何手段。要知道，耍手段是一种最低级的脑力活动。"在他眼里，火地岛那些吃贝类动物的印第安人的求生技能和动物差不多。

长期以来，世界各国的考古学家一直在研究日本、南非、美国西北部和加利福尼亚州沿岸、欧洲、澳大利亚和新西兰等地的贝冢，更不用说秘鲁和火地岛了。

1769 年，库克船长在新西兰发现了毛利人的贝冢。北美洲东部的早期旅行者说他们见过印度人留下来的大型贝壳堆。早期考古学家几乎很少效仿斯滕斯特鲁普或卢伯克的做法。他们挖掘贝冢的手法非常粗鲁，而他们关于贝冢的记载通常也仅限于寥寥几张清单，上面记录了他们在探沟中发现的贝壳种类，有时候还描述了贝壳品种随着时间推移发生了哪些变化。

这些关于贝壳堆的研究没有体现出古代狩猎方式的任何魅力，而早期学术文献都把采集贝类动物的先民刻板地描绘成头脑简单、四肢发达的原始人。时至今日，依然有很多人赞同英国著名史前学家格雷厄姆·克拉克（Grahame Clark）在 1952 年的一篇文章中的观点："以贝类作为主要食物的饮食方式通常与较低的文化水平有关……值得注意的是，在积极从事狩猎和海上捕捞的社区中，贝类动物并不占据主导地位。"

说句公道话，克拉克后来还是改变了想法。在他后来出版的一本书中，他探讨了贝类动物在古代斯堪的纳维亚人饮食中占据重要地位的原因。遗憾的是，学术界关于现存贝类觅食者的人类学研究非常少，以至于人们普遍认为贝类动物只是人类在饥荒时期采集以供生存的食物。这种看法实在太荒唐，因为以大量贝类为主食的饮食文化根本不是"原始"的标志，它有着巨大的优越性。贝类动物唾手可得，而且数量很多。最重要的是，在一年当中最缺乏食物的那几个月里，贝类动物对猎人和渔民来说是一种可靠的食物来源，他们可以从贝类中摄取丰富的蛋白质。

光是斯滕斯特鲁普发现的贝冢，就可以证明软体动物在斯堪的纳维亚人日常饮食中的重要性。埃特伯勒遗址和位于丹麦其他遗址的大型贝冢即使没有上千年历史，也经过了数百年的长期和短期累积。当地居民常年采集贝类，尤其在其他食物资源短缺的季节，他们将鸟蛤、贻贝和牡蛎作为主食。

举个例子：公元前4500—前3200年，丹麦东部日德兰半岛东岸的诺斯敏讷居民住在一个入海口的深水河道附近，那里有广袤的浅滩。他们以牡蛎为食，在早春时节尤其如此。牡蛎生长在低潮水位以下的浅滩，当地居民在采集牡蛎时必须站在刺骨的冷水中，把牡蛎从海底挖出来。即使海水退潮，牡蛎也在水下较深的地方，因此挖牡蛎可能是一项比较难的工作。换句话说，除非会潜水，否则人们在大多数时候是抓不到牡蛎的。每年3月的春分点和9月的秋分点是潮位变幅最大的时候，如今波罗的海的潮差已可以忽略不计，但有证据表明，在诺斯敏讷时期，潮位变幅比现在要大得多。

人类能在多种环境生存，贝类是最大功臣？

对贝冢进行了一个半世纪的研究之后，我们现在知道：在过去1万年里，很多沿海社会都有采集软体动物的习惯。通过对南非尖峰遗址的发掘和对西班牙史前遗址的研究，我们还了解到贝类动物在冰期晚期是一种机会性食物。然而，几乎可以肯定的是，随着冰期的结束，全球海平面上升，人们食用大量贝类逐渐成为很普遍的现象。为什么会这样？我们不知道原因，但这有可能是因为海平面上升后，斯堪的纳维亚半岛和其他低洼海岸线地区形成的广阔的近岸浅滩所致。

人类食用的贝类动物几乎都可以分为两类，即双壳类和腹足类。除此之外，人类还吃类似石鳖和角贝这样的贝类，它们的外壳有时会被当作价值不菲的装饰品。腹足类软体动物较为常见，比如鲍鱼、青贝、海螺、蛾螺和蜗牛；双壳类软体动物则包括生长于江河入海口和海洋当中的贻贝、蛤、鸟蛤和牡蛎。人们最常捕捞的海洋软体动物占据了近海栖息地，比如潮间带；还有一些软体动物则栖息在岩石底部、泥沼或沙地中。

对人类这种食肉动物来说，软体动物就是密封在厚重贝壳中的一小块肉，而贝壳本身是不可食用的。由于贝类动物难以携带，觅食者往往在贝类采集地附近搭建营地。如果不搭建营地的话，他们就会在岸上加工贝类，然后把贝肉带回内陆。除了不便携带，还有几个理由可以说明软体动物并非理想食物。首先，提取贝肉可能要耗费大量精力；其次，贝肉的热量通常较低；最后，除了像海螺等少数大型贝类之外，一般贝类的肉并不多。

当然，食用软体动物也有自身优势：第一，贝类加工的劳动强度可能比人们想象中低，因为通过大批量煮沸或烘烤的方式能够节约很多时间；第二，与葵花籽和山核桃相比，牡蛎的蛋白质含量特别高；第三，尤为重要的是，人们可以按照一定规律找到大量附着于河床或海床上的软体动物，尤其是在江河入海口。贝类动物一年四季都能采集到，每当其他食物短缺时，它们就是缓解饥饿的好办法。

古往今来，在大多数社会中，贝类的采集一直都是妇女和儿童的工作。贝肉能够为人们持续提供蛋白质，有助于保持身体健康，尤其是在妇女的孕期和人类的幼儿时期。与可以吃的植物一样，软体动物也是静态的食物来源。对于那些极度依赖猎物或鱼类维持生计的人来说，软体动物还是一种可预测的水中食物。

在撰写古代史的人看来，与狩猎大型动物或捕捞洄游鲑鱼相比，贝类采集是一种乏味的活动。或许这就是我们对传统的贝类资源开发方式知之甚少的原因。幸运的是，我们遇到了一个特例。学术界开展了一项具有里程碑意义的研究，其课题就是澳大利亚北部吉丁加利原住民的觅食行为。这项研究揭开了史前贝类采集活动的神秘面纱，使世人意识到贝类采集活动对人类历史的形成有着重要作用，而非人们长期以来所认为的无足轻重。对于吉丁加利和澳大利亚其他原住民群体来说，软体动物已经大大超出求生食物的范畴。

吉丁加利人生活在澳大利亚北部的一片辽阔的地域上，那里既有海岸线，也有沙丘和红树林沼泽。他们的聚居地中心位于布莱斯河（Blyth River）的滨海平原，原住民称之为"安迦亚瓦那"（Angatja Wana），也就是"大河"的意思。

布莱斯河的宽阔入海口叫作"布科湾"（Boucaut Bay），那里有一片位于两个海岬之间的绵延 60 千米的沙滩。广袤的沙洲和泥滩暴露在水位极低的潮水当中，从海滩往海里延伸至少有 3 千米远。由古老河道、沼泽地和沙丘组成的海岸线不断变化，人们很难在此处寻找食物。吉丁加利人觅食时一般寻找食物供应比较稳定且相对安静的地方。这个策略很管用，因为附近区域发掘出来的贝冢证明人类在此采集贝类动物的历史至少有 6 000 年之久。

20 世纪 70 年代初，澳大利亚人类学家贝蒂·米汉（Betty Meehan）研究了吉丁加利人的觅食方式。当时，在澳大利亚大约有 400 名吉丁加利原住民，他们生活在 4 个组织松散的部落中。米汉大部分时间都与安迦亚瓦那河口的安巴拉部落一起生活。由于食物供应充足，安巴拉部落很少搬家，但他们的机动性很强，每天步行范围达 20 千米。当地的人口密度约为每平方千米 0.5 人；如果只计算沿海地带人口密度的话，那就是每平方千米6个人。对于澳大利亚原住民部落来说，这个数字已经相当高了。

澳大利亚是个季风气候国家，干湿季节区别明显，降雨通常集中在每年11月至第二年3月之间，接着就是一直持续到9月的旱季。这里只要刮起东北风，就预示着雨季即将到来。

吉丁加利人对当地的极其细微的天气变化了如指掌，他们为至少5种季风起了名字，并且知道潮汐的详细周期。而吉丁加利人之所以如此了解潮水，是因为他们要根据潮汐的变化操纵独木舟搬运货物、捕鱼和寻觅贝类动物。

安巴拉部落的聚居地也并非一成不变。和丹麦以贝类动物为生的部落一样，他们在不断地移动住所和炉灶，把各种残骸不规则地堆积在一起。人们有时候会在比较大的垃圾堆上放火，以清除周围的杂草或阻止苍蝇成群聚集。有些食物残渣是新鲜的，有些则并不那么新鲜。被弃时间较长的贝壳和其他废弃物被不断扔到垃圾堆里，安巴拉人称这是"死贝壳堆"。那里也有比较小的贝冢，其中一些是人们吃贝肉的地方，地面有清理过的痕迹，而且周围有几个炉灶。他们还在一堆堆的贝壳边上堆放其他废弃物。绝大多数时候，人们在软体动物所栖息的河床或海床附近烹制贝肉。他们在小心翼翼堆放起来的贝壳堆上生火，把贝壳烤热，然后把新采集来的贝类放在被烤热的贝壳上，用新鲜树枝和树皮盖住它们，只需等两三分钟，新鲜贝壳就被烫得张开了口。

在吉丁加利人兼收并蓄的饮食中，贝类动物是最常见的食物。现代吉丁加利人有时候把自己居住的海岸线描绘成一个超级市场，他们采集贝类的主要区域包括带沙滩和泥滩的开阔海滩。在靠近海滨区域的边缘，贝类品种会发生变化。为了在这里采集贝类，人们不仅要掌握潮涨潮落的知识，还要了解月亮的盈亏时间，因为它决定了潮汐的周期。每逢赤道潮（如今也被称为"国王潮汐"①）到来时，软体动物栖息的海床便暴露无遗。此时是一年中的关键期，因为只有在最低潮时，人们才能采集到个头最大的腹足纲软体动物。

对潮汐的了解只是吉丁加利人的基本技能，他们还必须观察复杂的环境因素，比如移动的沙洲、当地水流模式的变化以及恶劣天气所带来的影响等。这些因素可能会摧毁绵延数千米并经历漫长时间才形成的贝类栖息带。皱纹蛤通常生活在沙里几厘米深处，是当地渔民赶海时最喜欢采集的贝类，而且往往占收获物的61%；另一种占比较大的则是紫蚬，占18%，这是一种大型的咸水双壳贝类，壳体较重，所以渔民习惯在采集地附近将其煮熟，然后只把蚬肉带回营地。巨蛎属牡蛎喜欢成群聚集在岩石上，渔民只要将其整团举起来就可以在附近把它们煮熟或分开。在河流上游，广阔的红树林分布在泥滩和潮沟之间，与被更上游的潮水所淹没的贝类栖息地一样，那里盛产各种贻贝。在红树林里采集贝类动物时，人们需要了解不同品种贝类生存的微环境。

在米汉调研期间，安巴拉部落为她采集了29种贝类，但它们都属于腹足纲和双壳纲。大部分采集活动都是由女性和她们的孩子共同进行的，而且她们的工作非常有针对性。她们仔细规划每一次出行，每回只采集一种贝类，彼此间经常相互交流，随时修改采集策略。除了一月份和二月份的大范围暴风雨造成阻碍外，她们的任务一直都按计划进行，收获了各种各样的贝类。

绝大部分采集任务会持续两个小时，这段时间孩子们一直待在大人身边，随着年龄的增长，他们也可以帮妈妈的忙。贝类的采集需要知识，却不需要任何特殊技能或者动用太多体力，懂得使用一些极其简单的工具即可，包括一根挖掘棍或探测棒、几个用来装贝

①国王潮汐指的是非常大的潮，通常是近地点的朔望大潮，发生于可预见的一段时间。

类的网状编织袋或长条容器。妇女们先用手指或一根棍子探测某个区域，如果那里有潮水涌出来打湿沙子，她们就挖个洞，用双手筛沙子，然后把未成熟的贝类扔掉，再用浅滩里的盐水清洗那些留下来的贝类。无论海水涨潮、退潮，抑或是在几厘米深的海水里作业，妇女们都是如此采集贝类的。她们常常带着自家的狗一起去赶海，以便吓跑游到浅海的鲨鱼。

安巴拉部落的妇女和孩子们一年四季都会采集软体动物，但她们在雨季期间的活动最为频繁。采集次数一般视各种因素而定，包括其住处到软体动物栖息带的距离及人们所需的贝类数量。部落之间相互探访是很平常的事情，贝肉、野味或可食用植物会被人们作为礼物传递。每逢举行宗教仪式的时候，部落都要准备大量软体动物作为仪式参加者的食物。"库纳皮皮"祭礼（Kunapipi）就是当地的一种宗教仪式，也是男孩们的成年礼，一般在满月时举行。沿海居民每年大约要花 70% 的时间采集贝类，而生活在内陆的人的频率要低一些。

人们的觅食节奏随着 10 月国王潮汐的来临、旱季的结束和西北季风的到来而有所变化。每年 1 月天气湿热难耐，安巴拉人活动减少，食量也相应减少。这一时期，他们大部分时间都待在阴凉处，也只有在这时候，贝类才会被视为最重要的食物，他们将这段时间称为"吃贝肉的季节"。总的来说，采集软体动物是一项非常有规律的活动。

在米汉对 4 个吉丁加利部落做调研的日子里，人们花了 58% 的时间采集软体动物，这与他们出海捕鱼的频率相同。吉丁加利人对鱼类和软体动物的依赖程度高于陆地动物或可食用植物。据米汉估计，在她与吉丁加利人相处的那段时间里，他们采集了至少 6 700 千克贝类，最终加工成 1 500 千克贝肉。她估计，吉丁加利人每年可收获 7 300 千克贝类；如果把它们的壳都堆放在一个地方，就会形成一个体积大约为 8 立方米的贝冢。考虑到人类在史前数千年的时间里基本采用同样的生活方式，我们就能够明白为什么许多以狩猎和采集为生的部落会出现如此惹人注目的贝冢了。

米汉对安巴拉部落的研究表明，以可观数量的贝类作为食物的饮食习惯有诸多好处，只是体现得不那么明显而已。世界上很多地方发现的贝冢足以证明贝类是原始人维持生计的重要食物。无论是生活在温带江河入海口的人群，还是生活在热带潟湖区的部落，他们都需要发挥自身的聪明才智、冒着一定风险才能采集到软体动物。早在人类成为农民或城市居民之前，他们就已经是名副其实的生存能手了，可我们却对他们视而不见。

如果我们想知道人类为什么能够在各种各样的环境中生存下来，那答案的主角肯定是贝类。对于本书所探讨的几乎所有古代渔业社会来说，贝类都是一种至关重要的食物。

第 4 章
度过后冰期时代

发酵鱼：独特的食物保存法带来饮食新风味

1.5 万年前，冰期即将结束，地球环境发生的这一巨变不仅导致全球气温攀升、冰盖萎缩、海平面上升，还对亚洲和欧洲各地的人类社会产生了深远的影响。由于这个时期大陆架洪水泛滥，大河堵塞，水流速度放缓，人类第一次从西伯利亚来到了北美大陆。最重要的是，在几千年里，随着冰期大型动物的数量不断减少、许多物种逐渐灭绝，早期狩猎部落的后代改变了自己的生活方式。很多以狩猎和采集为生的族群沿着海岸、河岸、湖岸和沿海潟湖地区定居下来。在欧洲，生活方式变化最大的群体当属斯堪的纳维亚半岛居民。

公元前 8000—前 2000 年，欧洲北方沿海大部分地区的海洋和陆地食物种类丰富多样，但当地居民依然面临着巨大的挑战。在北方的波罗的海沿岸，季节变化非常明显，一些鱼类和水鸟只在短时间内大量繁殖，尤其是在春季和秋季。在一年中的其他时间，沿海地区的人们只能靠打猎、捕捞近岸鱼类和采集软体动物为生，此外他们还要腌制大量鱼类供日后食用。

对于需要经常迁徙和经历漫长寒冬的冰期时代部落来说，野生动物的肉干和腌肉当然必不可少。相比之下，鱼肉的风干和腌制比较困难，因为鱼肉很快就会变质，尤其是像鲱鱼这种含油量较多的鱼类。不过在北方寒冷的环境里，风干鱼肉相对容易，尤其是在春天。那时阳光普照，疾风劲吹，人们把鳕鱼之类的鱼肉放在木架上，很快就能晒干。后面我们将会看到，挪威北部罗弗敦群岛出产的鳕鱼干将是中世纪及后世人们的主食。然而，在寒冷潮湿的北方环境中，风干或熏干大量鱼肉是一种不切实际的做法，因为那里的潮湿天气会持续很久，且鱼汛很短。在机缘巧合下，考古学家发现早期斯堪的纳维亚半岛渔民转而采用发酵的方式保存鱼肉。

公元前 7600—前 6600 年，古人类曾两次定居诺耶·桑南桑德遗址。该遗址位于瑞典东南部一个古老湖泊沿岸，靠近波罗的海出海口。古人类一年中的大部分时间都住在那里，尤其是在较为寒冷的月份，那时候的冬季温度比如今低 1.5 摄氏度。他们消耗了大量淡水鱼，考古学家从当地人挖的狭窄水沟中发现了很多鱼骨。水沟位于湖边一个略微倾斜的山坡上，末端是一个坑，里面满满都是鱼骨。从诺耶·桑南桑德遗址其他地方挖出来的大多是鲈鱼骨和拟鲤骨，而那个坑里 80% 都是斜齿鳊的骨头。拟鲤是一种体型很小的鱼，没什么肉，除非把鱼骨弄软，否则很难食用。诺耶·桑南桑德的居民很可能是把拟鲤发酵以后才吃的，这样它的骨头就不那么硬了。

如今，从格陵兰岛到堪察加半岛，很多极地附近的居民不使用盐就能使鱼发酵。为了尽量减少运输，许多渔民在靠近水源的地下黏土中挖个坑，然后把刚捕获的鱼埋在里面，这种做法似乎与桑南桑德居民的方式如出一辙。他们也可能用密封的海豹皮或野猪皮袋发酵拟鲤。考古人员在遗址的排水沟里找到了部分拟鲤鱼骨，证实当时住在桑南桑德的居民发酵了大量的鱼，而这些鱼足以养活一大批人。在食物供应充足的情况下，人们可以长久地定居在那里。

发酵是一种远古时期少有人采用的食物保存方式，这意味着在考古遗址中，我们能够经常见到贝类的残骸，却很少能找到发酵鱼肉的踪迹。这种保存鱼肉的传统方式是除干燥和盐渍之外的少数防腐手段之一，它的重要性超乎人们想象。在冰期结束后不久，发酵的鱼肉可能就比较常见了。那时的气候太过潮湿，鱼肉很难晾干，采用发酵法之后，鲑鱼、鳟鱼、鲱鱼和红点鲑等脂肪含量较高的鱼类就能够妥善保存了。发酵的鱼肉及其副产品是古代和现代诸多鱼露产品的祖先，其中最负盛名的当属古罗马的鱼露，鱼露是将鱼血和鱼肠放在卤水中发酵而成的。鱼露贸易曾是整个罗马帝国的一个巨大产业。发酵鱼肉等发酵食品为人们的日常饮食增添了独特的风味和营养，如今人们又重新燃起了对这种食物的兴趣。

波罗的海上的渔猎史诗

波罗的海的新环境为多样化的人类社会提供了食物来源，这些社会极其依赖渔业资源和其他海洋资源。几千年来，波罗的海沿岸的渔业社会和觅食社会日益成熟，最终形成一种独特的文化，考古学家以丹麦北部发现的埃特伯勒遗址为这种出现在公元前 4500 年左右的文化取名为"埃特伯勒文化"。与经常迁徙和居住在更宽广地域的前人相比，埃特伯勒人更倾向于几代人住在同样的营地，只在每年的特定时间搬到外面的临时营地捕鱼或采集软体动物。当时的海洋环境比现在含盐量更高、更温暖、更有营养，潮差也比现在大，因此在大海退潮时，人们能进入更广阔的软体动物栖息带，而埃特伯勒人的营地就是在这段时期成型的，其最显著的特点是营地周围布满成千上万的鱼骨头和软体动物贝壳。

通过研究埃特伯勒遗址 14 个定居点的 10 万多块鱼骨头，考古学家了解到沿海的埃特伯勒人以各种鱼类为食，其中大部分都是体型较小的鱼类,例如拟鲤、棘鱼和其他小型鱼类。当然,他们的食物中也有体型较大的鱼,比如体长 25 ~ 35 厘米的鳕鱼和体长很少超过 30 厘米的鲽鱼或比目鱼。几乎所有鱼骨都来自沿海鱼类。有些鱼一生都生活在靠近海岸的鳗草里,比如大头鱼;还有些鱼会在夏天到沿海繁殖,然后再游到浅水区捕猎其他鱼类,比如针嘴鱼。从遗址发掘出来的鱼骨判断,埃特伯勒人的捕捞活动几乎都发生在夏天那几个月里,因为只有在夏季,当地水域才会出现针嘴鱼和鲭鱼,而小鳕鱼才会靠近海岸。埃特伯勒遗址是一个巨大的考古样本,丰富多样的鱼骨化石表明当地渔民的捕捞范围并没有集中在少数鱼类,而是聚焦在夏天出现于附近海域的所有鱼类。

埃特伯勒人是如何捕捞到这么多种鱼的?考古学家对当地地形进行了研究,结果发现,埃特伯勒人几乎所有定居点都建造在适合设置大型固定鱼栅的地方,比如河口、小岛和海岬,那里水流湍急,海床相对陡峭。考古人员在好几个地点发现了古代诱捕篓和鱼梁^①的残留物。在瑞典南部发现的一个埃特伯勒鱼笼中仍然保留着一条体长 45 厘米的鳕鱼的遗骸。这些鱼笼通常由榛子树做的木桩建成,有些鱼笼很大,而且是永久性的。渔民们还使用骨钩和带倒刺的多齿长矛,这种长矛通常被称作鱼叉(图 4-1),但鱼钩和长矛捕获的鱼不可能像贝冢那样种类繁多。几乎可以肯定的是,鱼笼是近海渔场的主要捕鱼工具。然而,在瑞典南部博恩霍尔姆岛遍布礁石的海边,考古学家在格里斯比史前遗址发现了体型较大的鳕鱼骨头,这些鱼十有八九是用鱼钩和渔线钓上来的,因为当地地形不适合设置鱼笼。

捕鳗笼的形状通常像一个瓶子,但其中也有一些是圆锥形或球形的。如今,渔民们把木制罐状捕鳗笼单独或成群地放置在水底,

---

① 鱼梁,指筑堰拦水捕鱼的一种设施,用木桩、柴枝或编网等制成篱笆或栅栏,置于河流、潮水河中或出海口处。

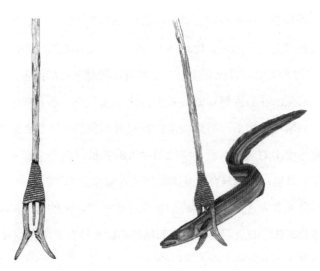

图 4-1　丹麦洛兰岛（Lolland）附近出土的鳗鱼叉复原图（本图片由洛兰-法尔斯特博物馆提供）

有些人甚至在木筏下面安装柳条编成的捕鳗笼。许多丹麦渔民依旧使用袋状捕鳗网，这种网又叫"长袋网"，渔民用木框或在水底打桩来把网撑开。这种长袋网在网上有售，使用者可以把它们排成排，首尾相连，拼接成能够捕捉大量鳗鱼的捕网。

　　埃特伯勒遗址很少位于内陆，几乎全部位于湖泊附近，而且都有诸如梭子鱼和大鲈鱼等鱼类残骸，这些鱼喜欢长着大量植被的松软水底。在日德兰半岛的林克洛斯特遗址，考古人员发现了长长的榛木桩，这说明古人曾在那里用鱼梁捕鱼。该遗址还出土了许多大型梭子鱼鱼骨。当梭子鱼在温暖的夏日躺在浅水湖泊的底部时，是很容易被渔民捕获的。爱沙尼亚昆达遗址附近的一个古老湖泊出土了大量梭子鱼鱼骨，其中两条鱼是被带倒钩的尖锐物刺死的。在丹麦群岛的斯韦堡遗址，考古人员同样发现了大量的梭子鱼鱼骨，这些鱼的鱼头被砍掉，鱼身被晒干。后世的渔民也用类似的方法处理大西洋鳕鱼。

直到工业革命时期，埃特伯勒人都在发明和改良捕鱼方法。在中世纪，这种捕鱼方式几乎没什么改变。1674 年，J. 舍费尔（J. Scheffer）写了一篇文章，告诉我们："拉普人的捕鱼方式随季节的变化而改变。在夏天，他们通常用两艘船拉着拖网捕鱼，或者直接使用类似于三齿鱼叉但带有更多齿状物的长矛叉梭子鱼。梭子鱼在接近水面的地方晒太阳时，用长矛特别容易刺到它们。到了晚上，人们只要在船头烧起干木材，就可以将梭子鱼吸引过去，再用长矛捕捉。"

这种捕鱼方式捕捞的是内陆鱼类，而且极其依赖固定的大型鱼笼和鱼梁这种非常保守、风险也很低的工具，因此它显然不适用于深海捕鱼。近海和湖泊捕鱼活动大部分是在夏季进行的，那么，埃特伯勒人是如何度过其他季节（尤其是冬天）的呢？不难猜测，他们肯定是擅长陆地狩猎的专业猎人，并且在秋天收集了大量榛果。在一年当中的大部分时间里，被精心储藏的鱼干和坚果才是他们赖以生存的食物。

据我们所知，他们还收集了大量软体动物。埃特伯勒和其他遗址的巨型贝冢足以证明软体动物在当地人日常饮食中的重要性。显然，在好几百年甚至数千年时间里，长期或短期居住在那里的居民留下了一堆堆贝冢。当其他资源供不应求时，鸟蛤、贻贝和牡蛎就是他们最重要的主食。

大约公元前 4000 年以后，埃特伯勒人口稳步增长，领土也变得更加狭窄。不管人们喜欢与否，他们穿越这片土地的方式已经发生了重大变化。即使是像波罗的海西部那样富饶的沿海地区，渔场和贝类栖息带能够长期养活的人口数量也是有限的。相邻部落之间的互动变得越来越重要，也越来越复杂。根据这些部落积累的大量贝冢判断，许多部落要么在永久定居点度过一年当中的大部分时间，要么在一年中的特定时间习惯性地到相同的地点采集贝类，比如在春季前往丹麦东部的诺斯敏讷地区采集牡蛎。此外，永久定居点还强化了社区之间的亲属关系和婚姻关系。

达尔文认为，早期波罗的海沿岸群体有可能是游牧社会。一个半世纪以后，考古界对于狩猎采集者生活方式的看法产生了一些微妙的差异。美国西北部印第安人部落和其他许多古老群体逐渐演变成非常复杂的社会，这些社会通常拥有强大的酋长和繁复的制度。尽管这种复杂社会无须大幅减少人员流动，但它的特征确实已经改变。埃特伯勒社会也是这样吗？我们暂时不得而知。

无论大小或存在时间的长短，群落都依赖随四季而变化的食物来源。在春秋两季，迁徙的水鸟是一种可靠的食物来源。人们会围捕成百上千只水鸟，将它们杀死后风干，留待冬季食用。鲱鱼、鲭鱼、鲑鱼和其他许多物种都有着自己的繁盛周期，有的持续几个星期，有的甚至长达数月。无论在埃特伯勒的哪一片土地上生活，人们都需要把握精确的捕捞时机，并且持续掌握近海鱼类的活动规律，而这些知识都是好几代人通过在岸上和船上的细致观察得来的。

狩猎区域在范围上的巨大差异对人类的生存起到了决定性作用。苏格兰就是一个极端的例子，人们只要走 100 千米左右就可以穿越其东西两端。其他地区的两端距离可达 1 000 千米，但通过乘船或步行仍可应付这样的路程。决定一个部落活动范围的因素有很多，包括地貌特征、当地的环境及食物来源以及居住在该区域的人口数量。当然，人口会因为贸易活动、婚嫁或寻找渔场而四处流动。

人口流动是在所难免的，问题的关键不在于人们是否会迁徙，而在于他们是否会定期返回。他们对当地的地貌了如指掌，知道植被和云层会随着四季发生哪些细微的变化；他们熟悉潮汐的规律，知道哪个地方的水流湍急，更知道如果在突发的暴风中被困在水里时该前往何处避难；他们也了解当地的鱼类、动物和其他人群。另外，人口流动也非一成不变的常规活动，而是由个人、家庭、家族和整个部落经过深思熟虑后实施的整体战略。他们以身作则，把自己对当地复杂环境的认知传给下一代，或者通过口述、吟诵及围绕所谓的超自然事物举行宗教仪式等方式传习知识。祖先的能力和他们的精神力量是渔民们迁徙的最大动力。

公元前9000—前6000年，即使粗略看一眼这个时期的欧洲社会，我们也能发现一些令人惊讶的多样性，因为欧洲在那时首次出现了农民。波罗的海地区的埃特伯勒人异常注重捕捞鱼类和软体动物，这并不令人意外，因为在北方地区，寒冷的气候往往会抑制农业的发展，而直到公元前3000年之后，波罗的海地区的农业才进一步发展。在那之前，鱼类和软体动物才是那个地方最容易获得的食物来源。

铁门峡的巨鲟传说

波罗的海渔业社会从湖泊、河流和海洋中捕捞了种类繁多的鱼类，但那里的鱼都比不上多瑙河铁门峡的巨型鲟鱼。铁门峡指位于喀尔巴阡山脉和巴尔干山脉之间绵延230千米的一系列峡谷群，那里的河流流速高达每小时18千米。自20世纪70年代开始，人们在铁门峡修建了大坝，从而影响了河流流速。大喀山峡谷是铁门峡最狭窄的一段峡谷，那里的河流宽150米、深53米。铁门峡的水位经常变化，水流速度很快，各河段深浅不一。河流富含营养物质、水生植物、昆虫和无脊椎动物，它们是各种大型鱼类赖以生存的口粮，而鲟鱼正是这些大型鱼类的王者。

欧洲鲟是鲟属的一个分支，它们体型庞大，寿命长，身体呈橄榄绿色，腹部呈白色。另外，鲟鱼身上还有一层骨状鳞甲，这让它们显得非常与众不同。它们喜欢江河入海口和泥泞海底的环境，在淡水中产卵，然后幼鱼在海洋中发育成熟，成年以后再返回淡水产卵。

每年 1 月至 10 月，黑海鲟鱼会进入像多瑙河这样的河流，4 月和 5 月水位最高的时候是它们的洄游高峰期，而规模较小的高峰期出现在 10 月，那时鲟鱼会沿着河流顺游而下。多瑙河有 5 种鲟鱼，其中包括欧洲鳇，它的长度可达 6 米，体重可达 250 千克，寿命可达 118 岁。19 世纪的档案中还记录过体重超 1 500 千克、体长超 7 米的巨型欧洲鳇。欧洲鳇只在多瑙河两个河段的河床洞中产卵，其中一个河段在距离黑海入海口几千米处，另一个河段位于铁门峡上游。铁门峡的居民曾经在这两个河段定居，他们都是真正的渔民。考古学家在弗拉塞克遗址（Vlasac）和斯凯拉·克拉多维遗址（Schela Cladovei）发现的人体骨骼稳定同位素样本显示，当地古代居民日常饮食中有 60%～ 85% 的食物是水产品。

位于多瑙河塞尔维亚河段的莱潘斯基-维尔遗址（Lepenski Vir）曾经是该地区最大的定居点，早在公元前 9500 年，就有四五个家庭住在那里。他们的住所在一处狭窄台阶上，背靠悬崖，面向多瑙河。到了公元前 6300 年，多瑙河地区的气候逐渐稳定，河水流速变慢。那时首个定居点已经成为一个很大的村庄，两侧布满住宅，中间有一片开阔地。该定居点与后续开发的大约 10 个定居点相连，其中就包括帕迪纳和弗拉塞克这两个地方。

随着时间的推移，当地出现了至少 7 个与莱潘斯基 - 维尔同样规模的定居点。新定居点的住宅均为梯形，每家每户的地板都由灰泥砌成，房子里面还有一个用石块堆砌的大型中央壁炉；房子的后墙设有一座小神龛，里面的神像是用河里的大圆石雕刻而成的。所有房子都面朝多瑙河而建，因为它是人们日常生活和宗教信仰的中心，鲟鱼则是当地人的宗教符号。

来来往往的大鱼就是莱潘斯基-维尔居民生活的重点。即使水流再强，鲟鱼也可以逆水洄游。也许正是因为具备这种能力，渔民们把鲟鱼视为自己的守护神。莱潘斯基-维尔有一尊石雕，它的背部雕刻着栩栩如生的鳞甲。其他雕像则双眼凸出，面部表情狰狞，虽然不像鲟鱼，却有可能代表着神话里的祖先或鱼神，被人们认为可以驱邪避凶。英国考古学家克莱夫·邦索尔（Clive Bonsall）认为，莱潘斯基-维尔雕像是古人的保护神，专门抵御变幻莫测、可能带来灾难的洪水。

古人为了捕鱼沿河两岸搭建了第一批营地。这些营地的诞生可能源自所有狩猎社会都存在的机会主义倾向，但这种心态最终被人们对于渔业和精神层面的迷恋所取代，因为当人们看到浅水区出现一条巨大的鲟鱼时，会产生一种敬畏之心。每到洄游季节，峡谷的河里便挤满了鲟鱼，但在铁门峡捕捉鲟鱼是一件极其费力且危险的事情，仅仅被一条大型鲟鱼的尾巴击中，渔民就可能丧命。

当时的捕鱼技术还很不成熟，只有人们对鱼类的习性有深刻了解，才能在捕鱼时运用技巧。靠近莱潘斯基-维尔河岸的水很浅，但从离河岸仅 10 米的地方开始，水位就迅速变深，成为 30 米的深沟。在那里，巨大的漩涡把迁徙的鲟鱼从急流转移到浅滩，而渔民们就在浅滩等着它们。从 19 世纪的传统做法来判断，当地渔民会使用水坝、V 形鱼笼及带凹槽石的渔网来围住鲟鱼，然后用棍子把它们打死。考古人员在出土了大量鲟鱼骨的遗址还发掘出大量沉重的石棍或石槌，其中大部分都有磨损的痕迹，仿佛被用来敲打过鱼头。多瑙河的鱼类大多在春季和初夏产卵。除了鲟鱼的鱼骨以外，铁门峡沿岸的考古遗址还出土了相当多的大鲇鱼、野生鲤鱼、梭子鱼及各种各样小型鱼类的残骸。

干旱和时常突发的洪水会对鱼类的产卵造成难以预测的影响，这种情况在世界上任何地方都会发生，但似乎铁门峡渔场非常富饶，而且鱼的种类非常多样，所以人们从来没找到足够的理由离开该峡谷。莱潘斯基-维尔遗址的鱼骨残骸以鲟鱼为主，帕迪纳和弗拉塞克定居点遗址的鱼骨残骸则分别以鲇鱼和鲤鱼为主。可能每个定居点的渔民擅长捕捞的鱼类不同，也许这正是附属定居点存在的原因。

到了公元前 6000 年，莱潘斯基-维尔定居点已不复存在。因为农民们住到了铁门峡附近的开阔地域，渔民们数千年的孤立状态结束了。考古学家在莱潘斯基-维尔发现了很多人类骸骨，并对其中 3 具遗骸进行了骨化学测试，结果发现，当地的渔业群落早就成为更广阔的文明世界的一部分。

与同一时代的其他人相比，莱潘斯基-维尔人摄入的陆地动物蛋白质要多得多，仿佛他们一生中的大部分时间都是和农民一起度过的。我们无法得知他们的性别，他们是否嫁到当地或入赘到当地？或者他们只是在当地农民当中工作了一段时间？尽管如此，古老的鲟鱼捕捞传统仍以越来越大的规模沿袭着。与遥远的过去相比，人们所使用的捕鱼方法几乎没什么变化。甚至到了 20 世纪，铁门峡的渔民们依旧在湍急的河流或漩涡中设置鱼笼和渔网。鱼儿进入渔网后，渔民把渔网拖上船，然后用粗大的木棍击打鱼头，把鱼打晕。在春天，他们会到河流的上游捕捞大型鲟鱼；而到了秋天，他们则在下游捕鱼。诱捕和杀戮可能已经达到疯狂的境界，地中海渔民残忍捕杀金枪鱼就是很好的例子。

我们从匈牙利的中世纪档案中得知，后世鲟鱼的产量大得惊人。1518 年，遵循古代捕鱼传统的匈牙利北部城市科马罗姆获得了"皇家鲟鱼渔场"称号。

为了维护好当地的鱼梁，科马罗姆市不仅需要大批橡木，还要求各村庄提供农奴劳动力，在地方官的主持下进行整修工作。只有管理有序的渔场，才能负担得起鱼梁的建造和维护成本。

　　1553 年，渔民在一天内捕获了 77 条鲟鱼。200 年后，仅是多瑙河一段长 55 千米的河段，每年的鲟鱼捕获量便达到了 27 吨。有记录称，到了 1890 年，在铁门峡前半段奥尔绍瓦下游的一个小岛上，"渔民每天捕获和宰杀 50 至 100 条鲟鱼"。用木头搭建的鱼梁最终被结实的渔网取代，这种渔网由麻绳和垂直流刺网制成，可以挂住鲟鱼的胸鳍。在比较狭窄的河段，渔民们还在两岸拉起一根渔线，把尖锐的鱼钩挂在渔线上。鱼钩上无须放鱼饵，因为闪亮的鱼钩会使鲟鱼着迷，它们在好奇心的驱使下就会咬住鱼钩。

　　到了 20 世纪，由于人类的过度捕捞，鲟鱼体型变得越来越小；再加上污染和铁门峡两座水坝的建成，鲟鱼进入产卵地的通道受到限制，它们终难逃脱灭绝的厄运。如今，有人尝试过在野外放生鲟鱼幼鱼，希望它们将来能够产卵，但几千年来捕捞鲟鱼的古老传统很可能已经消失了。

　　大约公元前 6000 年，第一批农民到达多瑙河流域；大约 2 000 年后，斯堪的纳维亚半岛也出现了农民。但在那之前，自给性捕鱼在欧洲大部分地区发挥着非常重要的作用。波罗的海南部等地拥有富饶的渔场和贝类栖息地，生物多样性异常丰富，人口密度逐渐上升，更为复杂的社会分工取代了原来的小打小闹。从某种程度上说，这种新出现的复杂社会是固定村落和不断变化的社会制度的前身，而伴随它们而来的就是农耕和畜牧业。但是随着早期原始社会被农牧业社会取代，并形成了新的经济形态，古老的自给性捕鱼传统至少在一定程度上得以延续，只不过形态有了很大改变。这种情况一直持续到 19 世纪和 20 世纪初。

第5章

日本绳文人征服海洋

和欧洲一样，东亚的渔业发展与文化发展的轨迹基本相同。在冰期晚期的几千年时间里，日本北部的一些人群可能在荒凉的环境中进行零星、季节性的捕捞，而且这种活动恰好与鲑鱼洄游和其他可预测事件重合。随后，冰期末期的全球变暖使中国和日本的自然环境发生了巨大变化。

少数考古遗址显示，中国北方的人们虽然仍居住在相对开阔的环境中，但他们已经逐渐适应了较温暖的气候。他们使用轻型武器，包括弓和石尖箭。为了获得各种食物，他们不断迁徙。不过最频繁的捕鱼活动还是集中在日本北部，而且当地渔业的发展时期与世界另一端的斯堪的纳维亚半岛一样早，甚至还要更超前一些。

随着海平面的上升，日本变成了群岛。海洋不断淹没江河入海口和海湾，形成了许多岛屿、滩涂及漫长的海岸线，丰富的海洋生物由此孕育；内陆地形崎岖，山脉海拔高达 3 000 米，同样也孕育了种类繁多的陆地生物。正是在这样的环境中，绳文文化繁荣了至少上万年。

绳文人能够捕猎各类陆地动物，获取分布在广阔滩涂上的大量贝类，拥有富饶的近海渔场、充足的秋季坚果和其他可食用植物，所以他们几乎没有任何动力改变冰期结束前后形成的生活方式。

"绳文"一词源自"绳纹",考古学家在当地早期人类定居点发现了带绳印的陶器,将其称为"绳纹"。

烹饪艺术与季节性生存策略

绝大多数专家认为,绳文文化出现在至少 1.4 万年前。当时,来自亚洲大陆的少数狩猎采集群体向南迁徙,加入或侵入了日本北部的原住民部落,而海平面上升有可能是他们南迁的原因。几乎可以肯定的是,早期的绳文人在不同的地区流动,为的是在日益多样化的环境中寻找季节性食物。

鱼类从始至终都是很重要的食物。早在公元前 8000 年,绳文渔民就出现在北海道南部的汤之里,并在随后的几千年里频繁到该地捕鱼。考古人员在汤之里挖掘出了至少 15 处坑屋遗址和用石头堆成的宗教仪式场所。这些住所里有火炉,考古人员从火炉的灰泥中发现了处于产卵期的狗鲑、鲤鱼和沙丁鱼的骨骸。

到了公元前 7000 年,绳文遗址数量急剧增加,原因不得而知。渔民们居住在较大的定居点,很多定居点的住所都是嵌入土地中的半地下坑屋。考古人员在位于东京市的武藏台遗址(Musadhidai)中发现了 19 间围成圆弧形的坑屋,而圆弧形的房屋排布方式正是数千年来绳文人定居点的典型特征。绳文人在此定居时气候较为温暖,他们的居住地周围广泛分布着结满果实的橡树林。无论何处,橡果都是当地原始居民的主食,绳文地区也不例外。

潮滩附近的坑屋遗址记录了东京湾周边关东地区人口密度的增长过程。早在公元前 7450 年,海平面迅速上升并漫入河谷,横须贺湾夏岛(Natsushima)贝冢附近的居民已经开始采集牡蛎和有棱纹的鸟蛤这两种生活在泥泞的近海水底的贝类。随着海平面的逐渐平稳，淤泥被沙子所取代，夏岛成为蛤蜊繁殖的温床，因为这种动物在其遗址的晚期贝冢中相当常见。有明显证据表明，当地居民使用鹿角制成的鱼钩和纤维制成的渔线在近海区域捕捞金枪鱼、鲣鱼、海鲈和其他熟悉的鱼类。在东京以南约 50 千米的大岛（Oshima），渔民们更注重捕捞深海鱼类。岛上的一个聚居地被厚厚的火山灰所覆盖，完好地保存着金枪鱼、海鳗、石鲷、鲭鱼、鹦哥鱼，以及海龟和海豚等开阔水域物种的骨骼。由于大岛的动物种类繁多，滩涂上有丰富的贝类，近海有富饶的渔场，坚果和其他可食用植物取之不尽，因此它具备了人口稳定增长所需的所有要素。

绳文人拥有得天独厚的自然条件，因此在公元前 3000—前 2000 年，绳文人口稳步上升并达到历史最高峰。各个定居点成为绳文人开疆拓土的据点，更为复杂的社会和规模更大的永久定居点也在逐渐成形。

那么，鱼类在此过程中扮演了什么角色呢？ 1947 年，考古学家山内清男（Sugao Yamanouchi）提出了关于绳文人维生之道的"鲑鱼假说"。山内清男对北美洲西海岸以捕捞鲑鱼为生的渔民和北海道以洄游鲑鱼为生的阿伊努人十分熟悉。他认为，聚居在日本东北部河流附近的绳文人跟西伯利亚东部的居民一样，都是靠洄游鲑鱼维持生计的。坚果是绳文人日常饮食中的主食，包括橡子、核桃及各种各样的栗子。到了秋天，人们把坚果采集好并小心储藏，留待日后食用。不过山内清男断言，每年秋天沿河洄游的无数狗鲑同样是绳文人的一种重要食物。狗鲑很容易捕捞，经过烟熏之后，它们便成为绳文人的一种主要食物来源。山内清男的同事则持较为保守的观点，因为他发现的绳文遗址没有出现鲑鱼鱼骨，但山内清男反驳说，在酸性土壤和贝冢中，鲑鱼骨不易保存。此外，很多鲑鱼在晒干后被弄碎了，所以绳文人很可能将鱼骨混着被除去内脏的鱼肉一起吃了。然而，当时的考古界并不认同山内清男的观点。

现在看来，山内清男的观点是正确的。随着考古界开始采用土壤湿筛法挖掘沉积物，如今的考古复原手段得到了显著提高。考古学家在海滨和湖滨的绳文人定居点发现了鲑鱼脊椎骨碎片。新鲜的鱼骨富含脂质（也就是脂肪），当软物质腐烂时，鱼骨很快就会断裂。许多出现鱼骨的遗址远离河岸，而且上面有灼烧的痕迹，似乎绳文人是把这些鱼切开烤干后才带回定居点的。前田高地（Maedakouchi）的早期绳文时代遗址就是明证。

多摩川是一条汇入东京湾的河流，在其阶地——前田高地上，考古人员发掘出一处可以追溯到公元前 9000 年左右的住宅。住宅内满满都是烧焦的鲑鱼骨和小哺乳动物碎骨，里面有 60 ~ 80 条鱼的残骸，而且鲑鱼头的数量多于脊骨。由此可以推断，房子的主人先把鱼头砍掉，然后切开鱼腹，再在清除内脏时把鱼的脊柱和肋骨也拔掉了。他们把切开的鱼放在火上烘干，鱼骨因此被烧焦和碾碎。这间屋子可能是专门用来加工鱼类的。

能登半岛（Noto Peninsula）位于日本海的海岸线上，那里分布着很多宁静的海湾。在半岛上的真脇史前遗址（Mawaki Site），居民以捕杀海豚为生，并将这种习惯延续至今。有目击者称，每年春天，当地人会捕杀 1 000 多条海豚。他们先用围网把海豚驱赶到一起，然后花两天时间进行集中杀戮。

考古学家在同一位置发现了一处绳文时代的遗址，它的年代可追溯到公元前 9000 年至中世纪。该遗址出土了至少 285 具海豚残骸，其中一些是太平洋斑纹海豚。每到四五月，上千条太平洋斑纹海豚会成群结队地向北方迁徙。它们行动敏捷，不易捕获，渔民们必须先在近海布下结实的渔网或设置永久性障碍物，再把它们驱赶到陷阱中才能将其猎杀。遗址还发掘出较为温顺的短吻海豚残骸。在被驱赶到浅水区之后，这种海豚很容易被击晕或直接用手捕捉，可见真胁是一个屠戮之地，大量海豚在那里惨遭屠杀。另外，考古人员在遗址现场还挖出了一副完整的海豚脊椎骨。这条海豚体形不大，容易携带，看起来当它的肉还连在脊骨上的时候就被送给了临近部落的人，那里的人可能也参与了捕猎海豚的活动。

考古学家还发现了一种反映数千年来人们所观察到的季节变换周期的历法，他们称之为"绳文历"。该历法认为，为了维持生计，绳文人主要从事四种活动：夏季，人们捕鱼及捕杀海洋哺乳动物；秋季，人们以捕捞洄游的鲑鱼为首要生产活动，同时采集坚果，为冬季提供可储存的食物；冬季，人们要将陆生哺乳动物作为最重要的猎物；而在深冬和暮春这两个食物最为匮乏的季节，贝类扮演着关键角色。和其他活动一样，捕鱼与许多因素密切相关，比如人员流动性、社会组织结构、不同群落的社会复杂程度，以及在人们寻找食物的过程中起支配作用的宗教信仰等。自从人类开始记录历史以来，北海道阿伊努人、库页岛居民和南千岛群岛居民都采用过这种历法。每个群落都有属于自己的河流流域。夏天，渔民们在自己的地盘用鱼梁和鱼笼捕捞马苏大马哈鱼；秋天，渔民们则捕捞狗鲑和类似于鲹鱼之类的小型鱼类。他们把捕来的大部分鱼熏制，然后存放在仓库，以备不时之需。

绳文社会也因他们的黏土容器而闻名于世，其中包括世界上最早期的土制容器。距今 14 700 年，南方的绳文人开始使用一种可能起源于中国的圆底小炊具。很多容器上有烧焦或煤烟的痕迹，说明它们是用来做饭的。请想象这样一幅画面：一个满是灰烬的炉灶里有几只黏土容器，里面炖着鱼和坚果，周围全是烧得通红的余烬。这锅菜肴很容易烹制，也易于保温，对于那些整天在冰冷的水里采集牡蛎或放置鱼笼的渔民来说是必不可少的美味。可能带有部分绳文血统的阿伊努猎人和日本北部渔民就是把黏土做的深锅放在火热的余烬中，再将鱼放进锅中炖煮。阿伊努人把锅留在火上一炖就是好几天，不断放进肉、鱼以及煮熟的野生植物，做成一锅名叫"汤菜"的热汤和野生谷物粥。这也许就是黏土锅的来历。没有人知道绳文部落是否遵循了同样的做法，即用炖锅持续地炖煮食物，但是早期日本人持续性的捕鱼活动可能反映出他们经常煮鱼汤和肉汤的饮食习惯。绳文人的锅并非都是用来炖菜的，到了绳文文化后期，人们使用绘有精致纹路的浅碗和带嘴容器作为墓葬品。

图 5-1　公元前 2500 年绳文文化晚期一个村落的复原图，作者未知（本图片由德-阿戈斯蒂尼图片库 / 布里奇曼影像提供）

　　如今，已知的绳文时代遗址超过 11 000 座，这些遗址的规模和复杂程度各不相同，因此我们很难对绳文社会的特点一概而论。绳文人很好地利用了各种各样的沿海和内陆环境，他们所居住的一些地方人口密集，而有的地方则人烟稀少。不过，具备了一些鲜明特征的绳文部落在很多方面有别于冰期结束后的北太平洋地区同时期的渔业社会。首先，绳文是一个流动性很强的狩猎采集社会，因为绳文人捕猎和采集的对象很广泛。在绳文人大型聚居地周围往往会累积起巨大的贝冢，从这些贝冢上我们能大致了解他们出色的风险管理技能。这些聚居地可能是永久定居点，但大部分绳文人喜欢不断迁徙。这种生活方式要求他们具备敏锐的认知力，需要他们对坚果成熟季节、鲑鱼洄游季节和水鸟繁殖季节了如指掌。对所有绳文群落而言，软体动物是它们的生存支柱。

所有靠近海洋或是淡水水体的绳文群落必定在水面上度过了大部分时间，包括护理鱼笼、放置渔网、用长矛刺鱼和采集牡蛎等水下活动。洄游鱼类、近海捕捞及偶尔的深海捕捞为绳文群落提供了一年中的大部分食物。血缘将远近群落联系在一起，奇特的软体动物和火山黑曜石等外来物品则证明了他们与外界的广泛关联，其中很多交流是通过船只实现的。

在潮湿的绳文遗址，考古人员出土了至少 50 只独木舟及用雪松制成的船桨，最古老的一只船来自福井县三方湖（Lake Mikata）附近被湖水淹没的鸟滨遗址。这只鸟滨独木舟宽约 0.6 米、长约 6 米，由半棵日本雪松打造而成，其历史可追溯到公元前 3500 年左右。但是它并不是体型最大的绳文船只，从京都附近出土的一只独木舟长度超过 10 米。

绳文社会的发展与船只的使用或渔业是密不可分的。较密集的捕捞活动、较精细的捕捞技术的发展及较复杂的绳文社会之间必定存在着某种联系。

几千年间，绳文文化变得日益完善，其中一个体现就是专用场所的迅速发展。考古学家在东京附近发现了聚集着大片坑屋的绳文坑屋遗址，其房屋附近或上方有马蹄形或环形贝冢。这是否意味着绳文人极度依赖海洋食品？又或者意味着他们年复一年地在特定季节到那里觅食？答案仍有待确定。当然，为了到更深的水域捕鱼，绳文人对船只（甚至是木板船）的依赖性越来越大，所以他们不仅需要有专业能力的工匠，还要有能够操纵大渔船的船主和船长，而复杂社会也因此得以发展。

假如稻谷种植技术没有从朝鲜引进日本的话，绳文文化可能会无限期地繁荣下去。稻谷种植技术是如何迅速地从南向北传播到日本列岛的？这个问题目前尚存在争议。但在日本北部，现代阿伊努人的祖先将古老的捕鱼传统保留了下来，鱼在日本社会中仍然有着重要地位。的场是出现在公元 8—9 世纪的一个小渔村，它位于如今永田町（Nagata City）信浓川①（Shinano River）岸边的沙丘上。考古学家从渔村遗址发掘出矛头、网坠、木浮标及大量木简。木简描述了人们将河里捕获的鲑鱼去头、切片和腌制的过程，以及在加工之后鲑鱼被送到京都作纳税之用的情况。位于足田（Asida）河沿岸的草户千轩（Kusado Sengen）是中世纪日本南部的港口，公元 15世纪被洪水淹没。

考古学家从洪涝遗址中发掘出大量来自日本海的鱼类残骸。他们在遗址的垃圾坑中发现了一些完整的鲑鱼脊椎骨，但这些鲑鱼是不可能在当地捕获的，因为日本的濑户内海并不盛产鲑鱼。可以推测，人们很可能跋山涉水，把这些鱼从京都或大阪这样的中心城市运送到当地。完好无损的脊椎骨表明这些鲑鱼曾被腌制过，这与现代日本人处理鲑鱼的方法如出一辙。

文字记载证明了几个世纪以来鲑鱼在日本所扮演的重要角色。9 世纪订立的日本宫廷律例《延喜式》②（Engishiki）曾记载了皇室喜欢吃鲑鱼的事例。据估计，每年运往京都的鲑鱼数量超过了两万条。到

①日本最长河流，流经长野、新潟两县的大部分地区。
②《延喜式》是日本平安时代中期的法律实施细则，是当时律令政治的基本法。该书由醍醐天皇下令编纂，由藤原时平、藤原忠平主编，于延长五年（927 年）完成编纂，于康保四年（967 年）开始实施。

了公元 8 世纪，皇宫对鱼类的需求变得极大，因此人们只能通过池塘养鱼的方式来满足。16 世纪的渔民在日本海的海床上养殖牡蛎，但此举并非日本人首创，早在公元前 3500 年之前，中国人就一直在人工养殖牡蛎。

绳文人是北美大陆的首批定居者？

日本北部绳文人的陆地和海上生活方式并不完全依赖于鱼类和软体动物，捕猎和采集同样也是他们重要的生活方式，因为这样既可以规避风险，也可以获得种类繁多的食物。从这个意义上说，北部绳文人与开发了各色各样食物的早期斯堪的纳维亚人极其相似。这种生活方式合乎逻辑，是对快速变化的环境条件，尤其是海平面迅速上升的机会性反应。绳文是一个典型的日本社会，与远在波罗的海的埃特伯勒文化一样具有鲜明的特征。可以说，他们也与一个更广阔的世界保持着联系，这个世界一直延伸到遥远的东北亚，北至与白令海峡只有咫尺之遥的堪察加半岛。如此我们就引出了一个有趣的问题：绳文人是不是北美大陆的首批定居者之一？

遗传学和冰期晚期的地理现状表明，人类是从亚洲东北部开始进入美洲大陆的。冰期结束后，从日本北部到邻近的亚洲大陆，从千岛群岛到阿拉斯加沿岸，在北半球高纬度地区出现了广泛的文化相似性。在这片辽阔的区域，人们开发了同样的资源，包括鲑鱼、海洋哺乳动物和熊，并且经常采用相同的捕鱼方式。如今，文化和情感的联系仍然存在。

日本北部的现代阿伊努人被视为绳文人后代，他们仍然对这片辽阔区域有着深厚的感情，并且认为自己的文化与北太平洋地区文化关系密切，甚至与美国西北沿海部落和北美洲白令海峡沿岸的爱斯基摩部落也有联系。这种无形的感情肯定要回溯到遥远的过去，是绳文时代吗？我们目前还不得而知。

不过我们也了解到一些有趣的事实。绳文人非常适应家乡复杂的环境条件，其文化兴盛了一万多年，因此他们的社会组织变得越来越复杂，与邻近地区的联系也越来越紧密。早期绳文文化时期，北海道北部族群与西伯利亚大陆阿穆尔河沿岸的人们保持着持久接触，而这些接触是以贸易和其他合作为基础的。

即使是在冰期后期，鄂霍次克海、更北方的堪察加半岛和极东北方的西伯利亚海床上也长满了巨型海藻，各种鱼类在广阔的海藻带中繁殖。海藻鱼是太平洋沿岸居民的主要食物来源，而连接西伯利亚和阿拉斯加的大陆桥沿岸可能也盛产这种鱼。随着当地居民更加频繁地在沿海和海上寻找食物，捕猎海洋哺乳动物便成为一项更重要的工作。因此，他们与北海道北部千岛群岛的第一个定居点及南方其他日本岛屿的海上接触次数不断增多。千岛群岛是一条延伸至堪察加半岛的岛链，它们的海湾和河湾里隐藏着一些这个时期的定居点，考古学家在那里发现了驯鹿的骨头和鹿角。这些驯鹿是在堪察加半岛被猎杀的，由于千岛群岛不产驯鹿，所以猎人才会冒险前往遥远的北方打猎。

早期日本人与西伯利亚的紧密联系并不令人惊讶，因为北海道岛和库页岛只相距42千米，而库页岛与位于亚洲大陆的阿穆尔河河口之间的距离只有20千米。这些岛屿和亚洲大陆之间只隔了一道浅浅的鞑靼海峡，而海峡在冬季大部分时间里都会结冰，因此，在冬季穿越海峡是件很容易的事情。与此同时，来自西伯利亚西部外贝加尔①地区的文化影响也会通过早在冰期晚期就形成的渠道延伸到绳文人的家乡。遗憾的是，考古界对东北亚的人文历史知之

①现指俄罗斯贝加尔湖以东的东西伯利亚东南部。

甚少，因此绳文人在人类首次定居美洲大陆的过程中到底做出了哪些贡献依旧是一个耐人寻味的谜团。

然而让人震惊的是，绳文人对北半球气候变暖所导致的环境变化也会产生类似的反应，即由气候变暖而导致自给性捕鱼频率显著增强。这种频率之高远远超出早期传统的机会主义捕鱼方式。人类首次定居美洲大陆是一个历史性的时刻，而绳文人对于鱼类和软体动物的依赖在此过程中或许扮演了重要角色。随着我们对首批美洲大陆居民的深入了解，这种可能性似乎越来越大。

第6章

美洲首批定居者的生存之旅

时光又回到两万年前的白令陆桥。呼啸的北风卷起厚厚的积雪，遮天蔽日的灰色云层翻腾卷曲着。在低矮山谷里的圆顶小屋里，人们半睡半醒地躺着，身上裹着用麝牛皮做成的厚厚皮衣。屋外狂风呼啸，除了偶尔需要走出屋外放松一下，其他时间里他们都在舒服地躺着，这样的情况持续了好几天。昏暗的油灯下，巫师向人们讲述造物主创造大地、动物和人类的神话故事。这个故事大家已经听过很多次了，但每次都跟上次的版本稍有不同。在这种残酷的生存环境下，神话故事总能给人们带来信心和慰藉。

美洲大陆的首批定居者充满了神秘感，他们经历了人类历史上最伟大的迁徙，却又鲜为人知，是当之无愧的无名英雄。两万多年前，地球正值末次冰盛期，最后一次冰期的冰川作用使极北地区陷入冰冻中，北半球地貌不断变化，环境极其恶劣。正是从这时候起，北美洲的先民开始了不为人知的迁徙。

根据某些学者的猜想，美洲大陆的首批定居者是渔民或勇敢的航海家，他们绕开西伯利亚和阿拉斯加之间的浮冰进入了北美大陆。然而事实并非如此。首批定居者是经由险恶的陆地地带进入美洲的，那里唯一的生存手段就是利用好一切食物资源，包括大型猎物、可食用植物、软体动物、海洋哺乳动物和鱼类。多年

69

以前，我写过一部关于首批美洲定居者的书，名为《伟大旅程》（*The Great Journey*）。本章对该书内容做了更新，并将沿海定居点作为重点讨论对象。

在考古学界，围绕美洲首批定居者产生的争议性问题最多。经过近一个世纪的科学探索，人们才从一大堆主张和反驳中确定了某些尝试性解释。一些考古学家、人类学家、植物学家、生态学家、遗传学家、地质学家、古生物学家及冰期甲虫专家共同进行了一项长期研究，结果发现，渔民确实是美洲的首批定居者之一。他们平常靠狩猎和采集为生，只有在鲑鱼洄游或其他鱼汛期间才去捕鱼。在人类历史上这次最重大和最复杂的迁徙中，渔民扮演了关键角色。

遗传学和冰期晚期的地理学告诉我们，人类是从亚洲东北部进入美洲的。冰期结束后，从日本北部到邻近的亚洲大陆，从千岛群岛到阿拉斯加沿岸，极北地区呈现了广泛的文化相似性。生活在这片广袤区域的人们开发了包括鲑鱼、海洋哺乳动物和熊在内的同样的资源，并且经常使用相同的捕鱼方式。这种文化和情感的联系一直持续到今天。

如前所述，日本北部的现代阿伊努人被认为是绳文人的后代，直到现在，阿伊努人仍然认为他们的文化与包括美国西北部沿岸原住民和北美爱斯基摩部落在内的北太平洋居民有着密切关系。

追踪远古猎人的迁徙足迹

从逻辑上讲，生活在日本北部的绳文人就是我们研究早期美洲移民的最佳着手点。绳文人拥有与众不同的陆地和海洋生活方式，他们不仅捕捞鱼类和软体动物，也捕猎和采集各种陆地动物和可食用植物。绳文人非常适应当地复杂的环境，其文化繁荣了一万多年。

他们的社会组织变得越来越复杂，与周边地区的联系也变得越来越紧密，我在第6章中就讲述了北海道北部的早期绳文群落是如何与西伯利亚阿穆尔河沿岸居民建立联系的。

从冰期晚期开始，繁殖大量鱼类的海藻床就广泛分布在环绕堪察加半岛的鄂霍次克海，以及西伯利亚和阿拉斯加之间因海平面降低而露出来的低洼平原附近。海洋哺乳动物和海藻鱼曾是太平洋和白令吉亚沿岸人们的一种重要食物来源。随着当地人越来越频繁地沿海岸线以及在海上寻找食物，他们从海上进入日本群岛的频率也不断增加。至距今大约1.2万年，千岛群岛首次出现了人类定居点。前面已经提到过，这些岛屿形成了一条岛链，一直往北延伸到堪察加半岛。如今，考古学家在千岛群岛的海湾和河湾的早期人类定居点发现了驯鹿的骨头和鹿角残骸，这意味着猎人肯定在堪察加半岛捕获了驯鹿，然后带着鹿肉返回千岛群岛。因此，在太平洋极东北端的整个沿海地区出现了无规律的文化接触，即便是天各一方的人群也在互相沟通。

具有绳文血统的人是美洲大陆的首批定居者吗？长期以来，学术界都持有这样一种观点：首批从西伯利亚来到阿拉斯加的都是捕猎大型动物的猎人。在人们的想象中，这样的猎人擅长把猛犸象困在沼泽当中，然后用长矛猎杀它们。实际上，那些划着独木舟或皮艇来到北美大陆，以捕猎海洋哺乳动物为生的猎人和沿海渔民可能从未这么做过。可以肯定的是，在末次冰盛期极度严寒的天气到来前，东北亚大部分地区的人类早就像绳文人和陆地群体那样采用了广泛的狩猎和觅食方式。而与美洲大陆首批定居者相关的最新看法同样认为，现实环境迫使住在北方的居民必须吃各种食物。美洲大陆的首批定居者有可能是像绳文人一样的杂食主义者，不过几乎可以肯定的是，绳文人不是美洲大陆的拓荒者。

一般观点认为，北美原住民的祖先是西伯利亚人的后裔，他们经由地势低平的大陆桥来到阿拉斯加。研究人员将现代美洲原住民居民的基因样本和一些古人类骨骼的基因结构进行了对比，结果发现所有美洲印第安人都来自一个单源群[①]。该群体有两个分支：一个分支是来自冰期大冰原南部的北美洲印第安人和中南美洲印第安人；另一个分支则是美洲大陆北部的内陆群体，如阿萨巴斯卡人（Athabaskans）、古爱斯基摩人（Paleo-Eskimos）和因纽特人（Inuit）。

遗传学认为，西伯利亚人和两个分支所包含的美洲原住民在大约2.3万年前进行了首次分化。距今约1.3万年，美洲原住民的祖先已经完全分化成南、北两个分支，前者包括如今的阿萨巴斯卡族祖先，以及奇帕维安族（Chipweyan）、克里族（Cree）和奥吉布瓦族（Ojibwa）等北方族群的祖先。

1996年，有人在华盛顿州的肯纳威克市发现了后来举世闻名的"肯纳威克颅骨"。它强有力地证明了古代美洲人与现代美洲部分地区的原住民之间存在基因延续性，而且这种延续性至少可以追溯到公元前6500年，也就是肯纳威克人生活的时代。在美洲人类祖先这一议题上，人们总是难以形成共识，但发现了肯纳威克颅骨后，考古学家便可以从遗传学角度明确指出：在1.5万～2万年前，即冰期晚期的某个时候，西伯利亚人曾向东迁徙。这为我们深入研究古人类迁徙及其生活方式打下基础。

这场迁徙始于2.1万年前。时值末次冰盛期，气候极端寒冷，气温比今天低大概5.1摄氏度，大冰原覆盖着北纬地区。地球普遍干旱，沙漠面积不断扩大而草原面积持续萎缩，动植物产量大幅下降以至于无法维持人类生存，人们不得不从如今的温带和半干旱地区迁徙到更温暖、水源更充足的地方。东北亚地区散布着一些末次

[①]进化分类学派将凡起源于一个共同祖先的类群叫作单源群。

冰盛期到来前形成的人类遗址，这表明早在 2.8 万～4 万年前，猎人们就进入欧亚大陆北部并适应了当地的寒冷天气，后来在距今 2.1 万～2.4 万年的时候，他们又因极度严寒而放弃了那里的大部分地区。

除了干旱和极度严寒，欧亚大陆赤地千里，大部分地区没有植被，人们无法找到生火用的木柴。现代实验表明，即使人们能以野兽咬死的猛犸象或死去的其他野兽四肢作为燃料，但他们还是需要一些木材才能生火。因此对于猎人们来说，唯一的办法是向南迁徙到条件依旧恶劣但气候比较温暖的地带（或冰期生物种遗区）。这才是人们迁徙的真相，虽然听起来似乎可能性不大，但是白令吉亚正中心就存在过这样一个冰期生物种遗区。

白令吉亚是北半球一片广袤的土地，从西伯利亚的勒拿河（Lena River）和上扬斯克山脉（Verkoyangsk Mountains）延伸至加拿大西北领地（Northwest Territories）的马更些河（Mackenzie River），南边与堪察加半岛接壤。因为当时的海平面远低于现在，所以冰期晚期的堪察加半岛面积要比现在大得多。古生态学家曾经指出：白令吉亚是一个苦寒之地，那里被从欧亚大陆延伸到阿拉斯加的大片干草和冻土带覆盖，浅水的河流谷地居住着极少量大型食草动物。那是一片干旱、狂风肆虐和尘土飞扬的土地，根本不适合人类居住。然而就在这块地球上最荒芜的土地上，出现了一小群来自西伯利亚以捕猎大型动物为生的猎人。

然而对白令海峡一些岛屿和海床进行岩心钻探后，考古学家推翻了白令吉亚曾是苦寒之地的说法。

在末次冰盛期，虽然白令吉亚很多地方确实非常干旱，但大部分地区的气温与现在相差不大。白令陆桥非但不是不毛之地，反而表现出丰富的生物多样性。那里气候温和，西边是极端寒冷的东北亚大陆,东边则是覆盖了北美洲大片土地的巨大冰原。大陆桥的草原植物群落养活了许多大型哺乳动物,其中很多动物在几千年里一直都是西伯利亚西部和欧亚大陆冰期人类的猎物。

令人想象不到的是,位于北纬60度以上的白令陆桥中心居然变成了冰期生物种遗区。研究人员在现已被海水淹没的陆桥表面发现,那里曾生长过灌木冻原①植被并且零星分布着一些树木。这种地貌与如今西伯利亚和阿拉斯加的情况形成鲜明对比,后两者要么被冰层覆盖,要么极其寒冷。白令陆桥之所以能够成为生物种遗区,完全要归功于北太平洋环流。北太平洋环流与墨西哥湾暖流十分类似,后者使苏格兰部分地区生长出了棕榈树,而前者为白令陆桥的中心营造了更潮湿、更温暖的气候环境。

人类是否从末次冰盛期开始就已经居住在这个生物种遗区了?答案是肯定的,但它并非来自已知的考古遗址,而是来自现代人的遗传数据。现代美洲原住民是冰期生物种遗区族群的后代,他们在末次冰盛期与西伯利亚大陆的祖先隔绝,其中的许多群落于最寒冷的几千年里在白令陆桥狩猎和采集植物。

1.6万~1.7万年前,随着气候的逐渐变暖,整个白令吉亚的动植物数量猛增,人们由此得以开拓此前不适宜居住的地区。他们沿着不断扩大的灌木冻原带向东和向西迁移,一部分回到西伯利亚,还有一部分进入了阿拉斯加。白令海峡两侧地势较高的区域有几处考古遗址,它们证明了人类曾在1.4万~1.5万年前到过那里。在美洲大陆那一侧,巨大的冰原覆盖着从大西洋沿岸到太平洋岸边的北美绝大部分北部区域,人们的移动距离取决于冰原的消退速度。这种设想被称作"白令陆桥滞留假说",它认为当时通过白令陆桥迁徙

①冻原是由耐寒的北极和北极-高山成分的藓类、地衣、小灌木及多年生草本植物为主组成的植物群落。整个冻原的普遍特点是地下有永冻层。

的人类数量可能多达 1 万人，但滞留于陆桥生物种遗区的人数可能比该数字要少得多。迄今为止，"白令陆桥滞留假说"尚未得到验证，不过从已知证据来看，它似乎与事实吻合。

　　所有迹象均表明，在气候变暖的几千年里，零星散居在东北亚和阿拉斯加的人类族群流动性极强。他们大多使用轻便的工具包，并用锋利的小石片（即薄刀片）制作便携式武器上的倒刺，这反映出当时的人类需要经常迁徙，而且要在食物和水资源极其分散的干旱地带获取各种食物。也是在这个时期，一些族群开始使用相当复杂的骨制品和象牙制品。在堪察加半岛的乌什基 1 号遗址，俄罗斯考古学家尼古拉·迪科夫（Nikolai Dikov）发现了一座保存较差的墓穴和几座可追溯至 1.3 万年前的建筑物。他在现场发现了能致命的石矛头、鸟骨和一些鲑鱼的残骸。那些动物都是被人们手持精心制作的骨制和象牙工具捕捉的，但遗憾的是，它们都没有被完好地保存下来。

　　大约 1.5 万年前，这个定居点开始重建。那时白令吉亚大部分地方的夏季平均气温正在上升，甲壳虫化石就是最好的证明，因为它们对温度和湿度的升高非常敏感。温度和湿度的变化使得灌木冻原带逐渐消退，山毛榉和杨树开始零星繁殖。大概在同一时期，很多体型较大的食草类哺乳动物已经完全灭绝，包括猛犸象和早期的野马。

　　在阿拉斯加一侧，公认的早期遗址非常罕见。大约在 13 800 年前，湖泊水位上升，灌木冻原带在阿拉斯加山脉北麓蔓延，人类开始零星地出现在白令吉亚东部。

　　考古学家在阿拉斯加中部的塔纳诺盆地发现了 3 个人类遗址，其中最早的遗址可以追溯到 13 400 ～ 14 000 年前。考古学家在遗址中发现了由小石片制成的薄刀片，它们与来自西伯利亚遗址的薄刀片大致相同。塔纳诺的其中一个遗址被称为"骨折的猛犸象"，那里出

土了一些大型动物、小型动物和鸟类骨骼，还有少量快腐坏的鲑鱼
残骸。塔纳诺盆地的居民捕猎和采集各种动物及植物，鱼类在他们
的饮食中只扮演一个微不足道的角色。可能只有在鱼类产卵的季节，
他们才会进行机会性捕捞，尤其是捕捞很容易捕捞到的鲑鱼。从这
些遗址和堪察加半岛的乌什基 1 号遗址判断，第一批阿拉斯加人捕
猎和采集各种动植物，譬如驯鹿、麝牛、麋鹿、各类小型哺乳动物、
鸟类和鱼类肯定都是他们的食物。

在人类首次定居白令吉亚和美洲大陆的过程中，鱼类捕捞扮演
着什么角色？人类离开白令吉亚种遗区的原因包括气候变暖、生态
生产力提升、不断上升的海平面淹没了低洼地带，以及采猎者为寻
找觅食机会而强烈地想要无休止地开拓新领地。此外，白令吉亚居
民之前生活在一个复杂、干旱、多风的环境中，并且与外部隔绝，
因而更愿意离开那里。大约 11 600 年前，白令陆桥完全消失，同时
海平面继续上升，河谷被海水淹没，形成沿海浅水区。对于鱼类和
软体动物来说，浅水区为它们提供了绝佳的生存环境，其中海藻床
大肆繁殖的区域尤其适合鱼类和软体动物生长，并可能是鲑鱼洄游
之地。美洲第一批居民会不会是沿海捕鱼的渔民，而不是此前所假
设的猎人？

从理论上讲，白令陆桥沿岸应该盛产各种各样的海洋生物，包
括海洋哺乳动物，但实际上陆桥周边水域常年冰封，除了夏季那几
个月以外，船只根本无法航行。居民们可以在岸边捕捞洄游产卵的
鱼类、采集软体动物，但如果要正儿八经地出海捕鱼或捕捞海洋哺
乳动物就得乘船。

陆桥上只有低矮的灌木，人们只能以兽皮筏子作为出海捕鱼的
工具。爱斯基摩人的远古祖先使用的是一种单人划艇，它速度快、
易操控，非常适合在海上航行。有充分证据表明，千岛群岛的阿伊

努人和白令海峡的爱斯基摩人后来都是专业的海上渔民。极北地区的渔民存在诸多共性，使人联想到白令吉亚的居民也有可能是渔民。但有一个问题依旧没找到答案：冰期结束后，人们是从什么时候开始注重海洋捕捞活动的？

毫无疑问，白令吉亚的第一批居民很清楚哪些海洋哺乳动物、洄游鲑鱼或其他生长在近岸海藻床的鱼类可以捕捞。至于他们是在一年中的某些季节以机会主义的方式获取这些食物，还是系统地、有组织地进行捕捞，这依旧是个未解之谜。从零星的考古证据来看，白令陆桥上的第一批居民是杂食性猎人，他们会在适当的时候吃鱼和软体动物。假设渔民们乘坐兽皮筏子来到阿拉斯加，建立了人类在美洲的首个定居点，那么现有的少量证据刚好能够为该假设提供最大支持。

人类在阿拉斯加捕捞鲑鱼的已知最早证据来自上阳河遗址（Upward Sun River Site）。该考古遗址不在沿海地区，而是处于距离育空河 ^① 河口约 1 400 千米的地方，上阳河就在那附近汇入塔纳诺河。考古学家从一处大约在 11 500 年前建造的建筑物灶台中发掘出了鱼骨，而这些鱼是人类进入阿拉斯加很久以后才捕获的。研究人员从鱼骨中抽取了 DNA，并使用稳定同位素分析法对鱼骨进行检测，最终确定它们属于大马哈鱼。

大马哈鱼属于北太平洋物种，它们会沿着白令海峡两边的阿穆尔河和育空河向上洄游很长距离，也会在朝鲜和日本水域产卵。即便是在南方的加利福尼亚州，大马哈鱼也是一种知名鱼类。每年 6 月和 8 月，它们会沿着阿拉斯加的河流洄游产卵，这种习性显然从

①育空河，北美洲的大河之一。发源于加拿大育空地区和不列颠哥伦比亚省交界之处，先向西北流，经加拿大育空地区，至美国阿拉斯加州育空堡（FortYukon 附近，转向西南流），最后注入白令海峡诺顿湾。

冰期结束甚至更早的时候就开始了。大马哈鱼的洄游有规律可循且数量极多，对于经常迁徙的采猎者来说，它们是理想猎物。毫无疑问，捕捞洄游的大马哈鱼是一种季节性活动，这使得人们只能将捕捞到的鱼晒干或熏干，留待日后食用。

上阳河遗址的堆积物中还保存着地松鼠、松鸡以及其他鸟类和哺乳动物的骨骼，这幅景象在某种程度上与早前的白令吉亚遗址相类似。当地居民也是杂食性猎人，他们因地制宜，在产卵季节捕捞大马哈鱼，因为这种鱼不但产量丰富，而且活动很有规律。传统意义上的渔民以鱼类为食，基本上不吃其他食物，但上阳河的居民并非这种渔民，因为集约化捕捞、排除其他狩猎和觅食活动的时代远未到来。

对于北美大陆极北地区第一批居民的生活景象的合理猜测就这样渐渐浮出水面。他们可能在白令吉亚的生物种遗区居住过。随着海平面的上升，陆桥中部的低洼地带被海水淹没，这些居民便同时向陆桥的东西两端迁移，并在大约 1.5 万年前进入美洲大陆。他们所使用的石器工具包括装在木柄上的矛头。它们与堪察加半岛和阿拉斯加发现的矛头类似，但可能不是较晚时期的薄石片。

我们对美洲的第一批定居者所知甚少，只知道他们完全具备了捕获洄游鲑鱼的能力。在后冰期时代，白令吉亚的气候逐渐稳定，擅长使用石刀片的白令吉亚居民也开始追随首批定居者的脚步。迅速变暖的气候使昔日的大型哺乳动物逐渐灭绝，而各地的猎人却适应了这种气候。他们之所以能够生存下来，关键在于他们不仅捕猎大型动物，还捕捉小型动物和寻觅其他各种食物。随着大型哺乳动物的日益减少，水鸟和鱼类在他们的日常饮食中变得越来越重要。

这就是北美洲渔业起源的核心所在。数千年前，在非洲等地，捕鱼是一种带机会主义色彩的活动。在北美洲也同样如此，那里的人们只有在机会来临时才会捕鱼。随着北方的气温升高，鲑鱼到了产卵时节便挤满了河流，渔业捕捞也显得越来越重要，在新仙女木期 ①（Younger Dryas）之后尤其如此。大约 1.1 万年前，地球在冰期结束后又经历了 1 000 年的寒冷期，冻原覆盖了北半球——这就是新仙女木期。

在末次冰盛期，白令陆桥的南部海岸或许已经盛产鱼类和软体动物，而人们可能也普遍掌握了捕捞知识，尤其是与捕捞鲑鱼这种溯河产卵鱼类有关的知识。但是，这些猎物很可能是机会性食物，而不是驱使人们沿着白令海岸线迁徙到阿拉斯加的动力。随着气温变暖，人们开始习惯沿着刚刚被海水淹没的海岸和江河入海口生活，也正是这时，鱼类和软体动物终于成为白令海峡、阿留申群岛（Aleutian Islands）、阿拉斯加东南沿海以及美国西北部一带居民日常饮食中的主要食物。

人类何时开始使用适合在北极水域航行的皮筏？这些皮筏又是如何发明出来的？这两个问题可能永远无法找到答案，那些远古时代船只的残骸早已不复存在。用兽皮做过简单容器的人都知道，皮质容器是防水的，而且能够漂浮在水面上。气候变暖后不久，这种简易皮筏可能已经常常出现在阿穆尔河以及堪察加半岛和千岛群岛的河谷里。没有它们，人们不可能在多变的沿海环境中展开密集捕捞活动。另外，在风平浪静的日子里，人们划着皮筏出去捕鱼或捕猎海洋哺乳动物的时候也难免会壮起胆子朝远方海域前进，尤其是在他们能看到目的地的地平线的时候。

---

①新仙女木期，指距今 11 500～12 800 年的一段持续 1 300 年左右的冰期。在此之前地球一直处在温度逐渐升高的间冰期中，由于突然发生了新仙女木事件而导致全球气温骤降，北极冰川南侵。这一时期的得名来自欧洲北部仙女木属的一种植物，该物种本生活在寒带地区，而对格陵兰冰川的研究却发现，新仙女木期时在低纬度地区都能发现该物种的花粉，从而表明当时气候寒冷，该物种大肆南侵。

我们可以合理假设皮筏制作技术从北方传到了阿拉斯加，但是皮筏制作知识的传播速度可能比皮筏本身更早一些。猎人们的主要活动范围还是陆地、河岸或湖岸，所以专业的划桨和捕鱼知识一时还派不上用场。这些环境比波涛汹涌的海洋要温和得多，海上时常出现的强风巨浪非常危险，而且冰冷的海水足以在几分钟内冻死一名游泳者。大约在白令陆桥最终消失前后，白令海峡两岸的猎人才开始花更多时间出海捕鱼，那些捕鱼知识终于被付诸实践了。而诸如南方阿留申人（Aleutian）的文化中，甚至连年幼的孩子也把平时的大部分时间花在皮筏上。这些族群的大部分食物来自海洋和蕴藏丰富资源的江河入海口，那里的浅水区出现了洄游产卵的鱼类和大量软体动物。

揭秘人类南迁之谜

北美大冰盖向南延伸至五大湖[①]和西雅图地区。大约 3 万年前，北美洲西边的科迪勒拉冰盖和东边的劳伦太德冰盖合并在一起，使人类在接下来的几千年里都无法进入南部地区。直至 1.3 万年前，冰川消融，两块巨大的冰盖之间形成了如今众所周知的无冰走廊，人类才终于等到了从陆地向南迁徙的机会。不过，早在大约 1.8 万年前，科迪勒拉冰盖已经远离西北太平洋海岸，向内陆退却，给人类留下一条潜在的沿海路线，让他们直达无人居住的南方大陆中心。

种种迹象表明，北美冰盖消退后，少数人类定居者迅速向南迁移，进入北美洲的心脏地带。这些 1.1 万年前的北美洲定居者留下的考古学遗迹极少，主要是一些短暂停留之地。在他们的早期营地附近通常会有水源或有便于猎杀和屠宰的大型哺乳动物出没。

---

①位于北美洲中东部，美国和加拿大之间。

冰盖南方的地貌与北方截然不同，气候也比北方暖和，食物的种类和数量当然也比北方多很多。北美洲、中美洲和南美洲的人类定居点数量急剧增加，至晚在 1.3 万年前，零散的狩猎群体已经深入至远在南方的巴塔哥尼亚地区。

毫无疑问，在这些拓荒者中，有些人以鱼类为食，但这些移民的行进路线却存在诸多争议。他们是否跨越了内陆的崎岖地带，然后穿越两块巨大冰盖之间狭窄的无冰走廊，在食物匮乏的情况下深入到北美洲的中心？考虑到当时当地土地的人口承载力很低，我们可以猜测他们出于猎人对资源贫瘠地区的本能反应，一定会迅速离开北方。又或者，他们是否沿着阿拉斯加东南沿海和加拿大的不列颠哥伦比亚省海岸线缓慢迁移，到达美国西北部较为温暖的环境后再朝内陆行进？

1.7 万年前，科迪勒拉冰盖的西部边缘正在逐渐消融，从太平洋退向内陆，大面积的大陆架开始显露出来。显然，该大陆架曾经支撑着灌木冻原带，直到上升的海平面逐渐将其与人类沿其边缘建造的定居点淹没。毫无疑问，有些人类群体居住在裸露的低洼地带。周围地势较高的岛屿把沿海大部分区域变成了封闭的水域，其海峡和江河入海口盛产海洋生物。或许正是在这里，即北太平洋东岸，船只终于派上用场。尤其是在人类进入森林密布的美国西北部地区之后，它们变得更为重要。人们用树干挖出独木舟的船体和高高翘起的船首与船尾，再仔细地用强韧的植物纤维将船身两侧的木板扎起来。这种独木舟特别适合捕鱼，特别是大比目鱼这类当地水域盛产的大型底栖鱼[①]。

人类第一批沿海定居者以多快的速度到达诸如夏洛特皇后群岛（Queen Charlotte Islands）等不列颠哥伦比亚省北部地区？他们具体

①底栖鱼主要是指在海洋底层附近生活的鱼类。

在什么时候抵达那里？这两个问题都没有确定的答案，其原因根本不在于那里的海岸无人居住，而在于他们的村庄现在已经被海水淹没。考古学家只在地势较高的地方找到了他们到过该地的蛛丝马迹，但在沿海却没有发现 13 300 年前的人类遗址。海达瓜依群岛有两个大约 12 800 年前的山洞，但里面没有鱼骨。

基尔吉瓜依遗址（Kilgii Gwaai）位于莫尔斯比岛（Moresby Island）和昆吉特岛（Kunghit Island）之间的潮间带①，早在 10 700 年前就有人居住。人们在那里捕捞大比目鱼和蛇鳕等栖息于礁石中的鱼类，并捕猎海洋哺乳动物。公元前 7200 年左右，已经懂得使用石刀片的人类占据了阿拉斯加东南区（Southeast Alaska）威尔士王子岛（Prince of Wales Island）北面的"屈膝洞"（On-Your-Knees Cave）。考古学家用稳定同位素分析法对洞穴中发现的人类遗骸进行分析后发现，穴居者的日常饮食中富含海洋食物。人类在上述洞穴短暂居住过，这是否意味着一小部分人从白令吉亚沿着太平洋沿岸向南迁徙？从加利福尼亚州南部的海峡群岛（Channel Islands）的阿灵顿温泉遗址（Arlington Springs）来看，这种观点是站得住脚的。

阿灵顿温泉遗址位于圣巴巴拉海峡上的圣罗莎岛（Santa Rosa Island），其历史可以追溯到大约 1.3 万年前，考古学家从那里挖掘出了鸟类、鱼类和海洋哺乳动物的骨骼。当时，太平洋风浪较少，人们可以从陆地出发，经由一系列相对短距离的水域到达圣罗莎岛。圣巴巴拉海峡拥有天然的上升流，后来形成了极其富饶的沿海渔场，而人类遗址的出现表明人类定居者可能非常依赖鱼类，所以选中了那个地方作为定居地，或者在那里短暂逗留了一段时间。总之，阿

---

①潮间带，指平均最高潮位和最低潮位之间的海岸，也就是从海水涨至最高时所淹没的地方开始至潮水退到最低时露出水面的范围。潮间带以上，海浪的水滴可以达到的海岸，称为潮上带。潮间带以下，向海面延伸至约 30 米深的地带，称为亚潮带。

灵顿温泉遗址是人类快速向南方迁徙的明显标志。

这种快速定居的模式也扩展到了南美洲，尤其是那些拥有得天独厚自然条件的热带沿海地区。考古学家在秘鲁北部沿海的瓦卡普里塔遗址（Huaca Prieta Site）发现了人类居住过的痕迹，时间可追溯到大约1.4万年前。该遗址距离内陆至少20千米，那时的居民们捕捞各种各样的鱼，包括像鲨鱼这种可怕的大鱼，同时也吃海洋哺乳动物、螃蟹和软体动物。1 000年后，在秘鲁南部沿海形成了另一个也盛产鱼类和蛤类的人类定居点：克夫拉达哈瓜依（Quebrada Jaguay）。南美洲的人类数量可能很少，但渔场却极其富饶。只要有简易的筏子，人们就可以在沿海的海藻床捕捞鳀鱼。食物如此丰富，肯定有不少居民在那里永久定居，因为人们不会愿意去极度干旱的内陆探险。

有一种观点认为，人类定居美洲大陆的进程始于杂食性采猎者离开白令吉亚，前往地势较高的地区居住。在此之后，他们迅速向南迁徙。其路线分为两条，一条沿着海岸线迁徙，另一条则沿着内陆迁徙。至于采用哪条路线，取决于迁徙者的传统知识架构中是否包含了丰富的造船技术和捕捞技术。这种观点似乎很有道理。作为一种维持生计的手段，捕鱼起初带有浓重的机会主义色彩，即只有机会出现时，人们才会去捕鱼。后来，捕鱼活动发展到了一个新高度，杂食性猎人开始寻找品类繁多的食物，因此小型猎物、可食用植物、鱼类和软体动物成了他们的新目标。最终，富饶的渔场和人类的智慧结合在一起，孕育出美洲大陆上更加复杂的社会。

第7章

海狮皮艇上的美国西北部渔民

住在阿拉斯加沿岸的居民是从何时开始重视捕鱼和捕杀海洋哺乳动物的？没人知道答案。阿拉斯加的第一批定居者是从何时开始离开大陆，乘船深入阿留申群岛的？我们同样不知道答案。大约9 000年前，现代阿留申人的一些远古祖先居住在阿南古拉岛（Anangula），这个小岛距离乌姆纳克岛（Umnak Island）西岸约2.4千米，远离阿留申群岛中部。小岛上居民不多，房子一半建在地上、一半建在地下，人们都从屋顶进出房子。周围的大海风急浪高，因此建造这种半地下房屋是合理的。当地可长期获取的食物只有鱼类、软体动物和海洋哺乳动物。这些动物的数量很多，即使到了19世纪，渔民也能在阿南古拉岛附近捕到重达136千克的巨型比目鱼。

在温度如此低的水域捕鱼，渔民不仅要熟练掌握划皮艇的技术，还要穿上能够抵御刺骨寒冷的衣服。渔民们能否活着回家，取决于阿留申妇女及其祖先的缝纫技巧。她们用磨得很细的骨针穿上海狮或海豹的肠子制成的线缝制皮衣，将皮衣的脚踝和手腕处绑紧，并用三四十只鸬鹚或角嘴海雀的皮制成鸟皮防水服。这种衣服可以穿两年之久，如果把这种皮绑在小艇驾驶舱周围，那么划桨手和小艇就不怕被水打湿了。

阿留申人一生中的大部分时间都是在海狮皮制成的皮艇里度

过的，他们在六七岁时就开始学习操纵这种工具。慢慢地，他们习惯了在波涛汹涌的水面上划船，并且很快就掌握了用鱼叉捕鱼和海洋哺乳动物的技能。古阿留申人所吃的食物几乎完全来自太平洋和湍急的河流。他们经常划着皮艇去近岸和深海水域去捕鱼和狩猎。他们的方言多与海洋有关，其中包含了数十个关于风和浪的词语。数千年来，作为世界上最擅长捕鱼和捕杀海洋哺乳动物的社群之一，阿留申人不费吹灰之力就适应了多变的气候条件以及鱼类和海洋哺乳动物难以捉摸的迁徙规律。

对文化的一致认同是阿留申人的生存之道。他们为自己生活的环境赋予了强大的精神意义。他们相信动物和人类的灵魂永恒不朽，当这些躯壳死去后，灵魂将重新借助野兽或人类的身体返回世界。这种灵魂的循环再生理论是阿留申人信仰的核心，他们坚信新生事物将继续滋养自己的社群。

阿留申人的海上经济与文化

阿留申人重视血缘关系。无论是个人还是团体，只要能够拥有最多的财富和家族人数并掌握最重要的食物来源，就能享有崇高的社会地位。阿留申群落基本上是一个村落社会，尽管有很多村庄结成范围更大的政治联盟，但关于这些联盟的细节，我们无从得知。阿留申人经常与附近岛屿的邻居或科迪亚克岛和阿拉斯加半岛东部的居民进行非常规战争，有时候是因为他们觉得对方侮辱了自己，有时候则是为了奴役对方。科迪亚克岛上留下了阿留申渔民和猎人为了捕捞洄游鲑鱼和捕猎海洋哺乳动物而精心搭建的定居点，其中大部分房子建造于大约 2 000 年前。

这些岛屿周围食物资源丰富，所以，千百年来，许多定居点都仍断断续续地被人们使用着，有些于公元前 2000—公元 1000 年都在用，比如位于阿拉斯加半岛莫勒港（Port Moller）的温泉遗址，那里的大量房屋都是半地下式的。大约 2 000 年前，阿留申群岛变得越来越拥挤，科迪亚克岛尤其如此。在接下来的几百年里，海洋生活的精神基础变得愈加重要，其支柱是强大的萨满教，神话和口述传说则在其中起到了添砖加瓦的作用。各个村落在经济、政治和社会建设方面展开比拼，那些德高望重的村落领导人赢得了权力和威望。然而，即使是规模最大的科迪亚克社群和阿留申社群，也从未产生能够反映南方崎岖海岸线复杂文化面貌的精致艺术品。

数千年来，对以捕鱼和捕猎海洋哺乳动物为生的社群来说，从阿拉斯加到哥伦比亚河的西北沿海区域一直都是富饶的渔场和唾手可得的大量海洋哺乳动物聚集地，最初在那里定居的杂食性采猎者深知这一点。那里还有岩石嶙峋的岛屿、森林密布的海岸线、错综复杂的江河入海口及河流湍急的峡湾。当时，西伯利亚以东的太平洋北部沿岸居民已经知道了几十种鱼类，包括有些重达 250 千克的比目鱼，在产卵季节塞满河流的 5 种以上的鲑鱼，还有蜡鱼、鲱鱼和其他成群出现在沿海水域的小型鱼类。此外，那里的软体动物、水鸟、陆地动物和可食用植物也非常丰富，人们一年到头都不用担心食物来源。

海边生长着大量雪松、铁杉、云杉等树木，由诸多岛屿组成的群岛保护着大部分崎岖的海岸并为人们乘独木舟出海提供了畅通的水道，虽然那里经常出现湍急的潮汐流。潮湿的海岸环境孕育了丰富的天然物质，由此形成一种精细的捕鱼技术和物质文化。雪松、冷杉和云杉等松软的直纹木材很容易被劈开，抛光的石斧、扁斧、楔形物及贝壳制成的刀片可以对其进行加工。美洲大陆西北沿海的木屋举世闻名，它们的墙壁和屋顶就是用这些树木加工而成的板材搭建的。为了在富饶的水域中捕鱼，当地居民还将整棵树的中间挖空，制成最重要的捕鱼工具——独木舟。

尽管资源丰富，但数千年来沿海人口仍然非常稀少，其根源可能在于迅速变化且持续改变沿海地貌的海平面。直到公元前 4000 年左右，海平面才稳定在近现代的海拔。1 000 年后，沿海人口不断增多，人们逐渐在贝类栖息带进行密集采集，同时加强捕捞活动。到了公元 1 世纪，当地渔民开始采用大量简单技术捕捞各种大小鱼类。很多早期到达美洲的欧洲人都曾对当地人的捕鱼技巧发表过评论。1885 年，美国海军军官阿尔伯特·尼布拉克（Albert Niblack）考察了这个地区后写道："在捕鱼技巧方面，我们几乎没有什么可以教给印第安人的。"

在更加往北的水域，大比目鱼占据着重要地位。它的平均重量超过 14 千克，如果采用钩子和渔线的话，人们有时候能够捕到重达 91 千克的大比目鱼。大比目鱼属于鲽科，是比目鱼中体型最大的一种。它的两只眼睛长在右侧，身体右面为深褐色，左面为灰白色。幼鱼会像鲑鱼一样四处游动，此时头部两侧各有一只眼睛，但 6 个月后，其中一只眼睛开始移位，越过头顶与另一只眼睛长在一起，与成年比目鱼无异。大比目鱼是一种杂食性鱼类，喜欢待在浅水区，但它们大部分时间都生活在距离水面几百米的海床附近。

大比目鱼发育成熟后，风生海流 ① 把它们带到水位较浅的大陆架，乘着独木舟的古代渔民就在那里把它们钓上岸。渔线和饵钩是钓大比目鱼的必备工具。当地的许多原材料都可以用来制作结实的渔线，包括巨藻（一种常见于沿海潮间带大部分区域和阿留申群岛的海藻）。巨藻的实心部分可形成一个长达 24 米的茎干，在淡水中浸泡之后，它会变成一根结实的丝状线，可以拉长，也可以扭成

①风生海流又叫风生流、吹流和漂流，是由风对海面作用的切应力所引起的海流。

一束。妇女们把较短的线打上结，变成长长的一卷线，用它来钓深海里的鱼。她们还将雪松的内树皮搓成特别适合钓大鱼的坚韧渔线。这种线被精细加工之后，还可以用来编织渔网。

　　鱼钩的制作需要精湛技艺，而用蒸软的紫杉、云杉或铁杉树制成的用于钓大比目鱼的鱼钩堪称艺术品。这种鱼钩的设计独具匠心，它能使大比目鱼的嘴不会张得太大，每次只咬到鱼钩上的鱼饵部分。制作鱼钩的工匠会精心挑选坚韧的木材，他们通常使用树枝与树干相连的接头处作为原材料，还用雪松树根将一块锋利的骨制倒刺绑在鱼钩上，鱼只要咬上一口就必死无疑。渔夫通常会在渔线上加点儿重量，然后把鱼钩悬挂在一棵小树苗的两端，这样它就会在海底保持静止状态。最后，渔夫在水面上放一个巨大的浮漂，标记渔线随海浪漂浮的距离。

　　很多擅长钓大比目鱼的渔夫喜欢把几个大型鱼钩绑成 V 字形，然后在 V 形钩的一面雕刻具有象征意义的图案，比如一条章鱼或魔鬼鱼，渔夫们将这些常被当作鱼饵的鱼看作自己的精神助手。鱼钩的另一面没有任何装饰性图案，它是用来刺穿鱼嘴的。V 形钩的优点是若一面坏了，另一面可以替换使用。在考古遗址出土的许多鱼钩上都有咬痕。显然，大比目鱼上钩时仍在猛咬鱼钩，直至被渔夫用渔线拽出水面。鱼钩和渔线被抛入水中后，浮漂会标记它们的位置，一个人可以同时照看五六条这样的渔线。鱼咬饵后，渔民会留出足够的时间，待鱼完全咬住鱼钩再把它拖上船。这个过程相当危险，因为如果鱼太大的话，独木舟很容易沉没或侧翻。

　　鲑鱼则是阿留申人的另一种主食。每到春秋两季，渔民们就能捕捞到数以千计的洄游鲑鱼。为了大规模捕捞鲑鱼和鲱鱼，很多地方的居民在浅水区域建造了鱼梁。许多鱼梁建在潮间带的海床上，由一排排长长的木桩组成；木桩与木桩之间安装了可移动格网，每个季节都会更换一遍。鱼梁设有入口，它们通向并排放置的狭长鱼笼，鱼进去以后就无法调头出来。还有些鱼梁建在河流的浅水区，有时候渔民将它们以一定的角度放置，引导鲑鱼进入预先设好的鱼笼。这种捕鱼方式在很大程度上源自渔民们对鲑鱼随潮水洄游规律的了解。海水涨潮时，鲑鱼会顺着潮水从鱼笼上方游过；退潮时，鲑鱼会被潮水带入鱼笼。当鲑鱼逆流而上前往产卵地时，它们迫不及待地想游过河流中的每一个障碍物，而渔民们恰恰利用了鲑鱼的这种心理将其捕获。

绝大多数鱼梁属于整个村庄，这说明建造鱼梁需要大量人力，有时还会产生一些复杂的政治矛盾和社会矛盾。下游村民往往先于上游村民收获鲑鱼，因为只有当下游村民捕捞到足够多的鲑鱼时才会打开鱼梁，让鱼游往下一个村子。无论是否有意，这种做法都可能引起上游村民的抱怨甚至愤怒。

鱼梁有多种样式。有些鱼梁适合在湍急的河流中使用，有些鱼梁适于捕捉跳跃的鱼类或将它们困住以便渔民从容不迫地用长矛刺鱼。还有些鱼梁横跨水位较浅的河流，不设任何开口，只在河面上搭建以结实的三脚杆固定住的平台。渔民可以站在平台上用长矛叉鱼，或者用捞网把这些晕头转向的鱼一网打尽。

当然，渔民并非完全靠季节性洄游捕捞鲑鱼。在避风的海湾和河湾，渔民坐在独木舟上用长线钓鱼，照样能够捕到大量鲑鱼。渔民们先捕来一些小鱼，作为诱饵穿在鱼钩上，然后将带有铅锤的渔线牢牢系在船桨上，如此一来当他们划船的时候，鱼饵也在不断地移动，仿佛那条小鱼还活着。鲑鱼跃出水面想咬住鱼饵，却被渔民迅速用船桨拍打到船上。

渔民们还精心制作了前导线。为了起到隐蔽作用，前导线的材质通常是由妇女的长发、轻质鹿皮或雪松树皮捻成的细线制作而成。钩子本身很细长，而且非常致命。渔民还会使用铁板钩对付大批洄游的鲑鱼。待这种钩子钩住鲑鱼，渔民就迅速将猎物拽出水面。

在美国西北部，用长矛捕鲑鱼是一门艺术。人们通常用一根酷似鱼叉的长矛刺鱼。鱼被刺中后，矛头会从矛柄上掉下来，但仍通过一根线与矛柄相连。鱼叉对于捕获体型较大的鱼类最为合适，水越清澈，成效越好，因为渔民可以观察猎物，使倒刺更牢固地插入鱼的身体。相比之下，捕猎较小的鲑鱼时使用普通长矛最有效，尤其是当鲑鱼被鱼笼或鱼梁集中在一起的时候，渔民可以在数秒内迅速刺中鱼，然后将其扔到岸上。三齿鱼叉是一种最致命的长矛，它们也被古代斯堪的纳维亚半岛的渔民使用。这种矛装有倒钩，能够牢牢地把鱼钩住，特别适合渔民在浅水中以垂直角度刺鱼。美国西北部的渔民会乘独木舟或站在浅溪的岸边用长矛刺三文鱼。他们也会在湍急的河流上设置平台，将鱼叉起来，甩到独木舟或岸上。

美国西北部的主要河流也盛产鲟鱼。与多瑙河的鲟鱼一样，美国西北部的鲟鱼体型长、重量大。到了冬季，它们会变得行动迟缓，懒洋洋地躺在深水里不想动，因此在一年当中最冷的几个月，渔民们会将双头鱼叉绑在长杆上捕鲟鱼。有时候，渔民会让体型巨大的鲟鱼把独木舟拖去深水区，同时在船边绑上一块沉甸甸的石头，这样可以拖慢船的行进速度。最终，鲟鱼累得再也游不动了，就会慢慢沉入河底。待渔线变得垂直，渔民用几把鱼叉刺鱼，然后将其拖出水面，用棍棒打晕。接着，渔民熟练地将独木舟侧向一边，把鲟鱼拖上船，最后将鱼带进船舱的水再舀出去。每年四月份到夏末正是鲟鱼产卵的季节，大量鲟鱼进入浅水区，等候它们的是渔民建造的水坝、渔网和鱼叉。很多渔民在晚上捕捞鲟鱼，因为鲟鱼的体表会在黑暗中发出磷光，即使到了较深的水域，人们也很容易根据磷光追踪其去向。

类似于鲱鱼这种体型较小的鱼类通常会成群结队地洄游，每年三月初，无数这类小鱼聚集在靠近海岸的地方，并在那里停留三周左右时间。每到此时，渔民家庭倾巢而出，丈夫和妻子一起乘坐独木舟出海捕鱼。独木舟上配备有用火硬化过的木耙，其耙钉由硬木、骨头甚至是鲸须制成，长长的耙柄则用雪松木加工而成。行动时，妻子驾驶独木舟，丈夫则站在船头，动作灵巧地将木耙扫过密密麻麻的鲱鱼群，就像秋风扫落叶般刺中很多鲱鱼或香鱼。

太平洋细齿鲑通常也被称为蜡鱼，是另一种重要的渔业资源。细齿鲑体型较小，同样属于溯河产卵鱼类，其幼鱼在海洋中生活，成年后冬末初春时节返回淡水产卵。它们爱吃浮游生物，常出现在阿拉斯加东南部至加利福尼亚州北部一带沿海。印第安人既喜欢吃新鲜的细齿鲑，也喜欢吃鱼干。它们于每年深冬洄游到海岸附近时就会成为最受当地人欢迎的食物。

绝大多数蜡鱼富含油脂，可以用来熬油。渔民把长长的细孔渔网绑在木杆上，然后将杆子插入河底。涨潮时，成千上万条细齿鲑会顺着湍急的河水游进网里。妇女们在河边的小营地就地加工刚刚捕捞上来的鱼。她们将鱼扔进用木头盖着的大坑中，留它们在里面发酵一段时间。发酵时间视天气而定，有时可达三周。当她们觉得鱼已经发酵好时，就把鱼拿出来放进曲木盒子或者渔民的独木舟里，然后往盒子或独木舟里倒水，再放入加热过的石头。接着，她们将鱼放入水中一边慢煮，一边不断搅拌，使油脂和鱼肉相分离。几小时后，混合物开始凝固和冷却。妇女们先撇出油脂，然后将残渣撬出来或挤到编织篮里。蜡鱼油是一种非常珍贵的商品，通常被销往沿海和内陆。人们将蜡鱼油用作百搭的佐餐配料，甚至用来储藏干浆果，留待冬天食用。

绝大部分捕鱼活动都发生在水位较浅的近海水域，各个相邻的村落小心翼翼地保护着他们可以作为集市的渔场。人们发明了头尾翘起的大型独木舟，并开辟出一条长距离贸易路线，交换各种各样的商品，包括鱼干、蜡鱼油、制作工具的石器，以及具有异域情调的宗教仪式物品等。如果一个人拥有了大型独木舟，权力和威望也随之而来。他不仅可以乘坐独木舟拜访邻居、运送货物，还可以去外海寻找大比目鱼或深海鱼类。

社群联盟：社会等级划分初露端倪

从表面上看，美国西北部的渔场非常富饶和稳定，很容易让人觉得那里的渔民都过得很安逸，甚至富裕。事实上并非如此。很多口述故事提到过该地区洄游的鲑鱼或鲱鱼数量太少，以至连年饥荒或食物短缺。洄游鲑鱼数量之所以存在不可预测性，关键在于美国西北部居民的传统信仰。他们认为，包括鱼类在内的世间一切生物皆有灵魂，它们可以选择大批量出现，也可以选择远离人类。同样，鱼类洄游也是一种自发行为，它们被人类捕捞是出于自身意愿而非渔民的技巧。古代捕捞活动充满了各种隆重的仪式、习俗和禁忌。在这些仪式上，人们不断吟唱、祈祷和歌颂，自发地说出内心的愿望，有时他们所说所唱的内容来自梦境或强烈的精神体验。

第一只鲑鱼庆祝典礼（First Salmon Ceremony）是最重要的仪式，渔民要对第一只被捕捞上岸的鲑鱼表示尊重和崇敬。有些渔民团体还会给这只鲑鱼起一个带有赞美之意的名字。一般情况下，在这只鲑鱼被宰杀和端上餐桌之前，巫师要举行隆重的仪式。人们也要为第一只被捕获的蜡鱼或鲱鱼举行类似仪式并进行祷告，这是一次欢乐的庆祝活动，也代表着新的开始。渔民们将捞上来的鱼一棒打死，然后通过祈祷向它们表达敬意，因为他们认为人和动物都有自然循环周期。人们在宰杀和烹饪第一批鱼时会格外小心注意。当鱼被吃掉后，绝大多数族群会把盛骨头的垫子和鱼骨一起扔到海里，以确保这些鲑鱼能够完整重生，让其他鲑鱼知道第一只鲑鱼得到了人类的优待，这样它们就会及时沿河洄游。所有的祈祷和仪式都是人们对河流和海洋食物表达尊敬的方式。

尽管如此，富饶的海洋环境依然无法满足沿海迅速增长的人口，每个社群都必须适应不断变化的食物供应状况。温哥华岛西海岸每年的洄游鲑鱼数量波动很大，有些社群可能面临挨饿的风险，而距离他们较近的社群却能够捕捞到大量鲑鱼。为了生存，居住环境较差的社群结成联盟，参与宗教节日仪式，以此扩大自己与外界的联系，缓解食物短缺问题（图7-1）。

图7-1　位于温哥华岛努特卡湾（Nootka Sound）的努特卡人房子内部情况，由曾参与詹姆斯·库克船长（James Cook）最后一次探险活动的艺术家约翰·韦伯（John Webber）（1750—1793）绘制（本图片由德-阿戈斯蒂尼图片库 / 布里奇曼影像提供）

洄游鲑鱼的优势在于它们总是在固定时间出现在固定的地方，尽管数量会有很大变化。与小河流相比，大河流的洄游鲑鱼数量波动性较小，因为鲑鱼在大河流的变化相对更有规律，每两年到四年波动一次。例如，在所有鲑鱼洄游的河流中，哥伦比亚河每年洄游

的银鲑数量是最多的，稳定在 150 万 ~ 250 万条，其中王鲑有 29
万 ~ 51 万条。在古代，虽然洄游鲑鱼的规模很大，但捕捞和加工鲑
鱼的人手不足。最终，仅仅靠洄游鲑鱼已经无法支撑日益复杂的沿
海社会，人们需要开展大型捕捞活动来获得各种各样的鱼类、软体
动物、海洋哺乳动物和陆地动物。

从春季到秋季，世界上的绝大部分食物资源都是可以利用的，
它们通常在同一时间出现在不同地点，只有最幸运的人类群体才能
常年留在同一个地方。人们要不断地迁移，获取无法预测的食物，
一边采摘内陆的成熟浆果，一边捕捞沿海地区的鲑鱼。

在组织人力寻找这些食物来源的过程中，人们不仅要掌握精确
的时机，还需要进行周密的部署。举个例子，沿海钦西安人 ①（Coast
Tsimshian）曾经生活在如今不列颠哥伦比亚省的鲁珀特王子港，每
年冬天，他们都住在该市港口一处可遮风挡雨的独木舟停泊点。到
了 2 月末或 3 月初，很多家庭会乘坐独木舟前往北部 50 千米远处的
纳斯河（Nass River）入海口捕捞洄游的蜡鱼。大多数人在蜡鱼被加
工成鱼油之后回到冬季定居点，然后在当地捕鱼，并在近海岛屿上
采集贝类。晚春时节，钦西安人会拆除他们在鲁珀特王子港的房子，
只留下巨大的柱子，然后把木板绑在独木舟上，做成用来安置家当
的木筏。夏季，所有人都会迁移到附近的斯基纳河（Skeena River）
流域，在那里建立村庄，捕捞洄游的鲑鱼，到了秋天再把所有家当
带回冬季定居点。其他地区的一些群体迁移得更频繁，而另一些群
体则整年都留在同一个地方。

公元前 1800 年后，沿海地区发生了巨大变化。随着人口的激增，
人们必须储存更多食物，大型海上独木舟首次大量出现。长久以来
一直人人平等的社会中，社会等级划分开始初露端倪，并以一种间

―――――――――――――
①钦西安人，北美洲太平洋沿岸的印第安人。

接的方式体现出来。譬如用木板搭建而成的房屋就是等级的象征，它是人们从事包括制斧或建造独木舟在内的特殊工作的场所。长期以来，家庭一直是沿海地区最基本的经济和社会单位，房屋和捕捞权之类的财产就是通过家庭代代相传的。

家庭从来都不是独立运转的，它们隶属于范围更广的经济和社会领域。一个村庄由数个家庭组成，每个家庭都拥有各自的领地，家庭成员所需的食物就来自那里。这些领地可能由好几个定居点组成，人们在一年中的不同时间使用不同地点。每个家庭和定居点都跟外界有着广泛的联系，而这种联系是以政治和社会关系为基础的，即通过婚姻、贸易和家长的四处活动建立起来。简而言之，在沿海社会中，威望和等级扮演着关键角色，随着人口不断增多，这些社会越来越不平等。家庭的经济关系和社会关系规模反映了家长在社交圈中的地位。

假如没有永久定居点，这一切关系都不可能存在，而只有在粮食资源足以支撑这些社群的情况下，定居点才能维持下来。此外，随着定居人数的不断增加，另一种需求也应运而生，即组织劳动力以提高寻找食物的频率，养活越来越多的人。在北美大陆西北沿岸，少数人的劳作无法维持家庭正常运转，必须许多人协同工作，才能完成从捕鱼到雕刻舞蹈面具等各种任务。我们不妨把这想象成一个演奏西贝柳斯①（Sibelius）作品的交响乐团，随着乐曲的进行，乐手们在演奏着各自不同的内容。在美国西北部地区，当许多家庭组织起来共同完成诸多工作时，便会逐渐形成一个更加复杂的社会。

美国西北部较大定居点的人们比较富裕，因为他们能够获得更多食物，保持更广泛的贸易关系，并制作出更多令人满意的商品。

①让·西贝柳斯（Jean·Sibelius，1865—1957），芬兰著名音乐家，民族主义音乐和浪漫主义音乐晚期重要代表人物。

美国西北部的社群无论大小，通常都由一排面向海滩或独木舟停靠点的木板房屋组成。人们在选择定居点的时候，必须考虑房子是否靠近水域、独木舟停靠和下水的难易程度以及能否组建有效的防御工事等关键因素。当地最大的房子属于那些拥有崇高社会地位之人，而在最小的村庄，其房子的布局也能反映出居民之间的社会关系。

只有那些具备老练的政治智慧和社交技能的人才能获得权力。首先，他们要掌控一个或几个家庭的经济，然后利用家庭的经济收益为自己的目标服务，或者加入大型贸易和交易网络，通过沿海航道深入内陆。他们还可以垄断自己领土内的资源，而对于拥有广泛社会关系的人来说，这是件很平常的事。很多家族首领用贵重物品来换取威望、地位和众多忠诚的追随者，因为这些都是他们在沿海社会的立身之本。

千百年来，随着人口密度的不断上升，以家族为基础的小社群逐渐发展成为几个家族群体共同居住的大型定居部落。由于人口密集，家族内部经常发生冲突，优质渔场和其他食物来源无法平均分配，于是家庭领地的局限性开始显露出来。随着人多地少的问题日益突出，少数人不仅控制了食物的再分配权，也控制了邻里之间的政治关系。美国西北部社会的交易模式变得更加复杂，竞争愈发激烈，食物和其他商品的再分配体系也变得高度正式化。"夸富宴"①就是其中一种财产再分配方式。

美国西北部社会把所有财富都视为家族财产，个人可以拥有鱼干、毛皮、独木舟或舶来品，但它们最终都是集体财产，就连家族首领或其他领导人的物品也不例外。财富是用来展示和炫耀的，它能够提升某个家族在社群之间的威望。

①现英属哥伦比亚的温哥华岛的印第安人习俗，一般被人类学家视为一种再分配的经济制度。

　　夸富宴是一种庄重的庆祝仪式，由家族首领或其家族承办，目的就是让其他家族首领及其家族见证某个意义重大的时刻，比如某位重要人物的婚礼或要职的就任。这些重大事件由复杂的礼节、仪式和歌舞组成，东道主希望那些出席宴会的人将来能够知恩图报。美国西北部地区的大多数夸富宴都要重现神话故事，不断强化东道主的社会地位和头衔，这就是当地人在整个社会内部重新分配食物和财富的过程。

　　对于精英阶层来说，在这样的社会中立足并非易事。家族领袖时刻要面临激烈的派系斗争和分分合合的盟友，他们只能凭借个人魅力和慷慨作风使自己的追随者保持忠心。他们不是像埃及法老那样的神圣统治者，而是受公众舆论和巫师支配的领袖。人们认为巫师是一切生物与超自然界强大力量之间的中介者，而且这种力量往往是邪恶的。

　　美国西北部渔业社会不稳定且崇尚威信，这是他们面对复杂现实所采取的生存策略导致的。虽然该策略实施起来比较复杂，却有利于城市和文明的长久维持。

第8章

航海奇迹与海上帝国

位于北美洲太平洋沿岸的奥林匹克半岛（Olympic Peninsula）南部大多是陡峭的悬崖，即使在海平面比如今还要低 90 米的时候就已经如此了。当地零星分布着一些江河入海口和近海平原，从 1.5 万年前开始，海平面不断上升，海水以不可阻挡之势流入河口和河谷，形成广阔的沼泽，为软体动物和浅水鱼类提供了理想的栖息地。但是该地区的人口依然很稀少，只有最为富饶的江河入海口和沿海地区聚居着大部分渔民。在浅水区，只要乘坐简易的筏子或芦苇独木舟就可以轻易捕捞到鱼类和各种各样的软体动物。旧金山湾是一座通往广阔沿海平原的河谷，考古学家在那里发现了巨大的贝冢，证明人类曾在旧金山湾进行了长达数千年的大规模软体动物捕捞活动。

很多海湾地区的贝冢表明，人们只有在晚秋和冬季才会扎营捕捞软体动物，而在夏季并不会这么做，因为那时的水资源有限。负责捕捞鲑鱼或采集蛤类的营地也很多，其中一些还是人们与祖先保持联系的墓地。当地家族首领会举办盛宴，"以飨先人"，而这种活动也把家庭、食物和葬礼紧密联系了起来。巨大的贝冢在平原上尤为显眼，对以采集和捕捞为生的社会来说，它们已经成为象征性标志，反映出史前时代错综复杂的神话和超自然信仰以及人们与更广阔世界的经常性联系。

传说中的隐秘天堂

圣巴巴拉海峡的康塞普申角位于加利福尼亚州南北分界线处，是加利福尼亚沿海最西端的岬角。来自广阔太平洋的猛烈海风从西北方吹来时就迎面撞在岬角的山崖上。但风势在康塞普申角正南端开始减弱，海浪也变得平缓，此处的圣巴巴拉海峡就像是另一个世界。地势在这里突然向东急转，海峡向南倾斜，近海一侧受到海峡群岛北部四座岛屿——阿纳卡帕（Anacapa）、圣克鲁斯（Santa Cruz）、圣罗莎（Santa Rosae）和圣米格尔（San Miguel）的保护。

海峡群岛是大陆圣莫尼卡山脉（Santa Monica Mountains）的延伸段，它们在海峡外缘形成一条从东到西的线条。这些地势崎岖的岛屿拥有地球上最富饶的沿海渔场之一。岛上缺少陆地常见的很多动植物，但近海岸遍布海洋哺乳动物栖息地、大量贝类动物繁殖带和富饶的近海海藻床。16 世纪，西班牙人就是在那里与丘马什印第安人开始接触的。丘马什人在那里居住了多久？没人知道答案，但肯定已经很久了。

加利福尼亚北部寒流与南部暖流在圣巴巴拉海峡西部相遇，由此形成的生态系统造就了巨大的生物数量和种类。此外，康塞普申角周边和圣巴巴拉海峡的季风经常产生上升流，迫使富含营养物质的深海海水向上流动，进入距离海面不到 120 米的生物区，阳光可以穿透水面直接照射该生物区。高浓度的营养物质和大型浮游生物为极其丰富的鱼类种群提供食物，很多鱼类也栖息在沿海大部分地区厚厚的海藻床上。

冰期的海平面非常低，那时候的海峡群岛还是一片大陆，被地质学家称为"圣罗莎大陆"（Santa Rosae）。这片陆地与当时的低洼陆地、如今的怀尼米角（Point Hueneme）最短距离为 9.6 千米。

在海面比较平静的夏天，人们只要坐着芦苇编成的独木舟、划着桨就可以从圣罗莎到达怀尼米角。当时的人们出行只看天气，并不在意渡海时轻舟会使他们的身体沾上水。到达对岸后，他们把已经部分浸水的独木舟放在阳光下暴晒，这样他们就又可以乘舟返回大陆了。随着海平面的不断上升，海峡群岛变得越来越孤立，人们就再也不能靠简易的芦苇独木舟渡海或运送较重的货物了。尽管海峡群岛越来越与外界隔离，但它们却是加利福尼亚南部一些人类最早的定居点。

人类在海峡群岛居住的历史可追溯到大约 1.3 万年前或更早的时候。第一批访客花了几个星期甚至几个月的时间到岛上捕猎海洋哺乳动物、采集软体动物和捕捞近岸海藻床上的大量鱼类。由于岛屿附近缺少水资源，他们可能没有在那里停留一整年。

考古学家在岛上找到了为数不多的古人类遗迹，比如较浅的洞穴文化层[①]、零星分布的贝冢，以及散落在地势较高区域的人工制品。圣米格尔岛东北海岸雏菊洞（Daisy Cave）的人类居住历史至少有 11 500 年。当时，人们在山洞里吃鲍鱼、贻贝等贝类动物。虽然贝类是人们的主要食物，但考古学家在山洞里还发现了骨制双头卡钩，这是早期人类用来替代鱼钩的工具，它可以卡在鱼的嘴里，把鱼钓上来。此外，考古学家还发现了制作卡钩留下来的碎屑以及纤维绳和篮子的碎片。

在整个群岛和大陆沿岸，人类所吃的食物大部分是鱼类和软体动物。加利福尼亚贻贝、黑鲍鱼、可食用植物、某些陆地动物、海洋哺乳动物和鱼类都是主要食材，但由于岛上的可食用植物和陆地动物数量稀少，人们只能把目光投向海洋。雏菊洞出土了至少 18 种

---

①洞穴文化层是一个考古术语，指古人类在洞穴中留下的能够显示某个单一文化的痕迹，这个文化一般很容易被确定年代。

贝类动物残骸和来自至少 19 种鱼类的 2.7 万块鱼骨，其中大部分鱼骨来自近岸水域鱼类，比如人们在接下来的 2 000 年里经常捕捞的大头鱼、羊头鲷和岩鱼。

最后，圣巴巴拉海峡出现了第一代渔民。他们究竟来自何方，我们如今仍不得而知，只知道他们曾经是传统的杂食性采猎者，捕鱼只是他们的觅食方式之一。与其他采猎群体一样，他们是完美的机会主义者，以各种食物为生。

整个海峡的主要渔场就是海藻床。这些海藻生长在浅海的岩石环境中，占据了岛上和大陆沿海的大部分地区。它们呈树冠状，生长速度非常快，长度达到 10 米或 10 米以上。得益于圣巴巴拉海峡充足阳光的滋养，加上西部海域的上升流以及洋流中富含的矿物质和有机物质，这片水域变得极其高产。海峡的巨大海藻床堪称海产品的宝库，人们乘芦苇独木舟便可进入其中。

当地人的捕鱼工具包括专门捕捞大比目鱼等鱼类所用的鱼钩、渔线和渔网，可能还有用来刺鱼的长矛、鱼笼和悬吊于两条船之间的手抛网。鱼的产量相对稳定，尤其是在上升流最活跃的西部地区。后来，人们开始捕捞金枪鱼、鲨鱼、剑鱼等深海鱼类，可即便如此，他们的主食依旧是海藻和滨海鱼类，例如渔民们会把仙人掌叶子磨碎，放进篮子，以便吸引数以百计的沙丁鱼。

千百年后，一位名叫佩德罗·法赫斯（Pedro Fages）的西班牙士兵说丘马什人一天到晚都不愁吃喝。这句话也许最早反映了人们普遍存在的一种观念，即对于居住在圣巴巴拉海峡沿岸的印第安人来说，那里简直就是天堂。这个传说一直存在，只是由于气候变化，我们现在看不到当初的景象了。

如何对抗自然之力？

圣巴巴拉海峡的天气变化非常有规律，且似乎一成不变：早上起雾，下午阳光灿烂，偶尔下雨。事实上，当地渔民必须适应不断改变的环境，而环境改变有时还会导致文化变迁。考古学家很幸运，他们在圣巴巴拉盆地进行深海岩心钻探，找到了能够证明当地气候变迁的证据。

在过去的 1.5 万年里，剧烈的环境和气温变化一直影响着圣巴巴拉海峡。不断上升的海平面淹没了大陆架，并造就了今天的 4 个岛屿。只有极少数人经历过这种戏剧性的变迁，他们是杂食性的采猎者，可能极度依赖海藻鱼和软体动物，平时会乘独木舟到圣米格尔岛等几个岛屿的浅水区域觅食。从圣罗莎岛上阿灵顿妇女的坟墓判断，人类在大约 1.3 万年前首次定居该岛。此前不久，极北地区出现了第一个人类定居点。

随后的 7 000 多年里，当地地貌持续变迁，猎场和渔场可能在几代人的时间内发生变化，人们只能不断适应。有些变化可能会造成灾难性的后果，比如海狮在封闭水域内的聚居地被海水淹没，或者海藻床和淡水池塘被冬季暴风雨摧毁。降雨变得毫无规律可言，食物资源的分布极不均衡，这种自然条件会使当地文化产生什么样的变迁？我们可能永远无法得到答案。可以确定的是，在这样一个大海步步紧逼、可利用的沿海土地逐渐收缩的自然环境里，充足的食物也可能变得稀缺，因此人类社会和政治只能不停地调整。

大约在公元前 1.1 万年到公元前 6000 年，绝大多数人都把沿海地区视为他们每年一次觅食活动的重要区域。长期待在太平洋沿岸的群体也是如此，因为沿海地区在岸上动植物匮乏的几个月仍然盛产软体动物，此时海洋哺乳动物也很容易捕获，沿海渔场的丰富食物就更不用提了。软体动物是一种稳定的食物来源,但到了夏季,"赤潮"①会使软体动物的肉变得有毒并因此不适宜食用。尽管圣巴巴拉海峡物产丰富,但与太平洋比起来还是小巫见大巫。早期渔民可能以为太平洋是一个巨大的咸水湖,所以常常带着长矛和渔网到海边捕捞海藻鱼。其中很多人都是陆地采猎者,只有到了一定季节才从事机会性的捕捞活动。

公元前 7000 年左右,当地海平面基本稳定在近现代水平。随后,海峡群岛出现了一段时间较长的升温期,人类利用这段时间革新捕捞技术,并密集开发近海渔场及贝类动物栖息带。有些人类群体在沿海地区获得相对稳定的食物来源,于是延长了在同一地点的居住时间,人们似乎也因此更加重视捕鱼和采集软体动物。在遍布岩石和沙子的海岸线附近,人们建起了规模更大的定居点。它们通常位于海岬上,因为那里距离海藻床等近岸动物栖息地很近。定居点的持久存在取决于鱼类和软体动物的供应情况,因为附近这些动物的产量越高,人们在那里逗留的时间就会越长。捕鱼技术几乎没有什么改变,所有人都使用袋子、篮子、渔线、长矛和用海草制成的渔网捕鱼。

早在公元前 5000 年前,这些岛屿就出现了成熟的人类社群。当时的岛屿与大陆之间必定保持着频繁的经济接触和社交联系,而且有适合海上航行的船只,使人们可以在两地之间往返,并且能够在岛上逗留更长一些的时间,否则岛上的社群是不可能维持下去的。也许正是从这个时候开始,人们使用当地出产的沥青给芦苇独木舟涂防水层,让乘船者得以在深水区进行短途旅行。那时候,贻贝、鲍鱼和海洋哺乳动物已经占据人们日常饮食的 60%,鱼类约占 17%。

---

①赤潮又称红潮,指的是在特定的环境条件下,海水中某些浮游植物、原生动物或细菌发生爆发性增殖或高度聚集而引起水体变色的一种有害生态现象。

公元前 3300 年前，随着人们出海时间的增多，鱼类已经变得越来越重要。考古学家在圣克鲁斯岛西端发现了可追溯到公元前5000—前 3300 年的贝冢，当中包含了生活在较深潮下水域的极多的大型红鲍鱼残骸。正因如此，人们通常把这些贝冢称为"红鲍鱼贝冢"。这些贝冢还包含了大量加利福尼亚贻贝，它们长期以来都是当地人的主食。这种贝类数量非常充足，即使岛民没有将剩余的存货吃完，依然可以频繁地采集。

然而，考古学家还在圣克鲁斯岛上发现了一个被他们标记为"SCRI-109"的遗址。该遗址的历史可追溯到公元前 3000 年左右，那里出土的贻贝残骸呈现出随着时间的推移而逐渐变小的迹象，这也许是当地贻贝数量越来越少的缘故。公元前 5000 年或更早以前，当地居民就开始采集红鲍鱼，但更密集的采集活动可能发生在公元前 3500 年左右，而那时被捕食的海豚数也急剧增加，海狮同样成为人们争相捕杀的目标。

当时的气候不仅温暖而且相对稳定，人口不断上升，那些容易捕捞和采集的鱼类和软体动物数量锐减。也许部分出于这个原因，人们开始冒险到更远的海上捕鱼。在距离陆地相对较近的深海水域，他们能够捕到更多的鱼，并潜到海底采集更多的红鲍鱼。

这些变化意味着什么？最大的可能是岛屿的人口在不断增加，人们对食物的需求超过了当时软体动物栖息带和海藻渔场的承受极限。如今，考古学家已经找到了某些转瞬即逝的线索，其中一些就在群岛和大陆上的几个较大的定居点。在公元前 4000 年，岛上出现了一些杵和研钵，这似乎表明当时的居民们正在扩大食物种类，把类似于橡子这种既有营养又容易储存的可食用植物纳入日常饮食当中。长久以来，各种植物一直是陆地居民的主食，这是第一次有迹象表明，在后世更复杂的经济、政治和社会形态出现之前，圣巴巴拉海峡的社群已经发展得相当完善，而且时间远早于人们的想象。

实际上，社会复杂化是人类对新环境和新现实更加适应的结果。海藻渔场相对稳定，但与美国西北部太平洋沿岸的大规模洄游鲑鱼、鲱鱼和蜡鱼相比，海藻鱼数量就是小巫见大巫了。西北部的捕渔业常年丰收，对于日趋复杂化的社会来说，一个族群的长期生存能力取决于他们是否能与其他远近族群不断地进行互动，而船只就是维持互动的关键因素。西北地区定居点与优质渔场之间的距离往往比较长，在机缘巧合下，人们发现直纹树木可以将早期的小型独木舟变成两头翘起且体型更大的船只，这种独木舟能够经受住汹涌波涛的考验，将重物运至远方。

虽然圣巴巴拉海峡所面临的问题与那里截然不同，但两者在很多方面有着相似之处。西北地区降雨量大，冬季通常十分寒冷。圣巴巴拉海峡拥有可以为渔场提供养分的上升流，但它却处于一个半干旱的环境中，居民要饱受长时间的无规律干旱之苦。人们找到了跨越两地距离的方法，却找不到容易加工的高大树木，以便做成头尾翘起的独木舟。不过，就像在美国西北沿海一样，圣巴巴拉海峡的社群能否长久生存下去取决于通常隔海相望的族群之间能否定期互动，进行贸易活动。

岛屿和大陆之间的联系是形成后世复杂社会的催化剂之一，它强化了社群之间的合作关系，促进了通婚，同时增强了经济的稳定性和相互依存性。举个例子，卡塔利娜岛（Catalina Island）盛产皂石，这种珍贵的材料既可用来做容器也可用来做饰物。岛屿和大陆的贸易合作加深后，岛上的皂石被运到北方，即如今的洛杉矶地区进行加工。赭石、燃料和制作工具的石材同样被运往更远的地方。不过对岛屿来说，贝类的产品贸易才是重中之重，并且人们要卖的不是贝肉，而是贝壳做成的贝珠。或许是因为追求时髦，大陆社群对来自沿海的贝珠情有独钟，海峡群岛也因此逐渐发展成为生产贝珠的中心。用紫色小榧螺的贝壳加工而成的珠子尤其重要，因为很早以前紫色贝珠就被人们用作身体装饰物。最终，这种珠子成为一种非常流行的商品，被卖到远至格兰德河（Rio Grande）的内陆地区和北方的俄勒冈州（Oregon）。

公元前三四千年之后的好几百年时间里，气候可能比以前更加稳定和温暖，但长期来看，人类想要生存得更久，就要适应经常变化、毫无规律可言的气候。在加利福尼亚南部地区，渔场的生产力取决于上升流，而当短期气候变化导致海水温度升高或降低时，上升流的波动就变得很剧烈。较冷的海水会形成活跃的上升流和更高的生产力，而海水表面温度越高，则表面上升流越少，渔业生产力也就越低。

考古学家在圣巴巴拉盆地的深水区进行了岩心钻探，并幸运地在地下198米深处的沉积物中发现了气候变化的证据。这些沉积物以每千年约1.5米的速度积累。通过使用海洋有孔虫①进行超精准的放射性碳年代测定，考古学家们总结出过去3 000年间该地区每隔25年所发生的海洋气候变化情况。正是在这3 000年里，圣巴巴拉海峡的人类社会经历了巨大变迁。

詹姆斯·肯尼特（James Kennett）和道格拉斯·肯尼特（Douglas Kennett）父子发现，表层海水温度在数千年间会由热转冷，然后又从冷转热，其冷却周期大约为1 500年。他们还发现，大约在公元前2000年之后，环境变得极不稳定，海面温度变化范围高达5摄氏度。沿海渔场的生产力随着水温的改变而急剧变化，人类生活也变得更加复杂。举个例子，公元前1050—公元450年，气候相对温

———————————
①有孔虫是一类古老的原生动物，5亿多年前就出现在海洋中。由于它们能够分泌钙质或硅质，形成外壳，且壳上有细孔，以便伸出伪足，因此得名有孔虫。

暖而稳定，大陆和各个岛屿的人口密度上升，当地社会迅速变化，不同群体之间的领土界限自然而然地缩小，而且越来越固定。

公元450—1300年，海洋温度急剧下降，比冰期时代的圣巴巴拉海峡水域平均温度还要低约1.5摄氏度。公元950—1300年这三个半世纪被欧洲人称为"小冰期时代"（Little Ice Age），当时海水上升流异常强烈，各个渔场的产量极高。公元450年以后，难以预测而多变的气候持续了好几个世纪，严重的干旱在此期间经常出现。人口激增可能导致某些地区被过度捕捞，不过我们还没找到这方面的证据。此外，尽管周期性的厄尔尼诺天气会产生疾风暴雨和洪水，同时抑制上升流的作用并破坏海藻床，但气候变化对渔场和沿海社群的影响相对较小。总之，考古界如今还没有找到可以证明气候变化导致圣巴巴拉海峡沿岸海洋经济崩溃的证据。

真正受气候变化影响的是内陆地区，持续的干旱严重影响到各种橡果和可食用植物的收成。紧密的社会关系把相距甚远的各个社群联系在一起，形成一张长期相互依赖的关系网，因此食物短缺、群体间的相互竞争和水资源短缺会影响到每一个人。丘马什人居住在沿海大型定居点，这种聚居地有时候要容纳1 000人，同时各个定居点的酋长会为了争夺统治权而相互竞争。

社群之间的暴力冲突时有发生，营养不良的人们也司空见惯。考古学家对海峡群岛出土的几百副人类遗骨进行研究后发现，这些人的死因一是营养不良，二是拥挤的乡村生活环境和落后的卫生条件使死者生前受到了病毒感染。

考古学家还对群岛和大陆遗址发现的人类遗骸进行了另一项研究，结果发现很多人是被投射性武器杀死或击伤的。这种暴力冲突在公元300—1150年达到顶峰，此后暴力冲突数量急剧下降。大约1 000年前，不断升级的残暴争斗和持续的饥荒使丘马什印第安人领袖们深受折磨，他们似乎因此停止了争斗。这些人还意识到海洋正在重新变暖，只有依靠和平与相互依赖，人们才能生存下来。到了公元1550年，上升流消退，海洋生产力再次下降。

早期的丘马什领导人因为善于吸引忠诚的追随者以扩大自身权力，而被称为"长袖善舞之人"。然而，随着社会的变化，领导权变成了世袭的权力，被以领袖家族为代表的精英阶层继承。

1542年，就在西班牙人到达美洲大陆时，丘马什社会已经形成了较为正式的贸易体系和纠纷解决机制。更重要的是，在那个时代，两地之间就算只相距几英里远，食物资源也可能千差万别，但丘马什人成功地建立了一套食物分配体制。在西班牙人到来时，大陆和各个岛屿上的丘马什人口估计为1.5万人。此外，当时的丘马什社会分化严重，少数精英阶级与广大平民之间泾渭分明。丘马什人各群落的经济相互依赖，并且牢牢控制着海峡两岸的贸易权。较大定居点之间靠家族联系和战略联姻维持关系，分散的群落之间难免有争斗，偶尔还会爆发战争。不过他们在大部分时候还是以合作为主，而且严格遵守宗教礼仪，这让以渔业为生的丘马什社会能够适应圣巴巴拉海峡不可预知的多变气候。

只要看看当地的气候曲线图，我们就会发现，无论是大陆还是海峡群岛，都不是世外桃源：虽然有海藻鱼类维持生计，但内陆地区的人们依旧深受持续干旱和橡子作物歉收之苦。即使没有干旱，橡子每年的收成也差异巨大，因此沿海居民与半干旱内陆地区居民之间的社交和经济关系变得非常重要。近岸岛屿也是如此：虽然当地有些植物是可食用的，但后世居住在岛上的永久定居者几乎完全依赖鱼类和海洋哺乳动物为食。

远近丘马什社群之间的相互依存和联系因此成为当地生活的核心，而且比美国西北部地区的生活方式更为重要。相邻的部落或群落之间会交换橡子、干鱼、贝珠等普通商品和舶来品，这种交流在人们的日常生活和政治关系中扮演着越来越重要的角色，尤其是在每年食物短缺、橡子存货和其他商品大量减少的时候。对丘马什人而言，加工和储存干货是一项非常重要的工作，而建造船只也同样关键，因为船只能帮助人们捕获更多的鱼。

贸易控制与权力游戏

1542 年，第一批到达圣巴巴拉海峡沿岸地区的西班牙人惊讶地发现，当地居然分布着人口密集的大村庄，大约有 2.5 万名丘马什人在那时候居住于大陆和各个岛屿上。没人知道丘马什人是何时开始在圣巴巴拉海峡沿岸定居的，但最近一项基因研究显示，他们的祖先肯定在几千年前就已经住在那里了。虽然当地环境恶劣，常年干旱，但丘马什人适应力强，善于变通，因此他们的文化能够一直延续到 16 世纪，而且还经历过繁荣时期。他们在冰期结束后就顺应环境发展趋势，制定出了适合自己的生存策略，发展成复杂社会。公元前 1500 年左右，鱼类还未成为一种重要食物，该地区定居的采猎群落因人口密度的逐渐上升、采集海洋食物和可食用植物的频率增加、定居点的不断扩大以及人们与远近其他群落联系的显著增多，而开始向一个更复杂、更具广泛关联性的文化转变。

岛屿群落和大陆群落能够经常往返于圣巴巴拉海峡进行接触，完全要归功于丘马什人的一项重大技术创新：用板材制成的托莫尔独木舟（图 8-1）。

托莫尔是古代最著名的船只之一，它是用浮木而非当地树木做成的板材制独木舟。人们究竟何时开始使用托莫尔的？这个问题的答案尚存在争议。专家们一致认定托莫尔在公元 400 年就开始使用了，

图 8-1　抬着托莫尔独木舟的丘马什印第安人，平版印刷作品，由威廉·兰登·基恩（William Langdon Kihn）（1898—1957）创作于 1948 年（本图片由《美国国家地理杂志创意集》/ 布里奇曼影像提供）

它还有一个简化的版本，即两侧存在木结构的芦苇独木舟。这种芦苇独木舟的使用时间早于托莫尔，人们偶尔驾驶它出海捕鱼或交换商品，当它快超过使用寿命时，人们要么将其丢弃，任其腐烂，要么回收珍贵的浮木板材。最早的这类独木舟早已难寻踪迹。

　　托莫尔的结构很简单。它的底部是一块大木头，船身由一块块经过仔细加工的浮木木板拼接而成，具备一定的柔韧度，船头和船尾则高高翘起。造船工收集浮木，然后用鲸须①制成的楔子将其劈成木板，再小心翼翼地用扁斧和鲨鱼皮制成的砂纸将木板切薄和磨光；接下来，他们用一种叫"优普"（Yop）的沥青混合物把木板之间的缝隙填上以形成船体，然后在船腹放一根横梁来支撑船体。最上层的木板末端没有填实，以便装上渔线或牵引绳，船头和船尾安装挡水板用来缓冲波浪。这种船行进速度很快，而且方便划桨，能

①鲸须是指生长在须鲸类口部的一种由表皮形成的巨大角质薄片，呈梳状，柔韧且不易折断。

够进入深海区域，并且可在海面较平静的几个小时里或无风的日子里进行长途旅行。几乎可以肯定的是，丘马什人会视天气驾驶托莫尔独木舟，通常只选择风平浪静的清晨。

托莫尔的建造是一个漫长且花费巨大的过程，只有那些具有影响力且富有的人才会委托造船工给自己造这种船。拥有一艘板材独木舟之后，富豪们就可以接触到远近闻名的人物，还可以控制外海上出现的人和货物。

托莫尔为丘马什人提供了赚钱机会，便于他们交换各种商品，比如大陆出产的橡果粉、如今洛杉矶附近的卡塔利娜岛出产的皂石，以及圣克鲁斯岛和圣罗莎岛出产的成千上万颗贝珠，其中贝珠是当时人们最重视的物品。托莫尔的船主拥有潜在贸易联系人的信息，可以垄断彼此相隔甚远的群落之间的货物运输。

除了控制贸易路线，板式独木舟还扩大了人们的捕捞范围。托莫尔可航行至海藻床以外的较深水域，方便丘马什人捕捞蓝鳍金枪鱼和黄尾鳍金枪鱼等深海鱼类，以及最负盛名且带有神秘色彩的剑鱼。从考古学家零星发现的深水鱼类骨头来看，丘马什人有时会在深海水域，特别是岛外附近水域捕捞沙丁鱼等鱼类。但随着拥有独木舟的有钱人的出现，深海渔业逐渐被少数人控制，这些人依靠垄断运输和渔业获得政治权力和社会影响力。独木舟拥有者成立了独木舟兄弟会，会员们身着熊皮制成的披肩，这种服装只有精英阶层才有资格穿，比如村长。

独木舟穿越圣巴巴拉海峡，沿着大陆和各个岛屿的海岸线航行，这早已成为司空见惯的事情。但如果独木舟航行到一个与世隔绝的社群，那必定会在当地造成轰动。想象一下这一幕必定给人留下深刻印象的景象：在风平浪静的日子里，一只满载货物的托莫尔独木舟驶向一座岛屿的海滩，嵌在高高船头上的贝壳在清晨阳光的照射下闪闪发光，穿着披风的船长矗立在船尾。随着独木舟驶近海藻床，桨手的划桨速度逐渐慢了下来。他们把桨插入水中，拨开海草，小心翼翼地让独木舟通过海藻床，然后唱着歌抵达海滩。当船员们跳进浅水中时，岸边等候的村民们扶着船两侧，大家一起拖曳独木舟上岸。船长平静地站在船上，待独木舟靠岸后，才仪态端庄地走下来。船员们从独木舟上面拿下一篮篮贝珠以及沿途捕捞的两条金枪鱼和一条白鲈鱼，然后一起朝村长的家里走去。

从托莫尔拿出来的所有深海鱼类都很有名，但也都无法与剑鱼相媲美。1926 年，圣巴巴拉自然历史博物馆（Santa Barbara Museum of Natural History）的大卫·班克斯·罗杰斯（David Banks Rogers）在戈利塔沼泽（Goleta）（如今已成为圣巴巴拉机场的一部分）以西可以俯瞰太平洋的一处岬角挖掘出一处壮观的墓葬。

墓葬出土了一具男性骸骨，后经碳年代测定法确定其历史可追溯到大约公元 600 年。被挖掘出来时，骸骨蜷缩在墓的左边，身上穿着一件覆盖整个肩膀的披肩。这条披肩除了嵌有经过精心排列的鲍鱼贝壳，还与一条骨头已裂开的剑鱼头骨相连。剑鱼头骨包裹着死者的头，并指向额头上方。人们得知这名男子曾是一名剑鱼舞者，当他身着披肩、在阳光下旋转跳舞时，身上会闪耀着斑斓的色彩。一个世纪前，曾为史密森学会[1]（Smithsonian Institute）的人类学家约翰·哈林顿（John Harrington）提供消息的尤金妮娅·门德斯（Eugenia Mendez）写道："这个人跳舞时，你只能看到他那羽毛做成的裙子和手上的棍子，却看不见他的身体。他像一只身手敏捷的动物，身上呼呼作响。"

剑鱼是传说中的"万兽之主"，且经常让人联想到强烈的宗教

---

①史密森学会是唯一由美国政府资助的半官方性质的博物馆机构，经英国科学家詹姆斯·史密森（James Smithson）遗赠捐款，在 1846 年创建于美国首都华盛顿。

仪式感和复杂的信仰。剑鱼敢攻击独木舟，是渔民们最可怕的对手。丘马什人认为剑鱼就是生活在海洋中的人类，因为传说它们在海底有房子。剑鱼舞者其实是拥有极大权力的巫师。当他翩翩起舞时，人们便认为他拥有了剑鱼的灵魂，与此同时他头上所戴的奇特面具也把他变成了尊崇剑鱼的天神。

剑鱼之所以受到崇拜，是因为人们相信它们在夏天时会将鲸鱼赶上岸，为人们提供食物。我们无法确定剑鱼是否会攻击鲸鱼，但在丘马什人的聚居地，春天才是食物最紧缺的时候。此时通过圣巴巴拉海峡向北迁徙的灰鲸经常会搁浅到岸上。在丘马什人的宇宙观中，搁浅的鲸鱼被视为海神送给他们的礼物。

人类可能是从公元 400 年左右开始捕捞剑鱼的。当时的社会日趋复杂，深海鱼类的作用越来越重要，它们既是食物，也是备受人们尊崇的动物。气温的上升以及倒刺鱼叉前柄和板式独木舟的发明让捕捞剑鱼不再困难。剑鱼喜欢独来独往或以小群体分散行动，在风平浪静的日子里，它们经常贴近水面缓慢游动，与此同时其背鳍很容易露出水面。人们只要小心翼翼地划着托莫尔独木舟就可以悄悄地靠近剑鱼，用鱼叉从剑鱼正上方刺下去。多数情况下，渔民会用一小块白色织物做成鱼饵，把它扔进水里，将剑鱼引诱到独木舟附近，再用鱼叉扎鱼。扎中剑鱼之后，渔民们就用渔线和浮标逗弄它们，直至其筋疲力尽为止。

1792—1793 年，乔治·温哥华（George Vancouver）率领远征队抵达圣巴巴拉海峡。远征队一名随军外科医生的副手乔治·古德曼·休伊特（George Goodman Hewitt）在那里收集到了一把丘马什人使用过的骨制鱼叉前柄。

鱼叉尖是一块燧石，一块骨头制成的锋利倒钩绑在鱼叉尖上，上面覆盖着沥青。鱼叉的主轴安装了一个锥形的易拆底座，底座上有根线，当鱼叉手把前柄扔出去叉鱼时，这根线就会发挥作用了，而鱼叉头上的倒钩很大、很锋利，足以刺穿鱼身并将鱼牢牢地固定住。这些鱼叉很轻，很容易抛出去，对于捕猎体型较大的深海鱼类来说非常有效，但对猎杀海狮、鼠海豚或长须鲸却毫无用处。

丘马什人把北美刺龙葵或长纤维植物缠绕在大腿上，然后将它们制成三股长长的渔线。这些渔线的长度可超过 75 米，是托莫尔独木舟上的标配，遇到大鱼时人们就可以使用它们。对丘马什人而言，就算只捕到一条小剑鱼也是件可喜可贺的事情，因为除了鱼肉可以食用以外，鱼骨还可以作为巫师跳舞时所用的面具，或者被制成挖掘棒或投掷棒。另外，较大的剑鱼脊椎骨可以做成杯子，骨刺可做成锥子、缝衣针或大头针。

独木舟的建造者和船长拥有专业技能以及巨大的财富和威望。托莫尔独木舟在当地人的生活中占据重要地位。它不仅将与世隔绝的各个社群联结起来，还使财富集中在少数的独木舟拥有者和领导人手中，而在这一切发生的同时，丘马什社会也发展得越来越成熟。丘马什人的财富主要来自贝珠，因为丘马什人千百年来都把贝珠当作货币使用，其作用极其重要。丘马什部落与美国西北部的原始社会一样，在社群中谁控制了财富，谁就拥有显赫的地位并反过来控制更多的财富。此外，由于丘马什人依旧注重家族门第，认为威望就是权力的来源，因此，具备宗教和社会影响力的家族领袖或个人会利用他们的政治能力和个人魅力吸引忠诚的追随者。

在好几个世纪里，丘马什逐渐变成一个等级森严的社会。最上层是一个规模很小、出身名门的精英阶层，他们的权力来自自己开发、培育和控制的人际关系网络。当权者最关心的事情就是搜集个人财富和发动战争，在干旱、人口增长和粮食短缺造成社会动荡的时候尤其如此。

在一些具有上千年历史的丘马什墓葬中，考古学家从阵亡者的遗骸上找到了零星战斗的证据。身穿熊皮披肩的丘马什部族首领控制着密集的社群，每个社群通常由几十个家庭组成。首领对渔场和贸易路线的控制以及他们独特的个人魅力和军事实力赋予了他们权力，而这些个人素质也造就了世界各地渔业社会的领导者。但在每个社群都普遍存在食物短缺和营养不良问题的丘马什社会中，类似领袖往往比其他渔猎部落更容易出现。

丘马什人相信一些神灵给他们提供了食物。每年的某个时候，为了避免发生饥荒，丘马什社群都要举行祭祀活动，崇奉那些神灵。在丘马什历法中，每到关键时节，人们都要围绕食物来源举行一次宗教仪式，比如在坚果秋收结束时，他们要举行向大地表达敬意的仪式，而在冬至时则要举行膜拜太阳的仪式。

社群的天文学专家制定了一种把一年分为 12 个月的农历，以便为筹办仪式确定夏至和冬至的具体时间。到了这样的日子，来自四面八方的丘马什人就会把他们社群首领托付的礼物带给负责组织和安排仪式的东道主。

这些礼物确认了各个社群之间存在的政治和社会关系，但它们也有某种竞争的意味，特别是在丧葬活动中。在这种场合，人们要毁掉许多贝珠等贵重物品，比如研钵和皂石制成的容器。

丘马什首领及其家人属于一个由精英人士和专家组成的，名为"安泰普"（Antap）的群体。这些人的职责是维持宇宙平衡，提供占星方面的信息并将广大地区的精英人士联系在一起。首领有一名被称作"帕哈"（paha）的助手帮他筹办大型仪式，两人共同获取和分配货物，尤其是名贵物品。他们获取大量财富并储藏丰富的食物，然后在整个社群内重新分配这些东西，以此彰显自身的威望和政治影响力，确保其首领地位不受动摇。所有这些做法变成了一种有利于资源和产品（尤其是食物）重新分配的习俗。虽然当地十分富裕，但丘马什人仍面临着巨大的不确定性，所以这种习俗很有必要。

对于一个严重依赖渔业和广泛人际关系网络的社会来说，靠战略联姻强化的家族关系、对宗教仪式历法的严格遵循以及在整个社会内部小心翼翼地重新分配商品和财富都是其存在的基础。就像美国西北部沿海地区的社群一样，丘马什人的人际关系网就是权力的来源。正是依靠这种经济和社会运行的模式，他们解决了粮食短缺问题，选择了永久定居点，并且依靠零星分布却非常富饶的渔场在千百年来的气候变化中生存了下来，这些变化或比较短暂或十分漫长。

第 9 章

在疾病与战争中求生

全球变暖使白令陆桥被海水淹没，使北方巨大的冰盖消融，并对北美大陆其他地区产生了深远且微妙的影响。江河入海口洪水泛滥，形成鱼类的产卵地；河流流速减慢甚至停滞，由此形成的沼泽地与郁郁葱葱的洪泛平原一起变成鱼类聚居的富饶之地。

大约公元前 7000 年，随着海平面逐渐稳定下来，蕴藏丰富食物的河流三角洲和低洼滩地的人口密度开始上升。在由杂食性人群组成的经济体中，鱼类和软体动物占据着重要地位，人们的生存依赖审慎的风险管理及对各种食物的摄取。一些社群依然不断迁徙，特别是那些所处环境较为寒冷、四季气候差异很大的人类群体；还有些社群生活在低洼的海岸线或靠近海岸线的地方，例如美国佛罗里达州南部的渔业社会。即使那里的海平面发生了微小变化，人们的生活也会受到影响。

在佛罗里达半岛南部的广阔土地上，有一大片淡水缓慢地向南流动，经过如迷宫般的盐碱地和沼泽，那里是北美大陆最重要的湿地之一。作为北美大陆最广阔的开放水域，奥基乔比湖（Lake Okeechobee）当时的面积几乎是如今的两倍，只是到了 19 世纪末，湖的南端逐渐干涸，湖的面积开始缩小。在古代，那里完全被水所覆盖，干燥的陆地反而很少见。佛罗里达州南部大部分地区其实都被浸在水下，美洲原住民只能在少数干燥陆地定居，比如墨西哥湾沿岸、大西洋沿岸或基西米河（Kissimmee）和卡卢瑟哈奇河（Caloosahatchee）等主要河流两岸。他们既是猎人，也是渔民，同时还采集可食用植物。有迹象表明，某些原住民种植美洲南瓜、葫芦、红辣椒和木瓜，但与他们的海上适应能力相比，其农业种植能力就逊色多了。

随海平面波动的卡卢萨人

卡卢萨人居住在亚热带海岸线上，那里的冬天很暖和。他们聚居地的北部地区有一个河口，那里有一处被堤礁群环绕且边缘长满了红树林的海湾。海岸的南边是被称作万岛群岛（Ten Thousand Islands）的红树林岛屿群，星罗棋布的岛屿形成大量只能供独木舟通过的狭窄水道。海岸的北部是派恩岛海峡（Pine Island Sound），那里遍布海草草甸，各种小鱼在海草中间游弋，无数双壳类和腹足类软体动物也在其中。不仅这些贝类的肉可以食用，贝壳也可以用来制作各种各样的手工制品，包括鱼钩。

派恩岛海峡是一片极其富饶的海洋栖息地，其大部分区域平均深度为 0.5 米左右。在它的南边、万岛群岛的北面是被较深的海水和更湍急的海流所包围的马可岛（Marco Island），岛上居民因地制宜地发明了一种与众不同的捕鱼方式。马可岛的大马可帕斯河（Big Marco Pass River）水流速度很快，主航道水深达 9.8 米，河里有数不清的大型鱼类，包括鲨鱼和大海鲢。

16 世纪，当第一批西班牙殖民者到达卡卢萨地区时，他们发现当地固定人口相当稠密，喜欢久住，其领导人对佛罗里达南部大部分地区都拥有政治影响力。西班牙人的历史资料提到，卡卢萨是一个复杂的群体，其繁荣和实力来自海洋经济以及广泛的社会和贸易联系。卡卢萨起源于更早的海洋社会。考古学家发现，该地区的沿海渔业至少可追溯到公元前4000年。卡卢萨人及其后来者生活在一个难以预测、差异巨大的河口环境中。短期和长期的气候波动导致当地地形发生改变，使居民和渔民很容易受到突如其来的气候转变和毁灭性飓风的影响，鱼类和软体动物资源也随之变化。当地的食物资源分布不均，甚至短时期内也不稳定，人口增长可能因此受到抑制。在这样一个缺乏富饶渔场且气候多变的沿海环境中，就算经过成百上千年，卢萨卡社会也无法繁荣和稳步发展。

　　与加利福尼亚南部一样，卡卢萨社会的发展很大程度取决于人们与左邻右舍和内陆群体的关系。卢萨卡人采取了能够适应亚热带水生环境的散居方式，而事实证明这种策略灵活有效。在当地环境下，人与人之间的互动方式和过往经验至关重要。

　　卡卢萨人必须在他们水位较浅的河口家园面对当地独特的环境。考古学家威廉·马夸特（William Marquardt）认为，每隔25年，卡卢萨人肯定会从三条大河的水位变化中觉察到海平面的变化。卡卢萨人的聚居地靠近海岸线，那里有广阔的海草草甸和红树林湿地，有三条大河流经，还有将这个地方与墨西哥湾阻隔开的障蔽岛①。卡卢萨聚居地部分区域的物种生产力极强，但就像墨西哥湾一样，该地区属于庞大的北大西洋气候系统的一部分，因此，被人们广泛认识到的气候波动会导致佛罗里达湾沿岸的某些地方海平面发生变化，比如罗马暖期②（Roman Warm Period）、中世纪暖期③（Medieval Warm Period）和小冰期。这些时期的天气变化幅度较小，对住在水位较深

①障蔽岛又称障蔽沙嘴，呈狭长形，与海岸线平行分布，是海里的沙石或沉积物离岸沉积的结果。
②罗马暖期指公元前250—公元400年出现在欧洲和北大西洋地区的温暖时期。
③中世纪暖期指公元900—1250年出现在北大西洋地区和中国等地的温暖时期。

的河道或江河入海口沿岸的居民影响甚微，但对于居住在较浅入海口附近的人来说，即使水位只上升或下降几厘米，也会给他们的生活造成巨大影响。这是浅水区域海平面变化的典型现象，它所带来的水平影响比垂直影响要大得多，而比卡卢萨定居点早出现几千年的北海低洼地带和尼罗河三角洲也面临着这样的问题。

在类似派恩湾这种大部分学者研究卡卢萨人的重点区域，人们显然会根据海平面的微小波动做出应对之策。举个现代的例子，1850—1978年，派恩岛海峡的海平面上升了大约25厘米，那里的水位如今依旧很浅，但即便如此微小的海平面上升，必定也会对当地的鱼类和软体动物种群产生巨大影响。

当地气候变化的历史记录仍不完整，有待新一代的研究人员填补我们认知上的空白，所幸这样的研究正在进行中。马尾藻海（Sargasso Sea）、佛罗里达海峡（Florida Straits）、切萨皮克湾（Chesapeake），甚至西非水域的海面温度记录表明：在公元元年前后，地球经历了一段时间的寒冷期，而后全球温度和湿度在公元1—150年突然上升，然后气候迅速变暖，这个过程持续到公元550年左右。这段较为温暖的时期与罗马暖期大致吻合，当时的罗马帝国正在向欧洲扩张领土。

气候变暖导致丹麦、地中海及南卡罗来纳地区海平面升高，甚至可能比今天的海平面还略高。类似情况也发生在墨西哥湾。派恩岛地区的滩脊①足以证明当地海平面在公元450年之前就上升了1.2～2米。强烈的飓风将风暴沉积物冲上岸，与陶瓷碎片一起夹杂在人类定居点之间。虽然这一地区在500年间也偶尔出现过短期降温的情况，但当地气温和海平面总体在持续升高，形成与今天类似

①滩脊又称"沿岸堤"，指激浪流将沙砾及贝壳碎片堆积在高潮线附近，从而形成与海岸线平行的堤状堆积体。

的水生环境。为应对环境变化，卡卢萨人更加注重用渔网捕鱼和采集软体动物。

公元 500—900 年，北大西洋广阔的热带地区一直在降温，有时候这里的温度比其他地方更低。这一区域至少发生过 3 次海平面突然下降的情况，中间间隔着天气回暖和海面上升。在这几百年里，尤其在公元 535 年左右，火山活动相当频繁，但这种现象对于全球气候的长期影响目前尚不清楚。然而，在公元 550—850 年的丹麦历史中，详细记录了海平面的显著下降及这一期间出现过的短暂上升时期。这个时期的气温和海平面都比较低，在公元 550 年左右，派恩岛海峡的海平面下降了 2 米，比 20 世纪的平均海平面低约 0.6 米。专家对该时期的两个牡蛎壳残骸进行同位素分析后发现，那时候的冬天比现在要冷得多，而且气候可能非常干燥。目前尚未找到该地区发生飓风的记录。

海平面降低后，浅水区的盐度也随之下降，牡蛎种群因此数量减少，而普通盔螺和香螺数量却在增加。较低的海平面使派恩岛海峡的浅水区域缩减，迫使鱼类向西迁徙，一些村庄可能也被迫迁往别处。在这个时期，由于淡水软体动物数量减少，人们可能会采集更多咸水软体动物，这既是生态环境变化所导致的，也受个人偏好影响。大量贝类动物被人们消耗，形成巨大的贝冢。

大西洋马尾藻海的气候记录表明，从公元 850 年开始，该地区气温开始上升，于公元 1000 年达到顶峰，升温一直持续到公元 1100 年左右。这个规律与中世纪暖期的气温变化规律不谋而合，而且众所周知，挪威人就是从中世纪暖期开始定居在格陵兰岛上。

这个时期，世界上大部分地区的海平面都在上升，包括丹麦、红海、南卡罗来纳地区及墨西哥湾。专家还从墨西哥湾的地质沉积物中找到了中世纪暖期风暴增强的证据。那时，海平面上升到 20 世纪的平均水平，并且淹没了红树林沼泽地。为了应对气候变化，卡卢萨人开始吃各种各样的水产品，他们不仅捕捞钉头鱼和鸡鱼科鱼类这种小型鱼类，也采集大量香螺、盔螺、海蜗牛以及数量较少的牡蛎和蛤类。公元800—1200年是卡卢萨文化的巅峰时期，数百甚至数千人生活在派恩岛海峡附近地区。他们在北美洲留下了规模最大的贝冢群。

除了堆积起巨大的贝冢之外，卡卢萨人还用贝壳建起陡峭的贝丘、堤坝、坡道和运河。其中一些贝丘长达几百米，呈线性，如从红树林沼泽地蜿蜒穿过，位于卡约科斯塔（Cayo Costa）的一个贝丘甚至长114米、高4.6米。为了方便独木舟通行，有些卡卢萨群体花费了很多精力去建造运河，其中最大的一条运河横跨派恩岛，宽7米、水深1.5米，绵延4千米。它由一段段小水坝组成，这种构造使人们在驾驶独木舟穿越岛屿时能够从低水位向高水位航行，攀爬落差达3.9米的高度。实际上，这就是与运河相当的独木舟运输路线。

后来小冰期接踵而至。根据马尾藻海的历史记录，这段较为寒冷的时期大约始于公元1100年。实际上，小冰期由至少三个降温期组成，中间夹杂着短暂的升温期。公元1450年，海平面再次下降到比现代海平面低0.6米的位置。从公元1850年开始，全球气温迅速变暖，如今仍持续上升。卡卢萨人的大型定居点一直被使用，而且在不断扩张，直至17世纪的小冰期巅峰期。这时候，欧洲的商品开始出现在贝冢中，那是卡卢萨人与西班牙人交换得来的。

鲨鱼猎人与失落的文明

卡卢萨人选择在海洋附近繁衍生息，海洋环境虽然变幻莫测但同时也提供了很多机遇。在某些卡卢萨遗址，鲨鱼的遗骸比其他海洋动物的遗骸更为常见。卡卢萨人可能使用骨头和木头做成的鱼钩将这种凶猛鱼类钓上来，他们也可能使用了渔网，因为当地大多数鲨鱼经常游到浅水区（图 9-1）。我们对卡卢萨人的捕鲨方法知之甚少，只知道鲨鱼肉营养丰富，牙齿可以被卢卡萨人用作切割和穿刺工具，鲨鱼皮可以被他们用作砂纸。人们还可以在浅海湾的沙质海底采集到数以万计的左旋香螺和梨螺，一只成年的左旋香螺约有 0.9 千克的肉。派恩岛湾的很多卡卢萨贝冢中含有数百万只香螺贝壳，说明卡卢萨人在很多个世纪以前就开始系统、频繁地采集香螺。在高度组织化的交易网络中，香螺贝壳甚至贝肉都可以当作商品，卡卢萨人以此创造了一个比许多其他海洋群体复杂得多的社会。

图 9-1　卡卢萨印第安人在河口浅水区用渔网捕鱼，梅拉尔德·克拉克（Merald Clark）作品（本图片由佛罗里达自然历史博物馆提供）

卡卢萨人对鱼类和软体动物的依赖程度很高，因此当考古学家用细孔筛对贝冢进行过滤时，发现来自贝冢的大多数样品都是这两种食物。样品中鱼和软体动物的比例不同，在接近海洋的遗址中，鱼类残骸的比例较高。在一个来自深水海湾遗址的样品中，鱼类残骸占了47%，而大部分河口遗址的鱼类残骸比例只有1%～7%。最大的鱼来自入海口附近的遗址，这完全在意料之中。浅水区和入海口附近遗址出土的残骸大约有一半属于拟海鲇和以软体动物为食的羊头鲷。

除了这两种主食以外，卡卢萨人还捕捞三种鲨鱼、嘴巴像刀叉一样的小齿锯鳐[1]以及海鳟鱼、比目鱼、颌针鱼和毛刺鱼。16世纪的西班牙探险家兼地理学家胡安·洛佩斯·德·贝拉斯科（Juan Lopez de Velasco）曾目睹印第安人收获了"众多（斑点或黑）鲻鱼"。他说："和西班牙人一样，卡卢萨人也是用渔网来捕捞的。"每年10月底至来年1月是鲻鱼的产卵季节，届时大量鲻鱼会聚集在江河入海口，成为人们用渔网捕捞的目标。

与世界各地的自给性渔民一样，卡卢萨人充分利用现成的原材料，发明了一种因地制宜的捕鱼技术。在近海处，小眼围网的捕捞效果最佳，渔民们依靠它就可以满载而归，而在深水区，大眼刺网则最为有效。考古学家在马可角和派恩岛遗址发掘出一些渔网碎片，它们是用棕榈纤维绳制成的。几乎所有用网捕鱼的渔业社会都使用方形网尺做出大小一致的网眼。卡卢萨人用骨头、石头或木头制作网尺，考古学家也从好几个卡卢萨遗址中发现了这种工具。

卡卢萨遗址还出土了螺的轴柱，即螺旋形单壳软体动物的中间部分，可用作渔网和渔线的沉子。马可角出土的螺柱比派恩岛出土的更大，这说明马可岛水域可能更深一些，能够捕到体型更大的鱼类。深水区捕捞通常要采用长线钓鱼法，渔民有时候还会用到渔线系在中间的骨制双头带饵卡钩。这种钩也被称为"喉钩"，在浅水区域人们很容易用它钓到鱼。卡卢萨人还会把骨制尖刺粘在或系在钩柄上，

——————————
[1]锯鳐分布于热带及亚热带浅水区，常出入于港湾与河口，体长且扁平、吻长、呈剑形，两侧缘长有强齿。

形成复合钩。人们驾驶独木舟时特别适合借助急拉钓线的方法，用这种鱼钩钓出在深水或浅水中都不容易被渔网捕获的鱼。鱼叉或带倒刺的矛头只在接近较深水域的遗址中才被考古学家发现。

充足的浅水和深水鱼类、异常丰富的可食用贝类及温和的气候都是那些以水产品为生的社会维持稳定繁荣的基础。我们可以合理推测：由于食物来源充足、稳定且多样化，当时卡卢萨的社会和政治正沿着一个简单的轨迹发展得越来越完善。事实上，经过千百年的发展，卡卢萨确实形成了一个拥有良好秩序的成熟社会，因为整个佛罗里达半岛的卡卢萨人都被联系在了一起。但是，与世界其他地方一样，看似微不足道的海平面变化将对卡卢萨人的生活造成破坏。

在这片浅水区，海平面从没有稳定过，即使它只涨落几厘米，就可能摧毁海草渔场或破坏牡蛎和海螺栖息的海床，并给那些以浅水鱼类或软体动物为食的人带来严重后果。中世纪暖期或小冰期引起的海平面波动或许不会对缅因州或加利福尼亚的沿海深水区产生太大影响，但对派恩岛海峡这种入海口在浅水区的海峡影响却很大。

派恩岛海峡的水位深度从来不超过 1.2 米，而且大部分都低于这个数字。虽然该海峡现在的水位比 500 年前深了些，但水位低的情况已经持续了好几个世纪。对人类而言，海平面的变化不仅影响房屋的选址，还影响柴火和食物的供应，而公元 580—850 年，气候转冷，海平面下降，人类生活受到极大影响。社会复杂程度的加深很可能就是人类采取措施应对困难时期所产生的结果。

有很多证据可以证明卡卢萨人的生活复杂性在增加，其中之一就是他们对船只的依赖程度越来越高。公元 800 年以后，卡卢萨人越来越多地使用贝壳制成的木工工具，而精英阶层可能控制了造船业，因为他们需要更大的独木舟来与贸易伙伴和潜在竞争对手保持联系。也正是在这个时期，卡卢萨人开始建造类似于派恩岛运河的大型工程，珠宝的长途贸易活动因此有所增加，而居住于遥远北方、有着独特宗教信仰的强大酋邦可能也已经在发挥它们的文化影响力。不过，最有可能的一种情况就是：在西班牙人到来之前，卡卢萨社会的组织结构中从未出现过固化的等级制度。

卡卢萨人依赖水生资源，而要获取这些资源，他们唯一的办法就是住在紧凑的永久定居点中。他们住在被水体环绕、地势较低的岛屿上，那里真正干燥、地势较高的地方不多，这一点使迁徙变得困难，并迫使人们在那里长期居住。

出于同样的原因，他们的社交网络也远远超出了单一的村落。在这样的环境中，不同首领的权力常常会随着渔场的富饶程度而发生变化。食物几乎不可能长期储存，因此控制好具有战略意义的粮食成为一项至关重要的工作，对各方都有利的互惠贸易模式和交换关系也发展起来了。在困难时期，卡卢萨社会可能会变得更加复杂，原因不在于人口增长的速度超过了粮食供应的速度，而在于人们需要一个本地化的定居网络来平衡供求关系。由于无法储藏食物，卡卢萨人只有将多余食物重新分配给有需求的邻里，并期待对方能够投之以桃、报之以李，这样他才能在社会交往中取得压倒性优势。

能够让不同社会团结在一起的凝聚力部分来自无形的领域。和其他渔业社会一样，卡卢萨人的生活中离不开复杂的仪式，宴会、舞蹈、歌唱、吟诵等活动都在他们的生命中有着重要意义。至于卡卢萨人是如何进行这些仪式的，我们目前几乎一无所知，因为考古人员只是偶然在水下考古遗址发现了一些木制舞蹈面具，例如考古学家在派恩岛发掘出的一只用柏木制成的美洲鹤。

这只鹤的历史可以追溯到公元865—985年，木鹤喙可以打开和关闭，并且会发出噼啪声。1.25万~6 000年前，在佛罗里达州的印第安社会和其他很多地方，水鸟有着巨大的宗教影响力。巫师与鹤有着密不可分的关系,因为在北美洲西北沿岸特林吉特人(Tlingit)的绘画中,总会看到巫师骑着仙鹤远去;而日本的阿伊努族女孩一直以来都会跳优雅的鹤舞。

1895—1896 年,考古学家从马可角的水下考古遗址发掘出几件木制兽首面具,这更加证明了卡卢萨人有可能将与鹤相关的神话传说以面具形式体现出来。那几件兽首面具描绘了浣熊、兔子、大雕鸮、鹰和隼等数种动物。有些面具可能是用来跳舞的,另一些则有可能用作图腾符号。卡卢萨舞者很可能通过面具将人的精神转变过程戏剧化,从而让观众参与其中。他们的古老神话剧和传说早已消失得无影无踪,但考古学家偶然发现的面具和其他礼器证明,卡卢萨人相信人与超自然世界之间的鸿沟绝对可以通过动物和人类之间的沟通进行弥补。派恩岛会发出噼啪声的美洲鹤面具就是令人信服的证明。

第一批西班牙人在佛罗里达登陆时,当地有 1 万多名卡卢萨人。他们主要居住在佛罗里达半岛西南部的广阔区域。1513 年,为了获得奴隶,探险家胡安·庞塞·德·莱昂(Juan Ponce de Leon)勘察了那里的海岸。他在今天的卡纳维拉尔角(Cape Canaveral)北部登陆,然后率领船队向南驶入如今迈阿密附近的比斯坎湾(Biscayne Bay)。船队的船只肮脏又渗水,所以他命令船队在东海岸迈尔斯堡(Fort Myers)附近的圣卡洛斯湾(San Carlos Bay)抛锚以便修补船体。

卡卢萨人此前没有与西班牙人正面接触过,但他们从来自古巴的逃亡者那里听说过西班牙人。卡卢萨人先后分别派出 20 艘和 80 艘独木舟去接近西班牙船只,船上满载带着盾牌的弓箭手。西班牙人发起进攻,把卡卢萨人赶到岸边,并摧毁了部分独木舟。但是,勇猛的卡卢萨战士顽强抵抗,西班牙人被迫撤退。4 年后,3 艘装备精良的西班牙船只在同一地点准备登陆，但同样遭到卡卢萨人的驱赶。此次战役造成西班牙船队 6 人受伤、1 人被俘以及大约 35 名卡卢萨人阵亡。

1519 年，西班牙舰队到达密西西比河三角洲。殖民者带来的天花病毒在当地肆虐，导致当地居民的死亡率高达 50%～75%。3 年后，莱昂带着 200 名士兵、50 匹马以及产自欧洲的牲畜返回圣卡洛斯湾，试图建立一个殖民地。卡卢萨战士再次攻击西班牙人，这是一场短兵相接的战斗。与西班牙人笨拙的弓弩相比，卡卢萨人的芦苇箭更为致命。莱昂本人就在战斗中大腿受伤，后来死在古巴。

1527 年，以残暴著称的潘菲洛·德·纳瓦埃斯（Panfilo de Narváez）率领西班牙军队在卡卢萨北部登陆，登陆点接近如今的坦帕市（Tampa）。除了对黄金感兴趣外，纳瓦埃斯还想打通一条前往亚洲的通道。他颁布了一项法令，要求印第安人必须信奉天主教，并成为西班牙王室的奴隶，不从者将会受到严厉惩罚。遍布美洲各地的西班牙人普遍采用了这份带有种族歧视倾向的文件，以此作为划分殖民地的依据，不顾卡卢萨人因此将变得一无所有。

走投无路的卡卢萨人只能用致命的箭来对付入侵的西班牙人。同时，他们也交易大量从沉没的西班牙船只中打捞出来的欧洲货物。在佛罗里达西南部，卡卢萨人拥有强大的政治和经济实力。1566 年，佩德罗·梅嫩德斯·德·阿维莱斯（Pedro Menendez de Aviles）曾提到一个拥有 4 000 居民的卡卢萨小镇。他说小镇依山而建，酋长的房子建在山丘顶上。11 年后，洛佩斯·德·贝拉斯科（López de Velasco）描述了一个如今被称为"丘岛"（Mound Key）的小岛屿。丘岛前面是一条狭窄的水道，水位很浅，只有小独木舟才能通过。当时它是卡卢萨人的都城，由一名地位最高的酋长统治。

卡卢萨人不仅没有遵守西班牙人颁布的法令，反而更加抵制天主教。1549 年，多米尼加人曾试图向卡卢萨人传教，但遭到后者不屈不挠地反抗，只能无功而返。1566—1567 年，耶稣会的类似尝试同样以失败告终，因此直到 18 世纪，卡卢萨人都坚持着自己的传统信仰。勇猛的作战行动和他们的沼泽家园帮助卡卢萨人摆脱了西班牙殖民者带来的大部分创伤。

然而 17—18 世纪初，来自北方的奴隶掠夺者带来了一波流行病。天花摧毁了卡卢萨人口密集的城镇和村庄，幸存居民则撤退到南部和东部更加偏远的乡村。18 世纪，他们的后代在古巴重新定居，但少数具有卡卢萨血统的渔民选择在佛罗里达海岸西南方的古巴渔场谋生。最终摧毁卡卢萨文化及其独特渔猎社会的不是气候变化，而是来自异国他乡的疾病。否则，他们很可能会与欧洲人一起繁衍生息至今。

第 10 章

"大鱼来了！"

公元前 1400 年，在太平洋西南部、巴布亚新几内亚东边的俾斯麦群岛，一艘双船体独木舟静静地停泊在如镜的海面上，风帆已经被船员们降下。独木舟在烈日下漂浮着，轻微的浪涌几乎没有让它移动太多距离。船员们用粗糙的席子挡住自己，然后从侧面偷偷观察水里的情况。此时船体投射的阴影中出现了一些灰色的身影，它们在清澈的海水中缓缓移动。一名船员站在阳光充足的地方，手里拿着长矛，蓄势待发。

独木舟旁突然卷起一些小漩涡，一片鱼鳍划破水面，船员握紧矛柄，再以迅雷不及掩耳之势将长矛猛刺出去。鱼早就觉察到他的影子，一下就潜到水里去了，但他耐心地等待着。船员们又发现了更多的小漩涡，几条金枪鱼贴着水面迅速游过来。拿长矛的船员连刺两下，刺中了两条鱼，它们拼命地挣扎着。身手敏捷的船员们将鱼扔上船，船上的人迅速用棍棒把鱼打死。当船员们宰鱼时，舵手观察着海平面，希望找到起风的迹象。一小时后，东北方重新刮起信风，风帆因吹来的轻风而鼓起，独木舟顺风而行。人们生吃着金枪鱼排，把剩下的鱼肉放在船体上，让它在太阳底下风干。

人类渔业史大部分都与经由水路但又不完全依靠水路的出行有关。机会性捕鱼出现在很多地方，比如阿扎尼亚（在东非沿海）、美索不达米亚、印度沿海及斯里兰卡；但是，促使渔业得到长足发展的却是人们的不断迁徙及他们与其他人的互动。在东南亚、冰期时的巽他大陆 ① 和萨胡尔大陆 ② 以及远一些的俾斯麦群岛，捕鱼和出行都是相伴相生的。其至再往东去，早期渔民已经航行到近大洋洲 ③ 及其以外地区的太平洋诸岛。

航行在大洋洲与太平洋诸岛之间

俾斯麦群岛由一些分散的岛屿组成，这些郁郁葱葱的岛屿一直向太平洋的南部和西部延伸，形成了一条非常适合航行的通道。那里的风向和海流都很稳定，完全不受南北两边热带气旋的影响。在冰期晚期，即使使用最原始的船只，2.5 万年前的海员们也能在所罗门群岛这种南部和东部的遥远地区定居。无论他们乘独木舟或帆船前往哪个岛屿，都会在岛上扎营或住在岩棚里，形成小型渔业社群。定期迁徙是岛屿生活的一个组成部分，和世界上其他地方的渔业社会一样，分散的岛屿渔业群体之间必须相互依存。

数千年来，受海洋地貌的限制和首批定居者从大陆带来的流行性疟疾的影响，西南太平洋地区的人口规模一直很小。公元前 1300 年左右，新移民乘坐较大型的独木舟从西边而来，由此开始，人们在岛屿之间航行得更加频繁。考古学家根据新喀里多尼亚岛的一处考古遗址将这些新来者称为拉皮塔人（Lapita）。拉皮塔人的出现似乎毫无预兆，他们擅长航海，其独木舟配备了较高的船桅，航行

①巽他大陆：位于亚洲东南部，面积约 185 万平方千米，是中生代晚期尚为陆地但新生代逐渐沉降的海底三角洲第三系沉积。
②萨胡尔大陆：位于帝汶海，由澳大利亚、新几内亚和塔斯马尼亚岛构成，它和巽他大陆架在冰河期都曾浮出水面，与大陆连为一体。
③近大洋洲：3.5 万年前成为大洋洲的一部分，范围包括美拉尼西亚群岛西部、俾斯麦群岛和所罗门群岛。

速度非常快，与此前该水域出现的独木舟迥然不同，而且拉皮塔船员们驾驭独木舟时如履平地。为了寻找贸易机会和新的渔场，拉皮塔人经常迁徙。他们制造了一种锯齿状、带有印记的陶器，用来标记他们在西太平洋的深海航行距离。有些陶器设计精妙，上面有风格独特的人脸形象，似乎描绘了那些长途跋涉、从一座岛屿到另一座岛屿的人们之间所存在的文化共通性。这些陶器能保存下来，对考古研究而言是幸运的。除了这些陶瓷以外，考古学家还在俾斯麦群岛、所罗门群岛、斐济、汤加和萨摩亚群岛发现了散落于各处的两百多处遗址，并借助放射性碳年代测定法确定它们曾是拉皮塔人生活过的地方。以上种种发现使考古学家们对这个群体令人惊叹的海上航行史有了些许认识。

早在公元前 2000 年之前，拉皮塔人就开始从遥远的太平洋西部向近大洋洲迁徙，这是人类历史上最了不起的海上探险之一。几百年后，拉皮塔人在近大洋洲定居下来，与当地原住民通婚。

与岛上先民从事机会性捕捞不同的是，这些移民都是农民，他们的独木舟载着秧苗、鸡、狗和猪从一个岛屿迁徙到另一个岛屿，而那些动物也成为西南太平洋地区最早的家畜。岛上的先民曾严重依赖捕鱼和采集野生植物为生，偶尔也打猎，而拉皮塔人对新农作物和家畜的引进丰富了岛屿经济急缺的灵活性。拉皮塔农民储存食物，所以他们的独木舟可以携带芋头，在海上停留的时间也长得多。储存饮用水是最难办到的事情，他们只能用葫芦装水，尽管如此，拉皮塔人还是经常出海并往返于岛屿之间，而这种特权可能只掌握在较少数人的手中。也许海上通行和开拓殖民地已经成为一种社会现象，它有着强大的社会基础和宗教仪式基础。假如没有农业和渔业作为支撑，这两者都不可能实现，农业和渔业为数十个孤立的社群提供了重要的主食。

大洋洲和波利尼西亚的岛屿极其缺乏植物群和陆生动物群。越往东,这种迹象就越发明显。在那些地方,最好的食物都在海里。珊瑚礁群、潟湖及热带太平洋岛屿周围的中上层水域,拥有各种各样的可食用鱼类、软体动物和甲壳纲动物,还有海胆、海星、海参等棘皮动物[①]和各类海草。

对猎人而言,在太平洋海域捕鱼困难重重,毕竟他们不习惯在海面上打猎,而海上打猎正是捕鱼所需要的。他们面临着许多未知的挑战,这些挑战在陆地上是无法体验到的,比如浮力、波浪、湍流及折射光线对观察水下鱼类所造成的困难。也就是说,太平洋岛屿渔民改进了东南亚群岛渔民在较平静水域所发明的捕捞技术,包括鱼笼、鱼钩和渔网。

拉皮塔人是真正意义上第一批到西太平洋海上冒险的先驱者。为了生存下来并适应该地区的海洋环境和岛屿地貌,他们要练就专业的捕鱼技巧。尽管在出海过程中偶尔可以捕捞到新鲜的鱼类,但如果没有鱼干或咸鱼,他们无法乘独木舟远行。通过我的亲身实践,我了解到热带开放水域中的深海鱼类喜欢阴凉。拉皮塔人的独木舟带有舷外支架,会在海面上形成阴影,因此渔民可以偶尔站在船上用长矛刺鱼或钓鱼。不过,渔民们的主食仍是事先存放在船上的食物,其中很多都是加工过的浅水鱼类。

拉皮塔人的捕鱼方式仍是个未解之谜。除了一些鱼骨和诸如沉子或鱼钩之类的耐用品,考古学家尚未找到任何相关线索。就像在东南亚一样,拉皮塔人所使用的捕鱼工具几乎都非常容易腐朽,而且往往很快就会被更换掉。还原拉皮塔人捕鱼技巧的唯一方法就是对现代渔业社会仍在使用的传统捕鱼方法进行人类学研究。如今,

---

①棘皮动物是一类后口动物,在无脊椎动物中进化地位很高,大多底栖,少数海参行浮游生活,自由生活的种类能够缓慢移动。

汤加的纽阿托普塔普岛大约生活着 1 000 人。早在公元前 1000 年，拉皮塔人就移居到了这个小岛。与汤加其他岛屿的居民相比，纽阿托普塔普岛的现代居民较少受到西方文化影响，因此他们的捕鱼方式有可能与欧洲人到来之前没有太大差别。

纽阿托普塔普岛很小，面积只有 15 平方千米，但它拥有丰富多样的海洋生态系统，包括浅海潟湖、处于岛屿迎风面的礁石、通向太平洋的汹涌航道及开阔的海洋。即使天气再恶劣，妇女和儿童也可以在岩石间的潮水潭中采集软体动物和捕捞小鱼，而男人们则可以在不受风浪影响的潟湖中设置渔网。纽阿托普塔普岛的渔业资源极其丰富，有四五百种鱼类栖息在当地水域，这些鱼被人们统称为"伊卡"（Ika）。外部水域礁石坡上的鱼群种类最为多样化，此外潟湖的水道也是多产的渔场。

考古学家帕特里克·基尔希（Patrick Kirch）及其同事汤姆·戴伊（Tom Dye）发现，纽阿托普塔普居民所使用的捕鱼方法至少有 37 种，其中用网捕鱼是最普遍的，而岛上背风的礁滩尤其适合使用围网。围网一般是所有人公用的，使用它的最佳时机就是涨潮的时候。潮水退去后，大量鱼类通常会落到围网里。如果人们在涨潮前一晚设置好围网，第二天就有可能捕获一千多条鱼。

从珊瑚礁边缘用长线钓鱼这种方法不是很有效，但如果借助独木舟的话，纽阿托普塔普岛的渔民就可以在距离海岸 7 千米范围内拖捕鲣鱼。根据习俗，渔民们会使用一根大约 2 米长的竹钓竿。竿上有两三条渔线，线上装有许多由珍珠贝壳做成的诱饵，而这些诱饵上还附带着一只鳖甲诱饵。渔民们追踪以飞鱼为食的鸟群，好确定鱼群的位置。鱼儿一上钩，渔民立刻把它猛拉上船，船上的人马上将鱼打死。有时候，渔民拉线的力道太猛，鱼甚至会撞到他们的胸口上。

长矛刺鱼这种方法适用于位于岛屿迎风面和背风面的礁滩，且夜晚使用效果尤佳，因为燃烧的火把经常能够吸引飞鱼。这种捕鱼方式更像捕猎。迎风而立的渔民们会一边嚼着椰肉，一边手持长矛沿波涛汹涌的海峡刺鱼。一波大浪过后，他们看到了一条鱼，于是跳到一片礁岩上，把椰肉吐到海水里。椰肉的油脂使海水变得清澈，能够看到海底的情况。在另一波海浪到来之前，渔民迅速将长矛刺向那条鱼。这种方法对当地人最喜爱的鹦哥鱼很有效。毒鱼法也被渔民们广泛使用：他们用围网封锁礁滩的出口，然后把磨成粉的有毒植物根部从袋子里抖进水中，特别是珊瑚岬和悬岩凸出部分覆盖的水面。鱼被毒晕后，几分钟之内就会浮上水面或沉入海底，渔民可以用长矛把鱼刺上来或者捞起来。

尽管纽阿托普塔普渔民了解各种各样的鱼，但他们常吃的鱼类只有 31 种左右，除此之外，他们还吃龙虾、螃蟹和可食用的腹足纲软体动物。鱼大部分来自近岸水域，尤其是礁滩，只有最受欢迎的飞鱼来自开阔的水域，当地人称其为"阿图"（Atu）。软体动物的捕获量应该不高，它们是妇女和儿童最喜欢吃的食物，男人们则经常吃龙虾和螃蟹这两种更有名的海鲜。

由于考古挖掘出土的人工制品较少，我们很难重现拉皮塔人捕鱼的场景。考古学家从大面积的纽阿托普塔普贝冢中只发现了 3 枚贝壳制成的鱼钩，它们与东帝汶和所罗门群岛发现的鱼钩非常相似。到目前为止，纽阿托普塔普贝冢只出土了一种与众不同的人工制品，它是一种中间开裂的白贝，波利尼西亚地区的渔民通常把这种贝壳用作捞网的沉子。几乎可以肯定的是，拉皮塔人的大部分捕鱼活动是在潟湖和其他近岸水域开展的，他们用围网和钓线在那里捕捞各类可食用鱼。在外海钓金枪鱼不仅需要细致的观察力，还要掌握近海航行的技术。

拉皮塔人的后裔从萨摩亚向东航行，进入波利尼西亚中心地带社会群岛，并进一步深入遥远的太平洋。在远距离航行过程中，深海捕鱼并没有发挥太大作用。这种航行依赖于精心储藏的食物，而不是完全依靠开阔水域捕获到的鱼类。浅海渔场所提供的食物才是人们乘独木舟从近海进入远大洋洲①(Remote Oceania)的最大保障。

远航"中转站"——塔希提岛

请想象一下这幅景象：在数千平方千米的海面上，岛屿星罗棋布，为了移居到这些岛屿，人们乘坐独木舟在海上逆风而行。这正是拉皮塔人离开萨摩亚向东而行时所面临的挑战。公元前800年，拉皮塔人来到汤加和萨摩亚，并在萨摩亚周边和汤加群岛停留了1 000多年。而后，大约在公元1000 ~ 1300年，波利尼西亚人突然在非常短的时间内发现并移居到东太平洋的几乎所有岛屿。没人知道这股突如其来的探险热潮是如何产生的，但它有可能是几个因素的综合结果，比如独木舟经过改进之后运载能力增加从而更适合在海洋上航行，家园土地短缺及冒险精神的驱使。波利尼西亚的社会结构是以可耕种田园和土地的获得为基础的，因此他们航行的目的大多数是寻找新的土地，将其开垦和耕种后居住。

毫无疑问，来自波利尼西亚的探险者们原本打算返回家乡。他们利用信风的间歇期几乎一路逆风而行，心里坚信只要想回家，顺着微风就可返航。他们拥有大量的传统航海知识，懂得利用星座和其他自然现象帮助自己航行。无论移民潮的原因是什么，通过放射性碳年代测定和考古遗址出土的人工制品，我们了解到移民的过程

---

①远大洋洲：包括美拉尼西亚群岛南部和所罗门群岛东部，以及瓦努阿图、新喀里多尼亚、斐济、帕劳群岛、密克罗尼西亚和波利尼西亚等地。

十分迅速。社会群岛、马克萨斯群岛和新西兰等地相距甚远，但从那里出土的扁斧和鱼钩却极其相似，似乎它们都在短时期内来自同一个地方。绝大多数波利尼西亚人都选择留在家乡耕种田地或者在潟湖区捕鱼。但航海是一项受人尊敬的活动，因为整个波利尼西亚的海面不是一道屏障，而是一个由水路连接而成的网络，每一个岛屿都通过这个网络与其他岛屿连接。这些跨越广阔太平洋的海上通道为各个岛屿建立了经济、社会和其他方面的纽带，并被一代代人维系了下来。

人类到达偏远的太平洋岛屿之后，当地环境往往会立刻发生根本性变化，并经常导致森林滥伐，从而被农田取而代之的现象。随之而来的是土壤被大面积侵蚀，人们只能靠频繁狩猎维持生计，许多陆生鸟类、海鸟及海龟等本土动物因此灭绝。与此同时，岛屿文化盛行。尽管人口密度不断上升，但在诸如塔希提岛①等岛屿上，精耕细作的农业与渔业结合在一起，产生了大量的食物。自然而然地，那些拥有最佳土地资源的人掌握了政治权力和主持宗教仪式的权力。到了公元 1600 年，波利尼西亚的一些社会形成了由酋长、航海家和巫师等阶层领导的酋邦，派系主义和你争我夺导致各酋邦之间出现恶性竞争。除了夏威夷之外，社会群岛的酋邦势力最为强大，塔希提岛更是其中的佼佼者。

塔希提岛是长途航行的中转站，早期到访过塔希提岛的欧洲人曾描述了塔希提岛岛民的传统捕鱼方式。1767 年，法国探险家路易斯·安托万·德·布干维尔②（Louis Antoine de Bougainville）率领的船队在塔希提岛附近停靠。他发现这个岛屿相当繁华，人们与自然和谐共处。6 年后，个性较为冷静的詹姆斯·库克船长（Captain

---

①塔希提岛是社会群岛的最大岛。
②著名的"布干维尔花"就是以他的名字命名的。——作者注

James Cook）来到塔希提岛，并在此观察到金星凌日 ^{①} 的天文现象。后来他又拜访过几次塔希提岛，和手下军官们一起写下了大量关于塔希提岛及其岛民的故事。在他们的描述中，塔希提岛居民不关心农业，甚至不喜欢务农，但他们热衷于捕鱼，而且技术非常娴熟。事实是否如此，我们无从考证。

谈到塔希提岛的捕鱼业，一代代作家和人类学家给我们留下了相当详细的描述。捕鱼是塔希提人所有维持生计的活动中最讲求技术的，也是他们获取蛋白质的重要渠道。波利尼西亚人几乎把捕鱼变成一项运动。1829 年，传教士威廉·埃利斯（William Ellis）写道："珊瑚礁内的海水平静且透明，非常有利于他们开展水上运动。一位酋长和他的手下带着长矛（或诸如此类的工具）开始集体捕鱼比赛。他们兴高采烈，那股精神劲儿不亚于冒险追逐猎物的欧洲贵族。"有些更大胆的年轻酋长甚至敢追赶鲨鱼，较年长的贵族们则坐在独木舟上观赛。

塔希提岛渔民能够捕捞到各类海鲜。当地有一种可食用的海龟，它们喜欢在环礁海滩上筑巢，很容易被捕获。塔希提岛盛产淡水虾、龙虾和螃蟹等甲壳纲动物；海胆、贻贝、牡蛎和体型巨大的砗磲也是当地常见的食物。腹足纲动物遍布塔希提岛的珊瑚礁和潟湖之中，它们的壳被制成工具和装饰品。塔希提人喜欢吃章鱼，不过对他们来说，鱼才是最重要的海洋食物。他们在珊瑚礁和潟湖中捕捞各种鱼类，包括鲨鱼、蝠鲼、鳗鱼以及金枪鱼、鲣鱼甚至剑鱼等深海鱼类。

岛上的居民都是杂食主义者，吃各种各样的鱼和海产品。他们的捕捞方法多得令人咋舌，比如在浅水里徒手挠鱼、用小渔网和棍子捕鱼，以及用长矛和鱼笼捕龙虾和淡水对虾。据说他们有办法避开

---

①金星凌日是金星运行到太阳和地球之间，三者恰好在一条直线上时，金星挡住部分日面而发生的天象。金星凌日又有小日食之称。

牡蛎，以免锋利的牡蛎壳划破双脚。岛民们还会用有毒的叶子和树根在平静的水域中毒鱼。塔希提人之所以能轻松驾驭各种捕捞方式，很大程度上得益于他们对海洋动物的深刻了解，并且能够视情况调整自己的方法。海龟堪称上等美食，龟壳可以用来制作鱼钩和饰物，而龟肉则被当地人献给寺庙。遍布溪流、湖泊和潟湖的鳗鱼是一种相当美味的食物，它在当地民间传说和神话故事中占据着重要地位。人们将一些鳗鱼养在水位较浅的池里，喂食时只要吹起口哨，它们就会浮出水面。在峡谷中长大的鳗鱼体型会非常大。

塔希提人擅长编织渔网，如制作手捞网和抛网。这些网的网眼极小，可以把绝大多数小鱼一网打尽。此外，所有塔希提人共同制作的大型围网最能给人留下深刻印象。这种网由坚韧的树皮制成，可达 73 米长、3.65 米宽。其底部边缘要用石头压住，上部则依靠木槿漂浮在水面上。这些渔网主要用于潟湖捕鱼，既可挂在独木舟上进行拖网捕捞，也可由擅长潜水的渔民将其固定在海底，然后将鱼赶到网里。

赶鱼的工作可由人们驾驶着独木舟完成，水里的人则要在鱼想逃跑的时候用网把鱼围住。假如鲨鱼过来捣乱，在渔网边上的人就会将它们向岸上驱赶。当鱼游进河床和潟湖时，固定或临时搭建的鱼梁就能发挥作用了。经验丰富的渔民可以一边游着泳，一边用单头或多头长矛戳鱼，也可以站在独木舟或岩石上将长矛投掷出去。天黑以后，很多渔民用干椰子叶捆成的火把捕鱼。他们一只手举着火把，另一只手握着长矛，随时准备出手刺向出现在视线范围内的鱼。

很多塔希提渔民擅长用鱼竿、鱼钩和渔线钓鱼，而论及深海捕鱼，更是无人能出其右。深海捕鱼是一项极其危险和具有挑战性的工作，塔希提人寻找的目标包括长鳍金枪鱼、鲣鱼、海豚、鲨鱼甚至还有剑鱼。经过数百年的试验和艰苦实践，塔希提渔民已经变成

图 10-1　斐济人站在潟湖里，边唱边叫，拍打着水面，将受惊的鱼驱赶到一张巨大的围网里。此画由一位不知名艺术家绘制于 1973 年 (本图片由布里奇曼影像"探索与学习频道之私人典藏"提供)

真正的深海捕鱼专家，而且他们走向深海的时间可能要早于波利尼西亚人。20 世纪 20 年代，爱好垂钓的记者兼作家查尔斯·诺德霍夫 (Charles Nordhoff) 向世人描述了塔希提渔民的捕鱼方法。虽然好几个世纪里深受欧洲人影响，但塔希提人的捕鱼方法已经趋于完美，并几乎完整地流传了下来。长鳍金枪鱼、鲣鱼和海豚之所以成为他们的主要捕捞目标，很大程度上是因为这些鱼成群出现。渔民们勇敢无畏，单独对抗 45 千克甚至更重的海豚也完全不在话下。

　　詹姆斯·莫里森 (James Morrison) 是 18 世纪参与"邦蒂号" (Bounty) 暴动[①]的船员之一。根据他的描述，塔希提渔民捕捉海豚时总是逆风航行。他们在海上抛下由坚韧剑齿草制成的渔线，线的末端连着用坚硬树根或铁木制成的尖锐木鱼钩，并以飞鱼为鱼饵。

---

① 1789 年，英国皇家海军"邦蒂号"战舰由塔希提岛驶往西印度群岛，但途中发生暴动，大副带领 8 名士兵杀光了其余所有人，然后将船开往太平洋腹地。之后船员登上了皮特凯恩岛，屠杀了岛上的男性，并霸占了女性原住民为其生子。之后经历几次内讧，只剩下 1 名船员亚当斯。在叛变发生 25 年后，英国海军发现了这座岛屿并逮捕了亚当斯。此事件一经公布，文人墨客立即为其撰写了多部文学作品，相关电影作品也已经上映。

欧洲人喜欢使用带倒刺的鱼钩，使用时只要猛拉渔线，就会使鱼钩刺入鱼的嘴里，但塔希提渔民从不这样做。他们会让渔线保持稳定的张力，并让鱼自己上钩。鱼咬钩时，他们只要扯动渔线，鱼钩就会翻转，深深陷入鱼的下颚。

按照诺德霍夫的说法，经验丰富的老渔民只要看到天空中有一群鸟儿绕着海面打转，就知道那个方位有鱼。他会操纵独木舟从上风口接近鱼群，然后把鱼饵扔进海里把鱼吸引过来。当大风使独木舟开始加速时，与老渔民同行的年轻渔民们便把带诱饵的渔线抛进水中。鱼上钩后，渔民会让渔线保持稳定的张力，直到鱼累得不想挣扎为止。然后，他会让鱼继续待在水面下几米处，同时继续拖捕其他鱼，他们认为如果第一条上钩的鱼被拖上船，其他鱼就会立刻游走。当第二条鱼上钩后，他就会将第一条鱼拖到独木舟里，然后很快用绳索吊起来，这样它就无法挣扎了。这一连串动作反复进行着，直到所有鱼都被拖上船为止。

长鳍金枪鱼有好几个品种，塔希提人将它们统称为"阿西鱼"（A'ahi）。它们喜欢聚集在离岛礁相当近的地方，那里的洋流会把小鱼小虾卷到一起，成为长鳍金枪鱼享用的美食。这些所谓的"穴"位于相对平静的水域，光是塔希提岛沿岸就有十几个穴。渔民们先将鱼饵扔到水里，然后将珍珠贝制成的带饵鱼钩以及石头作为沉子的长钓线抛入海穴，接下来他们要做的就是静候长鳍金枪鱼上钩。

为了钓到更大的长鳍金枪鱼，塔希提人发明了一种叫"缇拉"（tira）的装置。渔民们在两只独木舟中间的水面上用编织物搭建起一个平台，捕捞上来的鱼就放在那里。缇拉是一根长长的弯杆，一端有分叉，分叉的地方系着两根渔线，渔线的另一端是由珍珠贝制成的带饵鱼钩。运用这一工具时人们要让鱼钩尽量贴近水面。分叉可确保渔线不会从缇拉滑落，而且能够转到独木舟的船尾，在那里有人盯着鱼钩。缇拉杆子上挂着几束羽毛，它们能随着独木舟的俯仰而倾斜和旋转，模仿小鸟捕食小鱼的动作。其实这些"小鸟"是长鳍金枪鱼的猎物，跟在"小鸟"身后的长鳍金枪鱼很容易就会咬钩。待鱼完全上钩，渔民们就开始拉渔线，这时候缇拉起到了起重机的作用。当鱼被放到编织物做成的平台上时，渔民们马上将杆子挥出去，在追赶鱼群时疯狂地拍水。缇拉捕鱼法非常高效，尤其适用于捕大鱼。因此相对于单人垂钓法，人们更喜欢采用集体捕捞的方式对付长鳍金枪鱼。

诺德霍夫将缇拉渔夫比作技艺高超的网球选手，并称有些渔民们据说一次能钓上两条鱼。渔民出海时都会带着好几种鱼钩，他们会根据天气情况在短时间内把鱼钩换好。同样用作诱饵的珍珠贝肉柱也是非常珍贵的物品，每块都被人赋予了名字。真正的钓鱼高手会使用短而钝的鱼钩，他们对这种鱼钩做过校正，因此当他们把鱼钓出水面之后，鱼钩马上就能松开，也就是说，在鱼刚被甩向独木舟的那一刻，鱼钩又可以重新投入使用了。事实上，能够真正掌握这种技术的高手非常少。

在塔希提岛沿岸海域，鲣鱼成群结队地以高速追赶较小的鱼类，这给独木舟桨手带来极大的挑战。鲣鱼是贪吃的鱼类，为了寻找和吃掉更多食物，鲣鱼总是在快速移动。要赶上一群鲣鱼，渔民的体能必须十分充沛，这个过程通常需要好几个小时。追上鱼群后，渔民只有几分钟作业时间，他们要趁鲣鱼在独木舟周围水面跳动时把它们钓上来。塔希提人设计了一种很精巧的鱼钩，钩上有整齐排列的倾斜尖刺，能够以正确的角度刺入鱼嘴。为了吸引鲣鱼，渔民还将鱼钩涂上了颜色。他们用一根长达5.5米的鱼竿将鱼钩抛下海里，然后迅速将上钩的鲣鱼甩到独木舟上。

渔民能够从追踪鱼群的鸟儿种类判断出前方是哪种鱼。假如鲣鸟和燕鸥一起捕猎，那就表明前者在捕长鳍金枪鱼，而后者在捕鲣鱼。捕鱼是一门精深的学问，驾驶独木舟的渔民要对天气和风向了如指掌，并且非常善于预测渔情。对渔民来说，最适宜捕鲣鱼的天气就是刮起偏东北的轻微北风的时候，这种风比较温暖且稳定。鱼的种类因季节而变化，绝大多数捕鱼活动都在夏季进行，塔希提人称之为"开海捕鱼季"。

在这个季节，海面大多数时候都比较平静。到了冬天，较强的东北信风会在海面形成巨浪，使捕鱼活动变得十分危险。美国语言学家弗兰克·斯廷森（Frank Stimson）录制了一些与捕鱼活动相关的塔希提歌曲，这些歌曲融入了具有数百年历史的口头传说，尤其是那些与月亮盈亏相关的传说："塔马提亚，晓月当空，大鱼浅游……人们又开始撒网捕鱼。"而在没有月光的夜晚，他们则会唱道："月色黯淡，鱼儿沉睡，这是一个无鱼可捕的夜晚。"

养鱼"巨"户：夏威夷岛民

定居社会群岛 100 多年后，波利尼西亚人开始冒险进入北方的未知海域，他们的出发地有可能是马克萨斯群岛。公元 1000 年后的某个时期，波利尼西亚人迅速移居到远大洋洲，夏威夷群岛[①]也成为他们的殖民地之一。根据夏威夷人的口头传说，随后几十年里，他们又进行了零星的远航，并诞生了莫伊科哈（Mo'ikeha）和帕奥（Pa'ao）这样的伟大航海家。据说他们航行到一个被称为"卡希吉"（Kahiki）的神秘岛屿，并且安然返回。也许卡希吉岛就是塔希提岛。公元 1300 年后，夏威夷群岛与波利尼西亚的其他岛屿完全隔绝，大

---

①夏威夷群岛是波利尼西亚群岛的一部分，后者分布于太平洋中东部巨大的三角形地带，而夏威夷群岛就在三角形的顶角位置。

规模航行活动戛然而止，据说只有一位与人很像的天神洛诺（Lono）曾象征性地到过卡希吉并返航。正因如此，当库克船长于 1778 年从塔希提岛起航时，夏威夷人认为他就是洛诺。库克被看作他们祖先的化身，备受尊崇。那时候，有至少 23 万人生活在由强大酋长统治下的夏威夷群岛。尽管与世隔绝，但夏威夷人对自己的海洋血统有着深刻的认识，并且与海洋保持着密切关系——他们日常所消耗的蛋白质大部分来自海洋鱼类。

被人类占据后，夏威夷群岛的环境发生了翻天覆地的变化。夏威夷人的农业生产水平非常高，包括高超的芋头栽培技术、灌溉技术和梯田种植技术。鱼类和贝类是夏威夷人获取蛋白质的主要来源。他们是专业的渔民，对海洋和海洋生物有着深刻的了解；他们采用各种各样的捕鱼方式，包括用长矛刺鱼、用鱼笼和渔网捕鱼以及用渔线和鱼钩钓鱼。这些方法都是由早期定居者引入，并被推广到整个太平洋地区的。与其他波利尼西亚人不同的是，夏威夷人制作鱼钩的材料大多是骨头，而不是贝壳。

鱼钩和渔线的不同连接方式、鱼钩的尺寸大小及鱼竿弯曲度的变化，都反映出夏威夷人根据不同的环境和鱼的种类在工具设计上所做的细微变化。总的来说，夏威夷人对鱼钩的基本设计与波利尼西亚的其他地方非常相似，或许这也证明了波利尼西亚人移居夏威夷群岛的速度非常快。最大的双头钩可以捕大型野生鱼类，如金枪鱼和鲨鱼。一些大型鱼钩甚至是用人骨做成的，不但尺寸够大，而且足够坚硬。此外，击败敌人以后，把战俘的骨头做成鱼钩，也是羞辱敌人家族或村庄的一种手段。因此，酋长们想尽一切办法不让别人知道自己的墓地所在，以防止死后骸骨被人拿来做成鱼钩。

岛民们充分开发了当地环境。那里的海岸线蕴藏着丰富的甲壳类动物资源，包括大量海藻和一些小型鱼类，螃蟹和海胆尤其丰富。

背风之处的海岸资源最多，是所有海洋生态系统中最具生产力的地方，人们的捕捞活动也大多集中在那里，因为那里的海面较为平静，珊瑚礁生长良好且靠近陆地。底栖带的海水深度为30～350米不等，是人们经常活动的最深区域。该区域的鱼类数量比其他地方少得多，但渔民们却最喜欢去，因为他们可以带着渔线、沉子和带饵鱼钩去钓鲷鱼等栖息于礁石中的鱼类。人们还到远洋带捕钓非常珍贵的鲣鱼。鲣鱼属于金枪鱼的一种，当地人称之为"阿库鱼"（Aku），是专门留给酋长和其他位高权重者的一种食物。

夏威夷人的大规模水产养殖业在太平洋地区无人能及。他们水产养殖的兴盛靠的不是鱼梁和鱼笼，而是大量带围墙的鱼塘。在东南亚，人们不但养殖淡水鱼，也把大部分捕捞到的野生海鱼养起来，留待以后食用。水产养殖缓解了淡水鱼供应不足的困境。在夏威夷，鱼塘成为酋长们地位和权力的象征。养殖鱼既为酋长的家族提供了食物，也满足了酋长炫富的嗜好。

19世纪中叶的夏威夷智者塞缪尔·卡马考（Samuel Kamakau）写道："鱼塘美化了这片土地，而遍布鱼塘的土地堪称肥沃之地。"有了鱼塘之后，夏威夷人的捕鱼活动就不仅仅是一种维持生计的行为，鱼类已经成为具有社会意义的商品，岛民进入大规模生产和饲养鱼类的阶段。除了遍布群岛的几百个鱼塘之外，夏威夷岛民还在肥沃的山谷建立了大规模的芋头灌溉系统和广泛的旱地耕作系统，这使得夏威夷人能够生产充裕的食物并建立成熟的酋邦。绝大多数鱼塘位于沿海的浅礁滩上，在那里，鱼塘的拥有者可以在海岸外建造宽阔的半圆形屏障。这些地点包括瓦胡岛的珍珠港和莫洛凯岛的南岸。土地拥有者们还给沿海熔岩盆地的天然泉水鱼塘增加了围墙和大门，把它们变成了盛产鱼类的小湖泊。

沿海而建的弧形鱼塘作用最大，当地人把这种鱼塘称为"洛克

图 10-2 夏威夷莫洛凯岛上的古老鱼塘（本图片由盖特纳／阿拉米图片库提供）

夸帕"(Loko Kuapa)。鱼塘周围是用玄武岩和珊瑚礁搭建起来的围墙，比最高潮位高出 1 米左右。建造者精心设计了水闸，使海水能够流入和流出，但鱼却无法离开池塘。这种鱼塘的大小在 0.4 ~ 212 公顷之间，有些鱼塘如今仍被莫洛凯当地居民使用，但很多已经被淤积的泥沙掩埋了。沿海鱼塘里饲养的大多数都是喜欢半咸水环境的虱目鱼或鲻鱼，而内陆淡水鱼塘则被用来饲养较小的鱼和虾。一个多世纪前，曾有人进行过研究，估计夏威夷的一个鱼塘平均每年养殖的鱼可达到 166 千克。按照现代标准，这个产量并不是很高，但在当时，它却意味着社会声望和奢侈消费。

　　从红海到遥远的太平洋岛屿，独木舟和商船依赖的不仅仅是深海鱼类，还有近海鱼类，因为鱼干、咸鱼和熏鱼已成为远航船员们维持生计的必需品。虽然从沿海捕获的鱼类不惹人注目，但是随着早期人类在日益复杂的社会关系网进行远距离贸易时，它们却成了历史发展的驱动力。

Fishing

第二卷

从沉默到改变世界

Fishers in the
Shadows

假如没有渔民和他们捕捞到的渔获物，法老就不可能建造出吉萨金字塔，而柬埔寨那令人赞叹的吴哥窟寺庙也不会是它现在的样子。秘鲁北部海岸的莫希①领主们极其依赖沿海捕捞鳀鱼的渔民，因为如果没有这些渔民，用黄金堆积起来的城邦就永远不会出现。绝大多数人类早期文明都在江河入海口、湖泊、河流周边或离海洋很近的地方兴盛起来。没有城外渔村里装满渔获物的篮子和独木舟，很多古代文明根本不会形成，更不会出现伟大的宗教中心。

公元前 3100 年左右，地中海东部出现了世界上最早的城市。不久以后，亚洲和美洲也相继出现了国家。这些工业化之前出现的国家是独立发展的，但都有一些共同特点。它们有着金字塔式的复杂社会结构，金字塔的最顶端通常是拥有巨大权力的神圣统治者，在他的下面是各个阶层的贵族、官员、巫师、手工艺人和商人。金字塔的最底层则是成千上万的平民，包括农民、牧民、搬运工、小工匠及渔民。无论是苏美尔、埃及、罗马、商朝还是玛雅，所有早期国家的整个上层建筑都建立在强大的意识形态基础之上。

①莫希人是曾经主宰秘鲁北部沿岸的民族，他们在沙漠中建造起宏伟的金字塔，并且举行恐怖的活人献祭仪式。莫希文化因其发源于莫希河谷而得名，鼎盛时期扩大到兰巴耶克河谷和瓦尔梅河谷，年代在公元 200—700 年。

这些意识形态驱动着成千上万默默无闻的劳动者为大庄园服务，建造寺庙、墓穴和公共建筑，并为统治者及其官员们生产粮食。和农民一样，渔民也是最底层、最默默无闻的劳动者，要为大量从事公共建设的人群生产口粮，是一个国家中非常重要的食物提供者。

自给性捕捞为家庭、宗族、社群及远近邻里提供了食物。当时大多数捕捞活动都是单独完成的，一个人只需凭借一副鱼钩和渔线或带倒刺的长矛站在大石头上就可以办到，很少需要分工协作。后来，人们开始使用围网捕鱼，或者在鲇鱼产卵或鲑鱼洄游季节全村出动。在捕获了成千上万条鱼后，他们需要在短时间内将其内脏清除干净，再将鱼肉晒干。在技术层面，这个过程与早期单枪匹马式的捕鱼差不了多少，却与自给性捕鱼有着本质的区别。随着人口的不断增长，渔民们开始合作，把渔获物运到小城镇，再运到城市，接着在每天黎明前把鱼送到菜市场和寺庙。

鱼变成了一种商品，而不仅仅是个人及其家族所捕获的食物。捕鱼和卖鱼成为一些渔民的全职工作，他们在城镇和乡村市场上交换或出售鱼类以换取其他生活必需品。他们的渔获物被记录在案，并依此纳税。随着时间的推移，鱼成为配发给贵族和平民的标准口粮。统治者和国家需要数以百计甚至数以千计的熟练和非熟练劳动力为其做工，这些人也许是以自己的劳动抵税，但国王必须以鱼为粮食养活他们。

用鱼作为口粮的最早证据来自埃及。那里的尼罗河鲇鱼很容易被捕获，尤其是在产卵期。渔民们将鲇鱼去除内脏，然后把鱼肉放在大型架子上，让其在热带的阳光下晒干。吉萨金字塔所在小镇就有一座大型的鱼类加工场所。当局指派一群渔民在规定时间内捕获一定量的鲇鱼，当洪水消退时，完成这项任务的时间更加紧迫。渔民所使用的营地如今早已消失，但埃及贵族墓葬中的绘画表明，古代埃及渔民多数时候用大型围网捕鱼，而无论是设置围网还是收网，村民们都需要协同作业。千百年来，尼罗河渔民为那些在古埃及公共建筑、庙宇和墓葬群劳作的人们提供了食物。谷物是田野的产物，而鲇鱼则是尼罗河的馈赠。

作为口粮，鱼类拥有众多优势，尤其是每年可以定期大量捕捞的浅水鱼类，一个很好的例子就是柬埔寨洞里萨湖渔场的鲇鱼养活了成千上万建造吴哥窟及其运河和水库的劳动者。季风过后、水位正在下降的时候，早期欧洲殖民者在穿越洞里萨湖时发现湖里到处都是鲇鱼，人们甚至可以踩在鱼身上走过湖面。

掌握了保存渔获物的方法之后，人们就有可能获得大量食物。他们随时可以把这些食物堆在驴背上或装在马鞍上，甚至密密地塞进小船。最为重要的是，经过处理的渔获物可以保存几个星期或几个月不会变质。地中海和亚洲很多地方长期与世隔绝，由于长途贸易的兴起，那些地方的人口流动性大大增加，而作为口粮的鱼类为这种地区间的流动做出了极大贡献。

和后来中世纪的旅行者一样，早期陆地商人和远洋旅行者把鱼干放在动物背上或船舱里。鱼干是第一次把埃及与印度洋和波斯湾的水域联系在一起的食物，因为人类依靠它才从埃及远航到印度洋和波斯湾。不过这些鱼干未必都是从红海一路运到印度等地的，一些天主教徒千百年来一直将鱼当作商品，与过往的船只进行易货贸易。

而在世界的另一头，秘鲁干燥的北部沿海拥有富饶的鳀鱼渔场，在海床自然上升流的滋养下，渔场孕育了大量的小型鱼类。它们被晒干并做成鱼粉之后，成为当地农民一种重要的食物补充。商队把鱼粉装进背囊，用美洲驼载着进入安第斯山脉，鱼粉在那里变成印加帝国的主要经济支柱。

金字塔和印度河①防洪工程等大型公共工程最终导致鱼类遭到过度捕捞。虽然这种现象不明显，但从未间断过。正如东南亚和中国的采猎者从觅食转向种植野生谷物那样，各地渔业社群也自然而然地开始从事水产养殖业。起初，人们只是把鲇鱼放进深水池塘里圈养，这种做法在中国的长江中下游、柬埔寨的洞里萨湖沿岸、埃及的尼罗河三角洲和法尤姆洼地②（Faiyum Depression）很盛行。不过，水产养殖业很快就变得越来越成熟。那些大大小小的鱼塘的管理者开始了解鱼需要什么样的营养物质、如何喂养刚放进鱼塘的小鱼苗以及如何在鱼的不同生长阶段为它们更换池塘。

人类究竟是从什么时候、在哪个地方开始进行水产养殖的？目前我们尚未找到答案。不过作为专业水产养殖先驱的埃及人和中国人可能早在公元前 2500 年就已经开始养殖鱼类了。起初，最常见的养殖鱼是各种很容易被围起来进行人工喂养的鲤鱼。随着专业知识的不断加强，养殖户们开始大规模培育鲻鱼和其他受欢迎的鱼类。

水产养殖业的诞生归因于城市和农村人口的迅速增加、粮食收获的不稳定性，以及大量商船和战船日益增长的粮食需求。经过千百年的发展，水产养殖业规模越来越大，主要原因是其产品供应可靠且稳定。

除了鱼干以外，水产养殖还提供了一些发酵产品。到了罗马帝国时期，罗马人发明了鱼露。这种酱料的制作原料以小型鱼类为主，其中一些种类的鱼露品质相当高。无论富人还是穷人，都喜欢将鱼露作为调味品，后来鱼露贸易也逐渐国际化，其路线从北欧延伸到罗马帝国东部。

---

①印度河是亚洲南部的大河。发源于中国西藏高原的狮泉河，流经克什米尔，在巴基斯坦注入阿拉伯海。
②法尤姆洼地位于埃及北部。

无论是钓鱼还是养鱼，都是一项安静的活动，人们小心翼翼地保护着来得不易的知识，并将它一代代地传承下去。

希腊作家曾将红海和厄立特里亚海①周边的渔民视为野蛮人。他们与世隔绝，住在内陆偏僻的村庄且经常迁徙。偶尔把渔获物送到宫廷厨房、市场和寺庙之后，这些渔民又会迅速消失，回到自己的小村庄。他们身上散发着鱼腥味，手里提着简陋的篮子以及用来捕鱼的渔网和长矛，也许这就是他们与城镇居民格格不入的地方，又或许他们根本不在乎别人异样的目光。然而数千年来，正是由于这些渔民的努力工作，人类才能创造和哺育出伟大的文明，并且使诸多不同的文明连为一体。

---

①厄立特里亚海是印度洋在古代的名称，最早见于古希腊历史学家希罗多德（公元前481—前425年）所著的《历史》一书。

第 11 章

没有鱼干就没有金字塔？

让我们回到 1.6 万年前尼罗河流域的上埃及地区。干旱的河谷里有一处沙丘，一代代狩猎者经常回到这个地方扎营，并在那里搭了几座芦苇棚、一排灶台和一些简易的芦苇架子。当夏季那充满淤泥的褐色洪水涌入干旱的山谷，形成一些池塘和深水下的小沙丘时，狩猎者已经在那里守候了数天时间。每天早晨太阳升起时，年长者先观察环绕山谷的晨雾，然后再观察被阳光笼罩的低矮悬崖和呈淡粉色的岩层。浅水滩里的任何动静都会引起他们的注意，那是鲇鱼在捕食低飞的昆虫。时间一天天过去，洪水开始进入沙漠，产卵的鱼类也随之而来——捕鱼的季节到了。

1.6 万年前，地中海的海平面比如今要低得多，当时的尼罗河入海口远离海洋，与如今的入海口位置相距至少 50 千米。尼罗河流经一片平缓起伏的半沙漠地带，在那里被无数的小河道分隔开来。由于坡度较大，河水流速比今天快得多，带下来的砾石量多于淤泥。在遥远的上游，干涸的河谷与尼罗河相连，附近低矮悬崖吹来的沙子堆积在河谷中，形成一座座沙丘。这片荒芜土地上只有几千居民，他们以采猎为生，尽量住在靠近水源的地方，并且为了寻找可食用植物、动物和鱼类而不断迁徙。

库巴尼亚旱谷是一个不起眼的山谷，位于尼罗河西岸，距离埃及南方城市阿斯旺南部约 30 千米。数千年来，库巴尼亚河谷大多数时候处于干涸状态，只有在罕见的暴雨期间，才会流出湍急的河水。库巴尼亚河谷堪称最不适合人类居住的地方。然而就在 1.6 万年前，一群群觅食者还不定期地出现在那里。

尼罗河每年夏天都会发一次洪水，洪水在库巴尼亚河谷形成很多浅滩，里面繁殖着大量鲇鱼，觅食者正是为了这些鲇鱼而来。洪水不断地淹没河谷最底层的沙丘，然后慢慢退去。觅食者在耐旱的灌木丛和零星分布的柽柳树下扎营捕鱼，当河谷重新干涸以后，他们便拔营去往其他地方觅食。

20 世纪 60 年代，考古学家弗雷德·温多夫（Fred Wendorf）和罗穆阿德·希尔德（Romuald Schild）对库巴尼亚河谷觅食者的临时营地进行了研究。他们把在河谷发现的手工制品和鱼骨残骸地点绘制成图，还原出千百年来人类季节性到访该地区的复杂画面。从小型石器和食物残骸的分布情况来看，库巴尼亚旱谷觅食者至少沿着河谷下游的狭长地带行进了 150 千米。

尼罗河盛宴

从洪水泛滥的那一刻起，尼罗河鲇鱼就开始产卵，一直持续到 9 月洪水消退为止。1.6 万年前，尼罗河洪水水位较高，河水蔓延至库巴尼亚旱谷上游。起初，人们在能够俯瞰河谷的悬崖上扎营，或者前往河谷上游，在河谷边上捕鱼。随着洪水逐渐退去，渔民们能够从洼地和沙丘隔离出来的池塘里捕捞到更多鲇鱼、少量罗非鱼和鳗鱼。从库巴尼亚旱谷遗址挖掘出来的鱼骨大多数来自成年鲇鱼。它们被大批量捕捞上来，晒干后留待日后食用。库巴尼亚旱谷的鲇鱼是人类从事机会性捕捞活动的一个典型案例。

胡子鲇是一种产于尼罗河的鱼类，背鳍很长，头骨全是隆起物，这些特征使其在考古遗址中相对容易识别。胡子鲇的生存能力极强，能在其他鱼类无法忍受的某些环境之中安之若素。现代尼罗河渔民证实了这一点。胡子鲇喜欢聚集在缺少氧气的浅水水域，因为它们体内有一个精妙的氧气呼吸系统能让它们活下来，并且能够经由陆地在不同水域之间迁移。该特质使胡子鲇迅速占领了沼泽地和封闭水域。据说，当池塘开始干涸时，胡子鲇还会挖洞，深入泥沼中，等待洪水再次将池塘淹没。

尼罗河鲇鱼溯河而上，集中在小溪流中产卵，很容易成为人类的目标，就像数十万年前热带非洲的鲇鱼一样。

我们可以想象这样一幅画面：浑身赤裸的渔民站在由沙丘隔开的浅水塘中，用骨尖长矛迅速地刺鱼，然后把被刺中后还在扭动的鲇鱼扔到沙丘上。站在沙丘上的其他人抓住鱼，用棍棒将鱼打死，然后开膛破肚，去除内脏，再沿着脊椎骨将鱼肉铺开。不一会儿，鲇鱼就在烈日下的芦苇架上晒干了。当鲇鱼挤满浅水塘时，渔民们经常用脚感知鱼的方位，只要弯下身就能徒手抓鱼。有时候，一群人会沿着快要干涸的池塘围成一圈，把鲇鱼赶进池塘里，此时鲇鱼只能束手就擒。

捕捞到的鲇鱼能够让人们当场饱餐一顿，不过只有做成鱼干后才能体现出它们真正的价值。人们把鲇鱼肉放在架子上晒干并储藏起来，留待食物短缺的那几个月食用。还有些群体用明火熏烤鱼肉。在上埃及地区的马哈德马遗址，考古学家挖掘出一个具有 1.2 万年历史的垃圾堆，里面堆满了鱼骨和木炭，还有一些可能用来熏鱼的烟坑。

随着海平面的上升，尼罗河水流放缓，洪水带来的大量淤泥沉积下来，在尼罗河的入海口处形成一个大型三角洲。

河水还流入了距离开罗西南部 80 千米的法尤姆洼地，形成了盛产鱼类的摩里斯湖①。1.1 万年前，法尤姆洼地的沙丘、沼泽和芦苇地吸引着人们前来定居。当时，人们沿着广阔的摩里斯湖北岸扎营捕鱼，而如今考古学家在这些营地遗址发掘出 9 000 年前的鱼骨，其中很多都是鲇鱼骨。摩里斯湖还有其他种类的浅水鱼，其中绝大部分鱼类是洪水退去时游入湖里产卵的。

后来成为法老粮仓的尼罗河三角洲当时也是一个富饶的渔场。尼罗河三角洲的洪泛平原延伸到地平线，那里遍布灌木丛、沼泽、狭长水道及每次发生洪涝时都会变化的芦苇池塘。那里盛产湿地纸莎草，这种植物可以制作书写用的纸状薄片，是古埃及人的莎草纸材料原产地。

和法尤姆洼地一样，尼罗河三角洲是浅海渔民的天堂，那里有着丰富稳定的鱼类资源，渔民们完全可以进行常规捕捞，不必再看天吃饭。在浅水区域和水域边缘，棍棒、倒刺长矛和简易渔网等人们长期用来杀死陆地动物和鸟类的工具及武器已经足以用来捕鱼了。尼罗河三角洲的渔场广阔无边，而且处于不断变化当中。对于习惯用长矛在岸边捕鱼的渔民来说，那里的水实在太深了。三角洲地区树木不多，但盛产纸莎草芦苇，造船的原材料也只有芦苇。不知道从什么时候开始，埃及渔民开始乘坐芦苇船出海捕鱼。

用芦苇造船这项技术本身很简单。众所周知，早在公元前 7000 年，科威特人就已经使用芦苇造船了。几乎可以肯定的是，尼罗河渔民大致在同一时期开始使用纸莎草造船，因为考古遗址中出土了大量这一时期的鱼类品种，包括鲻鱼和尼罗河鲈鱼等来自较深水域的鱼。渔民们把纸莎草的茎紧紧捆在一起，做成两端翘起的独木舟。他们还用同样的技术建造了牢固的筏子，用于撒网和搬运货物。炎热干燥的气候对渔民们有利，因为他们可以把容易积水的独木舟

---

① 如今被称为卡伦湖。——作者注

放在阳光下晒干，以延长其使用寿命。加利福尼亚南部和秘鲁沿海的古代渔民也做过同样的事情。纸莎草使埃及渔业发生了根本性转变，它把捕鱼从一种机会性觅食方式变成密集型的维持生计的活动，然后又将其变成一项运动。后来，埃及第十八王朝（the Eighteenth Dynasty）负责清点上埃及和下埃及地区面包数量的抄书吏乌瑟哈特（Userhat）曾委托别人给他画像。在这幅画中，乌瑟哈特站在一艘纸莎草船上，手持长矛刺鱼，他的家人和一只猫则在旁边观看。埃及其他贵族也使用这个题材来记录自己的度假画面。

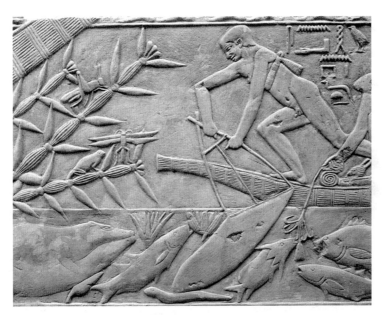

图 11-1　埃及古王国的渔民乘坐纸莎草独木舟在浅水中捕鱼。该浮雕出自公元前 2300 年左右的埃及第六王朝大臣卡甘尼墓室，该墓室位于塞加拉遗址（本图片由布里奇曼影像提供）

尼罗河三角洲和上游静水区非常适合纸莎草独木舟航行，也许那里就是自给性捕鱼的诞生地。尼罗河鲈鱼和鲻鱼尤为重要。尼罗河鲈鱼（也被称作尼罗河尖吻鲈）身体呈银色并夹杂着淡淡的蓝色。

它们有时重达 90 多千克,这种大尼罗河鲈鱼的肉可以养活很多人。证明鲈鱼重要性的一个证据就是埃及人经常把它们制成木乃伊。

鲻鱼是温带和热带海域较为常见的沿海鱼类之一。埃及沿地中海一带共有 3 种鲻科鱼类,它们都要进入尼罗河上游。其中一种名叫头鲻(*Mugil cephalus*),在距离尼罗河三角洲南部 1 850 千米的第一瀑布就能找到它们。如今,除了罗非鱼之外,鲻鱼是埃及最重要的商业鱼类。鲻鱼很容易捕捞,因为到海上产卵之前,它们喜欢大批聚集在三角洲地区,尤其是深水区或水生植物较茂盛的地方。

包括墓室壁画和其他艺术形式在内的各种人工制品都描绘了古埃及的捕鱼习俗。这项技术很简单,数千年来几乎没有什么变化。公元前 2500 年左右,也就是埃及古王国(Old Kingdom)的吉萨金字塔建成时期,带刺长矛、骨尖鱼叉、角尖鱼叉、象牙尖鱼叉都是常用工具。绝大多数渔民选择刺鱼,有时会使用双叉矛来完成这项工作。卡干尼(Kagemni)是一位生活在公元前 2335 年左右的埃及古王国高官兼法官,他的墓穴中有一处浮雕,描绘了 3 名渔民拿着带倒刺长矛站在浅水中刺鱼的画面。

鱼钩在埃及有着悠久的历史。最早的鱼钩由骨头、象牙和贝壳制成,其历史可追溯到法老出现以前,但是那时的鱼钩没有倒刺。公元前 3100 年左右,也就是埃及统一时,铜钩才投入使用,然而倒刺鱼钩直到埃及第十二王朝,即公元前 1878 年左右才开始广为人知。埃及第五王朝即公元前 2400 年左右,官员蒂(Ti)的墓室中呈现了这样一个场景:一名渔夫正在把一条大鲇鱼拖上岸,他右手拿着一根棍子,准备把鲇鱼打死。

另一幅位于塞加拉遗址的墓室浮雕则描绘了一名渔夫站在纸莎草独木舟上用鱼笼捕捞大鲇鱼的景象。5 枚鱼钩在水下静静地等待鲇鱼上钩,与此同时,他身后的同伴手持渔线,伸出食指去感受鱼上钩后对渔线形成的拉力。其中一名渔夫捕到了一条歧须鮠，这种鱼骨头多刺，不太受人们喜爱。在公元前 1950 年左右的墓室浮雕上，我们看到埃及贵族们在自家院子里建造了人工池塘，而他们就坐在椅子上钓鱼。这幅场景说明钓鱼并不仅仅是一项运动，因为贵族们钓的是罗非鱼，而罗非鱼象征着重生。至于他们是否使用了鱼饵，我们无从得知，但使用的可能性应该很大。不过，渔民在很多情况下会用裸钩钓鱼。他们会不断晃动金属鱼钩，使之闪闪发亮，从而将鱼吸引过来。

协同作业能够捕到更多的鱼。尼罗河三角洲和法尤姆洼地的芦苇地及浅滩都是设置陷阱的理想环境。只要用芦苇和棍子做成简易屏障，渔民就可以把鱼引到浅水区，然后用长矛刺鱼或徒手抓鱼。遗憾的是，我们没有找到古代留下来的这种屏障。但在 20 世纪初，考古学家兼自然历史学家威廉·伦纳德·史蒂文森·洛特（William Leonard Stevenson Loat）发现，现代埃及人会在通向大海的河道里用渔网捕捞鲻鱼。当村民们看到鱼群正在朝下游产卵区游去时，他们就提醒渔民，然后渔民立刻在狭窄的河道上架设渔网，把这些鱼包围起来。

洛特看到，生活在卡伦湖周围的居民使用一种被称为"加拉比"的锥形鱼笼捕鱼。这种鱼笼用干芦苇制成，有一个宽口子和一个窄口子；窄口绑着芦苇，可以打开。渔民们先用木桩在河岸设置好大型鱼梁，然后在鱼梁中间放置一个大型鱼笼，鱼笼的入口处由浮子支撑着。鱼笼的窄口可以从水里提起来，方便渔民把笼子里面的鱼倒进篮子。清空鱼笼时，渔民要把几只独木舟连在一起。

绝大多数自给性捕鱼活动只需要使用较为简单的工具，其中最典型的就是渔网。位于塞加拉遗址的埃及第六王朝大臣麦勒鲁卡（Mereruka）的石室墓里有一幅精美浮雕，描绘了渔民们正提起装满了渔获物的渔网。在较浅水域中捕捞中小型鱼类时，手捞网是最理想的工具。渔夫将两根棍子绑在一起，形成一个 V 字，然后用第三根棍子把 V 字撑住，再将 V 字两端用绳子连起来，形成一个完整的三角形。最后，他们会把渔网绑在三角形上，此时要控制渔网，只需操纵那根绳子即可。手捞网捕鱼的过程是这样的：渔民站在浅水中，把网抛到水里，等待渔网在轻量沉子的作用下慢慢沉入水里，然后再像现代渔民一样满怀期望地收回渔网。

埃及古王国在公元前 2686 年左右出现，那时埃及渔民至少能捕捞到 23 种鱼类，而所有这些品种都可以在现今的埃及市场上找到。塞加拉石墓室的雕刻表明，鲻鱼曾经是埃及最珍贵的鱼类之一，其鱼肉和鱼卵都有很高的价值，而重要性仅次于它的则是鲇鱼和尼罗河鲈鱼。虽然很多鱼都是新鲜出售的，但在绝大多数情况下，渔民会把鱼沿着脊椎骨切开，然后将其清洗干净，再平放或挂起来晒干，鱼头和鱼骨则完整保留。特提（Teti）是埃及第六王朝的大臣，专门负责为王室抄写文件。他的墓室中有这样一幅石雕：渔民把渔获物拿到书记员处，书记员将其登记在案。其中一部分渔获物被留下，等待分发给各个官员；剩下的则由渔民按照合理比例与其他人交换商品，比如用一条鲻鱼换一坛啤酒，用一篮子鱼干换一张护身符。

在埃及统一之前，鱼就不仅仅是一种维持生计的食物了。公元前 4000 年末，上埃及地区的尼肯 ① 是埃及一个大王国的中心，其领导人在埃及统一进程中扮演了重要角色。当地有一座雄伟的寺庙，千百年来香火不断。寺庙前面有一座庭院，庭院周围被木墙环绕，木墙外面有一些垃圾坑。每当宗教仪式举行完毕，祭司就把祭祀剩下的动物残骸扔到垃圾坑里。如今，考古学家从这些坑里挖掘出大量陶片、野生动物和家畜骨头以及大型尼罗河鲈鱼遗骸，其中一些

①当时被称作耶拉孔波利斯（Hierakonpolis）。——作者注

鲈鱼体长至少 1.5 米。这种大鱼只在河的最深处繁殖，很难捕捞，想用独木舟把它们捕上岸就更加困难了。垃圾坑里只有尼罗河鲈鱼的脊椎骨，没有其头骨和鱼鳍，似乎它们是被渔民在捕捞地点当场宰杀的，只有鱼肉被送到了寺庙祭神。

人们在什么季节捕捞尼罗河鲈鱼？只有在河流水位比较低的六月底，这种大型鲈鱼才最容易上钩，而此时一年一度的洪水尚未到来。这也是采集尼罗河牡蛎的最佳时间，大量牡蛎壳同样被考古学家在垃圾坑中发现。

尼肯寺庙中举行过的宗教仪式早已被人遗忘，也许这些仪式的内容是向宇宙神灵和统治者进献祭品，以掌控动物和其他能够使混乱世界恢复秩序的象征符号。我们唯一能确定的就是，体型庞大的尼罗河鲈鱼除了可以用作食物之外，还有着宗教象征意义。

鱼类成为商品

起初，尼罗河沿岸居民捕鱼的目的只是为了养活家人。他们会把大部分渔获物晒干以备日后食用。这种自给自足的做法持续了四五千年，至于鱼类究竟是在什么时候变成商品供陌生人购买和食用的，我们目前尚未找到答案，也许这种转变是由人口激增造成的。

公元前 4500 年，距离现今开罗西北部 50 千米处的小镇迈里姆德·贝尼-萨拉马（Merimde Beni-Salama）成为主要贸易中心。当时该镇居民数量可能达到 5 000 人，并且与尼罗河上下游地区都保持着广泛的联系。随着工匠和商人数量的不断增长，小镇经济的发展更加依赖提供食物的渔民和农夫。

与早前以农耕为生的埃及村庄一样，家族关系和互惠关系是迈里姆德居民日常生活的中心。自然而然地，以类似关系为基础的交易为不同商品确立了价值，这种价值不是以金钱衡量的，而是以重量和其他度量单位作为标准。从很早的时候开始，面包和啤酒就是埃及人日常饮食中的重要食物，而迈里姆德居民又在此基础上添加了新鲜鱼类或鱼干。

曾经以自给性捕捞为生的渔民怎样把捕鱼这项活动变成了几乎具备工业化规模的事业？沿尼罗河捕鱼之所以变成他们的全职工作，是因为渔民们每个月都要给一些工人定居点送鱼。即使我们几乎无法从现有考古资料中证实这件事，也可以肯定这在当时是普遍现象。在人类实现工业化之前，所有国家的社会结构都呈金字塔状，塔尖是国家的最高领袖，指挥着秩序井然的贵族阶层和官员阶层；最底层是成千上万的工匠、士兵、农民和渔民，他们在胥吏和抄书吏的严密监视下生活。公元前3250年左右，这些底层民众开始建造真正的金字塔、寺庙、宫殿和房屋。

工人们得到的口粮象征着统治者和被统治者之间的互惠互利，这几乎是一种社会契约，也是作为维持生计的必需品的尼罗河鱼类成为商品的原因之一。公共工程的规模起初并不大，但是在公元前3100年左右，埃及实现统一后，公共工程的建设突然加速，对于劳动力和食物的需求急剧上升。在需求面前，渔民们必须改变思维方式。他们要考虑如何才能捕捞到数以百计的鱼，而不仅仅是养活自己家人。在洪水泛滥期间，鲇鱼的收成是稳定的，它们确实是一种周期性的口粮。不过，渔民们也开始采用新的捕捞技术，尤其是围网的应用。围网能够捕获很多鱼，这意味着要有大量人手从事去除内脏和晒鱼等工作。

围网把鱼类变成一种重要的商品。古埃及人使用的围网相当大，而且很重，需要好几组渔民一起操作。古埃及墓室壁画上画着带有上下两条平行支撑线的长条形渔网。渔网两端较细，而且带有束绳，可以把网收紧。有时候，渔民会在腰部系一条用编织物做成的宽衣带，然后把束绳绑在衣带上，以便处理较重的渔获物。渔网底部的网线挂着石头或陶瓷制成的沉子，这样渔网就能在水中保持垂直。渔网上部的网线则被渔民绑上三角形木块，这样可以让渔网顶部贴近水面。渔民们通常在河岸使用围网，有时也乘坐大型筏子或船只到深水区撒网捕鱼。

图 11-2　渔夫们在尼罗河上用围网捕鱼。该模型出自埃及第十一王朝的麦克特瑞墓，现藏于开罗埃及国家博物馆（Egyptian National Museum）（本图片由布里奇曼影像提供）

法老时代过后，该技术保留了下来。到了 20 世纪初，渔民们依旧使用围网。他们在水面上一边慢慢划船，一边放网，直至渔网散开成很大的弧形。有时候，桨手会用桨击打水面，让受惊的鱼游向渔网。等渔网形成一个大圆圈之后，渔民们就把两头合起来，然后站在两艘船上收束绳或者把渔网的一端拖上岸，让另一端漂在海面上。底比斯遗址出土了埃及中王国时期（Middle Kingdom）的官员麦克特瑞（Meketre，生活在公元前 1980 年左右）的墓室，考古学家在那里发现了一个陪葬模型，雕刻的场面是两只纸莎草独木舟拖着一张悬在半空的渔网朝岸上驶去。这种大规模的捕鱼活动经常出现在埃及古王国的艺术品中。

吉萨金字塔工人的食粮

建造吉萨金字塔时，熟练和非熟练工人的数量可能一直保持在2万人左右。村民们被分成很多小组，借助滑橇和滚轮移动重量达15吨的石块。大部分繁重的工作都是在河流发大水的那几个月里完成的，因为这样人们就可以用驳船把巨大的石块运往建筑工地。

手艺人、祭司、抄书吏、工人及其家人都住在附近的小镇。若有人去世，人们就把死者埋葬在附近大墓地的简陋墓室里。工人定居点位于吉萨高原（Giza Plateau）西南偏南的低洼沙漠地带，那里紧邻采石场、补给线和运送已被切割的岩石的港口。

金字塔小镇可能靠近一个被称为"拉舍"（Rashe）的盆地，那里是配给、递送、生产和储存口粮的地点，也是埃及第五王朝法老吉德卡雷-伊塞西（Djedkare-Isesi，公元前2414—前2375年）金字塔的纸莎草纸档案描述过的地方。伊塞西法老金字塔位于塞加拉墓地北部的阿布西尔金字塔群，其建造时间晚于吉萨金字塔将近两个世纪。埃及古王国另一位法老纽塞拉（Niuserre，公元前2453—前2422年）的太阳神庙铭文向我们记录了建造神殿所需的生活物资供应数量：每年100 800份除扁圆面包外的面包、啤酒和蛋糕，7 720份扁圆面包，1 002头牛和1 000只鹅。这些仅仅是建造一座神庙的工人口粮，与吉萨金字塔的庞大组织规模所需的粮食相比，这些数字简直是小巫见大巫。

埃及的每座金字塔附近都有功能完善的城镇，其中吉萨金字塔附近的城镇最为有名。这些定居点住的不仅有工人，还有负责向已故法老灵魂贡献祭品的官员和祭司。每个定居点都由国家和附近慷慨大方的庄园主提供面包和其他口粮。后世埃及官员麦克特瑞的墓穴中有一些庄园工坊的模型，其中包括面包房和谷仓。谷仓的构造非常复杂，每年可生产和储存足够养活 5 000 ～ 9 000 人的粮食。

1991 年，埃及古物学者马克·莱纳（Mark Lehner）在考古遗址挖掘出两间面包房，里面有些用来搅拌面团的大桶和用于烘烤面包的钟形大锅。面包和啤酒是金字塔建造者的主食，但他们也吃鱼。我们无法得知有多少工人从事口粮配给工作，这个人数可能高达 2 000。两间面包房旁边有一座巨大的砖泥建筑，目前尚未完全挖掘出来，最终规模不得而知。面包房里面有沟槽和工作台；地面覆盖着灰状沉积物，沉积物中有数以万计的小鱼残骸。

新鲜的捕获物必须立即晒干保存。莱纳认为，古埃及人打造了一条鱼干生产线。他们先建造一些通风良好的沟槽和工作台，然后用芦苇编成框架，再把鱼放到芦苇架上晒干。我们无法精确估计这条生产线的产量，但在高峰期，这条生产线肯定有数百人同时作业，每天加工成千上万条鱼。为了满足产能，渔民们必然签下了大规模提供鲇鱼的订单。

吉萨金字塔每年的建造高峰恰好与洪涝期重合，我们由此可以推测：在初夏洪水消退、鲇鱼开始产卵时，埃及渔民的捕鱼活动将达到顶点并持续 6 ～ 8 周时间。在此期间，整个尼罗河流域都变成水位很浅的湖泊，数以千计逐渐干涸的池塘分布其间。

渔民只参与了鱼类加工的第一阶段工作。接下来，还有数以百计的工人把鱼切开，放到架子上晒干，然后储存起来留待日后食用。鱼类加工的巨大需求必然促使许多临时渔村在洪水到来时扩大范围。一代代人过后，这些小渔村便逐渐变成了大渔村。

平民们不但要为法老建造金字塔和神庙，还要在贵族的田地里重复劳作。四季轮替，农民的人生在洪水、种植和收割稻谷中度过，捕鱼也成为这个循环的一部分。在洪水泛滥期间，农民们用围网捕捞大量渔获物上交官方。很多手工艺人、抄书吏、祭司和胥吏都是靠技能而非体力谋生，渔民则不同，因为捕鱼是一个既需要技能又需要体力的行当。

渔民生活在埃及文明的边缘。19 世纪埃及的渔业环境依旧与古代十分相似，从那时的情况来看，埃及渔民拥有大量渔船。19 世纪末，埃及处于运营状态的渔船超过 6 000 艘。法老时代肯定也有这么多渔船出海捕鱼，因为鱼肉在官方配给的口粮中占据很大分量。鱼是一种得到神灵认可的食物。大约在公元前 2010 年，埃及中王国法老美里卡拉（Merikare）的父亲告诉他，鱼是神馈赠给人类的食物。埃及中王国的各代法老都曾下令将大量鱼肉分发给庙宇。

到了埃及新王国时期，伟大的统治者塞提一世（Seti I，公元前 1290—前 1279 年在位）开始将鱼作为口粮配发给军队，而在此之前的好几个世纪里，鱼已经被用作军需品。塞提一世的继任者拉美西斯二世（Ramesses II，公元前 1279—前 1213 年在位）夸口说，他的每一个工人都有自己的"渔民"提供食物。

在底比斯西岸德尔麦迪那皇家墓地工作的手工艺人主要靠 20 名渔民提供的鱼为食，有大约 40 名手工艺人按各自级别分配捕获的鱼。有记录显示，一个渔民可以在 6 个月里供应 130 赫卡特（约 882 千克）鱼类，包括罗非鱼等品种。拉美西斯三世（Ramesses III，公元前 1186—前 1155 年在位）在他执政的 31 年中向底比斯阿蒙神节（Amun festivals）提供了不少于 474 640 条去除内脏的新鲜鱼和腌制过的鱼，同时给其他较小的神庙提供了约 129 000 条鱼。

鱼还促进了沙漠探险活动。埃及东部沙漠（Eastern Desert）的哈马马特旱谷有一座石碑，上面记录了一个史实：埃及第二十王朝法老拉美西斯四世（Ramesses IV，公元前 1151—前 1145 年在位）曾 4 次派遣探险队到该地区的采石场寻找做雕像的石头。其中一支探险队由 8 368 人组成，包括 2 000 名士兵和 200 名"宫廷渔官"，他们负责为随行人员和王室后宫获取"大量鱼类"。拉美西斯四世统治时期，人们用船只在尼罗河上下游大批量运送鱼类食品。埃及新王国早期法老霍伦海布国王（Horemheb，公元前 1321—前 1293 年在位）的墓室中有一幅画，描绘的是渔民把鱼一排排放在船的索具上晒干。他们运送的货物通常是鲻鱼，这种鱼最受欢迎，价格较高，值得长途运输。

尽管能够在洪水季节获得丰收，但大多数古埃及人还是会独自进行捕鱼活动，他们或站在水位较浅的沼泽地中拿着长矛刺鱼，或站在纸莎草制成的船只或筏子上用鱼钩和渔线钓鱼。黄昏时分，浅水区的鱼儿会跃出水面捕食蚊子和其他昆虫，渔民们便趁机不断抛下渔网。这种捕鱼的节奏从未改变过，但随着国家的形成，捕鱼的规模发生了深刻变化：渔民们受到抄书吏的严格监督，必须按配额交纳渔获物和赋税，为法老和国家付出劳动。因此埃及文明的繁荣依赖于变化无常的洪水。人们担心遭遇旱灾，因为河流会干涸，无法捕捞到足够的鱼。

金字塔早已淹没在历史的长河中，鱼却继续在埃及扮演着重要角色。船只载着鲇鱼干和其他种类的鱼干沿尼罗河而下，把这些货物送到黎凡特 ① （Levantine）沿岸的港口。

船上的部分货物可能是水手的口粮，还有些货物要被运到内陆。每当食物紧缺时，官员们便转向鱼类养殖业。和捕鱼活动一样，鱼类养殖业在法老时代之后保留了下来。在希腊时代和罗马时代，旅

---

①黎凡特是一个历史地理名称，指中东托罗斯山脉以南、地中海东岸、阿拉伯沙漠以北和上美索不达米亚以西的一片地区。

行者们都提到了尼罗河渔场的富饶。

公元前 100 年，希腊作家兼地理学家狄奥多罗斯·西库路斯（Diodorus Siculus）在自己的作品中写道："尼罗河的鱼种类繁多，数量多得令人难以置信。它们不仅为当地人提供了新鲜的食物以维持人们的生活，而且还可以制成咸鱼。"希罗多德（Herodotus）曾提到，尼罗河湿地的居民家家户户都有渔网。

虽然埃及有可能是第一个把鱼变成商品的社会，但它绝不是唯一个这样做的社会。在人类实现工业化之前，所有国家都向从事公共工程建设的劳动力和军人提供口粮，而鱼就是其中的一部分，而且它的供应量太大，变成了一种接近工业化规模的商品。地中海的其他国家同样也迈出了从机会性捕捞到商品化捕捞的重要一步。

第 12 章

在地中海捕鱼

地中海自古以来都是一个带狭窄大陆架的深海盆地，只有 20%的海域不到 200 米深，大部分海水来自大西洋。在炎热的夏季，地中海海水的蒸发量大于降雨量，也大于尼罗河、罗讷河^①、波河^②以及一股来自黑海的涓涓细流增加给它的水量，但大西洋注入的温度较低、含盐度不高的海水补充了它所减少的大部分水量。

然而，这也意味着直布罗陀和达达尼尔海峡周围以及沿海的海洋生物十分匮乏，只有潟湖或江河入海口会向大海注入较丰富的营养物质。海水蒸发留下的盐浓度极大，它们会向海床深处下沉，许多海洋生物根本无法承受这种盐度。绝大多数鱼类生活在开阔水域的上层，而蓝鳍金枪鱼就是这些水域中最具代表性的鱼类。渔民只有等待它们到近岸觅食或每年产卵时途经沿海才能比较轻松地进行捕捞。按照北大西洋的标准，地中海从来就不是一个高产的渔场，只有在鱼类迁徙时，那里的渔获量才会有所上升。

尼安德特人和现代人都是在地中海沿岸从事机会性捕捞的渔民。大约 2.3 万～1.2 万年前，居住在西班牙南部马拉加湾内尔哈洞穴的居民可以捕捞到 30 种近岸鱼类，包括到淡水流域产卵的大型鲟鱼、

①罗讷河也称隆河，发源于瑞士阿尔卑斯山，流向为西南偏西和西北，是法国五大河之首，地中海流域尼罗河之后的第二大河。
②波河是意大利最大河流，发源于意大利和法国交界处的维索山，注入亚得里亚海。

大西洋鳕鱼、黑线鳕以及为了觅食而穿越直布罗陀海峡的青鳕。从那以后，全球气温开始变暖，人口开始增加，人们迅速前往此前无人居住的环境中定居。捕鱼依旧是一种带有机会主义色彩的活动，只有到了鱼群游往近海或迁徙产卵这些非常容易捕捞的时候，人们才会从事捕鱼活动。无论在任何地方，捕捞这些水生动物的人类群体几乎都在不断地迁移，以寻找多样化的食物资源，鱼只是其中的一小部分而已。

从 1 万年前的某个时期开始，随着生活在地中海东部广阔地区的人们转向农耕和畜牧养殖业之后，捕鱼的情况便迅速发生改变。那里气候温暖干燥，人口不断增多，丰富的海洋资源变得越来越富有吸引力。考古学家对距今约 1.1 万年的西西里岛西北部格罗塔·德尔伍佐（Grotta dell'Uzzo）遗址的居民骨骼进行了同位素分析，结果发现当时居民们的日常饮食逐渐多样化，可食用植物和海洋生物在他们的餐单中越来越丰富。

最早期居民在冬季靠采集软体动物为生。到了公元前 8000—前 7000 年，他们开始从事更密集的捕捞活动，石斑鱼和鲭鱼等鱼类成为主要捕捞目标。格罗塔·德尔伍佐遗址以北和以西的深水海域是大型金枪鱼的产卵地。后世居民们在近海区域捕捞金枪鱼，等金枪鱼产卵结束后，他们再移居别处。到了公元前 6000 年，当地居民成为一年四季都捕鱼的职业渔民。

彼时，地中海东部的黎凡特海岸森林茂密，人口比以前更加密集，牧民群体尤其庞大。以色列北部沿海曾有一座名为"阿特利特-亚姆"（Atlit-Yam）的小村庄，建有长方形的房屋，如今它已经被海水淹没。考古学家在水下遗址发现了 10 座墓葬，其中有 4 名男性遗骸的耳朵呈现受损迹象，显然这是他们经常在寒冷海水中潜水造成的。阿特利特 - 亚姆遗址的所有鱼骨几乎都是来自深海常见的灰色扳机鱼，因此专家推测，由于海床距离海岸很远，那些渔民是从船上跳进海里进行潜水捕鱼的。

考古学家在亚得里亚海沿岸和其他地方首次找到了人类沿海洋设立长期营地的明显迹象。渔民们捕捞的目标是小型鱼类。在遥远的西边，也就是大西洋海水进入地中海的入海口之外，塔古斯河和其他河流的入海口潮涨潮落，生长着各种海洋和陆地食物。一群又一群的迁移者在靠近入海口的内地村落定居。他们储藏食物，埋葬逝者，以大量鸟蛤、牡蛎和帽贝为食。

当地人的日常饮食因各地地貌不同而有所变化。如今，在这些村庄里，仍保留着一堆堆巨大的白色贝冢。从贝冢的大小来判断，人们已经在此持续生活了千百年之久。

渔业大丰收

希腊爱琴海附近的福朗荷提洞穴至少在 3.8 万年前就有人居住，此后它被人类间断使用了好几千年。公元前 8000 年左右，人们在捕捞了几千年浅水鱼类之后，饮食习惯发生了戏剧性的变化。从这个时期开始，福朗荷提山洞中有 20%～40% 的鱼骨残骸来自重达 200千克的大型金枪鱼。由此可以推测，当时人们已经开始使用专门的捕鱼工具，比如更坚韧的渔网以及用来切除内脏并把鱼切成片的锋利黑曜石刀具，只是这些工具都没有保存下来。在这 1 000 年里，整个地中海的渔业发生了深刻变化。虽然原有的机会性捕鱼方式从未消失，但人们捕捞的重点却已经转向相对可预测的迁徙鱼类，尤其是鲭鱼和金枪鱼。

大西洋蓝鳍金枪鱼产于大西洋和地中海大部分地区，数千年来一直都是人们追捧的食用鱼类。如今，工业化捕捞已经使金枪鱼的数量大大减少，它们面临着严重的生存压力。蓝鳍金枪鱼身体上半部呈深蓝色，下半部为灰色，体形庞大。有史以来最大的一条蓝鳍金枪鱼是在新斯科舍省^①外海捕获的，其体长达 3.7 米，重 679 千克。金枪鱼的游动速度可以达到每小时 64 千米，潜水深度为 305 米，可跨越超远距离。

大批金枪鱼会定期穿越大西洋，每年春天，数以百万计的金枪鱼进入地中海寻找含有足够养分的温暖海域产卵和孵化幼鱼。绝大多数蓝鳍金枪鱼选择在巴利阿里群岛^②和西西里岛附近产卵，而少数会在爱琴海和利比亚外海繁殖。到了秋天，产卵之后的金枪鱼变得又瘦又饿，并再次离开产卵地。

金枪鱼是贪婪的捕食者，主要以鲭鱼、沙丁鱼、其他小型鱼类及无脊椎动物为食。它们的视力很好，能够在相对清澈的水中寻找食物。这就意味着，金枪鱼往往会成批地游向海岸，尤其是在顺风的时候。在古代渔夫看来，经常会游到海滩的金枪鱼活动相对规律，人们只需乘坐小船就可以捕获大量这样的鱼。因此，在捕鱼较为困难的海域，捕捞金枪鱼就变得极为有利可图。

许多社群在战略要地捕捞金枪鱼、鲣鱼和鲭鱼。英国考古学家西普里安·布鲁德班克（Cyprian Broodbank）认为，早期人类在爱琴海上从事的海洋活动为各种贸易开辟了海上通道，人们因此得以交换各种各样的商品，比如用于制作锋利工具的火山黑曜石等新奇物品以及鱼干或咸鱼等较为普通的物品。鱼干是一种理想的商品，因为它重量很轻，易于保存。捕捞金枪鱼从来不是一种长期的活动，因为只有在特定季节，金枪鱼才会大量出现，而且只出现在一些战略要地。

---

①新斯科舍省位于加拿大南部。

②巴利阿里群岛位于西班牙东部。

公元前 4300 ~ 前 3700 年，在帕罗斯岛 ① 和安提帕罗斯岛 ② 之间有一个名为"萨利亚戈斯"的人类定居点，那里的渔民几乎只捕捞金枪鱼。每逢金枪鱼的产卵季节，他们就用倒刺箭和黑曜石制成的石尖矛大量捕杀这种鱼，而产卵季节过后，他们便以农耕为生。

渔民们没有必要乘船捕鱼，因为他们可以在岸边用渔网捕鱼，甚至可以站在浅水滩里用长矛刺鱼。他们每年捕获成百上千条大型金枪鱼，然后将这些鱼晒干或腌起来，留待日后食用。渔民的捕鱼知识经过一代代人积累下来，其中大部分源于猎人在陆地上所采用的观察技能。他们要善于发现那些追踪迁徙鱼类的海鸟，要了解什么样的天气或海流会使鱼儿游向海边，甚至要知道海豚有时候会把鱼赶进网里。罗马时代的老普林尼 ③（Pliny the Elder）就曾提及海豚赶鱼的方法，巴西和南太平洋地区也常采用此法。

古地中海渔民不仅了解他们的猎物，还制作出各种高效简易的捕鱼装备，而使用的材料都是经过精挑细选的，所以直到 20 世纪，这些装备的样式和捕鱼手法都没有任何改变。

举个例子，考古学家在土耳其南部博德鲁姆沿海发掘出了一艘沉船，其历史可追溯至 11 世纪的拜占庭时期。考古学家在沉船上找到一些铅制的渔坠，其中一些含有有机纤维。经过化验后他们发现这些有机纤维是山羊毛，于是他们向博德鲁姆的一位年长渔民询问山羊毛的用途，才知道山羊毛其实是一种制作渔线的优质材料，因为它具有耐用、纤维长、不吸水等特点。据说用妇女头发做成的渔线效果更好。

---

① 帕罗斯岛是希腊爱琴海基克拉泽斯群岛岛屿，以盛产晶莹洁白的大理石而闻名。
② 安提帕罗斯岛是爱琴海南部的基克拉迪群岛岛屿，历史悠久。
③ 盖乌斯·普林尼·塞孔都斯生于公元 23 年，卒于公元 79 年，被人称为老普林尼，是古代罗马百科全书式的作家，以《自然史》闻名于世。其养子和外甥小普林尼是一位罗马帝国的元老院议员和作家。

博德鲁姆博物馆收藏了一张奥斯曼帝国时期的渔网，它的网线也是用山羊毛制成的，这更加证明山羊毛是广受人们喜爱的材料。千百年来（甚至从远古时期开始），人们一直在使用山羊毛制作渔线和渔网。渔民们对于原材料的巧妙运用同样体现在其他工具上，比如在潟湖捕鱼用柳条篮网、捕鳗鱼用鱼笼等。廉价的人造纤维工具出现后，用茅草纤维或长纤维制成的渔网才成为过时产品。

鱼钩和渔线是古代地中海最早的捕鱼设备，但大规模捕捞作业则要借助鱼笼和渔网。在浅海捕鱼通常要设置抛网、刺网和围网，而在河里捕鱼则要用到锥形渔网。

从事自给式捕鱼的渔民往往都有可以捕捞小鱼和幼鱼的抛网，这种网在尼罗河沿岸洼地和意大利潟湖中很常见。较大的渔网垂直悬浮在海里，上边缘由浮子支撑，下边缘由沉子固定住。有些渔网是固定好的，而有些渔网要从船上放入海里，然后再往岸上拖。刺网的作用相当于一堵墙，它垂直悬浮在水中，鱼游过时因为刺入网眼，鱼鳃被挂住而动弹不得，"刺网"由此得名。根据所捕鱼的种类不同，刺网网眼的大小也各不相同。

编网工使用植物纤维制网，包括长纤维植物、亚麻以及各种扭曲的树皮。沼泽地里有很多长纤维植物，而那里恰恰就是鱼类大量繁殖的地方。在罗马时代甚至更早以前，人们广泛使用一种很长的渔线钓鱼。这种渔线带有分支，上面挂着很多鱼钩。考古学家在赫库兰尼姆遗址发现了一只盖满火山灰的篮子，篮子里有一根长长的渔线。在庞贝遗址附近的一座乡村别墅里，考古学家还发现了40枚堆放在一起的铜制鱼钩，这些鱼钩可能也是用在类似渔线上的。古代渔民还有一些更独特的捕鱼方法，比如把一条雄鱼的鱼鳃绑住，让它游到岸边去吸引雌鱼。19世纪的希腊渔民和突尼斯渔民就采用了这种策略。

定向声音可以引导鱼群游向早已布置好的渔网中，例如有些渔民会用桨拍水，模仿鱼跳出水面的声音，以此吸引金枪鱼。还有些渔民用火把照亮水面，把鱼吸引到在一旁守候的船只那里，如今亚得里亚海和地中海的渔民仍然在撒丁岛周边海域用火把来诱捕沙丁鱼。

地中海的所有大规模捕鱼活动几乎都利用了鱼类季节性迁徙的特点。不过，较小的渔场也是非常重要的。

19—20世纪初，由于开垦荒地的缘故，地中海沿岸大片的湿地和潟湖被人们摧毁，但在古代，那里不仅拥有巨大的产盐潜力，而且孕育着丰富的鳗鱼。每年春天，鲻鱼等鱼类游入潟湖并迅速发育成熟，然后在秋天离开潟湖。

有了渔网和用柳条或藤条编成的鱼笼之后，渔民们可以轻而易举地将潟湖分隔成很多部分。他们根据地形决定这些隔离区是暂时的还是永久的，然后在鱼群准备离开潟湖返回大海时，利用隔离区将鱼捕获。倘若管理得当，潟湖便是一个非常有价值的渔场，其产量远比开放海域高出20倍。威尼斯的大型潟湖就被渔民用藤条栅栏隔开。罗马人还把这个方法推广到其他地方，以提升渔场的生产力。渔获量在狂风暴雨的夜晚尤为显著，因为大量的鱼想逃离潟湖回到大海，这为捕捞提供了绝佳时机。

在大西洋海岸的潮汐水域中，不断涨落的潮水会使鱼类一年四季都朝固定栅栏游去。鱼梁如果设置得当，就能获得巨大的产量。例如，渔民们把鱼梁正确地设置在沿海潟湖入口，一个晚上就可以捕捞到1 000千克鱼，而且通常以鳗鱼和沙丁鱼为主。这种高效的捕鱼方式一直持续到20世纪中叶。位于法国南部、莱茵河以西的托潟湖面积达7 500公顷，曾经的年均捕鱼量为14万千克，贝类动物产量更高。如今，牡蛎养殖已经在当地占主导地位，野生鱼类的捕捞量有所下降。

谁把海鲜变成了佳肴？

　　传统观念认为希腊人酷爱吃鱼，而且几乎已到了痴迷的地步，但荷马笔下吃烤牛肉的战士可不是这个样子。毫无疑问，古代米诺斯人（Minoans）和迈锡尼人（Mycenaeans）吃鱼，因为鱼可能是当时普通老百姓饮食当中的主要食材。但是，如果荷马的说法可信的话，希腊的英雄是不喜欢吃鱼的。在希腊神话中，奥德修斯（Odyssues）和追随他的船员安然通过了锡拉（Scylla）[①]和卡律布狄斯（Charybdis）[②]之间的海峡，到达一个草木茂盛的海岛，那里是太阳神赫利俄斯（Helios）放养神牛的地方。他们食物短缺，所以被迫"用弯曲的钩子搜寻猎物"。对他们而言，"无论鱼类还是小鸟，只要能抓得到，任何东西他们都吃"。最终，船员们哗变了，并把赫利俄斯养的神牛吃光了。宙斯（Zeus）立刻毁灭了这艘船和全体船员，只让奥德修斯一个人活了下来。

　　到底是谁率先"把海鲜变成美味佳肴"[③]？这个问题的答案无人知晓，但很明显，希腊人对于海鲜的痴迷自古有之。考古学家认为，鱼类的烹饪可能起源于意大利南部腹地的富裕城市锡巴里斯，它以盛产鳗鱼而闻名于世。

　　希腊人对鱼的热爱似乎在很大程度上受到了西西里岛烹饪文化的启发，因为世界上最早的一本烹饪手册就出自西西里厨师麦瑟库斯（Mithaecus）之手。虽然这本手册如今只剩下一些碎片，但可以肯定的是，鱼在他的食谱中占据着重要地位。"切下濑鱼鱼头，"一份食

①锡拉是希腊基克拉泽斯群岛中最南的岛屿，在爱琴海西南部。公元前2000年前已有人居住在这里，大约公元前10世纪初多里安人（Dorian）到此拓殖，后来在公元前308年成为托勒密王朝保护地，直到公元前145年为止。
②卡律布狄斯大漩涡位于墨西拿海峡（意大利半岛与西西里岛之间）一侧，得名于希腊神话中吞没船只的海怪卡律布狄斯（海神波塞冬与大地女神该亚之女）。
③这个问题或许出自古典主义学者詹姆斯·戴维森（James Davidson）。——作者注

谱上写道，"洗净，切片，把奶酪和油倒在上面。"

我们对希腊人吃鱼习惯的了解大部分都来自希腊喜剧。喜剧人物里通常有滑稽的厨师，他们会念出购物清单甚至食谱。从古希腊开始，鱼就被分成了各种等级，而且这一现象一直延续到罗马时代。经过腌制的鱼类基本都不受人待见，但一些特色菜除外，例如当季的瓶装金枪鱼排。鳀鱼、鲱鱼等小型鱼类都是那些不太富裕的市民吃的，精英阶层很鄙视吃这些鱼的人。鳗鱼、石斑、鲻鱼、金枪鱼及淡水螯虾才是上等美食，而金枪鱼的某些部位被人们视为珍品，其鱼头顶肉和颈腩肉尤其被人珍视。

不过希腊人所吃的海鲜以鳗鱼为主，这一点曾被公元前 4 世纪叙拉古作家阿切斯特拉图斯（Archestratus）证实。他在自己的作品中赞美了人们在斯特里蒙河里捕捞到的"体长惊人的鳗鱼"。他还写到，鳗鱼"是当地渔场的主要鱼类"，而且是"唯一没有脊椎骨的鱼类"。品种上佳的鳗鱼来自墨西拿海峡对面水域。希腊人捕鳗鱼时，要么使用带蠕虫诱饵或大鱼诱饵的鱼钩，要么使用三齿鱼叉。

　　　　在无数赞颂渔民的文字中，有一首由利奥尼达斯（Leonidas）所写的短诗。利奥尼达斯是公元前 3 世纪的一名诗人，来自他林敦①。他的短诗中提到了一个名叫丢番图（Diophantus）的渔夫，其捕鱼工具包括一只锚、几把长矛、一根马鬃制成的渔线以及一只精心制作、专门用来盛他捕到的鱼的篮子，此外丢番图还非常聪明地带着一双船桨。

渔民可能生活在社会的边缘，通常住在远离城市的地方，必须在黎明前把他们的商品带到市场去卖。他们的渔获物充满了诱惑力，

---

①他林敦位于西西里南方。

有时能激发人们的热情和购买欲。然而这并不代表人人都喜欢贪婪的鱼贩子。来自萨摩斯的早期希腊风格作家林叩斯（Lynceus）曾将鱼贩子描述为"一分钱也不愿意少收的商人"。与鱼贩子砍价时，最好的办法就是大声地说他们的鱼质量太差，让其他买鱼的人望而却步。

屠杀金枪鱼

　　每年春季和秋季，意大利人都要大规模捕杀迁徙的金枪鱼，他们把这种活动称为"屠杀"（Mattanza）。意大利人认为，阿拉伯渔民发明了捕杀金枪鱼的方法，并且在中世纪将该方法引入西西里岛和西班牙。所以，毫无疑问，一年迁徙一次的金枪鱼千百年来都是地中海渔民捕捞的重点。受希腊文化影响的罗马诗人俄比安（Oppian）曾在一首诗中描述了公元前 2 世纪的金枪鱼捕捞网。他说，这些渔网被渔民铺开时"像护卫守卫着城市"，而"金枪鱼就像方阵队伍一样争先恐后地迅速游过去"。

　　虽然近海捕捞并不罕见，但当时的人们并没有大规模从事这项活动。腓尼基渔民在直布罗陀海峡外航行了 4 天，沿着大西洋潮间带寻找金枪鱼。他们捕获到体型非常大的金枪鱼，将其做腌制处理后出口至迦太基等东部区域。不过渔民们大多数时候是在沿海地带捕捞金枪鱼的。在古代，大批金枪鱼喜欢顺着同样的沿海路线迁徙，直到 20 世纪末工业捕捞开始后，情况才有所改变。金枪鱼渔场和腌鱼设施位于海岸线的重要位置，在北非尤其如此。当地渔民在沿海设置了与海岸成直角的固定渔网。即使到了今天，人们在夜间驾驶小船在近海行驶时也要十分小心，因为捕捞金枪鱼的渔网和栅栏会延伸到离海岸很远的地方。

一个世纪前,屠杀金枪鱼是一项非常血腥的活动。人们用固定的渔网和锚网组成的复杂系统将金枪鱼困住,然后引导它们进入由渔网构成的空间,即被称为"托纳拉"(Tonnara)的死亡陷阱中。在迁徙途中遇到障碍物时,金枪鱼会沿着障碍物边沿前进,以继续自己的旅程。最终,它们游进渔民精心设置的死亡陷阱,无法逃脱。随着进入网内的金枪鱼数量越来越多,渔民们会围住渔网,打开入口,以最快的速度把鱼捞上来。被渔民团团围住的金枪鱼变得非常慌乱,它们疯狂地游动着,朝网的两边冲去,甚至误伤自己的同伴。渔民把渔网拖出水面,困在渔网里的金枪鱼被渔民用鱼钩拖到船上。由于在陷网中挣扎了许久,很多金枪鱼已经只剩下半条命了。这是一种大规模的屠杀,只有在金枪鱼数量依旧富足时才能持续下去。

图 12-1 现代西西里法维尼亚纳岛(Favignana)渔民屠杀金枪鱼的情景(本图片由约尔格·伯特林 / 阿拉米图片库提供)

罗马人究竟是否使用死亡陷阱系统来捕鱼?我们尚无从得知答案。可以肯定的是,他们会将石头打孔,然后穿过渔网,当作沉子固定在海床上，由此形成固定的渔网装置。直至今天，我们还在当地发现了许多这样的装置。它们存在于现代渔民捕捞金枪鱼的地区，比如西西里岛北部海岸，由此证明古罗马人曾使用过长条形固定渔网，但却无法确定那些就是死亡陷阱。古罗马的渔民们可能把长条形围网挂在船上，然后用它们来围捕金枪鱼，古代西班牙人和托斯卡纳人都采用过这种方法。

　　具体做法如下：首先，渔民们会驾驶多艘划艇出海，横亘在鲭鱼、金枪鱼或沙丁鱼的迁徙路线上。岸上则驻守着密切留意鱼群动向的渔民。他们向两艘拖着渔网的渔船发出信号，让它们用网把鱼群围起来，然后，第三艘船向海里放入另一张网，将另外两条船连接起来，形成一个陷阱。与此同时，船员们会用桨拍打水面，或者把石头扔到船外，防止鱼跑到渔网间的缝隙中溜走。接下来就是第二个阶段：渔民们用一张更重的网围住被困鱼群，按照岸上观察者的指示把它们拖上岸，此时岸上渔民的职责就是确保鱼群被困在网里。

　　无论采用何种方法，观察者都是最关键的角色。他们从地势较高的地方或粗制的木脚手架上观察鱼群到来。一些小镇甚至搭建了瞭望台和永久塔楼，并且把优质捕捞点的所有权出租给渔民。这是早在公元前 1 世纪爱琴海地区就已经采用的方法。

　　只有具备相关经验和技能的人，才能评估金枪鱼鱼群的规模和行进方向。观察者会寻找那些快速移动的鱼群，他们不仅要评估其规模，还要评估其覆盖水域深度。他们会计算科迪海域的剪嘴鸥数量，这种海鸥以鳀鱼等小鱼以及在它们这些捕食者面前会发了疯似的四处游动的小型水中生物为食。按照古代作家的说法，观察者的预估非常准确，即使一群金枪鱼的数量多达 5 000 条，他们也能看得出来。岸上观察者、舵手、桨手和操作渔网者之间的团队合作必须非常精确。

参与金枪鱼捕捞活动的人大多是生意伙伴，他们各自有明确的角色，包括渔网的操作人、观察员和一个被称为"解浮子者"的神秘工种。这项工作可能需要 5 艘以上的船只和总共 30 名左右的人手通力合作，包括船只的船长，甚至还有会计。来自中世纪的档案显示，一些临时的金枪鱼捕捞点产量很高。到了 18 世纪，遇上丰年，即使规模较小的金枪鱼渔场也能产出多达 30 万千克的金枪鱼。

1824 年，突尼斯比塞大附近一个渔场的渔民捕获到一万多条金枪鱼。鉴于当时成年金枪鱼的重量在 120 ~ 150 千克，我们可以保守地估计，光是这样的渔场就能产出 100 多万千克的金枪鱼。不过，这种渔获量不是每年都有的。从 20 世纪 60 年代开始，工业化捕捞导致金枪鱼数量急剧减少，金枪鱼的迁徙状况大幅波动。这种情况在 18 世纪中叶就出现了征兆，当时捕捞金枪鱼的西班牙渔民将渔场转移到撒丁岛周围更为富饶的水域。

咸鱼腌制工场

比捕捞迁徙鱼类更大的挑战是腌制好它们并拿到市场上出售。罗马作家马可·奥勒留（Marcus Aurelius）[①] 显然很喜欢吃鱼干。在给朋友福朗托（Fronto）的一封信中，他提到了葡萄园工人吃了一顿小鱼干。这些鱼干经过充分浸泡，恢复了鱼肉的质地和风味。

腌制是保存鱼类的最佳方式，但可靠的食盐来源是前提。虽然绝大多数渔业社群都熟悉基本的鱼类腌制手法，但到了古希腊人和古罗马人的时代，人们才真正开始大规模腌制鱼类，尤其是金枪鱼和一些较小型的鱼类。罗马人的腌鱼设施因其生产的鱼露而著称。

---

①马可·奥勒留，公元 161—180 年担任罗马帝国皇帝。同时他也是思想家和哲学家，代表作品有《沉思录》。

鱼露在整个罗马帝国广受欢迎，而制作鱼露的原材料一般是鳀鱼和沙丁鱼等小型鱼类。鱼露只是腌鱼产业的副产品，后者规模更大，不仅涉及金枪鱼的腌制，还有鲭鱼和金枪鱼喜欢捕食的小型鱼类的加工。即使对于那些距离海港不远的人来说，新鲜鱼也是一种奢侈品，因此，无论是贵族还是平民，都愿意吃腌制过的咸鱼。

罗马人腌制咸鱼的设施大部分集中在鲭鱼和金枪鱼鱼群可以靠近的沿海地带。腌制咸鱼是何时开始成为一种常见现象的？没人知道答案。这种做法可能始于公元前 2000 年甚至更早，而且地中海各地的许多罗马帝国遗址都可以为其追溯起源时间。

在罗马时代以前，西西里岛是主要的鱼类腌制中心。据说阿基米德（Archimedes）在叙拉古国王希伦二世（Hieron II）的命令下建造了一艘大船，然后将它作为礼物送给埃及托勒密王国（Ptolemies）。这艘船上的货物就包括谷物、羊毛和 1 000 罐咸鱼。古迦太基王国有一些小型咸鱼作坊，位于如今的西班牙加的斯，其历史可追溯到公元前 600—前 500 年。在那里，工人们用大缸腌制咸鱼，然后把咸鱼装在陶罐里，运往地中海各地。用大缸腌制咸鱼的做法可能就起源于加的斯，然后又传播到了地中海；不过更大的可能性是，不同地区独立发展出了同一种方法，而意大利台伯河河口地区最具代表性，因为那里的沿海潟湖不仅拥有丰富的鱼类资源，而且盐田遍地，特别适合腌制咸鱼。

鱼类腌制场所的规模差别很大。在庞贝遗址和位于利比亚西北部的城市塞卜拉泰，考古学家发现了一些很小的咸鱼作坊，估计每年可生产 1.6 万罐容量约为 60 升的两耳细颈罐罐装咸鱼。贝洛-克劳迪亚（Belo-Claudia）是一座位于西班牙南部直布罗陀海峡最西端的港口小镇，当地居民完全以捕鱼和腌制咸鱼为生。一些规模较大的咸鱼腌制工场出现在鱼群喜欢繁殖的地区，其中以摩洛哥的科塔最为有名。那里距离直布罗陀海峡西入海口的南部只有几千米。这座工场从公元前100年使用到公元300年，可以俯瞰海滩。它是一座长方形的大型建筑物，里面有呈"U"形布局的各种尺寸的腌瓮，还有一个中央操作区、一个加工区和一个储藏区。工场西南角矗立着一座塔楼，其功能很可能是用于监视和追踪鱼群，以及指引渔民用渔网捕鱼。那些渔民会把渔获物送上岸并立即进行腌制。

公元前1世纪至公元1世纪，随着罗马人吞并了北非和地中海西部领土，咸鱼的生产规模也在不断扩大。摩洛哥的利克苏斯（Lixus）是当时重要的渔业中心，它甚至发行了铸有鱼类形象的硬币。位于葡萄牙萨杜（Sado）河口的特罗亚半岛（Troia）有一座小镇。镇上有生产双耳陶罐的工场以及至少52个腌制咸鱼的作坊，这些建筑沿河岸延伸了大约4千米。

特罗亚的与众不同之处在于它的河口拥有丰富的鱼类，人们一年四季都可以捕鱼，而不仅仅是在鱼类迁徙期间。公元元年前后的几百年里，该地区经历了繁荣和衰落期，不过咸鱼的生产一直持续到5世纪。这座小镇拥有得天独厚的条件，可以将咸鱼直接卖给在英国的罗马军队以及地中海国家。除了位于西部的大型咸鱼工场之外，欧洲还有遍布地中海、亚得里亚海甚至远在其东部土耳其地区的规模较小的工场。

渔业和鱼类加工业是罗马帝国时期地中海经济的重要组成部分。公元100—200年，罗马帝国腌鱼土瓮的总产量可能已经达到2 600立方米。这是一个惊人的数字，因为只有捕捞到数以万计的小型鱼类，才能生产这么多咸鱼。

咸鱼和鱼露贸易似乎让从事这一行当的商人赚得盆满钵满，他们大多拥有别墅和庄园。社会地位低下的人在鱼类加工业中只能从事劳动生产，他们中间很多都是奴隶。如果咸鱼作坊靠近沿海潟湖，那么腌制咸鱼这门行当就会带来极高的利润，因为渔民可以在鲭鱼或金枪鱼产卵季节之外捕捞到其他鱼类。

到了罗马帝国时代，鱼早已成为一种商品，一种提供给罗马军团、随军厨师、城市居民和农民的食物。富人们在海鲜产品上挥霍无度，爱吃海鲜只是其中一部分原因。更重要的是，对于他们而言，把奇异的新鲜鱼类摆上餐桌展示给宾客看，是一种炫耀社会地位的方式。然而，即使在鲭鱼和金枪鱼大量迁徙的古代，过度捕捞也导致地中海的鱼类资源不断减少。于是罗马人开始转向水产养殖，这与他们的埃及前辈的做法如出一辙。

第 13 章
罗马人的"养鱼"文化

　　罗马社会普遍存在不平等现象，而他们的鱼塘最能体现这种不平等。马库斯·特伦提乌斯·瓦罗（Marcus Terentius Varro，公元前 116—前 27 年）是一名古罗马学者和多产作家。瓦罗既是一个学识渊博之人，也是一个成功的农场主。他的智慧都体现在《论农业》（*Rerum Rusticarum Libri Tres*）这本书关于庄园管理的内容中，而这本书也是瓦罗现存的唯一的完整著作。

　　瓦罗家里有两个鱼塘，他在《论农业》的第 3 卷中用一些篇幅讲解了富人家的海水池和平民家的淡水池之间的明显区别："平民家的鱼塘一般用河水养鱼，十分经济划算；另一种则是海水鱼塘，水和鱼都来自海里，只有贵族家才负担得起。这种鱼塘虽然很吸引眼球，但建造成本太高，并且需要很多鱼和饲料，因此容易入不敷出。"瓦罗是个家境殷实的农牧场主，但在养鱼这个问题上，他仍然十分明智和冷静，而且自豪地站在穷人一边。他曾目睹过那不勒斯湾拥有海滨别墅的富人如何疯狂地争夺鱼塘，因此不想参与其中。

　　在进入工业化时代之前，很多国家要靠多数人的劳动来确保少数人的福利。标准化的口粮是统治者付给劳动者的报酬，而规模化捕捞的鱼类则是口粮的一种。任何配给口粮的官方机构都必须随时准备充足的食物并按时交付，这就意味着食物供应必须稳定可靠。

但就鱼类而言，渔获量每年都会发生波动。所以务实的农民，如罗马人、埃及人、中国人、希腊人和美索不达米亚的苏美尔人只能转向人工鱼类养殖。

鱼类养殖的目的是获得比野生渔场更大的产量。毫无疑问，它是从最少受到人为干涉的地方开始的，比如尼罗河三角洲以及尼罗河上游，尤其是那些会在洪水期间出现大量浅水鱼的沼泽地。

古代地中海沿岸有大片由海水潟湖和湿地组成的区域，渔民用芦苇、柳条和木棍在那里建造栅栏，以迫使鱼群游向某个特定区域。人工养殖户可能还挖掘了更多水渠，以改善水循环并将淤泥对鱼塘的不利影响降到最低。这样不仅控制了鱼群的游向，而且养殖鱼总比在海上捕鱼更方便，风险也小很多，但必须有人定期给鱼喂食，否则人工养殖的产量将很小。

鳗鱼帝国：探索水下农场

没人知道尼罗河沿岸的水产养殖业是从什么时候开始的，但它在我们察觉到其最初迹象之前可能早就已经出现了。考古学家在公元前 2500 年左右的埃及中王国官员阿克蒂赫普（Aktihep）的墓室中发现了一处浮雕，描绘了人们从池塘中捞走罗非鱼的场面。早期养殖户在精心打造的池塘里喂养鱼类和贝类的幼苗，然后在这种人工环境中使它们成熟，从而为王室和贵族提供稳定的水产品。

大约公元前 2000 年，下埃及地区的农民开始采用一种高效的土地开垦方法，这种方法至今仍被人们使用。每年春季，他们先在盐碱地中挖掘大型池塘，然后放入淡水将其浸泡两个星期，让盐度较低的池水迫使盐度较高的地下水往下流。接着，他们把池塘里的水排干，再重复一遍这个过程。最后，他们用淡水填满池塘，将水位保持在 30 厘米，再把从大海里捕来的鲻鱼鱼苗放入池中。每年12 月到次年 4 月间，池塘中的鲻鱼便发育成熟，每公顷产量可达300 ~ 500 千克。春季鱼类大丰收后，农民们会在盐碱地里插上一根桉树枝，检查土壤是否适宜耕种。如果枝条发芽，他们就知道土地可以种植庄稼了。这一过程需要 3 ~ 5 年，而其他开垦方式需要10 年时间。显然，这种改造盐碱地的方法见效快得多。

第一批人工鱼塘在何时何地建成？这依旧是个未解之谜，因为我们还没找到相关的考古证据。公元前 100 年，狄奥多罗斯·西库路斯 ① 描绘了位于西西里岛阿格里真托的一个用于水产养殖的巨大围场，其建造工作由叙拉古暴君希伦的战俘完成。"阿克拉甘蒂尼人（Acragantini）建造了一座昂贵的大池子，"西库路斯写道，"池子周长有 7 个赛跑场那么长 ②，深度为 20 腕尺 ③。工人们利用管道将河水和泉水引入池子，把它变成一个鱼塘。里面饲养的大量鱼类既可以用作食物，也可以供人们观赏。"

希腊文字中提到了人们从事的大规模鳗鱼养殖。大部分养殖场位于河流或天然盆地的重要战略位置，例如维奥蒂亚 ④（Boeotia）科帕斯湖就出产了以美味闻名于世的鳗鱼。当地人把养殖出来的大鳗鱼献给如今不为人所知的诸多神灵。和其他地方一样，科帕斯湖的水产养殖设施也是人工建造而成的。无论是打造养殖场围墙还是铺设池底，在当时当地都必须耗费巨大的人工、时间和资金，并且需要大量专业土木工程知识支撑。

到了罗马统治埃及的时期，法尤姆洼地等地区的居民一直采用

---

①公元前 3 世纪出生在西西里岛的古希腊历史学家。
②古希腊的赛跑场长 607 英尺，据此推断，池子周长应为 4 249 英尺（1 英尺 ≈0.3048 米）。
③1 希腊腕尺 ≈18.22 英寸（1 英寸 ≈2.54 厘米）。
④维奥蒂亚历史上位于希腊中部，以北是弗西奥里斯地区，以南为科林斯湾、阿提卡，西边是福基斯区，东边是埃维亚湾。

半人造水库遏制洪水，他们还在其中悉心喂养了大量鱼类。这些水库属于所有村庄的共同资产，建造它们是一笔巨大的投资。水库养鱼受到严格控制，因为水产养殖已经成为一个规范化行业。为了保证水库和鱼塘的长久发展，村民们对其细心监督、合法保护，并在其中进行集体劳动。

在地中海地区，罗马人率先将海洋水产养殖文化升华为一门艺术。他们可能在罗马附近的奥斯蒂亚[①]和科萨[②]等沿海天然潟湖中最先采用了如水下灌注混凝土和淡水曝气[③]之类的当时的尖端技术,商业养殖户们可以借助这些技术建造自己的鱼塘。海鱼养殖业在第勒尼安海[④]沿岸最为密集，那里靠近罗马鱼类市场。罗马人口非常稠密，鱼类产品供不应求。比斯卡林广场是罗马城的专门鱼市，在公元前210年之前就已建成，后来毁于大火。

公元前两个世纪里，人们对于各种鱼类的需求大幅上升，其中外来鱼类更受欢迎，价格也水涨船高。那个时代人类尚未发明冷藏技术，因此，如何为城市农贸市场运送新鲜鱼类成为一大难题。人们只能在运货马车上安装水箱，或者利用船舱有通气孔的特制驳船运输少量新鲜鱼，但很多鱼在被端上餐桌之前就已经变质了。

绝大多数人每天都吃养殖鱼，只有水产养殖才能持续为不断增长的人口提供他们所需的食物。古罗马人喜欢吃各种新鲜或腌制过的甲壳类动物、鱼类和软体动物。亚里士多德的《动物志》(*Historia Animalium*)、老普林尼的《自然史》(*Natural History*) 以及大量古代壁画和镶嵌画让我们了解了罗马人食用和养殖的鱼类品种。按照

①奥斯蒂亚位于意大利罗马西南25千米处，是罗马时代的海港，公元前4世纪开始发展和扩张。
②科萨位于托斯卡纳地区西南部，于公元前273年建成城市。此地原为伊特鲁里亚人的土地，后被罗马人殖民。
③曝气指为了获得足够的溶解氧而将空气中的氧强制转移到液体中的过程。
④地中海的一个海湾，在意大利西海岸与科西嘉岛、萨丁尼亚岛及西西里岛之间。

老普林尼的说法，亚历山大大帝（Alexander the Great）命人为亚里士多德建造人工鱼塘，以便亚里士多德能够研究哪些鱼可以进行人工养殖。古代罗马作家曾在作品中描述过 260 多种鱼，而古希腊作家则列举过 400 个鱼类品种，其中大约 10 种鱼是人们一直以来都很喜欢吃的。

绝大多数鱼塘含有 7 种鱼类中的一两种。罗马的鱼类养殖户喜欢养那些聚集在沿海水域的鱼类，因为那里咸水和淡水混合，生活在那里的鱼类能够承受各种盐度。沿海渔民很清楚这些鱼需要在特定条件下繁衍生息，但它们的产量却不够稳定。要想增加渔获量，一个合理的办法就是改进渔场的管理和捕捞方式，而这个过程就是水产养殖的原始形态。

鳗鱼可以生活在淡水、咸淡水或咸水中，属于最常见的人工养殖鱼类，早在公元前 200 年就很受罗马人欢迎。公元前 46—前 45 年，盖乌斯·希留斯（Gaius Hirrius）为恺撒（Gaesar）举办的凯旋宴提供了 6 000 条鳗鱼。一些富人甚至给自己养的宠物鳗鱼戴上珠宝首饰。鳗鱼之所以如此受欢迎，部分原因是它们的迁徙习惯很独特，非常容易进入渔民设置好的陷阱。此外，鳗鱼的繁殖能力很强，只要看看如今意大利的鳗鱼养殖场，我们就能获得深刻印象。位于罗马北部沿海的奥尔贝泰洛拥有 1 000 平方米的鱼塘，那里的渔民只需一年时间就可以用 10 千克幼鳗生产出 4 吨成年鳗鱼。

老普林尼在著作中描绘了贝纳库斯湖①的鳗鱼渔场情况。贝纳库斯湖位于威尼斯内陆地区，每年春夏两季，鳗鱼和一些幼鱼便游到沿海潟湖觅食，然后在秋天的时候游往开放海域。这种迁徙规律有点类似于金枪鱼。当地渔民很清楚这个周期，他们把明乔河分隔成多个区域，设置鱼笼。威尼斯潟湖的木桩和芦苇栅栏既使水流得以

①现名加尔达湖。

循环，又能阻止发育成熟的鳗鱼在秋天离开河流，以便渔民捕捞到数以千计的鳗鱼。这种做法一直持续到19世纪末，那时永久性的堤坝取代了芦苇栅栏，而且从此之后每年春天都有专业渔场将大量鱼苗卖给养鱼户。据估计，当时的威尼斯潟湖的养殖场每年都会引进2 000万～2 500万尾鱼苗，然后人们将鳗鱼苗和鲻鱼苗装到桶里，带到其他地方。

鲻鱼在埃及是一种很受欢迎的鱼类，在意大利同样如此。这些圆头小鱼有时会迁徙到咸水湖，尤其是在秋天和冬季，然后再回到海洋产卵。它们很适应意大利和尼罗河的封闭水域。按照老普林尼的说法，鲻鱼听力很敏锐，每当他呼唤它们的名字时，它们就会游到他面前。老普林尼还偏爱鹦哥鱼，他说这种鱼味道上乘。对于那些口味挑剔的人来说，鹦哥鱼比鲻鱼更受欢迎，但前者很难在鱼塘里饲养。

海鲈鱼有时也被称为濑鱼，是另一种颇受欢迎的鱼类，其中从沿海潟湖顺着台伯河溯游而上的海鲈鱼尤其受到人们喜爱。据说，古罗马的美食家们可以从海鲈鱼的味道中判断出它是养殖鱼还是在受污染的淡水中或海水中捕获的。公元200年，希腊帕加马①的医生盖伦（Galen）建议人们不要吃上游的鱼，因为那里被污水和来自纺织厂的废料所污染。

公元1世纪作家卢修斯·朱尼乌斯·莫德拉图斯·科卢梅拉（Lucius Junius Moderatus Columella）是罗马帝国农业领域最重要的作家，他曾在自己的著作中提到乌颊鱼②是最早的养殖鱼之一。乌颊鱼既能在淡水鱼塘中饲养，也能适应咸水环境，鱼肉的味道备受人们赞赏。盛产于地中海和大西洋水域的红鲻鱼也因其独特风味而受

①帕加马城是一座富有和强大的希腊城市，位于小亚细亚西北部。
②即黑鲷，硬骨鱼纲、鲈形目、鲷科。

到人们欢迎。有些红鲻鱼个头很大，单条鱼的重量可达 1 千克，常是奢华宴会的压轴菜。科卢梅拉还提到，红鲻鱼非常稀有，而且只能在深海中捕获，因而价格昂贵，已婚男人通常都买不起这种鱼。独特的鲻鱼品种要花费数千塞斯特斯[①]，因为它们不像其他体形较小的普通鲻鱼，不太容易进行人工养殖。跟罗非鱼一样，诸如比目鱼和鳎鱼等鱼类也很受罗马人欢迎，但对于爱好美食的罗马人来说，鱼露才是他们真正的心头好。

考古学家在法国南部和意大利西北部的沉船遗址中发现了装鱼露的双耳陶罐，其历史可追溯到公元前 5 世纪，这表明鱼露至少和罗马帝国一样古老。

鱼露是用鱼血和鱼肠通过自溶发酵而成的，它们的细胞被自身产生的酶所破坏。渔民们把鱼放在盐里浸软，然后放在阳光下腌制 3 个月。鱼露的质量取决于它的制作原料，最优质的鱼露是用金枪鱼肠子做的，而质量较差的鱼露则是用较低等的鱼类和小鱼制成的。在制作鱼露的过程中，加工的混合物在高温下发酵并溶解，盐则被用来抑制细菌。混合物表面会逐渐形成一种透明液体，制作者用细滤器小心翼翼地把液体抽出来。鱼露通常与浓缩草本植物液体混合在一起，以作调味之用。随着鱼露产业的迅猛扩张，成百上千种以鱼露作为配料的食谱也在罗马帝国传播开来。

每个人都有自己喜欢的鱼露口味，其中最受欢迎的一种鱼露被称为"盟友鱼露"，来自罗马帝国贝提卡西班牙行省[②]南部地区的卡塔赫纳和加的斯。来自葡萄牙的鱼露也获得了很多人的喜爱。法国最南端、高卢地区南部的玛丽安娜运河是一个重要的鱼露配送中心，那里出产的鱼露被运送至高卢、日耳曼尼亚和不列颠等地。

---

①古罗马货币单位。
②贝提卡西班牙行省大致相当于今日的安达卢西亚。

鱼露就是罗马帝国时代的芥末和番茄酱，从事鱼露买卖的商人会变得非常富有。

与金枪鱼的腌制设施所在地不同，鱼露工场一般建在距离海边较远的地方，这就意味着有更多设施遗留了下来。有些工场的规模非常大，其中一个位于卢西塔尼亚西班牙行省的特罗亚，那里有砖石砌成的大缸和盐场，绵延分布长达3千米。大西洋和北非沿岸以及克里米亚半岛也有大型鱼露加工厂。按照今天的标准，鱼露是一个庞大的产业，要求腌制数百万千克小鱼和鱼杂碎。

人们大多采用木箱和皮制容器运送鱼露，所以我们无法确定罗马帝国到底运输了多少鱼露。不过，有些事情我们是可以确定的，例如考古学家在瑞士巴塞尔附近的小镇奥格斯特的奥古斯塔·劳里卡遗址发现了大量来自高卢的鱼露，而该遗址曾是罗马帝国的殖民地。研究人员从当地的垃圾场出土了大量双耳陶罐，结果发现其中三分之一都装有来自高卢和西班牙的鱼露。

公元1世纪，奥鲁斯·乌姆布里库斯·斯考鲁斯（Aulus Umbricus Scaurus）是庞贝城的主要鱼露生产商。他生产4种鱼露，但由于制作鱼露会产生恶臭味，所以他的工场可能位于城外。斯考鲁斯的房子可以俯瞰大海，他能够从那里看到船只载着自己的产品运往海外。据说他所生产的最优质的鱼露口味温和，带有一种细腻的味道，也许和泰国鱼露或越南鱼露差不多，其原料是鲭鱼，而且售价极其昂贵。无论鱼露的品质如何，罗马人都喜欢用它来调味和增强各种菜肴的味道，有时还将葡萄酒混入其中。此外，人们认为鱼露可以治愈狗咬的伤口，甚至还能去除多余的体毛。

大多数商业化鱼类养殖规模相对较小。科卢梅拉在著作中提出，渔业的获利模式与农业的获利模式截然不同。他强烈建议那些在沿海贫瘠土地上耕作的农民增加一些来自海洋的收入。他写道，他们应该仔细考虑沿海环境特征，然后建造适合这种环境的鱼塘。鱼塘的主人应该把长满海藻的岩石放进鱼塘，"想方设法模拟海洋的景观，这样，鱼类就几乎不会感觉到自己被囚禁在池塘中。"他提醒鱼塘主，只能把养肥的鱼拿到市场去卖，因为无论未养肥的鱼有多么新鲜，也不会卖出好价格。他还建议他们"在一些（池塘）底部附近留出壁凹……让'有鳞生物'可以去往那里，并将其中一些凹处扭曲成不太宽的螺旋状，以便七鳃鳗能够潜伏在里面"。

很多沿海鱼塘都小而简易，其中绝大多数是整个从岩石上切割出来的。这些鱼塘至少有一条，有时候有两条水渠控制水的流入和流出。水渠的方位精挑细选，以便充分利用当地盛行的风向和洋流。其中一些鱼塘靠近盐场。在鲭鱼和金枪鱼迁徙期间，鱼塘可以用来饲养更多的鱼，渔民将鱼屠宰完后就近以盐腌制好。19 世纪，伯罗奔尼撒半岛的希腊渔民沿阿尔戈利斯海岸捕捞金枪鱼。他们把捕来的金枪鱼养在沿海池塘，这些鱼可以活两周之久。罗马人可能也是这样做的。

养鱼户发现，精心设置的水渠很有必要，可以避免鱼塘产生死水。于是他们将潟湖水产养殖瞬间变成一个庞大产业。经过精心设计的水渠能够让大小因地而异的潮水进出鱼塘。不过，鱼塘也需要灌入淡水，因为潮汐运动既不足以让鱼塘保持充足的氧气，也不足以清除富含氨气的鱼类排泄物。在罗马人发现了淡水输入的重要性并加以改进后，鱼类产量顿时翻了一番甚至更多，海洋水产养殖不再仅仅是马库斯·特伦提乌斯·瓦罗的富有邻居们的消遣活动了。

直至今天，在安齐奥附近的阿斯图拉遗址，仍有一个罗马帝国时代留下来的巨大鱼塘。它占地约 1.5 万平方米，是已知同类设施中面积最大的。我们还知道无数面积较小的鱼塘，它们的产量远大于别墅的需求。

第勒尼安沿海的科萨港口和渔场充分利用了石灰岩岬角和沿海潟湖形成的地理优势。那里不受风浪影响，且潟湖内外繁殖了大量鱼类。按照地理学家斯特拉博（Strabo）的说法，岬角处地势较高，是观察金枪鱼行踪的理想之地。潟湖沿海岸延伸约20千米，并且被一片800米宽的沙洲与海洋隔开。渔场位于潟湖较窄的西端，那里有源源不断的泉水为它供应淡水。海水通过天然入口流进潟湖，形成最适合鱼类生长的咸淡水区。

　　好几个世纪里，科萨一直是重要的商业渔场。该渔场的最初形态可能是公元前1世纪人们用藤条和木条建造的简易围栏，后来出现了一些更永久性的建筑，比如码头。人们为这些建筑精心选址，以避免水的自然循环受到干扰。迁徙的鱼类游进潟湖，渔民们可以在入口处进行捕捞。公元前1世纪末，人们在潟湖的主要入口处都安装了水闸，又在潟湖的西端建造了大型混凝土鱼塘。后来人们还搭建了一间带抽水装置的泉水屋。当泉水流经一个岩石平台时，就会产生曝气作用，不仅可以给鱼塘提供含氧淡水，还可以向镇上的鱼类加工厂提供水源。

　　科萨港也是主要的鱼类腌制中心，目前我们尚不清楚鱼塘与腌鱼作业之间的关系。对鱼类来说，潟湖肯定是一个极好的自然环境。每逢鱼类迁徙季节，潟湖的鱼笼和水闸就会控制各个进出口。所有迹象均表明，整个港口和捕捞设施都是由某一个工程师筹划建造的，这个人必定掌握了水力学和鱼类养殖方面的实用知识。也许对于鱼露这种不引人注目的常用食品来说，科萨本身就是一个重要的贸易港口。

　　古罗马人知道，在水池里养殖淡水鱼比养殖咸水鱼要容易得多。与咸水鱼相比，淡水鱼需要较少的氧气，而且抗病能力也更强。公元1世纪末，人造鱼塘是罗马帝国乡村别墅和城市住宅的共同特征。

它们不仅为人们提供新鲜鱼类，还能起到装饰作用。近至罗马，远至小亚细亚、北非和高卢，装饰性鱼塘随处可见。罗马郊区琴托切莱的鱼塘别墅拥有一个 50 米长的鱼塘，其两侧安上了双耳陶罐，而中央设置了一座喷泉。在罗马帝国，淡水鱼塘中嵌入双耳陶罐是很常见的现象。双耳陶罐的作用很可能是为某些鱼类提供一个藏身之所，以躲避抢占地盘的其他鱼类。带双耳陶罐的鱼塘可能被用来养殖具有强烈领土意识的罗非鱼，不这样的话，罗非鱼就很容易在封闭的环境中肆意生长。

有些鱼塘是特制的砖石结构，这种鱼塘的使用频率最高。鱼塘养殖与潟湖养殖不同，前者的目的是将每平方米的产量最大化，这就意味着养殖户要花大力气给鱼塘换水，使鱼塘保持合理的氧气量和洁净度。如果维护得当的话，鱼塘的收益会很高。现代鱼塘可以在一个 700 立方米的空间内容纳多达 2 万～5 万条鱼，具体数量视鱼的年龄和种类而定。到了公元 1 世纪，混凝土技术取得长足进步，内陆土地拥有者就更容易建造小型池塘。除了自给自足之外，他们还有可能从出售过剩鱼类中赚取少量利润。

豪门鱼塘和鱼痴

在那不勒斯湾和第勒尼安长长的海岸线上，很多富豪家都建有鱼塘。它们的维护成本很高，是富豪们暴饮暴食的奢靡生活的象征。西塞罗对此不屑一顾，称这些富豪是"鱼痴"和"生活在鱼塘里的特里同"[1]（Triton of the Fish Pool）。每座壮观的海岸别墅前面都建有构造复杂的鱼塘，它们从第勒尼安一直延伸到那不勒斯湾。鱼塘的建造通常包含大量岩石切割和水泥施工工程，因此承包商必须雇用

---

①特里同是古希腊神话中海之信使，海神波塞冬和海后安菲特里忒之子。

熟练的工人，因为光是根据盛行洋流和风向选定鱼塘位置这一项，就需要专业的知识和经验。此外，承包商还需要具备必要的设计技能，才能将鱼塘的功能与美感结合起来。

图 13-1 建于公元 2 世纪的哈德良别墅（Hadrian's Villa）鱼塘，位于罗马蒂沃利镇（本图片由德-阿戈斯蒂尼图片库 /W. 巴斯 / 布里奇曼影像提供）

精致的鱼塘建好后，富豪还需要找人专门负责养鱼、喂鱼、维护水闸和清洁水槽。为了养好鱼，工人除了要在海水退潮时捞回那些被吸引到鱼塘排水口的幼鱼，还要到河湾和潟湖捕捞鱼食，但这方面的前期工作也可能已经由别墅里的奴隶做好了。附近城镇的市场常有富裕的顾客光顾，鱼塘主可以向这些市场出售鲜鱼，以减少一些开支。那不勒斯湾、罗马北部和南部沿海，以及亚历山大港等富裕城市附近的海水养殖业最为发达，这绝非巧合。

很多富豪家的鱼塘都被精心美化过。鱼塘内部用装饰性造型进行分隔，有时候还用雕塑加以装饰。分隔鱼塘的墙体上装有水闸，水闸上打了孔，可以在排水时防止鱼儿游走。每当有客人来访，富豪们就带他们俯瞰清澈的鱼塘，在鱼塘各个分隔区之间漫步，观赏五颜六色的鱼，有时甚至一起钓鱼。只有最富有的人才有能力拥有和维护鱼塘。这些富豪通常都是名人，他们为了维护自己的地位而无所不用其极。

瓦罗的一位名叫赫滕希乌斯（Hortensius）的演说家朋友经常在自己的乡间别墅里招待瓦罗。他经常从别墅附近的波佐利①买新鲜鱼招待客人，同时自己也养鳗鱼，并且花钱请一群渔民帮他捕一些小鱼苗给池塘里的鱼喂食。富豪养鱼的风气在罗马鼎盛时期达到了顶峰。西塞罗的一位朋友卢基乌斯·卢库鲁斯②（Lucius Lucullus）在一座小山丘开凿隧道，专为他的鱼塘提供海水，还斥巨资建造了一座防波堤，以确保涨潮能给鱼塘带来冷水。

精英阶层的私家宴会既带有聚餐的目的，也带有炫耀的企图。在这些感官的盛宴上，主人努力用大量食物、奢华的展品和娱乐节目来取悦客人。外来鱼类就是重要展品之一，尤其是珍稀品种或难以捕捉的品种，主人家会将其精心准备并展示于客人面前。它们被放在巨大的盘子上，然后在笛子和管乐器吹奏的音乐伴奏下被端到餐桌上，有时候鱼身上还装饰着珠宝。

一次，一位渔民向罗马帝国皇帝图密善（Domitian）（公元238—255年在位）进贡了一条尺寸极大的比目鱼，宫廷不得不专门做了一个盘子来盛放这条鱼。

奇特的鲟鱼或大比目鱼激发了讽刺作家马提亚尔③（Martial）的创作灵感，他留下了这样一句名言："虽然大盘子是用来装大比目鱼的，

①波佐利是意大利南部港口城市，位于那不勒斯湾东北岸。
②卢基乌斯·卢库鲁斯（公元前118—前56年），罗马共和国末期著名将领，有关他的享乐主义和奢侈无度的传说使"卢库鲁斯"成为浪费的同义词。
③马提亚尔生于公元40年，卒于公元103年左右，在西班牙接受教育，代表作有《奇观》(Liber Spectaculorum)和《隽语》(Epigrammata)。他的作品多为短篇，描述了罗马社会的复杂现象，结尾多带讽刺。

但大比目鱼却总是比盘子大。"马提亚尔还在作品中提到富有的卡利奥多鲁斯（Calliodorus）以 4 000 塞斯特斯（约合 2 200 美元）的价格卖了一名奴隶，然后用这笔钱买了一条重 1.8 千克、人工养殖的羊鱼。朱文纳尔（Juvenal）等作家曾抱怨说，一些观赏鱼的售价比一头牛、一所房子或一匹赛马的价格还要贵。

对于参加宴会的宾客来说，权力和社会地位就体现在餐桌座位上，主人家甚至会给不同社会地位的客人提供不同食物。小普林尼（the Younger Pliny）曾批评一位朋友为自己和其他几个人准备了最好的菜肴，"却让剩下的宾客吃些乱七八糟的便宜食物"，然后要求这位朋友对所有来宾一视同仁。马提亚尔也在作品中提到了一个想巴结权贵，名叫帕皮鲁斯（Papylus）的人。他把昂贵的鱼作为礼物拿去送人，自己却在家里吃鱼尾巴和卷心菜。类似的故事早已传遍各地，它们通常对鱼塘主人有利，但也不是一直如此。西塞罗在自己的私人信件中谴责了"鱼痴"们的做法，称他们玩物丧志，置国家事务于不顾。

富人们的玩物终究成为过眼云烟，鱼塘也是如此。绝大多数私人鱼塘建于公元前 1 世纪中叶至公元 1 世纪中叶。罗马共和国（the Republic）的终结和皇权的具体化促使皇帝奥古斯都[1]（Augustus）一世等人试图遏制奢华宴会之风和富人的其他奢靡行为。最终，许多华丽的鱼塘变成了皇家园林的一部分。据说尼禄[2]（Nero）皇帝曾垂涎那不勒斯湾的鱼塘，而那些鱼塘属于他的姨妈多米蒂亚（Domitia）。多米蒂亚对鱼塘进行了改造，并加以精心维护。尼禄命人毒死了多米蒂亚，没收了她的财产。

政治家弗拉维乌斯·奥勒留斯·卡西奥多罗斯·西纳托（Flavius

---

[1]奥古斯都（公元前 63 年 9 月 23 日—前 14 年 8 月 19 日），是罗马帝国的开国君主。
[2]罗马帝国皇帝，公元 54—68 年在位。他是罗马帝国朱里亚·克劳狄王朝的最后一任皇帝。

Aurelius Cassiodorus Senator，生于公元 485 年左右，卒于公元 585 年左右）在他位于爱奥尼亚海 ① (Ionian Sea) 岸边的庄园里建立了维瓦里乌姆修道院。他打算把这个地方变成一所学校，教学生学习他有关基督教教义的著作，同时让游客和穷人参观修道院的花园，并在附近的河里捕鱼。为了养活从海里捕来的鱼，修道院还建造了特殊的鱼塘。在那时，好几个世纪以前的人工养殖经验早已成为一门被遗忘的艺术，甚至鱼塘建造技术也被人们忘得差不多了。

　　虽然基督教修道院大多位于内陆，但修道士们成了最大的鱼类消费群体。这在一定程度上要归因于修道士们对宗教节日饮食要求的严格遵守。起初修道士们只能吃海洋鱼类，要求放宽后他们可以吃来自溪流、湖泊和修道院鱼塘自养的淡水鱼，因为这样可以让他们避开强盗和海盗的威胁。

　　基督教中有一项名为"伊修斯"（Ixtheus，即"大鱼"之意）的教义，把吃鱼作为基督与信徒之间最亲密关系的象征。伊修斯是世界上最大的鱼，比人们向皇帝进贡的任何东西以及贵族和平民可以接触到的任何东西都大。皇帝、贵族和新兴富豪阶级享受的奢华盛宴和大量渔获物已经消失在历史长河中，然而新兴宗教在瞻礼日和大斋节分别用盛宴和斋戒活动歌颂其信仰的仪式将对全球各地的渔场产生深远影响。

①爱奥尼亚海，地中海的支海，在希腊以西、西西里岛以东和意大利东南之间。

第 14 章

食鱼族与红海经济

鱼在古典时代①就已经成为尼罗河沿岸及整个地中海地区船员和士兵的口粮。从那时起，鱼不仅仅是一种商品，还是商船驶离当时已知世界的重要储备物资。无论商船速度多么快、多么适合海上航行，它的船长在船只远离熟悉的港口和停泊点时总会担心一件事情：我们船上有足够的食物和水吗？

在红海和印度洋荒无人烟的海岸，这个问题尤为严重。每当食物短缺时，船员们即使看到荒废已久的捕鱼营地也会欢呼雀跃。如果没有鱼干和罐装淡水，很少有船只能顺利地沿着红海和阿拉伯海的海岸航行。鱼塑造了这些沿海地区的历史，虽然表现并不明显，但作用毫无疑问。正是因为鱼的存在，人们才能通过航海开辟红海和印度洋广阔地区的贸易活动。

红海环境恶劣，那里逆风横行，暗礁密布，气温极高。即使对当地环境十分熟悉，任何精神正常的船员都不会在这些变幻莫测的水域夜航。天黑后，船只只能停航。船员们知道哪里便于抛锚，岸上的渔民和海盗也知道。出于航行需要，船长与生活在这些荒凉海岸的渔民保持着互惠互利的关系。

---

①古典时代是对希腊罗马世界（以地中海为中心，包括古希腊和古罗马等一系列文明）的长期文化史的一个广义称谓。在这个时期中，古希腊文明和古罗马文明十分繁荣，其对欧洲、北非、中东等地产生了巨大的影响。

　　希腊地理学家将这些人称为"食鱼族"，即以鱼为主食的人。他们分布在红海、阿拉伯半岛及波斯湾沿岸的干旱地区。按照狄奥多罗斯·西库路斯的说法，食鱼族生活在太阳照射不到的朝北洞穴中，他们用鲸鱼骨搭起棚子，或者用树枝搭建简易的架子，以此作为休憩场所。不过他们大部分时间都是在海上度过的。他们将住处设在狭窄的水道附近和小峡谷里，因为在那些地方他们可以就地取材，用鹅卵石搭建像堤坝一样的渔栅。

　　涨潮时，海水漫过堤坝，各种鱼类随着潮水进入堤坝后面的盆地；退潮时，鱼被困在堤坝里，渔民们站在消退的潮水中，大声地叫喊着。妇女和孩子们聚集在岸边，将较小的鱼扔上岸；年轻的男人们追赶着大鱼甚至海豹，用锋利的羊角或锯齿状的石头杀死它们。将渔获物安全送上岸后，渔民们把鱼摊开放于被阳光晒得炽热的岩石上，这样鱼很快就被烤熟了。然后他们将鱼骨拔出来，把鱼肉踩烂，再与滨枣①混合在一起。接着他们把混合物捏成砖块状，放在太阳下晒干。西库路斯说，这种食物"不会变质，随时可以食用，仿佛海神波塞冬抢了得墨忒尔②（Demeter）的工作似的"。

　　遇到暴风雨天气或潮水水位特别高时，渔民们会转而采集大贻贝。"他们用大块石头把贝壳砸烂，"西库路斯写道，"然后生吃贝肉，生贝肉的味道跟生蚝差不多。"如果实在找不到吃的，他们就把早前拔出的鱼骨上沾着的腐烂碎肉刮下来吃了。

　　对西库路斯和他同时代的人来说，食鱼族是野蛮人。他们的饮食习惯可能会让希腊和罗马的市民或富裕的农民震惊，但是正如敏锐的西库路斯所说的那样，食鱼族从不缺少食物。他们知道如何捕

---

①滨枣即叙利亚枣，是一种常绿植物，果实可食用，叶子能吸引蜜蜂。据传说，耶稣基督头上戴的荆棘王冠就是滨枣叶做成的。——作者注
②得墨忒尔是掌管农业丰收的女神。——作者注

获鱼并保存鱼肉，而且千百年来，他们为途经红海和印度洋的船员提供鲜鱼和咸鱼。人们从亚洲引进大米和大量谷物之后，鱼类在海员日常饮食中的地位有所降低，但在此之前，不为世人所熟知的食鱼族可能早就畅行红海和印度洋了。尽管有了新的主食，人们在出海时仍会在船尾挂着钓线，希望能够钓到新鲜鱼类，这种习惯一直保持到 20 世纪 30 年代，因为咸鱼无论如何加工，始终没有新鲜鱼那么鲜美可口。

大约在公元前 6000 年以后，鱼类食物的重要性逐渐增加。当时，人们学会了用沥青来给船只防水，这些经过强化的船只首次抵达波斯湾荒无人烟的海岸。鱼干、咸鱼或熏鱼的重量都很轻，易于大量存放。它们既可以煮熟后食用，也可以生吃，而且在以鱼类为主食的人群居住的任何地方都唾手可得，尤其是在便于船只停靠扎营的地点。海上航行最难做到的事情就是获取饮用水，当然拿鱼进行物物交换也并不容易。对于货船船长来说，只有与战略要地的酋长和首领发展长期友好关系才能顺利开展贸易活动，而这需要好几代人的努力。

红海奇遇

地中海南部之旅始于红海的最北端。红海是希腊语"红色海洋"（Erythra Thalassa）的直译，但我们无从考证人们叫它红海的原因。"红色"可能是指该海域水面附近生长的海洋浮游植物季节性开花时的颜色，另外这个名称可能是亚洲人对于南方的称呼，以呼应北方的黑海。红海长 2 250 千米，与印度洋相连。它正中心的海沟被称作"红海裂谷"，深约 2 200 米，是东非大裂谷的延伸。红海两岸宽阔的大陆架为 1 000 多种无脊椎动物提供了栖息地。这些水域至少繁衍生息着 1 200 种鱼类，包括 42 种深海鱼类。与印度洋北部的大部分地区一样，红海每年吹两次季风，分别来自东南方和东北方，它们使红海海水变得非常温暖。由于海水蒸发率较高，支流较少，而且与南方较大的海洋联系不密切，所以红海成为地球上最咸的水域之一。由于红海的上述特点，以桨和风帆作为动力的船只很难在这片海域航行。

很早以前，目不识丁的船员们就在红海沿岸从事捕捞和贸易活动，埃及人对他们航行的零星记录在后来才出现。一代又一代船长经历艰难险阻，把关于红海两岸的地理环境、潜藏的危险，以及栖息于该地区的生物等知识以口述或严格的师徒制度流传下来。从公元前 2500 年左右的法老胡夫（Khufu）时代开始就出现了关于船队从红海东岸向南航行，前往“蓬特之地”（Land of Punt，即埃及人所说的“普恩特”）的探险记录。蓬特之地成为埃及最稳定的贸易伙伴，为埃及提供黄金、芳香树脂、乳香、象牙等来自非洲的产品。虽然我们尚不清楚蓬特之地的确切位置，但它有可能是一片广阔的区域，位于如今厄立特里亚、埃塞俄比亚和索马里附近。

埃及人的绝大多数航海活动可能都没有被记录下来。在公元前 15 世纪埃及女王哈特谢普苏特（Queen Hatshepsut）统治时期，由 5 艘船只组成的舰队远征蓬特之地的事件被完整地记录下来。尼罗河西岸的祭庙墙上的文字记载了女王大肆炫耀自身功绩的内容，这表明类似的皇室远征活动可能在当时比较罕见。

大约在公元 1 世纪的某个时候，一位不知名的埃及商人写下了他的航行经历，并给他的游记起名为《厄立特里亚海航行记》（*The Periplus*[①] *of the Erythraean Sea*）。显然，这位商人拥有丰富的印度洋航海经验，而他所写的游记也成为人类早期航海史的经典著作之一。

---

① Periplus 是拉丁化的希腊语，意为“环游”，有时候也指航行方向。——作者注

这是人类首部描写数个世纪以来贸易路线上的海岸线和港口风貌的航海著作，也是一部纪实作品，作者亲身经历过崎岖的沙漠海岸线。书中讲述了作者向南航行穿越红海，然后抵达非洲东海岸的经历，以及他沿阿拉伯海岸到达波斯湾、印度和更遥远之地的旅途。在那些地方，饮用水、食物和海盗是人们最关注的日常问题。

与其他向南航行的船长一样，作者也是从红海起航。"在我们途经的红海指定港口及其周边市镇中，"他写道，"第一个就是埃及的穆塞尔港（Mussel Harbor，即米奥斯赫尔墨斯港）。从那里出发向南航行 1 800 视距（约 285 千米）就到达贝勒奈西……继续向南航行，可以看到右手边的海岸就是柏柏尔人（Berbers，也被称为异族或野蛮人）聚居的地区。沿岸都是食鱼族，他们零散分布在狭窄山谷的洞穴里。"作者对这些零散洞穴的描述让人感觉他可能好几次遇到过食鱼族。

在古希腊和古罗马时代，《厄立特里亚海航行记》时常被人们查阅。那时候，鱼是红海经济的主要组成部分，人们销售鲜鱼、鱼干、咸鱼、烟熏鱼及发酵而成的罗马鱼露。红海渔业大部分以公元前 3 世纪托勒密时代出现的米奥斯赫尔墨斯港为基础。公元前 30 年，罗马人占领了尼罗河谷，并建造了一条连接米奥斯赫尔墨斯镇和尼罗河的道路，后来它逐渐发展成为著名的转口港。在公元 3 世纪之前，米奥斯赫尔墨斯港一直是红海的贸易中心。

地理学家斯特拉博曾在公元元年前后写道："多达 120 艘船从米奥斯赫尔墨斯开往印度。以前在托勒密王朝统治下，只有极少数船只冒险前往印度，将那里的商品运回来。"

希腊航海家西帕路斯（Hippalus）倡导人们充分利用季风的交替循环开拓一条横跨印度洋的航线，前往印度海岸的直航路线也因此兴起。据说西帕路斯并没有发现这样的路线，他只是在宣传一种千百年来航海界所熟知的常识。

米奥斯赫尔墨斯曾是一个国际化大都市，大量的罗马人、埃及人甚至印度人聚居在那里。从当地发现的陶器碎片上的铭文判断，沙漠游牧民族和食鱼族都曾在那里积极从事贸易活动。

港口后面是一片带潟湖的浅礁，浅礁后面的沙滩缓缓延伸进大海。如今潟湖里的水已被淤泥取而代之。相对而言，海港入口的环境没那么复杂，港口也因此而变得非常繁忙。船员们在那里修理船只，用铅包裹船体以防止船蛆侵蚀，并且维修船桨等船具。那里也是渔民们修补渔具的地方，一些保存完好的渔具就在以前的潟湖附近的一处涝渍地被发现。遗址的潮湿区域还完整保存着渔民和捕鱼的遗迹，而那些渔具只是这里复杂的考古发现中的一部分。由于保存不善，遗址中的大部分人类活动痕迹我们已经看不到了。

米奥斯赫尔墨斯的渔民用韧皮纤维（有可能是亚麻）编织渔网，而那些网眼较细的渔网可能被渔民用来从船上或岸上捕捞沙丁鱼之类的小型鱼类。男女织网工三五成群地坐在一堆堆干亚麻中间，熟练地把扭曲的丝线织成统一大小的网格。他们很注意节省材料，不造成任何浪费。一些织网工把修补船体剩下的铅废料切割下来，做成沉子；还有些织网工则用废弃的双耳陶罐木塞做成浮子。

绝大多数米奥斯赫尔墨斯的渔网网眼较大，它们是用来捕捞大鱼或用作拖网的，这种渔网经常出现在罗马镶嵌画中。渔民还广泛使用被动式渔网。这种渔网被他们挂在船尾，不仅起到捞鱼的作用，还能使捕捞到的鱼保持鲜活状态。现存的4张拖网用草、棕榈纤维或韧皮纤维制成。渔民们用编织好的棕榈纤维制作诱捕篓，把诱饵放在里面，然后将鱼笼绑在浮子上，放到潮汐水域使用。考古学家在红海西岸靠北区域的阿布沙阿遗址发现了几个这样的鱼笼。公元2世纪的希腊历史学家兼地理学家阿伽撒尔基德斯（Agatharchides）

说过，食鱼族在池塘和潮汐通道口用石头建造鱼笼屏障，以此捕捞近海鱼类。他写道，绝大多数鱼类"很容易就范"，但如果是海豹、角鲨或大鳗鱼误入鱼笼，那渔民们就危险了。

与绝大多数古代渔场一样，米奥斯赫尔墨斯出土的鱼钩让我们了解了很多事情。有时候，考古学家会发现一些堆在一起的铜倒钩，这些鱼钩都是当地制造的，似乎用在长钓线上。渔民们用更大的带饵鱼钩和单条渔线来钓体型较大的鱼类。此外，他们还广泛采用卡钩捕鱼，卡钩的材料通常是一小段与渔线平行的骨头、贝壳或木头。鱼咬钩后，渔线绷紧，卡钩会嵌在渔获物的嘴里或身体里。波斯湾的渔民也使用卡钩，但地中海渔民不使用这种渔具。

食鱼族所使用的船只至今仍是个谜。按照陶瓷碎片文字的说法，食鱼者使用的是筏子或平底船，而在古罗马镶嵌画上，这种船是以船桨为动力的。大量文献都提到过这些船，因为它们不仅非常适合在米奥斯赫尔墨斯附近的浅水水域捕鱼，而且在整个红海也是如此。

米奥斯赫尔墨斯遗址保存得非常好，考古学家从贝冢中发现了鱼骨，还找到了一些鱼肉，甚至还有半条被切成片的鹦哥鱼。米奥斯赫尔墨斯周围有着各种各样的海洋环境，所以渔民们既可以在外海捕到梭鱼和鲨鱼等深海鱼类，也可以利用当地的珊瑚礁抓到鹦哥鱼，还可以捕捞在沙质海底繁衍的鱼种。另外，他们也吃各种各样的石斑鱼、海鲷、鲹鱼、鲷鱼和濑鱼。

米奥斯赫尔墨斯和红海的其他港口位于炎热环境中，如果不小心保存，鱼几乎立刻就会变质。当地对鲜鱼的需求量很大，但大部分渔获物还是要进行切片、晒干、腌制或烟熏处理。

鱼露是市场的主要商品。经过有效处理之后，鱼类产品从港口出发，横穿沙漠地带，到达尼罗河，而其他地方则把鱼运到埃及东部沙漠，甚至远至黎凡特。大型港口的鱼类贸易规模很大，渔民可能会专门从事这门生意。有记录表明，当时已经出现了捕捞许可证，鱼商还得交税。大型港口的渔民会把腌制过的鱼卖给商船作为口粮，因为一捆捆烟熏过的鱼干可以压缩保存在紧密的空间里，不会变质。数个世纪之后，挪威人携带着类似的食物穿越北大西洋。在向西航行至格陵兰岛和更远地方的过程中，鳕鱼干便是他们的主食。

数千年来，当人们沿着荒无人烟、危险四伏的红海沿岸航行时，必须依赖一些地理位置优越的停靠港才能顺利抵达目的地。船只可以在这些港口补充饮用水和鱼干。长途季风贸易和沿海定居点生产的海鱼之间有着密切关系。在这些定居点，人们乘坐小渔船从珊瑚礁和深海渔场中捕鱼。捕鱼活动在很多考古遗址中几乎是看不见的，但我们依旧可以提出一个令人信服的论点，即公元前1世纪以后，红海沿岸的捕鱼活动与迅速增多的季风期航行之间存在着某种密切联系，而当时西帕路斯正好宣称有一条通道可直达印度。

绕过"香料之角"，南下阿扎尼亚

假如一名船长以《厄立特里亚海航行记》作为自己的航行指南，那么当他到达红海最南端并穿越曼德海峡后，他将面临两种选择：向东朝阿拉伯沿岸航行或者直接南下阿扎尼亚。如果他继续往南沿着如今的亚丁湾西海岸行驶，他最终会绕过如今索马里东北端的瓜达富伊角，也就是所谓的"香料之角"。然后，他将沿着荒凉的海岸向南航行，那里稀疏分布着一些带集市的村落。他除了可以在村里买到食物、棉花和其他来自阿拉伯沿岸以及更远地方的商品之外，还可以买到桂皮香料和奴隶。

按照《厄立特里亚海航行记》的指引，这位船长向南驶过名为"奥蓬"的转口港，抵达"阿扎尼亚满是大小悬崖的海岸"，其近岸处的水位很深。在接下来的几天里，他都不会遇到安全的港口，直至驶入阿扎尼亚航道。这是一条由岛屿、河流和安全抛锚点组成的长长的海岸线，起始点位于如今肯尼亚境内风景如画的拉穆镇。拉穆镇沿岸被大片珊瑚礁环绕，这些珊瑚礁形成一片温暖的浅水水域，各种各样的鱼类在那里繁衍生息。

到达那里的船员们发现，当地的沙滩和河流入海口湿润而荒凉，低洼的滨海平原边上树林茂密，有些地方的树林甚至绵延至 300 千米远的内陆。上岸以后，他们发现"那里除了鳄鱼之外没有任何野兽，而且那些鳄鱼不会攻击人类。当地有很多通过缝合制成的小船以及拿原木挖凿而成的独木舟，它们被用来捕鱼和捕乌龟。岛民们还用一种奇特的方式捕鱼，那就是将柳条编织成篮子，然后把篮子固定在河道口两边捕鱼"。

如果船长足够勇敢，他可能会继续向南航行两天，到达一个叫"拉普塔"的地方。"拉普塔"有"缝纫"的意思，这个名字显然来源于当地缝制的船只。这个偏僻且不为人知的地方盛产象牙和龟甲。象牙具有特别重要的价值，因为非洲象的象牙不易碎，而且比印度象的象牙更柔软，是象牙雕刻的理想材料。在拉普塔以外，还有一些未被探索过的水域，据说食人族就住在那里。

除了大风和航海带来的危险，前往阿扎尼亚的最大问题就是如何确保食物和饮用水的供应。这些必需品不一定要从贝勒奈西这样的大港口获取，它们也可能来自在海边扎营捕鱼的小型部落群体。对于前往阿扎尼亚的航海家来说，鱼干和咸鱼肯定是主食，因为即使是口粮充足的船只也要仰赖当地食鱼族的酋长。这些酋长在近海渔场捕鱼，然后拿腌制过的渔获物与到访的船只做实物交易。就像在红海一样，有关阿扎尼亚沿岸最佳淡水和给养补充地的信息世代相传，这种传承的基础就是船长们与非洲大村落酋长及经常扎营捕鱼的渔民之间长期保持的良好关系。

在《厄立特里亚海航行记》面世之前，来自红海和阿拉伯半岛的船只就已经冒险沿着这片荒凉的海岸寻找象牙等外部世界所垂涎的非洲商品。如果船长们没有和渔民保持良好关系，那么很多航海活动也许会以失败告终。这些渔民乘坐缝制而成的木板独木舟，穿行于沿海水域，前往一些重要地点设置鱼栅和鱼笼。

早在伊斯兰教传播到阿扎尼亚之前，东非贸易就已经蓬勃发展了很长一段时间，但史书当中没有提及这方面的信息。这条贸易路线并非由某些船队或有权势的商人精心策划的，如今出土的一些进口陶瓷碎片、珠子和具有异域色彩的玻璃器皿表明，到访偏远东非海岸线的是零星的船队。

早在公元前 1000 年以前，人类就一直生活在东非海岸，但早期居民几乎没有留下什么痕迹。《厄立特里亚海航行记》面世时，采猎群体仍零散地分布在东非沿海。由于当地拥有富饶的渔场，人们可以合理地推测大多数定居群体都是以鱼类为主食的。到了公元 7 世纪，鱼类和软体动物已成为沿海居民日常饮食中的主要食物。

胡安尼岛是坦桑尼亚中部沿海马菲亚群岛中的一个岛屿，研究人员在岛上的小学发现了一处重要考古遗址。该遗址由两个时间段的聚居地组成，一个在公元 4—6 世纪，另一个则在公元 880—1200年。最早期的居民主要以海洋动物为食，尤其是贝类动物。他们采集可食用和有装饰性的软体动物，包括蜒螺这种常见的热带海螺以及玛瑙贝壳。在第二个时间段，居民的贝类消费量急剧下降，而这一趋势也体现于公元 600 年后的桑给巴尔岛的两个考古遗址中。

胡安尼岛第一个时间段的居民以大量鱼类为食，包括皇帝鱼、石斑鱼等生长于珊瑚和海湾的鱼类，还有鹦哥鱼和其他近海物种。桑给巴尔的考古遗址也发现了同样的鱼类。马菲亚和桑给巴尔遗址不一定能够证明它们的居民都是全职渔夫，但是遗址记录了当地居民是如何迅速适应沿海环境的。他们专注于捕捞易于获得的鱼类和软体动物，不从事农业耕种，也不蓄养家禽。

尽管如此，非洲沿海地区的一些居民还是发展成为熟练的农民。从沿海至遥远的内陆腹地，采猎者社群繁荣发展，形成一条具有渗透性的渠道，把象牙和奴隶从内陆带到沿海。尽管阿扎尼亚出现了衍生自其他地方的手工艺品和制度，但从文化上讲，阿扎尼亚具有纯正的非洲血统。其他地区与阿扎尼亚之间的早期零星接触不仅表现在进口陶瓷等人工制品上，也体现在从亚洲引进的动植物上，包括长着肉峰的瘤牛群。这些早期社群很少会出现在考古档案中，因为随着海平面的上升，很多聚居地被海水淹没，沿海渔场存在过的证据也随之湮灭。

公元750年，拉穆群岛当中的帕泰岛就出现了名为"尚加"的人类定居点。如今，尚加遗址能够让我们大致了解非洲东部沿海居民的捕鱼活动。尚加地处沿海，那里拥有各种各样的渔场，包括江河入海口、珊瑚礁、岩石密布的栖息地以及红树林沼泽地。当地渔民因地制宜，大量捕捞河口鱼类，类似鹦哥鱼等珊瑚礁鱼类也很常见。尚加渔民还捕捞带大理石纹路的鹦哥鱼，这种鱼更喜欢栖息在生长着大量水藻和海草的避风海湾与潟湖当中。习惯栖息在暗礁中，身上带黄蓝色条纹的皇帝鱼也是尚加渔民的最爱。他们一般在近海鱼类栖息地和暗礁中作业，有时候也会到暗礁以外的海域捕鱼，但他们从不敢进入深海。直至12世纪，由于当地环境发生了巨大变化，他们才冒险进入开放海域。

我们在少数旅行者的游记中发现了一些关于阿扎尼亚沿海的渔业的线索，其中以伊斯兰地理学家们的文字最具参考意义。公元

916 年，阿拉伯历史学家兼地理学家马苏迪^①（Al-Masudi）乘船抵达阿扎尼亚，他在游记中写道："这里有很多鱼……形态各异。"一个世纪后，另一位地理学家伊德里西^②（Al-Idrisi）写道，小镇马林迪的居民"从海里捕捞各种鱼类，加工后出售"。14 世纪，旅行家伊本·白图泰^③（Ibn Battuta）在游记中称，蒙巴萨居民从内陆农民那里购买谷物，但大多数时候他们仍以香蕉和鱼作为主食。到了白图泰的时代，伊斯兰教已经在非洲东部沿海扎根，一个与众不同的非洲社会随之发展起来。这个社会得以存在的基础就是内陆丰富的象牙、黄金以及更广阔的印度洋世界的贸易。依靠冬夏两季方向相反的季风，人们可以在一年之内往返于非洲和印度之间。

在更早的时代，沿海地带一直处于地中海和阿拉伯世界边缘的偏远之地。后来由于阿拉伯半岛对黄金、铁矿石、象牙、奴隶甚至建造房屋所用的红树林木材产生了无止境的需求，沿海地区发生了巨大变化：阿扎尼亚顿时变成国际化市场，形成一个由小"石镇"组成的网络。那里的清真寺和精英阶层住房借鉴了红海地区居民首创的建筑方法，用珊瑚建成。

无论是沿海还是各个岛屿和内陆地区，每个小镇都有定居点较少的偏僻社群，它们拥有深厚的文化根基。这些社群不受外界打扰，甚至非常静谧。人们的生活节奏很慢，只有在商贸船队随东北风而来并随西南风离开的时候，这份宁静才会被打破。每到这个时候，装货的繁忙和喧嚣取代了慢悠悠的生活节奏。码头和船上摆满了成堆的象牙和一捆捆红树林木材，乘客们带着自己的财物挤上甲板。每艘船的船舱都塞着一捆捆鱼干，散发出旅途所带食物的气味。鼓

①马苏迪活跃于 10 世纪上半叶，也是阿拉伯航海家。
②穆罕默德·伊德里西（1100—1166 年），摩洛哥旅行家、绘图师和地理学家，他为西西里国王罗杰二世所描绘的世界地图使他闻名于世。
③伊本·白图泰（1304—1377 年），生于摩洛哥的柏柏尔人家庭，是一名大旅行家。

声隆隆，船员们一边唱歌，一边扬起风帆，满载货物的船朝海上缓缓驶去。船一出海，小镇就安静了下来，直到人们把一堆象牙或一批奴隶从乡下送过来以便迎接下一次季风。

公元前 1000 年左右，沿海社会等级分化越来越明显，只有拥有权势的家庭才能住在城镇。到了 12 世纪，人们的捕鱼方式发生了变化，尚加和其他定居点的渔民开始前往深海捕鱼。考古学家发现，在他们挖掘出来的该时期城镇垃圾堆中，家畜骨骼开始增多。此外，沿海航行的商船也不再从食鱼族那里换取鱼类食品。一些不同寻常的事情正在悄然发生，在当时的非洲社会，牛和羊有着相当高的地位，它们不仅是财富和权力的象征，也是用来宴请宾客的社交工具，更是馈赠贵宾的礼物。

考古学家埃伦迪拉·昆塔纳·莫拉莱斯（Eréndira Quintana Morales）和马克·霍顿（Mark Horton）认为，那些经济地位较高的人有更多的机会蓄养动物，也有更多资金投资造船业和近海渔业。沿海人口的不断增加可能会给近海渔场带来一定压力，而缓解食物供求压力的方案之一就是去深海捕鱼，这在等级越发明显的社会中尤为适用。拥有远洋船只的船主一般有权有势，他们通过精心安排的盛宴来巩固自己的社会和政治地位。

所有这些新现象都出现在沿海社会越来越具备海洋发展前景之时。然而，当 1498 年瓦斯科·达·伽马（Vasco Da Gama）率领的葡萄牙船队抵达东非口岸时，当地繁荣的国际化市场受到了干扰并且被改变了面貌。彼时，阿扎尼亚已成为更广阔商业世界的一部分，其影响力一直延伸到阿拉伯半岛沿岸的红海、波斯湾、印度西部沿海甚至更远的地方。航行到上述地区的旅行者会发现，那里的居民早已习惯于不断迁徙，而鱼是一种不显眼却无比贵重的商品。

第 15 章

厄立特里亚海：越过世界边缘

一位船长出现在公元前 2000 年的红海出海口，他没有沿着非洲海岸线南下阿扎尼亚，而是选择了向东航行。他将进入一片延伸至地平线以外的广阔海洋，到达遥远的地方。

古希腊人把那片海域称作"厄立特里亚海"，即如今的印度洋。对古希腊地理学家来说，厄立特里亚海就是已知的世界的边缘，附近的土地属于被他们称为"野蛮人"或"原始人"的未开化异族人。他们贫穷落后，对于贸易没有任何兴趣。然而，这些所谓的野蛮人当中就有我们所熟悉的食鱼族。

穿越曼德海峡之后，船长继续沿着阿拉伯半岛沿海向东航行。他会发现，自己的第一个停靠港就是《厄立特里亚海航行记》里所说的"艾夫泽蒙阿拉伯"（Eudaemon Arabia），可能就是如今的亚丁湾。艾夫泽蒙阿拉伯位于一条"长海岸线的最西端……沿岸有游牧民族和食鱼族居住的村庄"，很早以前就成为印度货物运输的中转站。与红海沿岸遍布的珊瑚礁和浅滩不同，在艾夫泽蒙阿拉伯沿海航行的最大挑战不是来自导航，而是来自充足食物和饮用水的采购。在那里，每艘船后面都拖着渔线。

在西方人开始吃米饭之前，成功的航行离不开鱼类食品，而这些都是船员们用其他东西与食鱼族交换得来的。20 世纪 30 年代，澳大利亚历史学家兼海员艾伦·维利尔斯（Alan Villiers）乘坐一艘独桅帆船，用一年时间环游了印度洋。据他说，艾夫泽蒙阿拉伯沿海有很多渔场，而我们完全有理由相信，这些渔场的早期产量并不比今天小。

当地渔民可能使用同一种带方形风帆的渔筏捕鱼：他们脚踩舵柄，在渔筏的背风侧俯身撒网捕捞小鱼。对于贸易商来说，多亏有了这些渔民，他们才能在温和的东北季风盛行时持续航行。

苏美尔文明的摇篮

徐徐向东航行，经过熟悉的停泊点并补充了鱼类食物和饮用水之后，这艘船终于抵达波斯湾入口，即《厄立特里亚海航行记》作者所谓的"浩瀚大海"。

波斯湾最北端是一个名叫阿波罗加斯（Apologas）的港口，它是印度至红海贸易路线上的又一个主要隘口，靠近幼发拉底河；而美索不达米亚平原就位于幼发拉底河入海口处受到河流侵蚀的湿地三角洲以北，如今的伊拉克南部。它是 5 000 多年前苏美尔文明的摇篮，千百年来经历了无数动荡和骚乱。

根据苏美尔人的神话传说，水神恩基（Enki）在美索不达米亚登上风暴战车，在一个气候极端、密布沼泽和沙漠、海平面不断上升的混乱环境中建立秩序，形成神灵和人类的世界。

虽然美索不达米亚平原的夏季温度可高达 49 摄氏度，且十分干旱，但幼发拉底河和底格里斯河这两条大河的周期性洪水使诸多生物得以生存下来。来自美索不达米亚崎岖地形的淡水和咸水通过阿拉伯河三角洲注入有"下游海域"之称的波斯湾[1]；阿拉伯河三

---

[1]美索不达米亚人把地中海称为"上游海域"，把波斯湾称为"下游海域"。

角洲遍布湿地和沼泽，是印度洋渔业史的起始点之一。大约 7 000 年前，海平面逐渐稳定下来，波斯湾最北端的大片沼泽地和湿地成为地球上最富饶、最具生物多样性的环境之一。

最早在此安居乐业的是渔民。很久以后，在公元前 6000 年左右，人们才开始在河流两侧和沼泽地从事农业活动。他们放养山羊，种植小麦，很少涉足被河流洪水淹没的湿地。尽管水源充足，但沼泽地仍然是夏热冬寒之地，且快速流动的洪水可以在数小时内淹没庄稼、卷走牲畜，所以鱼类依然是当地人的主食。

在湿地附近或湿地内居住的人们大部分时间都生活在两头翘起的小型芦苇独木舟上，于安静的芦苇丛中行进。他们用当地出产的焦油给独木舟做防水工作。

图 15-1　沼地阿拉伯人在伊拉克南部捕鱼（本图片由威尔弗雷德·塞西杰拍摄，英国牛津皮特河博物馆 / 布里奇曼影像提供）

已知最早的美索不达米亚农耕社群是由一些小村落组成的，它们聚集在山脊、天然堤坝和由大河形成的小河道旁。那里的居民制作一种带有明显欧贝德（Ubaid）文化[①]特点（以在低洼地区发现的首个同类村落命名）的彩陶，而这种文化也很快传播开来。这些分布于南部湿地边缘的村落成为美索不达米亚农业和永久定居点的摇篮，并逐渐向幼发拉底河和底格里斯河之间的上游地带发展。那里土壤肥沃，有简易的灌溉渠道，很适合发展农业。

人们总是将湿地与神灵联系起来。据说，巴比伦守护神马杜克[②]（Marduk）在水面上放了一株芦苇，然后把尘土倒在芦苇旁边，创造出一个适合神灵居住的住所，而这就是第一个人类定居点。最终，渔民和农民所居住的芦苇棚发展成砖泥结构的民居，而大量的此类房屋形成了世界上的首批城市，例如位于幼发拉底河西岸的乌鲁克，那里也是史诗英雄吉尔伽美什（Gilgamesh）的故乡，而《圣经》中有关诺亚洪水的灵感便来自吉尔伽美什。

到了公元前3100年，美索不达米亚南部的几座城市开始繁荣起来。以这些城市为基础而建立起来的城邦相互竞争，发展成为苏美尔文明。它的统治者管理着一片自然条件恶劣的洪泛平原，那里的每一个地方都被极端的自然条件支配，包括全球最炎热的夏季环境以及可以在几个小时内将灌溉渠抹平的突如其来的洪水。

变化无常的幼发拉底河和底格里斯河会在没有任何征兆的情况下改变流向；春季的河水要么水量不足，要么过度泛滥。发展农业灌溉可使水田高产，但当地水量只能浇灌大约 4 143 平方千米的水田，而那里适合耕种的土地面积约有 1 万平方千米。为人口稠密的城市及内陆地区提供粮食是一项持续性挑战，因为这两条河流可能会在

---

①欧贝德人的定居点在公元前8000年左右出现在古代近东地区。欧贝德人掌握了先进的人工灌溉技术，他们种植大麦、小麦和亚麻等农作物，并饲养牛等牲畜，从事渔猎活动。欧贝德文化墓葬在美索不达米亚地区的埃利都和乌尔城等遗址中均有发现。
②马杜克是水神恩基的儿子，通过打败提马特成为至尊神，地位相当于希腊神话中的宙斯。巴比伦第一王朝时期（约公元前19—前16世纪），马杜克被奉为主神。

数天时间内使城市运河和郁郁葱葱的花园经历泛滥和干涸的情况。在这样的自然环境下，鱼类成为苏美尔人日常饮食的重要组成部分。不过苏美尔人的捕鱼技术太过简单，捕捞到的鱼供不应求。

幼发拉底河和底格里斯河下游湿地生长着很多大型鲤鱼，它们在浑水中茁壮成长。为了捕捞这些鱼，渔民们使用了千百年来几乎不曾改变的简单方法。他们用鱼钩和渔线钓鱼，或者在木舟上用单头或多头长矛刺鱼。他们经常在鱼类产卵季节（3月—5月）活动。此外，渔民还放火烧长满芦苇的小岛，把附近的鱼驱赶进设置好的渔网，或者在平静的水池里放入有毒植物，然后搅拌一下，将大量的鱼毒晕。这些有毒植物主要对鱼的鳃产生影响。很多浮雕描绘了人们用网栅和鱼梁在河中捕鱼的情形，他们还使用长渔线、刺网、围网及古代渔民用过的所有简易工具。

苏美尔和巴比伦抄书吏记录了至少90种鱼的324个名字。持续的食物短缺使规模化捕捞成为一个竞争激烈的行业。它受制于很多复杂规则，并涉及渔业权的出租。很多渔民隶属于同业公会，而且经常与猎鸟人保持紧密合作。由于城市规模日益扩大，人们对鱼类的需求永无止境，而渔获物的加工和运输也变得更有条理。许多城市建造了淡水鱼塘，在被送到市场出售之前，渔船捕获的鱼就一直养在池塘里。大多数鱼会被晒干，较大的鱼用渔线吊着晒；还有些鱼则采用盐腌、烟熏或腌渍等方式进行加工。当地还有市场出售一种由鱼卵加工而成的奶酪食品。

苏美尔鱼市靠近运河或两条大河，呈现出一派熙熙攘攘的景象，非常喧闹嘈杂。乌尔是大型苏美尔城市之一，它的鱼市位于市中心。每天黎明时分，空气中便充斥着煮鱼的味道和渔获物的腐烂味，炉子冒出来的炊烟飘散在摊位上。这些顶棚由芦苇搭建而成的摊位杂乱无章地散布在河边，小贩们在人群中手舞足蹈地大声叫卖着，极力兜售自己的商品。孩子们在摊位之间飞奔，敏捷地躲闪提着篮子的搬运工，篮子里装满了烟熏过的鲇鱼。猫和狗躲在暗处，想趁机偷点鱼吃，然而每次都会被呵斥和棍棒制止。买家戳了戳已经切成片的鱼肉，赶走上面飞来飞去的苍蝇，然后闻闻鱼肉是否变质。

一些摊位靠近淡水鱼塘，鱼塘里蓄养的鲇鱼慵懒地游动着。这些鱼塘属于精英阶层，他们花高价买来鲇鱼，放到自己凉爽的豪宅中养着，等到想吃鱼的时候再把鱼捞上来烹煮。按惯例，最好的鱼要献给宫廷或寺庙。它们被养在特制的池塘里，直到有人来取。当天空慢慢亮起，船只和芦苇筏源源不断地朝岸边驶来，又带来了新的渔获物。

只有满足了宗教祭祀活动的需求量，多余的鱼才能拿出来卖。祭祀神灵需要使用大量的鱼，因此大型寺庙会专门雇佣渔民为本寺祭坛提供祭品，否则就对渔民的渔获物课税。祭司和其他神职人员食用大量鱼类，尤其是鲤鱼，多出来的鱼则被卖给老百姓。

作为苏美尔最大的城市之一的乌尔与外界保持着紧密联系。对于美索不达米亚平原的低地社群来说，这种联系是至关重要的，因为当地缺乏优质的工具制作石材，后来又缺少制作金属工具所需的矿石，人们只能通过贸易换取资源。

此外，人们对鱼类、谷物、牲畜甚至木柴的需求不断增加，彼此相隔较远的社群之间必然保持着紧密的贸易关系，而由此产生的社会联系也是不可或缺的。

这些联系体现在独具一格的欧贝德彩陶上。这种陶器产自美索不达米亚低洼地区的手工作坊，然后被人们长途跋涉带到遥远的北部和东部山区及波斯湾地区。在美索不达米亚平原的中心，彩陶是宫廷和平常百姓家里常见的物件。而在遥远的北方和波斯湾沿岸等地，这些被大范围交易的容器承载着不同的含义，尤其对偏远地区的人们来说，它们是船长们从异域他乡带来的特色物品。

波斯湾最北端有一个形成于公元前五六千年，叫塞比耶的村庄。该村庄很好地融入了该地区复杂的关系网。它位于一个低洼半岛上，周围被盐碱滩涂环绕，附近有一条小溪。人类过去居住在那里的时候，村子就在海边，而现在它的遗址距离大海约两千米。考古学家根据遗址出土的贝壳和鸟类骨骼判断，当时附近有淡水湖或湿地。那时的海平面虽然比现在高，但淡水湖和湿地生长着大量鸟类和可食用植物，因此村子处于一个有利位置。

在遗址出土的骨骼中，至少有 67% 来自海鱼，而哺乳动物的骨骼却在逐渐减少，这或许能反映出人们对家养动物的依赖程度越来越高。周边浅水区面积广阔，塞比耶的居民能够捕捞体型较小的鲨鱼和锯鳐，还有体型较大的鳊鱼。虽然渔民大多数时候都在浅水中捕鱼，但从遗址出土的金枪鱼和其他深海鱼类骨骼表明，他们也会冒险到珊瑚礁和更深的水域打鱼。遗址还出土了沉子和喉钩，这倒不令人意外。

塞比耶和其他沿海遗址与外界更广泛的联系体现在它们的欧贝德彩陶上。这些联系可能只发生在当地，也可能只是更广阔的区域关系网中的一部分。该关系网牵涉一个日益广泛的经济基础，包括牲畜饲养、植物采集、狩猎和捕鱼。 到了公元前 4000 年，波斯湾周围的食鱼族开始接受各种截然不同的生活方式。这并不意味着捕鱼活动变得不再重要，因为在类似珍珠这种贵重商品的交换变得越来越重要的美索不达米亚社会里，捕鱼肯定是一项不可或缺的活动。

波斯湾南部地区的已知最早人类居住点可回溯到公元前 6000 年晚期—前 5000 年早期。在卡塔尔半岛以东约 80 千米的阿布扎比西部有一个岛名叫代勒马岛，岛上分布着一系列社群。该岛长约 9 千米，基本上是一座盐丘，中心部分高出海平面约 98 米；其最南端有永久性的水井，因此那里适合人类定居，而且有助于种植海枣树。代勒马岛是阿拉伯东南部最早食用海枣的地方。对于海员来说，海枣是无价之宝。他们把海枣晒干后用石头将其磨碎，然后与面粉混合在一起。跟鱼干一样，海枣干可以储藏在船舱中进行远距离运输。

另外，代勒马遗址和阿布扎比以西 100 千米处的另一个遗址都出土了欧贝德彩陶。考古学家在阿布扎比西部区域的几座岛屿发现了青铜器时代的陶器碎片，其历史可追溯到公元前 2000 年。这些文物可能由早年的贸易商携带而来，他们沿着阿曼湾向北航行，沿途停靠在中转港补充饮用水和食物，留下了这些陶制品。

海湾的水位一般比较浅，因此，篮式诱捕篓捕鱼和潮间带捕鱼这两种做法的捕获量最大。阿曼湾外海的渔场水位较深，最适合用鱼钩和渔线钓鱼。早在公元前 5000 年晚期，当地就出现了贝壳制成的鱼钩。最早的贝壳鱼钩由珍珠贝或大型双壳贝的贝壳制成，而且都是不带倒刺的。它们有时候安装在长柄上，能够非常有效地对付牙齿锋利的鱼类。到了公元前 4000 年左右，渔民们开始使用尤倒刺的红铜鱼钩，后来，当人们提炼出硬度更大的青铜时，便使用青铜制作鱼钩。

"与来自河流深处的大蛇碰个正着"

《厄立特里亚海航行记》曾提到，一些小船会沿阿拉伯海航行，然后从阿曼湾西岸直接向东驶去。向东航行的船只运载乳香和珍珠，而向西航行的船则运送布料、次等宝石、海枣和奴隶。运载货物的船只用木板缝制而成，大概公元前 3000 年前，这种造船技术在当地已经非常成熟。人们用红树纤维或其他纤维将木板缝制成柔韧的船体，有时会添加肋拱加以强化。缝制而成的船只非常好用，直至今天，印度洋水域的渔民仍在使用这种船。沿红海和阿曼湾航行的商船可以暂时停靠在港口，以获取饮用水和鱼干。随后它们要穿越荒凉的莫克兰海岸，那里坐落着不适宜居住的山丘和河谷。在海枣和大米成为海员口粮之前，差不多只有鱼类和肉类适合腌制或熏制。对于沿着这片几乎无人居住的海岸线航行的海员来说，腌鱼必定是一种主食。

在莫克兰海岸随处可见的沙丘中，考古学家发现了大量鱼骨、贻贝壳和陶器碎片，证明那里曾有人扎营捕鱼。如今，这些营地已经消失，但在当时，干旱的海岸线上必定分布着为过往船只提供食物的大量居住点。距离海岸约 120 千米的内陆半常流河沿岸有两个人类遗址。它们显示在公元前 5000 年末和公元前 4000 年的时候，生活在潮湿的达什特山谷中的居民会到沿海买鱼。从沿海到内陆要长途跋涉，途经极端炎热的崎岖地形，当时明显没有可以驮货物的牲畜。

在内陆，鱼类和无数打了孔的贝壳与死者埋葬在一起。当地有一间非常古老的房子。它曾经毁于大火，但依旧有人居住。考古学家从房子里挖掘出一把 5 米长的锯鳐制成的锯子，其年代可追溯到公元前 4000 年。这一工具在当时很可能被当作珍贵的陪葬物品。莫克兰沿岸的渔业社区靠近安全的泊锚地，早在印度河流域的大城市形成前，它们就已存在了 1 000 多年。内陆居民所吃的鱼均来自这些渔业社区，所以我们可以合理推测，当地渔民也与过往船只有过生意往来。

根据《厄立特里亚海航行记》的描述，印度洋东海岸崎岖蜿蜒，遍布沼泽地，"印度河奔流而下，是汇入厄立特里亚海的河流中最伟大的一条"。这本书还提醒航海家们，当他们接近印度河时，会"与来自河流深处的大蛇碰个正着"。印度河共有 7 个河口，只有正中央的河口适合航行。船员们会发现，那里有一个名为"巴巴利库"（Barbaricum）的集镇，他们可以在那里停泊，装卸各种各样的货物。尽管许多船只会访问南部港口，尤其是那些来自阿拉伯半岛或波斯湾的商船，但内陆城市、海湾地区、美索不达米亚平原以及红海之间的大部分贸易均来自印度河流域。

公元前 2700 年左右，印度河流域出现了伟大的人类文明，而在此之前，渔民定居点就汇集在如今卡拉奇附近的海滩和湿地上，它们距离印度河河口北部和西部不远。像往常一样，由于当地鱼类储存条件不佳，捕鱼活动很不被人们重视。早在哈拉帕和摩亨佐达罗等印度河上游城市兴起之前，人们就已经在松米亚尼湾[①]（Sonmiani Bay）的浅水水域捕鱼长达数千年之久。公元前 4 世纪末期—前 2700 年，一个几乎完全依赖海洋而生存的渔业社群在松米亚尼湾的巴拉科特逐渐兴盛起来。当时渔民所捕获的鱼与如今该地区的布列吉（Buleji）渔村捕获的鱼差不多。无论是过去还是现在，石鲈[②]都是整个俾路支沿海最常见的鱼类。如今，在距离古村落遗址只有几步之遥的多礁海岸，人们依旧可以捕捞到石鲈。

巴拉科特的大多数捕鱼活动都发生在夏秋两季，每到此时，很多鱼类都会到近岸产卵，但是石鲈只在冬季才到浅水区产卵。在那几个月里，捕石鲈是件轻而易举的事情。从现代渔民的做法我们可以判断，古人也是用抛网或通过在近海设置刺网的方式捕捞石鲈的。在深水区域，固定的渔网特别有用，它可以捕捞到较大型的鱼类。渔民们还把网铺在海底，专门捕捞螃蟹等甲壳动物。然而从古至今，在船上用渔线拖钓捕鱼可能仍是最有效的手段。

定居在巴拉科特的渔民很可能从事的是自给性捕鱼，即每个家

①松米亚尼湾位于巴基斯坦俾路支省海岸带。
②石鲈属于鲈形目，身体呈椭圆形，侧扁，背缘隆起度大于腹缘，为热带及亚热带中下层经济型鱼类，广泛分布于印度洋和西太平洋。

庭自行处理渔获物。巴拉科特位于莫克兰沿海，而在巴拉科特的西边，有一处名为"普拉哈格"的小遗址，考古学家在那里发现了古代渔民大规模加工鱼类的证据，包括鳐鱼、石鲈、鲇鱼、石首鱼^①等鱼类的骨头。这些鱼很可能是当地渔民在船上用鱼钩和渔线捕获的。渔民把鱼切开，去除鱼头和尾巴，将鱼肉用盐腌制并晒干。当地居民似乎也吃山羊和绵羊，可能还吃海豚和瞪羚（一种体形较小的沙漠羚羊）。从这种系统化屠宰方式判断，鱼干主要是用来出售的。

几百年过去了，巴拉科特越来越深地融入了广阔的外部世界。这个社群背靠肥沃辽阔且自然环境正在迅速变化的印度河平原。当时，印度河及其南部的萨拉斯瓦蒂河这两条主要河流为西部的俾路支山麓和东南部印度大沙漠（Great Indian Desert，即塔尔沙漠）之间的大片肥沃土壤提供了水源。

印度河是亚洲最大的河流之一，发源于西藏南部，从克什米尔高原顺势而下，然后流经半干旱的印度河平原，在那里形成厚厚的淤泥沉积层。这些淤泥很容易转化成肥沃的土壤，人们不用任何金属工具即可在上面大规模种植农作物。印度河平原的气候也很极端：夏天非常炎热，冬天有时非常寒冷。当地几乎所有农业用水都来自遥远群山上流下来的河流和小溪。

与美索不达米亚平原一样，印度河平原的土地看似用途不大，却是早期农业和畜牧业的摇篮。1.2万年前，那里的山麓边缘是小规模采猎者的家园。这些采猎者聚集在稳定的水源附近，他们不断地迁徙，但来到印度洋沿岸以后可能就安定了下来。印度洋沿海遍布湿地、江河入海口和浅滩，是理想的浅水渔场。这些地方后来将扮演着前所未有的重要角色。采猎者们只有跟邻近的群落保持良好关系才能在这些与以前截然不同的环境中生存下去。他们以异族婚姻

①石首鱼又叫黄花鱼，出水能叫，夜间发光，头中有像棋子一样的石头并因此得名。

关系、宗族关系和其他类似关系为依托，经过长时间发展，为以后更复杂社会的形成奠定了基础。

公元前 5000—前 3000 年，印度河平原大部分地区的居民开始从事农耕活动。当地的经济基础发生了变化，文化也进入了快速发展的轨道。而这一变化的驱动力便是印度河的洪水。每年 7 月至 9 月，印度河水位上升，向下游输送了大量细泥沙；河水漫过河岸后，淤泥沉积在平原上。

和同时代的幼发拉底河和尼罗河沿岸居民一样，印度河平原的农民建造了村庄，然后在天然洪泛河道附近建立了更大的社群。在得天独厚的自然环境下，村民们不用花费太多力气便可种植庄稼，且不需要对农作物进行灌溉。起初，洪泛平原被茂密的森林覆盖，洪水的灾难性影响大大降低，农业得以蓬勃发展。随着农村人口的不断增加，情况发生了改变：人们砍伐森林，开垦出越来越多的土地，导致洪水泛滥。人们想要生存，就必须在社群层面展开合作。很快，当地各个部落的酋长和祭司便联合起来，共同管理大大小小的定居点和越来越复杂的社会阶层。

公元前 2700 年左右，印度河平原的社会经历了一段短暂的爆炸式发展，低洼地区和高原地区之间以及连接印度河和波斯湾古代沿海路线的长途贸易也迅速增加。那时，印度河文明的地理面积比现在的巴基斯坦国土面积还要大，并且与美索不达米亚最主要城市的文明——苏美尔文明大相径庭。印度河居民生活的地区由大城市和较小社群组成，而把它们连接在一起的是松散的文化和宗教关系。

苏美尔文明和印度河文明统治者都把城市作为组织和控制社会的一种手段。当时，印度河流域分布着至少 5 个中心城市，其中最大的就是摩亨佐达罗。它占地 250 公顷，市内外人口多达 10 万。显然，这是一座经过精心规划的城市，其最西端有一座城堡，城堡下面道路交错纵横，房屋密布。遗憾的是，到目前为止，我们都无法解读印度河流域的文字，所以对这座城市的统治者和他们的过往一无所知。

哈拉帕、摩亨佐达罗等印度河流域的城市都是悉心建造的。它们拥有排水沟、水井及用精心烧制的砖墙砌成的防御工事，以保护这些城市免受洪水的侵袭。不过，这些工事也有失效的时候，例如摩亨佐达罗就至少重建了9次。考古工作者在当地挖掘出了贝珠匠人和其他工匠的住处，那里肯定也有渔民的住所。鱼骨在这些城市里比比皆是，这说明当地曾居住着全职渔民。

印度河平原虽然土地肥沃，其环境却隐藏着高风险。变化无常的洪水使粮食种植出现极大的不确定性，因此，数以万计的城市非农业人口非常需要鱼这类食物，前提是人们可以大批量地捕捞鱼类。除了捕鱼需要组织人力以外，渔获物的储存也需要花费人们很大工夫，因为各大城市除了从河里捕鱼之外，还从遥远的海岸进口了大量鱼干和咸鱼。印度河河流湍急，两岸土壤往往松软易碎，人们无法在那里展开稳定的捕捞活动。当地渔民一般都在平静的封闭水域、湖泊和较小的河道中捕鱼，因为那里的水流慢，他们容易捕获鲤鱼和鲇鱼等鱼类。此外，冬季和夏季是尤其适合捕鱼的季节，那时印度河的流速比其他时候更慢。

另一条大河萨拉斯瓦蒂河的水流比较平缓，也许人们会在那里展开更多的捕捞活动。俾路支地区的河流和小溪也流淌缓慢，而平静的水潭繁殖了大量鱼类。

渔民们在水流较慢的U形河道及其两侧设置渔网，并用赤褐色的沉子将渔网压在水下。这些沉子看起来像是用黏土制成的珠子，但与渔网相互摩擦之后，它们表现出不同寻常的磨损迹象。哈拉帕遗址出土的陶器碎片上画着一幅画，描绘的是一名男子站在鱼群中间，手里拿着一张或几张渔网；画的底部有张大网，它必定覆盖了大片水域，网里全是被困住的鱼。渔网并非当地渔民使用的唯一捕鱼手段，因为很多渔民还使用简易的鱼钩和渔线。到了公元前 2700 年，当地渔民开始给金属鱼钩加上倒刺，他们是当时最先采用这种做法的捕鱼群体之一。

成千上万条鱼干被人们从内陆运到印度河河口，再转运至摩亨佐达罗和其他城市，但我们如今也只能对鱼类交易的规模进行猜测而已。有时候，我们能从阿拉迪诺遗址一窥巴基斯坦地区考古挖掘的情况。阿拉迪诺位于卡拉奇东部约 45 千米处，其在公元前 2700—前 1700 年处于鼎盛期，而印度河文明也正处于全盛时期。与巴拉科特遗址一样，阿拉迪诺遗址出土的鱼骨主要以海洋鱼类为主。不过，阿拉迪诺的渔民几乎只捕捞银石鲈。

阿拉迪诺附近有一处名为"高丘"（High Mound）的地方，公元前 2500 年以后曾有人居住过；那里的一条小巷西侧有三个房间，里面几乎堆满了鱼骨。绝大部分鱼骨都是鱼的头骨，这说明鱼身已被用来晒干并做成咸鱼，这恰恰是如今商业渔场的做法。当地人对自己吃的鱼采用了不同的处理方式，他们和现在的人们一样会把鱼头吃掉。

当哈拉帕、摩亨佐达罗以及印度河和萨拉斯瓦蒂河的其他沿岸城市不断发展时，人们对贝壳、珠子、鱼干及咸鱼的需求似乎在成倍地增长。渔业成为一种接近工业化规模的商品，鱼不仅成为人类的食物，而且还被人们用来喂养山羊、绵羊甚至骆驼，这与埃及和美索不达米亚的情况相似。

印度河以南的西海岸水域水位很浅，而且非常危险。每当西南季风猛烈吹来时，海面就会激起惊涛骇浪。通向婆卢羯车（即如今的孟买）等主要港口的航道很狭窄并且可能会造成致命事故。航道里隐藏着很多岩石和强大水流，如果船长粗心大意，船只可能会在退潮时搁浅。《厄立特里亚海航行记》里描述，"为王室服务的本地渔民"驻扎在航道入口处，操纵着被称为"特拉帕加"（Trappaga）和"科蒂姆巴"（Cotymba）的大船①。这些船上有充足的人手，他们随时准备引导即将进港的船只穿过浅滩，并利用涨潮时的汹涌潮水将它们带进海港。

《厄立特里亚海航行记》作者还提到了贸易机会、港口，以及一直围绕印度半岛快速流动并且能够到达恒河河口的潮水。岛国斯里兰卡位于印度南端，是过往船只经常停靠的地方。那里有 103 条主要河流，每年刮两次季风。那里的洪泛平原面积广阔，是多产的鱼类产卵地。人们每隔四五个月就可以在斯里兰卡的洪泛地区捕捞产卵鱼类。在斯里兰卡北部孟加拉国的另一片洪泛平原，人们的大部分捕捞活动也于产卵季节进行。那里的鲇鱼、黑鱼和所有常见浅水鱼类是来自印度洋各地的船长所熟悉的食物。渔民既用长矛和鱼钩捕鱼，也经常使用有毒植物向被困在干涸池塘中的鱼投毒。他们似乎没使用过渔网。

商船能够从斯里兰卡北部和东部进入孟加拉湾。在 4 万多年的时间里，那里的沿海渔场为往来船只提供足够的食物。虽然热带气旋会冲击孟加拉湾并对孟加拉国造成严重破坏，但人们持续的季风航行将印度洋周边地区与东南亚连接了起来。继续向东行驶，贸易商就可以到达中国，并从那里购买丝绸。"这些地方之外的其他地区，"《厄立特里亚海航行记》中写道，"冬季极其寒冷，人们非常难以进入。"然而，如此详细的建议并不适用于斯里兰卡。在斯里兰卡之外，还有另一个鲜为人知的世界。

---

① "特拉帕加"和"科蒂姆巴"是在西印度海域的航道入口处进行引航的大船。

第 16 章
东方渔业 "黄金时代"

地理环境使然，绳文文化已经成为亚洲早期渔业的典型代表，这也许是必然的事情。经过对生存条件的长期适应，绳文人掌握了在丰富多样的沿海环境中捕捞鱼类和软体动物的技能，这也使得形式多样的绳文文化蓬勃发展。很久以后，水稻农业和更复杂的社会在日本群岛扎根。与北欧和地中海渔业的发展轨迹类似，中国古老的渔业传统同样要归功于冰期结束后充满活力和多变的海洋环境。

马可·波罗眼中的中国鱼市

中国中部和南部的渔业环境与绳文形成鲜明对比。在 1.2 万年前的中国，捕鱼也是广泛采猎活动的一部分。长江下游流域的社群以采集野生水稻为生，而几乎可以肯定的是，当地居民也吃鲤鱼，这种鱼大多在洪泛平原浅滩和水渠中繁殖。

公元前 7000—前 6000 年，长江沿岸开始种植水稻，渔业也变得越来越重要。长江中游的洪泛平原盛产鲤鱼，鲤鱼骨也出现在当地的考古遗迹中。长江下游地区有一个名为"跨湖桥"的遗址，位于钱塘江南岸海平面以下约 1 米处。彼时，遗址的一边是山脉，另一边是淡水湖，当时还有人居住在那里。起初，人们在溃涝地上搭建高脚屋，由于海平面上升，这些屋子最终被废弃了。跨湖桥是当地众多的定居点之一，那里水位较浅，适合鱼类大量繁殖。遗憾的是，跨湖桥以外的定居点已被海水淹没，无法找到。

千百年来，中国渔民发明了一系列简单但实用的捕鱼工具。除了常见的倒刺长矛以外，渔民还发明了供独木舟、渔筏和木板船使用的撒网，这种网尤其适用于浅水区。有些渔网跟渔栅别无两样，网里嵌入鱼筐，用来盛放捕到的鱼；还有些则是用来大量捕鱼的围网。渔民们故意在浅水中种植灌木来吸引那些寻找遮阴和栖息地的鱼群，然后用渔网将鱼群团团围住。早期中国渔民大量使用渔筏捕鱼，尤其是在平静的内陆水域。后世的中式帆船就是由平底板船和渔筏演变而来的。

中国人还使用了一种著名的捕鱼技术。他们把捕来的鸬鹚圈养起来，经过驯化后，这些鸬鹚可以为主人捕捉小鱼。渔民一般会在鸬鹚的颈部戴上麻环，防止它们将鱼吞食，不过训练有素的鸬鹚不需要戴麻环。遇到大鱼时，一只鸬鹚无法单独应付，几只鸬鹚便会合力将鱼带上岸。明代作家徐芳曾这样描述鸬鹚："河上人多畜之，载以小桴，至水淳洑鱼所聚处，辄驱之入。鹚见鱼，深没疾捕……而渔人先以小环束其颈间，其大者既不可食，得之则攫去；小者虽已咽之环束处，鲠不可下。"徐芳还提到，虽然鸬鹚贪食，但渔民收获颇丰。直到公元前1000年后，中式帆船才开始用于沿海捕鱼，由于当地海盗活动猖獗，大规模捕捞活动受到了阻碍。

总而言之，在实现工业化之前，中国人都擅长农业种植，而捕鱼通常只是副业。随着人口的不断增长，农田面积减少，人们越来越依赖野生可食用植物和鱼类为食。在很多地方，比如黄河流域和长江中下游地区，淡水鱼类捕捞是有季节周期的。在这个周期中，鱼类和包括水稻在内的可食用植物是人们维持生存的主要食物。

图 16-1 威廉·亚历山大 William Alexander（1767—1816）所画的水彩画，饲养鸬鹚的中国渔夫。作品现藏于英国贝德福德（Bedford）希金斯艺术博物馆（Higgins Art Gallery & Museum）（本图片由布里奇曼影像提供）

自从有文字记载的历史出现以来，华中平原上的渔民通常都在夏天捕鱼。这个季节正值季风盛行，由稻田和芦苇建造的住宅被洪水淹没。在长达半年的时间里，渔民要在水面上生活，以鱼类为主要食物；等洪水退去后，他们再回到田野耕种。史前的中国人可能也是这样做的。

在气候较为温和的长江沿岸和南方地区，淡水鱼，尤其是亚洲鲤鱼大量繁殖于浅水河和湖泊中。它们是一种重要的食物来源。季风期是捕捞鲤鱼的关键时期。洪水消退时会在河床留下很多浅滩，鲤鱼被困在浅滩里，很容易用渔网和长矛捕捞。在珠江口盆地和长江沿岸，在夏季注入广袤湿地和浅水湖泊的洪水为野生鲤鱼提供了一个理想的繁殖环境。不久之后，一些农民开始建造鱼塘，把捕来的鲤鱼养在里面，想吃的时候再捞上来。鲤鱼很快就变成了人工养殖的鱼类。

　　鲤鱼，也就是常见的黑龙江鲤，原产于东亚，属于杂食性鱼类，喜欢栖息在水流缓慢且沉积着软泥的巨大水体或静水水域。在长江中生长着4种鲤科鱼类，即草鱼、青鱼、白鲢和鳙鱼。它们都在产卵季节从湖泊迁徙到长江，在长江产卵，然后在长江水系数以千计的湖泊里繁殖。这4种鲤科鱼类的产卵环境相似，但它们生活在河流的不同深度。绝大多数鲤鱼在长达380千米、有着12个产卵地的长江中游河段长大，但是后来的填海造地和堤坝建造导致鲤鱼数量急剧下降。鲤鱼很容易被捕获并养殖在封闭的池塘中。早在公元前3500年之前，中国人就很擅长养殖鲤鱼了，那时候人类还没有留下有关捕捞或水产的书面记录。

　　每逢季风时节，野生鲤鱼被洪水冲入鱼塘和水田，鲤鱼养殖可能就是从这时开始的。鲤鱼是一种多产鱼类，它们的生长速度很快，而且不吃自己的幼鱼。随着农业人口的不断增加，农业用地越来越紧张，对于自给自足的农民来说，鲤鱼养殖能够可靠地为其补充食物。养殖的鲤鱼比野生鲤鱼生长得更快，两年内体重可超过40千克，体长可达120厘米左右。据说农民们把鲤鱼养在桑蚕养殖场中，给它们喂食蚕的粪便和蚕蛹。

　　据说，公元前475年，中国政治家范蠡写成了鱼类养殖的经典启蒙读本《养鱼经》（*Treatise on Fish Breeding*），而在此之前，鲤鱼养殖早就成了一种普遍现象。先秦时期，范蠡曾任中国东部诸侯国越国（即如今浙江省一带）大夫，最先在大型鱼塘繁殖和养育鲤鱼。据说，他在鱼塘边种了桑树，又在桑树中间建造养蜂场，用蜜蜂的排泄物养鱼，并用桑树叶喂养蚕虫和山羊。《养鱼经》写得趣味横生，还带有些许神话色彩，但是它关于养殖鲤鱼的建议却写得非常平实具体："以六亩地为池，池中有九洲。求怀子鲤鱼长三尺者二十头，牡鲤鱼长三尺者四头……池中令水无声，鱼必生。"在"二月上庚日"

（即公历三月），把鱼放入池塘里产卵。范蠡还建议在农历四月（即公历五月）和农历八月（即公历九月）之间系统地往池中放养 6 只鳖，他认为鳖是神圣的守护者，可防飞禽袭击。

鲤鱼在池塘中游来游去，感觉就像在自然界的大河或大湖泊里一样。一年后，鱼的产量是惊人的。"至来年二月，"范蠡写道，"得鲤鱼长一尺者一万五千枚，二尺者四万五千枚，三尺者万枚，枚值五十，得钱一百二十五万。"他建议留下 2 000 条 2 尺长的鲤鱼作种鱼，并将剩余的鲤鱼全部出售。根据范蠡的估计，年复一年，鲤鱼的产量将多得不可称量。

鱼塘文化变得越来越精致。一些鱼塘特别建造了人工洼地，将鲤鱼按照大小进行隔离。为了养殖大鲤鱼，鱼塘主从湖泊和河流岸边收集大量鱼苗，并带走一些沿岸的泥土，把它们放在鱼塘底部。不到两年，鱼塘就可以产出个头很大的鲤鱼。养殖鲤鱼之前，范蠡把自己所有的财富都分给了穷人，从事水产养殖之后，他又赚了一大笔钱。

在范蠡之后的 1 000 里，中国的鲤鱼养殖业达到顶峰。人们越来越注意鲤鱼的饮食构成和寄生虫的预防。由于中国古代的所有水域都是公有的，所以鱼类养殖文化便成为农村生活的一个组成部分。到了汉朝（公元前 206—公元 220 年），中国南方农民按照古法建造鱼塘和储水池，在里面种植荷花和荸荠，然后饲养鲤鱼和乌龟。他们还在池塘边种植树木，把用来耕种田地的水牛绑在树边。在中国北方，黄河沿岸支流遍布灌溉渠，人们利用重力作用将河水引入农田和鱼池。

到了唐朝（公元 618 年—907 年），鲤鱼养殖的黄金时代戛然而止。唐朝皇帝姓"李"，与绝大多数鲤科鱼类名字的发音相同，因此朝廷颁布了禁止鲤鱼养殖的圣旨，食鲤鱼者杖责五十。事实证明，这道圣旨对于日益依赖鱼类的社会而言可以说是"塞翁失马,焉知非福",因为它促使人们开始养殖其他新鱼种。鳙鱼就是一种人们要培养的新鱼。这是另一种淡水物种,原产于东亚的大河和洪泛平原上的湖泊。这种鱼体型较大,全身银灰色,带斑点,体长 60 ~ 80 厘米,生长迅速,非常适合水产养殖。它们的肉是白色的,肉质结实,口感出众。

除此之外,养鱼户们还养殖白鲢。这种鱼也是目前世界上最常见的鲤科养殖鱼。白鲢属于滤食性鱼类,它们以浮游生物为食,种群密度较高。白鲢体重可达 18 千克,受到惊吓时会高高跃出水面,对于古代乘独木舟的渔民和如今乘游艇的人来说是一种严重威胁。

鱼塘主很快就发现,鳙鱼、白鲢、草鱼和鲮鱼可以共存于同一水体中,并且每种鱼只在自己喜欢的环境中活动,比如草鱼在水体最上层觅食,白鲢和鳙鱼则在中层觅食,鲮鱼在水底觅食。如此一来,鱼类产量飙升,同时也不违背圣旨。另外,得益于基因突变,金鱼也在这个时候出现了。这种鱼被人们当作观赏鱼,饲养在王公贵族的池塘里。唐朝不准养鲤鱼的政策还促使民间做出另一项创新:每到一定季节,人们便沿着主要河流收集小鱼苗,然后把鱼苗积累起来,通过一些方法将其散播到天然水域中。到了宋朝(公元 960—1279 年),这些方法得到了进一步改进。

明朝(公元 1368—1644 年)的皇帝大力扶持水产养殖业,鼓励农民们向皇室和集市供应新鲜鱼类。此外,明朝政府还劝说农民使用更先进的水产养殖技术,比如鱼类疾病控制措施以及给养殖鱼类提供食物和肥料的先进设施等。政府要求养殖户通过给水体添加动物粪便和有机废料等肥料以保持高生产力。除了种桑养蚕以外,养殖户们还根据范蠡的建议,在池塘旁边建造了猪圈和鸡圈,这样家畜的粪便就不会被浪费。每当需要排空池水以便维护时,养殖户会挖出鱼塘底部的淤泥给农作物施肥。在中国南方,鱼可以用来帮助清理被堤坝包围的山腰田地。一旦雨水淹没了田地，农民就会买些小鱼苗，把它们放入田里进行养殖。两三年后，这些鱼就会吃光田里杂草的根，田地因此又可以重新耕种。此后，农民会把鱼卖掉，开始在清理干净的田里种植稻谷。

公元 1500 年，用鱼塘蓄养来自江河的鱼苗成为一门大生意。中国人还采用了与古罗马非常相似的生产技术制作鱼露和发酵鱼。在中国华中和华南以及东南亚地区，鱼露和发酵鱼贸易在商业往来中占了很大比例。鲤鱼蓄养技术代代相传，延续了好几百年，因此鱼类养殖变成了家族生意，而水产养殖也成为中国农业重要的组成部分。

13 世纪的威尼斯旅行家马可·波罗（Marco Polo）在游记中称，他在中国的大江大湖中看到很多运河，每天有大量鲜鱼从沿海运往内陆，这些鱼当天就被卖光。这番景象让他难以置信。此外，马可·波罗还发现，市场上出售的鱼类品种会随着季节的变化而变化，值得注意的是，他一直没弄清楚那些鱼的品种。如今，中国市场出售的鱼类几乎都是人工养殖的。

东南亚海上贸易与帝国兴衰

东南亚如今拥有三大河流系统，每个系统各有其肥沃的三角洲地区，它们其实都是缩小之后的古代大型水道。它们分别是泰国中南半岛的湄南河三角洲（Chao Prya Delta），湄公河和柬埔寨的洞里萨湖以及越南境内的红河（Red River）、马江（Ma River）和大江（Ca River）。这些江河定期泛滥，淹没大片农田，适宜人们种植生长速度较快的长茎稻谷。

过去，每一片肥沃的谷地都被高地环绕。特有的气候和地貌变化在高地上留下痕迹，耐旱落叶林和潮湿的热带树林在那里生长，并受到多变季风带来的雨水灌溉。随着时间的推移，这些河谷变得人口密集，强大却不稳固的王国和远距离贸易在此兴起。

从大约公元前 2000 年起，东南亚各地的社会逐渐完善，而水稻就是它们存在的基础。水稻种植最早出现在中国的长江流域，后来沿着江河和海岸向南扩散，并与中国很多思想和理念一样一起到达东南亚和南亚地区。公元前 1000—前 500 年，同样从中国北方传至东南亚的青铜锻造技术得到了广泛应用。那时候远距离贸易也开展得如火如荼，并且在一些尚武的富裕酋邦之间引发了激烈的竞争。

到了公元前 300 年，东南亚海上贸易网络已经融入了一个广阔的商业世界。这个商业世界从印度一直向东延伸，远至巴厘岛。海上贸易带来了活跃的思想交流和新的文化影响。在公元元年前后，东南亚社会已经演变成诸多由贵族阶层把持的王国，他们与令人崇敬的祖先保持着精神层面的联系。其中一些统治者成为神圣的君主，位于湄公河下游和洞里萨湖沿岸的国家尤其如此。那片区域被中国人称为"扶南"，素有"千河之港"的美名。

第二个主要文化中心位于柬埔寨的吴哥博垒。该遗址距离如今柬埔寨首都金边约 96 千米，坐落在它的东南方向。无论过去还是现在，人们都要通过一条长约 85 千米的运河进入该地区。该遗址仍保留着砖土墙，大约 300 公顷的高地被它们围起来；高地位于地势低的三角洲洪泛平原，被一条人造水道一分为二。古老的城墙表明，大约在公元前 500—公元 500 年，那里曾是繁华的城市中心。如今，当地仍生活着约 14 000 名土生土长的高棉人，他们将吴哥博垒视为高棉文明的摇篮。

1995—2000 年，考古学家对吴哥博垒遗址各处进行了细致挖掘，结果发现当地曾经有一个非常完善的渔场。该遗址出土了 7 000 多根鱼骨碎片，同时还有哺乳动物骨骼、鸟类骨骼和贝壳。鱼骨来自至少24种鱼类，其中大多数是线鳢、攀鲈和鲇鱼。

线鳢是一种体型细长的食肉鱼，体长可达1米。它可以通过鳃呼吸，因此能够在陆地上做短距离迁徙；此外，它还比较多产，通常每年交配5次。作为完美的捕食者，线鳢颇具攻击性和侵略性，被美国《国家地理》（*National Geographic*）杂志的一篇文章形象地称为"鱼斯拉"（Fishzilla），但人们都觉得它味道鲜美。攀鲈是另一种东南亚本土鱼类，可长至25厘米长。只要保持身体湿润，攀鲈能够在陆地上生存较长时间，因此它的销路非常好。

几百年来，水稻种植、渔业和狩猎维持着吴哥博垒这种扶南中心城市的发展，并且吸引居民留在这些具有战略意义的地方。当地人因此能够与外界保持贸易交流和海上联系。湄公河拥有富饶的渔场，因此，大量人口可以住在一片辽阔、肥沃、经常被洪水淹没的土地上。在江河入海口、河流、湖泊等地，捕鱼是件非常容易的事情，而且渔民可以采用很久以前已得到改进的简易技术加工和处理鱼类。靠近洞里萨湖的吴哥王朝是最伟大、持续时间最长的扶南王国。

没有哪个地方的淡水渔场能比得上富饶的洞里萨湖。洞里萨湖是一个巨大的湖泊，几百年间一直为村庄、城镇、伟大的庙宇和周边国家提供食物。早在吴哥成为一个国家之前，东南亚的一些社会就已经发展成了高度集权的王国。贵族阶层把持这些王国，对他们来说，盛宴、宗教仪式及正式的排场至关重要。千百年来，王国的统治者们试图通过自己的文治武功创造出更宏伟的政治版图。起初，他们的王国在湄公河下游河岸和低洼地区及洞里萨平原上游蓬勃发展。虽然当时政局不稳，但到了公元6世纪，扶南的经济和政治重心已经向内陆转移至洞里萨地区，也就是中国人所说的"真腊"。

湄公河是东南亚最长的河流。它发源于青藏高原，全长4 200多千米，流经中国、柬埔寨和越南等多个国家，最终汇入东海。湄公河也是世界上最高产的淡水渔场之一，而洞里萨湖就是它的心脏。千百年来，来自洞里萨湖的鱼类滋养了辉煌的吴哥文明以及周边成千上万的农民和工匠。吴哥王朝究竟有多少人口，我们无从得知，但数量肯定比 21 世纪的高棉人要少得多。虽然当时的吴哥王国已经人满为患，但洞里萨渔场足以支撑它的发展，而水产养殖业是最有可能维持这种繁荣状态的产业。如今，假设没有水产养殖业，当地的持续性发展将无从谈起，因为该地区的约 6 000 万常住人口都依靠湄公河里的 500 多种鱼类为食，而湄公河上游正大力建造的水电站也给河流生态带来了压力。

洞里萨湖位于柬埔寨中部，通过长达 120 千米的洞里萨河与湄公河相连，这两条河流在金边汇合。洞里萨湖本身是湄公河下游盆地广阔洪泛平原的一处洼地，而洞里萨河则发源于盆地南端一系列不固定的河道。每年 5—10 月雨季期间，洞里萨湖水位上升至最高水平。湖泊周围环绕着淡水红树林，那里是多种动植物赖以生存的栖息地的一部分。

受季风影响，湄公河每年都会洪水泛滥。从 5—10 月，湄公河的河水向北流入洞里萨河；而从 11 月到次年 4 月，河水又向南流动，洞里萨湖因此干涸。流入湖中的沉积物为藻类植物提供营养，孕育出一个极其富饶的渔场。至少有 149 种鱼在洞里萨湖繁衍生息，那里还有为数众多的鸟类和水蛇。鱼的尺寸大小不等，既有一根手指那么长的小银鱼，也有世界上最大型的淡水鱼之一——湄公河大鲇鱼。成年的湄公河大鲇鱼可长达 3 米，重达 230 千克，非常容易捕获。如今，由于过度捕捞，湄公河大鲇鱼已被列为禁捕鱼类，但它在古时候却是当地居民的主食。

每当洞里萨湖洪水泛滥，湖边地区便成为主要的渔场。雨季结束，湖水水位下降时，大规模的捕捞就开始了。洪水会带走很多鱼，绝大部分是白鲢。它们通常会困在水上棚屋下方被精心设置好的锥形渔网中。高棉人通过这种方式捕获了数以万计的鱼。他们把大部分捕来的鱼清洗干净，然后用盐腌制，发酵成一种被广泛用于调味的名为"普拉霍"（Prahok）的鱼露。最后，他们将砍下来的鱼头当作稻田肥料。

高棉各代统治者都想一统洞里萨地区，但直到公元 802 年充满活力的吴哥国王阇耶跋摩二世（Jayavarman II）掌权时，洞里萨地区才被纳入国家版图。他征服了竞争对手，使一系列王国成为属国，并宣称自己是至高无上的君主，是印度教的神祇湿婆（Shiva）在人世间的化身。

在长达 45 年的时间里，阇耶跋摩二世统治着一个高度中央集权的强大国家。这个国家需要充裕的粮食供应，以及精心管理的大批劳动力来修建运河、水库和供奉着各个统治者生殖器的精致庙宇。对高棉各朝代统治者来说，他们所建立的首都就是世界的中心，而该地区如今被称为"吴哥"。由此形成的集权社会使人们对财富、锦衣玉食和神圣君主政体的崇拜达到前所未有的高度。

公元 1113 年，高棉另一位雄心勃勃的统治者苏耶跋摩二世（Suryavarman II）登上王位。4 年后，他下令建造吴哥窟。今天，这座非凡的神庙已成为世界上最大的古代宗教建筑。它坐落于深山老林中，高 60 多英尺。即便是苏美尔最大的神庙在它面前也会相形见绌，印度河上的摩亨佐达罗城堡与它相比就像个小村庙。假如没有高产的水稻种植业和富饶的洞里萨湖渔场为劳工们提供大量口粮，吴哥窟是不可能建成的。

高棉人之所以倾举国之力建造吴哥窟，是因为他们需要祭祀宇宙保护者和印度教神祇毗湿奴，神庙在设计上的每一处细节都再现了印度教的天界。在印度教神话中，众神居住在宇宙的中心须弥山

（Mount Meru）山顶，于是吴哥窟以一座中央高塔代表须弥山，再用另外四座塔代表须弥山上较矮的山峰，而环绕寺庙的围墙则象征了神界边缘的山脉。

吴哥窟内有长达 168 米的浮雕画廊，其较低位置描绘了国王和妃嫔骑在大象上接受高官们朝拜的情况；画廊其他部分画的是战斗场面和美丽的天女。这些天女上身赤裸，以翩翩舞姿表现飞天的喜悦。还有一幅壁画浮雕描绘的是印度教"乳海翻腾"（the Churning of the Sea of Milk）的传说：修罗和天神们一起拖动盘绕着曼陀罗山（Mount Mandara）的蛇神婆苏吉（Vasuki），用曼陀罗山作为搅棒来搅动原始海洋。他们搅动了 1 000 年，最后把长生不老之水搅了出来。

艺术家们还在墙上雕刻了几十条鱼，它们在波浪起伏的大海中翻滚着。在印度教传说中，这些鱼先被毒死，然后被扮演毗湿奴的苏耶跋摩二世用剑砍成两半。吴哥窟里还有一幅鲜为人知的浮雕，它描绘的是一些较为平淡无奇的活动，比如人们钓鱼、打猎的场景，人们在周围都是小鸟、鱼、鳄鱼和树木的湿地上演奏音乐。

长久以来，考古学家一直都认为吴哥窟和附近的吴哥王城是独立存在的神庙和宫殿。现在，他们采用激光探测与测量技术（LIDAR）扫描地面所有的物体。简单地说，这种技术就是将高精度激光探测器安装在直升机上，然后记录地面物体，无论它们是否被森林覆盖。他们现在知道，吴哥窟周围曾是大片被排水沟环绕的农田，它们是经过精心规划开垦出来的，面积达 1 000 平方千米左右，为大约 75 万人生产粮食。

吴哥窟是巨大且分散的城市建筑群的一部分，在它建成之前，这个城市建筑群就已经存在了。河道、堤坝和水库形成一个巨大的网络，用于储存和调配 3 条流经吴哥城并最终汇入洞里萨湖的河流的河水。主圣殿就坐落在这个拥有惊人规模的水利工程中心。西池水库位于吴哥窟以西约 2 千米处，长约 8 千米，宽 2 千米，其水源来自北方的河流。吴哥窟僧侣达数千人，为了给这些僧侣提供食物，数以千计的农民和渔民在附近稻田种植水稻并在洞里萨湖捕鱼。在这片广袤的土地上，人们种粮捕鱼，为服务于神圣国王的庞大劳动力解决饮食需求。修建吴哥窟的后勤组织工作之复杂和完善程度不亚于修建吉萨金字塔的。

图 16-2　1918 年，洞里萨湖用于捕鱼的人造水坝（本图片由布里奇曼影像"历史频道"History 提供）

　　1181 年，吴哥王朝的另一位统治者阇耶跋摩七世（Jayavarman VII）在吴哥王城附近建立了新首都。每当游客们走进这座城市，他们就进入了一个充满象征意味的世界。这座城市正中央是国王的陵庙巴戎寺（Bayon），寺庙里的一些浮雕描绘了聚集在市场中的当地老百姓，他们中有的人将大鱼架在火上烤，有的人在煮肉和米饭。还有些浮雕描绘的是这样一幅场面：男人们撒网捕鱼，然后用长矛刺着将鱼放在架子上晒干，女人们则在市场上卖鱼。

　　所有这些富足的生活都建立在吴哥非凡的生产力基础上，包括稻田、水库、运河及异常富饶的洞里萨渔场。1860 年，法国探险家亨利·穆奥（Henri Mouhot）划船横渡洞里萨湖，发现"湖里鱼类极多，并且会在湖水水位较高时挤在船底，因此它们经常对划桨造成阻碍"。和现在一样，当时绝大多数捕捞活动在每年 12 月至次年 5 月进行，渔民们用鱼笼和渔网捕捞成千上万条肥美的鲤鱼和鲇鱼。

虽然当地自然资源丰富，但高棉人口稠密，水产养殖必不可少。遗憾的是，他们的水产养殖依赖于易腐烂的有机肥料，而这些肥料很难保存，不能成为考古学家的研究材料，因此，我们只能猜测高棉王朝鼎盛时期的渔业养殖规模。从世界其他地方的考古发现来看，那些简单而有效的养殖方式千百年来变化不大。所以，只要研究近代工业化之前的柬埔寨水产养殖情况，我们就能合理推测该地区古代居民的养鱼方式。

对于高棉王国的居民来说，在河流三角洲和洞里萨湖捕鱼是件很容易的事情。捕到鱼之后，渔民就把鱼放在封闭水域和鱼塘中饲养。这种做法可能是从中国传到东南亚的，因为长江流域和其他中国沿海低洼地带河流及河口地区的水产养殖业在几百年前就已经发展得非常成熟。鱼类养殖本来产量就很高，而如果把鲤鱼和其他鱼类放养在水田里，其产量更可能加倍增长，到了今天，这样的做法已经司空见惯。由于流水会带来氧气，并冲走鱼类的排泄物，所以在柬埔寨这种水资源丰富的地方养鱼十分有利。

如今柬埔寨的水产养殖鱼类产量惊人。巨鲇是一种中大型淡水鲇鱼，产自南亚和东南亚，身体可达 9 米长、4.5 米宽。巨鲇一般以竹笼或木笼饲养。人们让笼子浮在水面上，用草席或风信子等水生植物盖住笼子，不让鱼被太阳晒到。在大约 8 个月里，每立方米笼子可产出 100～120 千克鲇鱼。如今，当地有渔民专门捕捞巨鲇鱼苗，然后放入封闭水域中饲养。

鲤鱼虽然被关在笼子里，但由于水是流动的，它们能够很好地适应这样的环境，甚至在遭受严重污染的下水道和河流中也能生存下来。装鲤鱼的笼子通常被固定在河底，而且经常完全被水淹没。人们一般用浸泡过的大米喂养鲤鱼，它们长得特别快，到了卖相好的时候就会被拿去出售。

中国和柬埔寨的人口不断膨胀，水产养殖业在这两个国家也变得越来越重要。如今，鱼类养殖为东亚和东南亚数以千万计的居民提供食物，其源头可以直接追溯到中国的唐朝和吴哥王朝之前的时代。

第 17 章

鲲鱼与印加文明

查文·德·万塔尔遗址（Chavín de Huántar）位于安第斯山麓，考古学家从遗址的一处庙宇中发掘出至少 20 只能够发出圆润低沉声音的螺号，即当地人所称的"普土土斯"（Pututus）。这一发现证明了来自遥远太平洋的贝壳在神庙中拥有崇高地位。

查文·德·万塔尔是一个由地下隧道组成的迷宫，里面有很多隐藏的管道，水流过管道时会发出回响。研究人员请来一位专业乐手，并在乐手嘴里、螺号号嘴、螺体和螺号开口处都放置了微型麦克风；乐手吹响螺号，研究人员便记录下各个部位发出的声音。螺号发出的声音很像圆号，其改变声音的方法与其他管乐器类似：当乐手把手伸进螺号后，螺号的音高也发生了变化。这种声音抑制处理方式现在仍经常被人们采用。

研究人员把麦克风放在神庙礼堂中，螺号低沉的声音听起来像是从几个方向同时传来的。现场的声音效果给人一种嗡嗡作响的混乱感，这必定让本就敬畏和恐惧神灵的听众更加害怕。螺号声强化了这座古老神庙的灵异氛围。

老庙（Old Temple）正中央矗立着一座犬齿外露的蛇形人雕像，即由整块花岗岩巨石雕刻而成的兰松（Lanzon）神像。兰松可能是查文文化中的主要神灵，传说它的神谕会出现在头顶上的一处隐藏隔间内。查文遗址其他地方的兰松雕像描绘的是兰松一只手握着海螺，另一只手拿着海菊蛤贝壳的形象。这也许暗指人类的生育能力和二元性别。这些贝壳还象征着遥远的海岸和山脉、高原和低地之间不断地相互往来，而这恰恰是安第斯山脉历史发展的主线之一。

查文遗址出土的海螺和海菊蛤来自厄瓜多尔沿海。它们被放在美洲驼背上，横穿500多千米沿海平原，然后沿着蜿蜒的小路到达安第斯山麓。凤螺曾被印第安人当作礼器使用，还会被做成镶嵌物嵌在精美珠宝和其他饰物上。只要把螺尖切掉，磨出哨嘴，凤螺就可以当乐器使用。海螺贝壳不仅是安第斯文明中最神圣的物品之一，也是其他许多古代社会的重要物品。

在遥远的爱琴海群岛和东南亚，凤螺号很早就成为一种乐器，印度的《薄伽梵歌》（*Bhagavad Gita*）就描述了克利须那神（Lord Krishna）和王子阿朱那（Arjuna）一边吹着海螺号角，一边驾驶着白马拉的巨大战车奋勇杀敌的画面。现在，螺号早已深入人心，就连美国海岸警卫队（US Coast Guard）在其官方出版的《航行守则》（*Navigation Rules*）中也将螺号列为合法的发声设备。

海菊蛤不易采集，它附着在墨西哥湾和太平洋温暖海水下6～18米的珊瑚礁上。寻找这种深水软体动物时，渔民要不带任何潜水设备潜入海中。即便对专业渔民来说，这也是一项非常危险的工作，因为在潜水过程中他们往往会丧失听力。正因为不容易采集，海菊蛤的价值才会非常高。对安第斯居民来说，海菊蛤是"众神之血"，只有神才能吃到海菊蛤的肉。另外，海菊蛤肉的催眠作用能使巫师出现幻觉。这种特性使它成为凡人和神灵之间沟通的载体，也成为一种"供养祖先"的方式。印第安人认为他们的祖先控制着水源和人类的未来。

跟海螺和其他贝类一样，海菊蛤与音乐也关系密切。海菊蛤会在宗教仪式上伴随着歌声与舞蹈一起发出声音，而声音在这种场合中是最重要的。海菊蛤吊坠随着佩戴者的移动叮当作响，蜗牛壳铃铛、鼓、响葫芦和木挫也能演奏音乐。把海菊蛤贴近耳朵，它会发出类似波浪的声音，让听者以为这是一种超自然的音乐。

没人知道海菊蛤的宗教意义到底是什么，也许它象征着农业生产力。为了避免干旱，领主们会把凤螺壳磨成粉献给众神。红色的软体动物与血、女性和牺牲联系在一起。此外，它可能也象征着精神层面的转换，即安第斯山脉的巫师在现实世界和超自然世界之间毫不费力的转换。

千百年来，大量海菊蛤贝壳被人们从厄瓜多尔卖到周围的高原和低洼地区。印加工匠用海菊蛤制作小雕像，其贝珠也遍布整个低洼地区。这门生意既有利可图，也能给卖主带来威望，因为海菊蛤与水祭祀仪式有着紧密联系，而水祭祀仪式是安第斯地区宗教信仰的核心部分。直到17世纪，海菊蛤仍受到人们的高度重视。如今它们已成为收藏品，这一被奉为圣物的古老商品也象征着秘鲁和厄瓜多尔得以改善的政治关系。

南美早期渔业社区——雾中绿洲

考古学家用放射性碳年代测定法对一些散落的文物进行了测试，结果发现，在1.4万年前甚至更早的时候，人类就已经在太平洋和南美洲沿岸定居和捕鱼了。

南美大陆已知最早的渔业社区是克夫拉达（Quebrada）。克夫拉达靠近如今秘鲁南部的卡马那镇（Camaná）。在美洲首次有人定居后不久，那里就已经有了营地。彼时海平面较低，这些营地建在距离太平洋沿岸7～8千米的内陆地区。直到公元前6000年，人类可能多次在克夫拉达居住。这些营地不是永久性的，只是采猎者每年在固定季节从高原迁徙到太平洋沿岸、再从太平洋沿岸回到高地时短暂停留的地方。他们在迁徙过程中可能会沿着天然水道行进，随身携带着从上游约130千米处一个已知源头获得的黑曜石制作的工具。到了海边，采猎者几乎只吃海洋生物。考古挖掘结果表明，克夫拉达遗址96.5%的动物骨头来自鱼类，尤其是鼓鱼（石首鱼属）。鼓鱼是当地常见的鱼类，在印加时期甚至更早的时候，人们常用鼓鱼制作酸橘汁腌鱼，这是一种非常受欢迎的生鱼沙拉。

几乎可以肯定的是，当时的渔民用渔网捕鱼，但我们手头只有一些渔网残留物和可能用作浮子的葫芦碎片可以证明。他们还采集斧形尖峰蛤。如果栖息地没有受到厄尔尼诺气候的破坏，那么这种蛤蜊会大量生长在潮间带。由于沿海资源很容易获取，所以临时营地在公元前6000年之前的某个时候变成了永久定居点。克夫拉达的黑曜石变得非常稀少，似乎此地与高地的联系越来越少。到了公元前6000年，克夫拉达定居点周围至少出现了17个较小规模的营地。

大约1.1万年前，位于秘鲁南部、智利北部的阿塔卡马沙漠沿海开始出现了永久定居点。我们是从几个考古遗址确认这一点的，包括秘鲁现代沿海城镇伊洛以南的多层环形遗址。那里有座公元前9200—前3850年堆积而成的圆形大贝冢，里面有大量鱼、软体动物、海洋哺乳动物及海鸟的遗骸。贝冢发掘出来的唯一一种陆地哺乳动物是4只老鼠。由此可见，环形遗址居民是杂食性采猎者，并且只从海洋获取食物。

另一个沿海遗址克夫拉达·德·罗斯布罗斯遗址的居民也是如此。公元前7700—前5300年，克夫拉达·德·罗斯布罗斯的一处泉水为当地居民提供了水源。当地人住在半圆形的小屋里，这种房屋样式可能也是当时大多数沿海居民所采用的。太平洋是主要食物的来源地，他们可能在那里使用渔网大规模捕捞沙丁鱼，用鱼钩钓起其他鱼类。当地居民也拿石尖长矛捕猎陆地动物，比如大羊驼、鹿及大型海鸟，甚至还用长矛捕杀鲨鱼。

在距离海岸线约 1.5 千米的内陆地区有一片雾中绿洲，上面生长着可食用植物。每年 6 月到 9 月，那里大雾弥漫，植物可以从浓雾中获得水分；而从 10 月到次年 5 月阳光明媚的日子里，植物则全部枯萎。

从当地考古遗址出土的蛤蜊贝壳年轮可以看出，早期居民大多在每年 10 月到次年 5 月之间采集大量软体动物，而这段时间正是浓雾散去的时候。到了后期，采集蛤蜊的时间为每年 9 月至次年 1 月，跨度比过去缩短了。这些贝壳表明，早期的克夫拉达·德·罗斯布罗斯是一个永久定居点，后来变成一个季节性居住点。当时，人们居住在内陆，所以他们只在雾散时节来到海边采集可食用植物和蛤蜊，捕杀海洋哺乳动物。迄今为止，我们仍然不清楚为什么会发生这种改变，原因也许在于永久性水源的变化。

公元前 4500—前 1000 年，人们居住在更北方的定居点帕洛马（Paloma）。该地位于利马以南 48 千米处、奇尔卡排水渠以北 15 千米的海湾后面，占地 15 公顷，靠近植被繁茂的雾中绿洲。起初，那里只是一些流动群体居住的季节性营地，后来有大约 30 ～ 40 人在此定居，住在用藤条、草或芦苇搭建起来的圆顶屋里。

帕洛马的气候十分干燥，因此垃圾堆中的渔网碎片和骨制鱼钩得以完好无损地保存下来。帕洛马渔民捕捞大型鱼类、猎杀海鸟和海洋哺乳动物，并且采集软体动物，但他们的大部分食物都来自小型鱼类，比如鳀鱼和沙丁鱼。考古学家对遗址出土的人体骨骼进行了化学分析，发现骨骼里的锶含量很低，这表明他们生前饮食中的蛋白质含量非常高，而这些蛋白质只能来自太平洋。由于经常在冷水中潜水，帕洛马很多男性的耳朵都有损伤。起初，当地男性摄入的蛋白质多于女性。几百年后，女性的蛋白质摄入量提高了。还有一些迹象表明，某些个人和家庭享有更优越的饮食，这说明帕洛马是一个不平等的阶级社会。

虽然帕洛马居民大多生活在沿海，但是他们的日常饮食也包括可食用植物。他们极少从事农业种植活动，因为豆类、葫芦和小南瓜等作物只能种在洪水退去后的河床上。人们制作服饰、搭建住所、编织渔网和渔篮以及制造捕鱼木筏的原材料均来自当地，做饭和取暖用的木柴也是在当地砍伐的。

可以这么说：得益于当地居民建造的简易有效的渔业基础设施，海洋经济和陆地经济很早就开始相互依赖。随着内陆社会开始建造大型宗教仪式中心，社会结构日趋复杂，这种依存关系变得更加紧密。与此同时，随着沿海地区人口激增，此前为人们提供食物的雾中绿洲再也无法满足需求，渔业社群可能更加依赖于洪泛平原的产出。

"可怜的小鱼挤作一团"

美国考古学家兼外交官伊弗雷姆姆·斯奎尔（Ephraim Squier）于 1865 年抵达秘鲁北部沿海，成为世界上首批发现印加遗址的专家。当船员划船穿过慵懒的海浪，送他上岸时，他们遇到了"一大群小鱼（即鳀鱼）"。"显然，它们是被海里凶猛的大鱼驱赶到岸边的……可怜的小鱼挤作一团，鼻孔露出水面，使海面看起来就像被来自东方的披风盖住似的。我们斜过身徒手捞鱼，不一会儿就捞起数千条小鱼。"鳀鱼密密麻麻地分布在沿海一带，绵延 1 英里，妇女和孩子们直接"用帽子、盆子和裙摆"捞鱼。斯奎尔来到了全世界最富饶的沿海渔场。

秘鲁鳀是常见于太平洋东南部的一种生活在上层水的鱼类，它们以大型浮游动物为食，包括磷虾和大型桡足类动物，常出现在秘鲁沿海洪堡洋流[①](Humboldt Current)的上升流中。鳀鱼是小型鱼类，其寿命只有 3 年，最大体长约 20 厘米。如今，鳀鱼是全球捕捞数量最大的鱼类。1968 年，鳀鱼的捕捞量达到最高的 10.5 公吨[②]。

鳀鱼渔场的产量极大。从智利北部到秘鲁北部这条绵延 2 000 多千米的海岸线上，平均每平方千米的鳀鱼年产量可达 100 公吨。如今，那里的鳀鱼产量占全球商业捕捞量的1/5，只有位于非洲东南部纳米比亚的本格拉寒流带（Benguela Current）的鱼类产量能与之相比，在那里也同样出现了上升流。在南纬 8 度、南纬 11 度和南纬 15 度附近的秘鲁沿海有著名的"高产区"，每平方千米的鳀鱼年产量可达 1 000 公吨。秘鲁最大的早期人类遗址出现在被鳀鱼高产区覆盖的 600 千米海岸线上。这一点儿也不足为奇，因为最复杂的渔业社会总是起源于最富饶的渔场。从理论上说，近代的鳀鱼种群至少可以养活 600 万人口。

鱼以浮游动物为食，海鸟以鳀鱼和软体动物为食，而这三者都是人类的盘中餐。在出现厄尔尼诺现象的年份，暖流覆盖了寒流，鳀鱼迁徙到别处，海鸟也跟着迁徙，因此人类的食物供应也随之出现问题。厄尔尼诺现象不可预测，而且恶劣的厄尔尼诺现象会把一些不常见的热带鱼类带到海岸。这段时期往往非常难熬，因为可食用的鱼类和软体动物数量减少，人们只能靠从陆地上找到的食物果腹。

捕鱼活动总是随着人口的增加变得更频繁，而沿海社群也会以不同方式增加捕获量。在秘鲁沿海的高产区，渔民们编织更多渔网，

①洪堡洋流即秘鲁寒流,是因西风漂流在南美洲西岸朝北转向而形成的。它属于补偿流,而且是寒流中非常强大的一支。
②在英制中, 1 公吨 =1 016 千克; 美制中, 1 公吨 =907.2 千克; 在中国, 公吨即吨, 换算为 1 000 千克。

用芦苇独木舟捕捞更多鳀鱼。假如没有种植棉花，他们可能不会用这样的方式捕鱼。棉花纤维具有非常罕见的特性，它能够长期暴露在海水中而不受损，因此很适合作为细孔渔网的材料。大约公元前2500年后，人们开始广泛使用以棉花为材质的绳索和渔网，大规模捕捞小型鱼类的活动变得更加频繁，那时的渔民把目标从大鱼转向鳀鱼和沙丁鱼。在厄尔尼诺现象出现的时期，这种倾向更加明显。安第斯沿海居民种植更多用于制造工具的植物，比如制作渔网的棉花和制作浮子的葫芦，相比之下可食用植物种植较少。

捕捞技术因地而异。在有沙滩的地方，人们喜欢驾驶芦苇独木舟布置渔网。在圣塔河（Santa River）以南岩石较多的海岸，渔民们则用鱼钩和渔线在靠近海岸的地方钓体型较大的鱼类。太平洋沿岸人口最密集的地方是沙滩后面，那里的鳀鱼捕获量是最大的。有专家认为，在公元前1800年之前的400年里，沿海人口可能增长了30倍。当时社会的复杂程度有所增加，沿海地区出现了规模庞大的基建工程。

河谷人类定居点数量飞速增长，形成了一些古代最复杂的灌溉系统。安第斯居民开始利用泛滥的河水种植玉米、豆类、辣椒、南瓜和其他作物。他们先在小型灌溉系统中试验灌溉方式，然后将其推广到较大的系统。

公元前1800—前400年，长度不同的各条运河灌溉着不少于4 100公顷的农田。小规模灌溉变得越来越普遍，来自沿海渔场的食物和河谷农作物变得更可靠，因此人们饮食中可食用植物的比例开始上升，沿海居民的生活方式也发生了巨大变化。最终，许多沿海社群迁往内陆，留在太平洋沿岸的居民则继续捕捞活动。久而久之，一些沿海村落成为专业的渔业社群，把鱼类当作商品供应给日益强大的内陆中心地区。

在沿海船舶得到发展的同时，鳀鱼渔场的产量也有了显著提高。由于当地没有可用于制作独木舟的树木，人们只能利用生长在海边的大量拖拖拉芦苇。他们把这种芦苇捆成束，再做成船头高高翘起的轻型独木舟，这种小船和现代的冲浪板有着异曲同工之处。除了造舟之外，拖拖拉芦苇也在数千年里被人们用来建造简易房屋。

如今，拖拖拉芦苇做成的独木舟被称为"小芦苇马"。它们吃水很浅，所以渔民可以叉开腿坐在上面。他们用双腿把芦苇筏子从沙滩撑进水里，高高翘起的船头能够穿过海浪，使筏子进入可以捕到大鱼的较深水域。进入深水区后，渔民把几条筏子聚在一起，开始设置刺网。刺网网眼非常细，而且都带有沉子，可以捕捞到数千条鳀鱼，有时还能捕到鲻鱼那样的大型鱼类。布置完刺网，个别渔民会把带有诱饵、用芦苇制成的笼子放入水中，用以捕捞龙虾和其他甲壳类动物；还有些渔民则用鱼钩和渔线钓鱼。时至今日，当地仍

图 17-1 秘鲁拖拉芦苇独木舟（本图片由德-阿戈斯蒂尼图片库／布里奇曼影像提供）

有渔民使用拖拖拉芦苇独木舟，从他们通常的做法来判断，古时每个渔民都拥有两只独木舟。在海上使用一只小船的同时，他们会将另一只小船放在陆地上晒干以防被水浸湿。

"鱼干"与安第斯文明的起落

渔民们可能把大量的鳀鱼放在芦苇席上晒干。作为一种产品，鳀鱼干和沙丁鱼干有许多优点，它们很容易捕获和晒干，是可靠的食物来源，而且重量够轻，人们可以用篮子或网把它们装起来，然后扛在背上或由美洲驼驮着大批量地运到内陆。鳀鱼和沙丁鱼捕捞业的兴起恰好与大型宗教仪式中心和灌溉农业的发展相吻合。大型公共工程和日益复杂的社会、宗教环境需要大量的劳动力，但这些人既不是农民，也不是渔民。他们负责建造砖土房屋和挖掘大规模灌溉工程，因此需要口粮。

在安第斯文明出现的过程中，鱼类和其他海洋产品起到了多大作用？一代又一代的考古学家认为，只有当精耕细作的生产方式能够支持迅速增长的城市人口时，才会出现前工业化文明。这种假设不一定适用于秘鲁海岸及其周边河谷。早在公元前 2000 年前，那些地方就出现了大型宗教仪式中心与迅速增长的人口。

多年以前，在秘鲁北部沿海安孔-齐容（Ancón-Chillón）地区工作的考古学家迈克尔·莫斯利（Michael Moscley）记录了当地经济在公元前 2000 年后飞速发展的情况。他指出，开垦沙漠不仅需要人们种植植物并掌握植物栽培知识，还需要社会提供大量建设灌溉渠和农田系统的劳动力以及能够组织劳动力的制度，而当地必定已经具备了建造这些大型工程的社会机制。

太平洋沿海居民在开始灌溉河谷之前就建造了复杂的宗教建筑。

这种工程需要大量劳动力，依靠的是海洋经济，而非灌溉农业。渔业并非一夜之间转变为农业的。早在洪泛平原出现集约化耕作之前，当地就出现了一个越来越强大的团体性权威机构，它的职责是组织人力建造复杂的宗教建筑并对其进行日常维护。

莫斯利提出，当渔业社群自愿和自发地服从某种形式的控制时，这种权威机构便出现了。他认为，聚居在沿海和内陆河谷的非农业社群规模越来越大，而太平洋沿海拥有独特的海洋资源，足以为这些不事农业生产的人群提供充足热量。长久以来，莫斯利的理论得到了学术界的认可。如果他的观点是正确的，那么对于后来发展起来的安第斯邦国社会而言，鱼类便是最重要的经济基础。

我们从渔业产量上就可以预见安第斯的社会变化。根据现代的渔业产量判断，假如古代沿海人口只吃小型鱼类，并且只需要60%的渔场承载力来养活，那么沿海地区就能为650万人提供粮食。虽然当时的人口不一定达到这个数目，但它表明，小型鱼类的开发可以为一个复杂社会的出现奠定坚实的经济基础。

当然，我们不能说渔业就是安第斯文明崛起的原因，但毫无疑问，鱼类是千百年来高原和低洼地区发生变迁的起因之一。安第斯地区的人们对沿海资源的依赖形成了人口密集的大型沿海定居点，它们的领导人能够组织大批劳动力建造大型宗教仪式中心及后来的大规模水利工程。人们可以利用这些基础水利设施种植编织渔网所需的棉花、葫芦等农作物。

在这种情况下，灌溉农业掌握在一小部分拥有宗教权威的强大群体手中，该群体由利用现有简单技术和当地人口打造新经济的精英阶层组成。这种转变是安第斯社会发生剧烈变化的推动力，它以贸易、玉米种植业（在公元前4500年左右被引入安第斯沿海地区）和海洋食物为基础。但是这一变化的产生有赖于古老的渔业传统，而这种传统早已在沿海村落沿袭了数千年。在这几千年里，海洋食物在绝大多数沿海居民的日常饮食中占了90%以上。

围绕着600千米长的富饶渔场，沿海社会的规模和复杂性呈指数级增长。公元前3100—前1800年，在利马以北200多千米的苏佩（Supe）及其临近河谷出现了十几个古代定居点。其中一处可以说是美洲最早的城市，它名为"卡拉尔"（Caral），形成于公元前2876—前1767年。

卡拉尔的中心由6座巨大的土墩和至少32个公共建筑构成，当中有一座高30米的大型建筑，名叫"大神殿"。在大神殿前面还有一个凹陷的巨大圆形庭院。秘鲁考古学家露斯·莎迪·索利斯（Ruth Shady Solis）认为，苏佩河谷的18个定居点构成了一个主要群落，河谷边上的无数村庄和小型社群与主要群落组成了一个大型网络，而卡拉尔便是其枢纽。

这座城市的居民能够获得1 200多千米外秘鲁和厄瓜多尔沿海的海菊蛤贝壳，这也说明了苏佩河谷在安第斯世界的重要性。据估计，作为苏佩河谷的中心城市，卡拉尔在1 000多年里吸收了河谷1/4以上的劳动力。苏佩河谷的很多社群在当地网络中各自扮演着特殊角色，有些以捕鱼为生，有些种植豆类、棉花、南瓜等农作物。后来，当地人所种的农作物都被玉米所取代。大地震和厄尔尼诺现象形成的风暴对卡拉尔和苏佩河谷的其他定居点造成了巨大影响，神殿受损严重。到了公元前1767年左右，卡拉尔便被废弃了。

从公元前1800年起，随着社会的日益规范，越来越大的定居点和宗教仪式中心在灌溉系统周边出现。在日渐严密的监管下，农民改变了河谷面貌，使之更适合种植玉米。苏佩河谷王国林立，动荡不安，渔民们在这样的环境中默默无闻地生活着。

公元200—800年，莫希王国在秘鲁北部沿海的两大河谷莫希河谷（Moche Valley）和兰巴耶克河谷（Lambayeque Valley）之间逐渐发展起来。莫希人最为闻名的是他们在兰巴耶克河谷的西潘举行的武士-祭司葬礼以及他们的制陶和冶金技术。莫希艺术家擅长现实主义绘画，他们的画作生动描绘了一个由富人精英阶层统治的多彩社会，给我们留下了深刻印象。

莫希王国的中央集权究竟达到怎样的程度，这个问题尚存争议，但它的统治者确实建造了很多壮观的庙宇，比如位于莫希河谷的太阳神庙和月亮神庙。它们是举行隆重公共仪式的地方，目的在于彰显精英阶层的权威。两座巨大神庙之间的平地上分布着密密麻麻的房子，里面住着生产黄金制品、纺织品和精致陶瓷品的工匠。人们把具有异域风情的黄金装饰品、优质棉纺品和海藻之类的沿海产品从低洼地区带到高原。高原地区的农民则用块茎植物和土豆等农作物换取海藻，对于他们来说，海藻是唯一的碘来源。

自给自足的农耕和渔业社会逐渐被你争我夺的精英政治和霸占领土的野心所取代。公元 750—800 年，由领主南拉普（Namlap）统治的西坎王朝（Sicán）崛起，并在后来兴盛了 5 个世纪之久。西坎是一个组织严密的社会，工匠们大量生产精致的金属品，其中有很多物件是用黄金合金薄片制成的。

西坎的社会财富多得令人难以置信。考古学家在洛洛神庙（Huaca Loro）完好无损的东陵（East Tomb）发现了一处重要墓葬，里面出土了 1.2 吨随葬物品，包括一张黄金面具、一副黄金手套以及一些曾经用来缝在棉布衣服上的金箔。

西坎人与高原和沿海地区进行了大规模的长途贸易，获得了从遥远北方运来的无数海菊蛤贝壳。在这个时期，治水和大规模水利工程已经成为沿海人口生存的重心，因为到了出现厄尔尼诺现象的年份，鱼类便成为一种极其重要的补充食物。

公元 900 年后，西坎王朝的继承者奇穆王国（Chimu）崛起，统治着从莫希河谷到兰巴耶克的沿岸地区，将都城设在面积超过 20 平方千米的开阔城市昌昌。这是一个中央集权的国家，不仅管辖着位于河谷的城镇和水利工程，还管理着偏远村庄，村民以种植棉花和可食用农作物及捕捞大量鱼类为生。

在鼎盛时期，奇穆农民耕种的土地面积比如今多 30%～40%。无论是渔民、农民还是工匠，每个人都是某个庞大行业的一员。奇穆的统治者们很注重维护本国对于重要外来物品和其他商品的战略垄断，这点在塞鲁阿苏尔体现得最为明显。塞鲁阿苏尔是瓦尔库（Warku）王国的一个重要渔业社群，位于利马南部 130 多千米处的一个岬角。人们在那里捕获数以万计的鳀鱼，先将它们晒干，然后卖给内陆农民甚至更远地区的居民。

1470 年，这片海岸被纳入幅员辽阔的印加帝国版图。印加帝国分为四大行政区，被统治者称作"塔万廷苏尤"（Tawantinsuyu），即"世界的四个部分"之意（The Land of the Four Quarters）。印加帝国经过一个世纪左右的连续征战才得以建立，其领土跨越高原和低洼地区，从的的喀喀湖地区延伸至厄瓜多尔。印加人都是技艺高超的战士和才华横溢的组织者，他们借助管理技能和残酷的武力巩固帝国根基。沿海渔民在这一时期服务于其遥远的主人们。

印加人建造了一座壮观的石筑城堡，可以俯瞰塞鲁阿苏尔。当地经济体变成了一条高度组织化的生产线，鳀鱼渔场的产量远超出当地居民的需求量。渔民们把数以千计的鳀鱼和沙丁鱼晒干，塞进库房，然后用干沙盖住以防止腐烂。无所不在的官员用结绳的方式清点鱼干数量并向渔民征税。

同一时代与印加帝国南方河谷接壤的另一政治组织描述说，印加这一南方国家拥有 1.2 万名农民、1 万名渔民和 6 000 名商人，我们大概能了解到当时参与鱼类贸易的人数，并由此推测鱼干的交易量必定很大。

1532 年，西班牙开始入侵印加帝国，弗朗西斯科·皮萨罗 (Francisco Pizarro)俘虏了印加帝国的统治者阿塔瓦尔帕(Atahualpa)。西班牙人带来的流行病导致原住民大批死亡，塔万廷苏尤就此毁灭。在西班牙征服者面前，印加帝国轰然倒塌。

与人类历史上其他被征服的文明一样，古老的田野和渔场并没有消失，因为人们离不开食物。殖民地农民在近海岛屿的土地上施肥，同时鳀鱼被一篮又一篮、一车又一车地运到利马和其他城市。不过，当地渔场仍未实现工业化捕捞，人们大多数时候仍然乘小型木船或芦苇独木舟捕鱼。渔场可能出产了数百万条鱼和大量用作肥料的鱼粉，此时渔获物只供本地市场消费。

500 年后，鳀鱼和鱼粉成为支撑秘鲁经济的两种主要产品。鳀鱼的经济地位保持了很久，然而在工业化捕捞兴起之后，全世界最富饶的秘鲁渔场逐渐衰退了。

人类生存进化史
How the Sea Fed Civilization

Fishing

第三卷

富庶的终结

The End of
Plenty

数万年来，人类通过捕捞淡水鱼、海鱼和贝类动物来养活自己的家族或家人。罗马帝国的崛起让早期文明达到顶峰。由于罗马帝国需要数以百计甚至千计的人员来建设市政工程、担任政府官员、参与陆地或海上的战斗，因此为这些人提供口粮成为当务之急。早在中世纪之前，世界各地的人们已经在大规模开发沿海水域，有时会出现过度捕捞的现象。他们的活动导致自然环境和生物栖息地发生变化。

古代的捕鱼活动已经对世界近岸海洋生态系统产生了根本性影响，而在罗马帝国时代结束后，这种影响更加强烈。罗马帝国在东方和西方的统治相继瓦解，除了盛产鳕鱼、鲱鱼等鱼类的北欧沿海地区以外，各地的商业捕捞活动逐渐减少。

在中世纪，绝大多数欧洲人主要吃谷类食物和肉类，较少吃鱼。当时，人们把生活在水中的所有生物都归为鱼类，将鱼当成一种代表健康和声望的膳食代用品。此外，根据基督教教会的定义，鱼还象征着忏悔。新鲜鱼的价格昂贵，一般只供富人或自给自足的修道士食用。公元 1100 年左右，欧洲人对鱼类的依赖性逐渐增加，他们将本地捕获的鱼趁新鲜吃掉或稍微腌制后再吃。到了公元 1200 年，由于禁止吃肉的宗教节日越来越多，许多居住在远离海岸之地的平民开始吃那些经过晒干、腌制或卤水处理的海鱼。相比之下，贵族和富人更喜欢吃新鲜鱼，尤其是鲤鱼这种外来的水塘养殖鱼类。

除了不断改变的社会环境，欧洲的渔民还得适应自然环境的变化。中世纪暖期几百年间的气候相对温暖，欧洲人口因此急剧上升，人们对鱼类的依赖性日益增加。到了 10 世纪，人们将通常以徒手方式捕到的鱼送到当地市场销售，渔民群体则为了谋生向发展中的城镇供应鱼类。

300 年后，英格兰南部出现了马车运输网络：人们将鲜鱼运到诺曼底，再用马匹转运到巴黎。到了公元 1300 年，一些远方的内陆地区开始大量养殖鲤鱼、梭鱼等鱼类。过度捕捞、建造跨河渔栅等人类活动，以及自然环境的变化导致西欧部分地区的鲑鱼数量减少，还有繁殖速度较慢的鲟鱼种群在面对日益增长的需求时也急剧减少。为了应对这一局面，人们加紧开发周边渔场，尤其是鲱鱼渔场。

大西洋和北海复杂的鲱鱼产卵模式让人们可以在近海处捕捞到数以千计的鲱鱼，但棘手的问题在于，鲱鱼是油性鱼类，几小时内就会腐烂。尽管如此，鲱鱼渔场还是迅速扩大，尤其是在北海南部和波罗的海附近的波美拉尼亚沿岸。渔民们直接在海滩上腌制鲱鱼，这种处理方式可以让鱼肉保持几个月不变质，便于后期绑成小捆出售。到了 13 世纪，捕捞鲱鱼的活动已经达到了庞大的商业规模，尤其是在北海南部沿岸的鲱鱼产卵浅滩及瑞典南部的斯堪尼亚沿岸。大量鲱鱼被装入盛有卤水的密封木桶，运到遥远的内陆地区，并以标准计量单位出售。

一个世纪后，荷兰人成为国际渔业第一批真正的主要参与者。到了 1520 年，荷兰人开始向罗马供应鲱鱼。这些变化恰好发生在小冰期初期。鲱鱼幼鱼对冰冷的水温特别敏感，而当时恰逢海洋温度逐渐降低。此外，过度捕捞也使波罗的海和北海丰富的鲱鱼资源接近枯竭，渔民们只能转而捕捞其他鱼类。显然，这些变化是永久性的，如今波罗的海洄游鲱鱼数量比 1 000 年前减少了 20%。

腌鲱鱼的吸引力有限，所以渔民们把目光投向更诱人的大西洋鳕鱼。大西洋鳕鱼是一种白色海鱼，鱼肉很容易晒干或腌制，并且可以保存很长一段时间。早在青铜时代，这种鱼就成为挪威人的捕捞对象和罗弗敦群岛居民的主食。对于出海远行的人们和遵守大斋节规定的虔诚信徒们来说，鳕鱼干也是一种非常宝贵的口粮。

波罗的海和北海同业公会的商人们发现鳕鱼的市场需求暴增，他们抓住了这个商机。他们拥有散装货船，可以大批量运输鳕鱼干。同样在不懈地寻找鳕鱼资源的英国渔民于 1412 年到达冰岛海域，那里非常危险，但鳕鱼带来的利润却是巨大的。

1497 年，人们发现了纽芬兰鳕鱼渔场，那里的鳕鱼多到可以直接用篮子从海面捞上来。在欧洲，鳕鱼已经成为国际化产业，其触角延伸到遥远的内陆和地中海天主教国家。纽芬兰和新英格兰的渔场把鳕鱼捕捞变成了一个巨大的产业，并使之成为连接英国、加勒比地区奴隶种植园和新英格兰港口的三角贸易的一部分。

鳕鱼贸易的长期利润高得惊人，其价值总和超过欧洲殖民者在美洲发现的黄金。但是，鳕鱼产业早在 18 世纪就出现了过度捕捞的迹象。从那时起，鳕鱼的平均尺寸就已经在逐渐缩小。

鳕鱼的国际贸易堪称真正的全球化产业。令人震惊的是，这一庞大产业竟建立在古老的捕捞方式和设备基础上，而这种情况自中世纪开始几乎没有发生任何改变。人类对大西洋鳕鱼渔场长达数个世纪的破坏到 19 世纪仍在继续着。随着内陆需求的不断增长，鳕鱼越来越难寻获，于是渔民进一步提高了捕捞效率。他们乘坐平底小渔船和补给船在开阔的大西洋采用延绳钓法捕捞鳕鱼，在近岸处设置围网。因此，鳕鱼资源枯竭的状况不仅没有得到缓解，反而更加严重。从 14 世纪开始，渔民们常拖动一种用沉子加重的拖网沿着海床捕鱼。后来人们又发明了桁杆拖网，其木质横梁可以让网口保持张开的状态。人们采用桁杆拖网之后，渔获量猛增，但这种工具严重破坏了海床。

19 世纪 30 年代到 40 年代，蒸汽动力渔船投入使用；20 世纪初，柴油动力拖网渔船也得到广泛使用，渔民们可以在海上停留更长时间，并且能够把渔获物放在船舱里冷冻起来。到了 19 世纪 90 年代，蒸汽拖网渔船的渔获量比风帆渔船高出 8 倍之多，而柴油拖网渔船的渔获量有时比蒸汽拖网渔船还多 40%。在现代拖网和最早于 19 世纪 50 年代开始使用的大型围网得到普及之后，捕捞不再是机会主义活动，而是另一种以工业化规模开发海洋的有效方式。

这些新生事物产生于欧洲海域。不过，渔民们遵循着这样一个古训：如果当地渔业资源枯竭了，就迁徙到别处。于是新技术就随着迁徙的渔民广泛传播到其他地方。

1882 年，日本人采用大型围网捕捞水下中上层的小型鱼类。到了 20 世纪 30 年代，法国人开始驾驶捕鲸船在远洋海面捕猎鲸鱼。随着越来越多的地方使用鱼粉饲养动物，人们对秘鲁鱼粉的需求也直线上升。在那个时期，渔民开始以企业员工的身份从事捕捞活动。他们有着稳定的资金来源购买和维护船只，而且在船上配备了新型的电子鱼探仪。第二次世界大战结束后，捕鱼成为完全工业化的产业，而日本则是该产业的领导者。人们把拖网渔船组成船队，航行至遥远的南极洲。他们只用 15 年时间就耗尽了当时还无人染指的渔业资源，而后转战其他渔场。

如今，人类将面临巨大的挑战：2014 年，人类消费的养殖鱼类数量首次超过野生鱼类；到了 2050 年，我们将要养活 90 多亿人，而那时的气候变化将对业已承受极大压力的渔场构成进一步的威胁。

现代渔业不应为世界各地渔场的现状承担全部责任，因为如今的局面是人类几千年来开发海洋的结果。此外，人们曾以为鱼类资源无穷无尽，这种误解更加剧了渔业资源的枯竭。在人口爆炸、技术创新以及人们对利润的不懈追逐等诸多因素的共同作用下，海洋中几乎已经找不到未被人类开发过的产品。人们总会想方设法抓住机会，这是人类的本性，也是造成资源枯竭的根本原因。

第 18 章

中世纪鱼宴

对于西欧地区自给自足的渔民来说，罗马帝国的坍塌并没有给他们的日常生活带来太大影响，他们仍保持着千百年来的习惯——根据时令捕鱼。古人进行自给性捕捞活动的痕迹很难在考古遗址中留下，因此中世纪早期遗址中与淡水鱼或海鱼相关的证据非常罕见。

考古学家在英国、法国，以及荷兰、比利时和卢森堡等三个低地国家发现了一些 6 世纪至 7 世纪中叶的农村定居点遗址，那里有零星的海鱼踪迹，但并没有证据表明当地的人们曾进行过密集的捕捞活动。当时的海上货运量很小，贸易活动更多是针对贵重商品而不是生活必需品。我们可以肯定的是，不论出于何种原因，鱼类在罗马时代结束后就不再是西欧人的主食。

在斯堪的纳维亚半岛则并非如此。当地的自然环境不适宜农业种植，在那里进行农耕活动存在较高风险。5—7 世纪中叶，鳕鱼、鲱鱼及相关品种是挪威最重要的鱼类。挪威北部的罗弗敦群岛尤其如此，那里后来成为主要的鳕鱼渔场。另外，波罗的海西岸的丹麦和瑞典等岛屿周围也拥有富饶的渔场。

在博恩霍尔姆岛上的索尔特穆尔德（Sorte Muld）遗址，考古学家找到了 1.3 万块鲱鱼骨头。这些鱼骨可追溯到 6—7 世纪，占沉积层鱼骨的 96%。整个北欧都拥有古老的海洋文化传统，海洋鱼类资源极其丰富，这为该地区海洋渔业在随后几百年发生的巨大变化奠定了基础。

早在公元 1 世纪，基督教会就要求信徒在宗教节日施行斋戒。尤其是在周三、周五和大斋节期间，基督教徒们只能吃谷物、蔬菜和鱼。性格温和且高度自律的圣本笃①（Saint Benedict）推动了禁欲清修制度的发展，他拟定的《圣本笃会规》（*Rule of St. Benedict*）提倡斋戒和无肉饮食。从公元 6 世纪开始，本笃会遍及欧洲各地，作为基督教基本教义的无肉饮食原则被世俗社会接受。几百年间，虔诚的基督教徒对鱼类的需求飞速增长。

中世纪末期，在禁食期间吃鱼对荷兰人来说已经成为一种惯例。大斋节期间，荷兰人只吃鲱鱼、比目鱼、贻贝、鳗鱼和蔬菜。谈及斋戒，前人对于鱼的定义有些混乱，16 世纪著名鱼类专家阿德里安·克嫩（Adriaen Coenen）在其著作《鱼鉴》（*Visboek*）中甚至将海豹也归类为鲱鱼的一种。《鱼鉴》出版于 1578 年，读者甚广。后来，欧洲人在一年中大约有 40% 的日子需要禁食，因此无论是富人还是穷人，他们都对鱼类产生了无尽的需求。

其实在中世纪早期，几乎所有人都以水果、谷物、豆类和蔬菜等碳水化合物为生。人们很少吃肉，除了常见的欧洲鳗，其他鱼类也吃得很少。欧洲鳗遍布池塘和溪流，人们用长矛和鱼笼很容易捕捉到它们。鳗鱼还有一个更大的优点，即经过高温熏制几小时之后它们会形成干燥、丝状的黏稠物，这种物质可以保存很长时间。由于欧洲鳗资源丰富，人们逐渐把它变成一种货币，用于支付服务酬劳或购买渔业权。公元 970 年，英格兰东部芬兰德的伊利修道院院长每年会收到 1 万条鳗鱼，那是附近的奥特维尔村和阿普维尔村送来的礼物。

①公元 480—543 年，另一说卒于公元 547 年。——作者注

鲤鱼"荣耀"

公元 8 世纪，修道院获得了土地使用权以及在湖泊、池塘和河流捕鱼的权利。在此之前，淡水鱼和海鱼对绝大多数人来说都太过昂贵。起初，只有靠近产量稳定的渔场的修道院才能吃到海鲜，随着各地的宗教团体开始自力更生，改善饮食，捕鱼和鱼类养殖变得越来越重要。

精英阶层如果能吃到淡水鱼或海鱼，日子就算非常惬意了。淡水鱼是精英阶层日常饮食的重要组成部分，尤其是梭鱼、大鳟鱼和鲑鱼等溯河产卵鱼类。这种状况持续了很久，至少到了 13 世纪以后才有所改变。从大河捕捞到的鲟鱼体长可达 3.5 米，体重 300 ~ 400千克，堪称顶级美味。如今，鲟鱼鱼子酱仍备受人们喜爱。但是在中世纪，鲟鱼是一种非常珍贵的品种。人们有时候把鲟鱼腌制在木桶里，当作贡品献给王室。

大型鳗鱼、梭鱼和鲑鱼具有很高的价值。体型较大的鱼类往往被渔民献给城市领导人和德高望重的贵族以示敬意。有些品种可以用来煮汤，比如多刺的梭鱼，但在宴会上，它通常在两道大菜上桌的间隔被端上来，纯粹作展示用。1420 年，萨伏依公爵阿马多伊斯（Duke Amadeus of Savoy）的主厨编写了一本食谱，其中描绘了一道菜式：梭鱼被装饰成朝圣者，有些还被金叶覆盖，一条代表领头人的七鳃鳗带领着这支队伍前进。

随着水车的不断改良，内陆居民开始尝试人工养殖鱼类以满足特权客户的需求。大约在 11 世纪，卢瓦尔河和莱茵河流域之间就出现了这种人工养殖鱼塘，里面养着鳊鱼或梭鱼等当地品种，但产量很小。直到欧洲内陆地区开始大范围养殖鲤鱼，人工养殖鱼类的产量才开始增加。

镜鲤（*Cyprinus Carpio*）是一种重量较大的鲤科淡水鱼，它能长到惊人的尺寸，每年春季在温暖的浅水中繁殖众多幼苗。野生镜鲤盛产于多瑙河下游的温暖水域和汇入黑海的河流中，而人工养殖的镜鲤则有可能被修道士在公元 1000 年后的某个时期带到了中欧和西欧。随后镜鲤养殖技术迅速在整个欧洲大陆，尤其是各个修道院之间广为传播。

直至 14 世纪，镜鲤才开始在英格兰繁殖，也许是因为当时英格兰的气候适合它们生存。每年春季，修道士将成年鲤鱼放入长满水草的温暖池塘，让它们在里面繁殖，然后将幼鱼移到养成池中喂养，直到它们可以食用为止。池中配置的循环系统在这个富含营养物质的围场中能够工作 4 ～ 6 年。到了收获季节，养殖户一边把池塘里的水抽走，一边把鱼赶到池塘中间水位最深的地方，因为在那里更容易捞到鱼。

到了 14 世纪中叶，镜鲤养殖成为一项大产业。巴黎附近的夏利修道院在各处拥有总面积达 40 多公顷的镜鲤养殖场，所产镜鲤全部供修道士食用。然而，与波西米亚南部的特热邦罗日姆贝克（Trebon Rozmberk）贵族相比，修道院的镜鲤养殖规模相形见绌。到 1450 年为止，这些贵族一共控制了 17 个小鱼塘和 3 个大鱼塘，总占地面积超过 700 公顷。他们把镜鲤卖到布拉格和其他城市。如今，特热邦周边仍有大约 400 平方千米的鲤鱼养殖场。

鲤鱼的价格一直很高。在 15 世纪的大部分时间里，1 千克鲤鱼的价格相当于 8 千克多牛肉或 20 条面包的价格。市场对鲤鱼的需求量非常大，于是法国在公元 1400 年后建造了 4 万公顷鲤鱼养殖场。这些养殖场位于法国中部，几乎都远离海岸。倘若把新鲜海鱼运到那里，恐怕早就变质了。

鲤鱼养殖业受到严格管控，因此利润丰厚，而最赚钱的当属那些土地所有者和修道院。公元 1300 年以后，由于海鱼变得更加容易捕捞，鲤鱼养殖业不可避免地走向衰落。15 世纪以后，由于政局不稳、劳动力成本上升、修道院对饮食约束的放松，以及人们对海鱼的喜爱超过泥味较重的鲤鱼等因素，法国曾经繁忙的鲤鱼养殖场几乎都变成了旱地。

天赐的美食：鲱鱼罐头的诞生

大西洋鲱鱼犹如海洋里的"蚁群"，它被卡尔·林奈[①]（Karl Linneaus）称为"产量最大"的鱼类。它们盛产于北大西洋和北海水域，分为好几个品种。

每年春秋两季都有大量鲱鱼鱼群游到北海产卵。北海最北部的鱼群被称为"巴肯（Buchan）鲱鱼"，它们在设得兰群岛和苏格兰阿伯丁东部沿海海域产卵；北海中部的鱼群被称为"班克（Bank）鲱鱼"，习惯在英格兰约克郡和诺福克郡之间的沿海地带和多格浅滩产卵；最后一种就是在北海最南部的"唐斯（Downs）鲱鱼"，它们的产卵地位于北海的南海湾和英吉利海峡。

首先产卵的是巴肯鲱鱼，接着是班克鲱鱼，而唐斯鲱鱼则在深秋时节产卵。到了冬季和春季，三种鲱鱼鱼群都以逆时针方向绕北海移动，并在北海东部过冬。

6 月左右，巴肯鲱鱼到达设得兰群岛，荷兰渔民乘坐着被称作"巴斯"（buss）的深水捕鲱船在那里等着它们。6 月 24 日，也就是圣约翰节的晚上，鲱鱼捕捞季正式开始。到了 9 月和 10 月，鲱鱼密集地聚集到英格兰东安格利亚沿海，在近岸水位较浅的海床和多格浅滩外广阔的繁殖区域产卵。体力耗尽以后，这些鲱鱼在冬季沿着荷兰、

---

①卡尔·林奈，1707—1778 年，瑞典著名生物学家，生物学分类命名的奠基人。

比利时和卢森堡的海岸线向北方漂游，直至新一轮产卵周期开始。

也许有人认为鲱鱼是天赐的美食，遗憾的是，鲱鱼的肉是油性的，在秋季产卵的时候尤其如此，这意味着鲱鱼肉会在几个小时内变质。北欧天气寒冷潮湿，绝大多数地方都不适合风干鲱鱼，而含油量较少的鳕鱼则不同。北欧地区食盐供应不足，腌鱼的方法也很简单。当地大多数食盐来自沿海湿地，人们将那里的湿泥滤掉，把留下来的液体煮沸并蒸发，所得到的就是昂贵且稀少的食盐。在中世纪早期，人们腌制鲱鱼时通常只用食盐把鱼盖住，然后定期搅动以确保食盐均匀覆盖。这个过程一般持续两个星期。

数千年来，对波罗的海西岸的当地居民来说，大西洋鲱鱼是一种重要的捕捞目标。然而在中世纪早期，除了沿海地区之外，海洋食物在欧洲人的饮食结构中所占的比例仍较小。

鱼类是位于瑞典东部哥得兰岛北欧社群的主食。考古学家在当地墓葬中发现了携带武器的男性遗骸，他们生前很可能是武士，在四处征战时以鱼类为口粮。波罗的海渔业起步较晚，但随着人们对鱼类需求的不断提高，当地渔业规模逐渐扩大，其中最为繁忙的就是波罗的海西部的鲱鱼渔场。公元 6 世纪初，博恩霍尔姆岛的居民以大量鲱鱼为食；到了 10 世纪和 13 世纪，德国和波兰北部出土的鲱鱼鱼骨证明那里曾有广阔的渔场，那些鲱鱼很可能是被渔网捞起来的。与此同时，城镇定居点不断扩张，人们对于鲱鱼的需求增加，波罗的海西岸避风港和江河入海口的商业捕捞规模有所扩大。根据盎格鲁−撒克逊时代（Anglo-Saxon）编年史学家的叙述，每逢夏末和秋季，英格兰和欧洲大陆渔民都会涌向位于北海西岸的东安格利亚沿海水域捕捞鲱鱼。

13—14 世纪，鲱鱼产业出现了一个重大突破。当时，居住在丹麦哥本哈根附近罗斯基勒湾的渔民开始用小刀去除鲱鱼鱼鳃，然后将鱼迅速腌制好。盐随着流淌的血液穿透鱼肠，使鱼肉风味更佳，保存时间更长。这种鲱鱼加工方式究竟在何时何地出现，我们无从知晓。早期北欧遗址也出土过一些来自罗斯基勒的鱼骨，但是没有证据表明它们是用同样方法加工的。另外，优质盐也变得更加常见。到了9世纪，北欧船向南航行，抵达位于比斯开湾卢瓦尔河河口的努瓦尔穆捷港。自古以来，努瓦尔穆捷港就是晒制和交易食盐的地方。

波罗的海沿岸已知最早从事对外贸易的鲱鱼渔场出现在德国北部的吕根岛，那里靠近吕讷堡盐矿。食盐使附近城市吕贝克的商人在波罗的海鲱鱼贸易中享有特殊地位，他们牢牢控制住鲱鱼渔场，对鲱鱼加工和桶装实行严格的质量把控。到了13世纪，东至西里西亚、西至德国中部和南部等广大区域的鲱鱼贸易都被吕贝克和施特拉尔松德①的商人们掌控。

1290年，瑞典西南部斯堪尼亚沿海的鲱鱼渔场开始崛起，那里的渔场面积更大，而且同样拥有大量来自吕讷堡的优质海盐。在与斯堪尼亚渔场的激烈竞争中，吕根的鲱鱼贸易开始走下坡路。第一个书写了丹麦历史的12世纪末丹麦历史学家萨克索·格拉玛提库斯②（Saxo Grammaticus）曾经提到，斯堪尼亚沿海密密麻麻地聚集着产卵的鲱鱼，船只无法通过，人们往水里一伸手就能捞起一大把鱼。斯堪尼亚渔场的崛起与当地渔民采用了新式木桶鲱鱼加工方式有关。他们把已经去除内脏的鲱鱼放入木桶，每放一层鱼就铺一层盐，然后把鱼压实，让盐将鲱鱼的水分吸出来，再用新鲜卤水浸泡鲱鱼。用这种方式加工的鲱鱼可以保存两年之久。通常情况下，一桶盐可以加工3桶鲱鱼，每桶鱼的标准重量是117千克。有了桶装技术后，长途鲱鱼贸易就开始了。

①施特拉尔松德位于吕根岛对面的欧洲大陆以东215千米处。——作者注
②格拉玛提库斯曾著《丹麦人的业绩》（Gesta Danorum）一书。

木桶是保存咸鲱鱼的最佳方式。在 10 ～ 12 摄氏度的环境下，桶装咸鲱鱼存放 10 个月仍可食用。温度越低，咸鲱鱼的存放时间就越久。很快，人们将腌制方法严格标准化，以确保鲱鱼质量保持一致。保存鲱鱼的难题终于解决了，只用了几代人的时间，鲱鱼贸易便成为一个国际化产业。它的驱动力不仅来自宗教，还来自不断增长的城市人口和军事需求。到了 1390 年，鲱鱼已成为一种常见食物，甚至连远离海洋的内陆地区居民也能吃上鲱鱼。法国军人兼旅行家费利佩·德·梅济耶尔（Philippe de Mezieres）曾说过，当时"虽然有些人买不起大鱼，却都买得起鲱鱼"。

木桶腌鲱鱼技术提高了渔业的经济效益，波罗的海渔场开始向内陆城市提供食物。起初，鲱鱼的捕捞工作是由农民完成的，他们通常在收割完农作物之后再去捕捞鲱鱼。每到鲱鱼产卵季节，位于丹麦和瑞典之间的厄勒海峡的村民都会倾巢而出。随着市场需求的不断增加，丹麦人显得心有余而力不足，因此成百上千的外来渔民从遥远的日德兰半岛的弗伦斯堡和波罗的海其他地方赶来，汇聚到后来逐渐成形的斯堪尼亚集市。大部分外来渔民是在波罗的海和北海各个渔场打工的职业季节性渔民。

渔民们通常自发地组成 5 ～ 8 人的捕鱼小队，同乘一条被称为"舒腾"（Schuten）的平底小船，采用固定或漂流的渔网捕鱼。只要有船和渔网，小分队就可以完成当季的捕捞工作，然后等到次年再重组。他们中有些人在白天用定置网捕捞鲱鱼，另一些则在晚上用火把捕鱼。地拉网不允许使用，也许这是为了保护鱼类种群。任何人都可以加入捕鱼小队，只要在每个鱼汛期向当地领主缴纳两次渔获税即可，而鲱鱼通常可以用来抵扣税款。

14 世纪是斯堪尼亚集市发展的巅峰期。每年 8 月 15 日至 10 月 9 日，集市都会开展大规模的鲱鱼交易。据传在公元 1400 年左右，

图 18-1　19 世纪晚期的斯堪尼亚鲱鱼市场，一名检查员正在桶身上盖戳（本图片由阿拉米图片库提供）

当地参与捕鱼和贸易的人数超过 1.7 万，从事相关行业的则有 8 000人。每天黎明时分，一群商人便默默地站在沙滩上等待着，岸边是渔民们居住的小屋。他们朝海上望去，只能看到闪烁的灯光随着海浪摇曳。

根据规定，船只还没返航时商人们不得买鱼，甚至不能讨论鱼的价格。当号角声响起，船只满载而归，商人们则一拥而上地跑到海边。他们相互推搡着、叫喊着，几乎毫无秩序地竞买最好的鱼。经过一番讨价还价后，双方达成交易，渔民把鲱鱼运到海堤后面专门的鱼类加工房，按照规定，所有人都不得在海滩上加工鱼类。

加工房里有经过严格挑选的女工，一部分负责去除鱼的内脏，还有一部分人负责把鱼放入一旁的木桶里，用吕贝克的盐制成的卤水将鱼腌渍好。每桶约有 900 条鱼，这是约定俗成的数量。一名宣过誓的官员负责检查塞满鲱鱼的木桶，然后在桶身盖上产品监控的标志，以表示产品的原产地、包装时间、产品质量等内容清晰无误。

桶身还要盖上商家的标志，这样一来，即便木桶被运到几百千米以外的内陆地区，消费者也可以在发现产品质量问题的时候向商家提出索赔。

斯堪尼亚的鲱鱼生产体系非常精细，因此它的产品质量和稳定性均优于所有对手。1384 年，同样的生产标准跨越北海来到英格兰西北部的斯卡伯勒，提高了英国渔场的竞争力。与此同时，吕根市场被击垮，因为吕贝克的商贩们发现他们可以向蜂拥来到斯堪尼亚市场买鱼的农民出售各种消费品。这些消费者是天然的客户群，而且规模在不断扩大。另外，由于渔场周边形成了一个大市场，渔民们不再零零散散地到海滩上卖鱼，而是聚集在一些作为临时市场的地方，比如丹麦阿迈厄岛上的德拉厄以及瑞典西南端的斯卡讷和法尔斯特布。

14 世纪中叶，来自不同城市的商人在斯堪尼亚获得了仓库和作坊的所有权，这些建筑物被统称为"维特"（Vitte）。维特是私有化的临时交易场所，周边还有配套的商店、教堂、修道院和妓院。汉萨同盟[①]（Hanseatic League）的所有结盟城市及远至须德海的其他低地国家都存在类似的交易场所，就连英格兰和佛兰德商人也在斯堪尼亚拥有一席之地。与那些得到法律严格保护的商人不同，渔民们的生活没有太多保障。他们住在简陋的木屋或草棚里，而这些处所同时也是晾晒渔网、维修渔具的地方。

1370—1380 年，斯堪尼亚主宰了欧洲的鲱鱼市场。该市场北起挪威北部，南至西班牙和意大利，西起威尔士，东至德国中部和更远的东部。1368 年，吕贝克商人进口了 7.6 万桶鲱鱼，而波罗的海每年从斯堪尼亚进口的鲱鱼总量高达 2.25 万桶。鲱鱼的供应量时

①汉萨同盟是北欧沿海各商业城市和同业公会为维持自身贸易垄断而结成的经济同盟，从中世纪晚期持续到 15 世纪，1450 年后逐渐式微。

有波动，且毫无征兆。在某些年份，海水中鱼群如云；而在 1474—1475 年，海里几乎没有任何鲱鱼。好在腌鲱鱼的库存很大，完全能够满足欧洲市场的需求。

14 世纪初，来自遥远的英格兰和整个波罗的海地区的商人们都聚集在如今瑞典的马斯特兰德市购买和加工鲱鱼。荷兰和德国的商人们则把鱼沿着莱茵河运到科隆，那里是整个德国的主要鲱鱼市场。鲱鱼到达科隆后，宣过誓的测试员要检查鲱鱼的质量，并在木桶上打标记。这些鲱鱼会被卖到遥远的苏黎世和巴塞尔等南部城市。整个交易网络把鲱鱼生产商和德国南部的消费者绑定在一个经久不衰的大规模市场中。鲱鱼促进了欧洲所有产品的贸易，包括来自东方的布料、皮毛、各种奢侈品和农产品。据丹麦学者卡斯滕·杨克（Carsten Jahnke）估计，14 世纪末至 15 世纪初，丹麦鱼类出口金额是牛肉的 2 ~ 3 倍，占所有农产品出口额的 1/2。

1370—1380 年，斯堪尼亚市场的发展达到顶峰。控制着吕贝克海盐来源的汉莎同盟成员在 1370 年之后接过斯堪尼亚市场的管理权。为了限制北海的竞争对手进入斯堪尼亚市场，汉莎同盟制订了排他性政策。同时英格兰、苏格兰和低地国家的渔民们意识到，他们家门口就有尚未开发的鲱鱼渔场。英格兰人开始直接与位于欧洲中心的普鲁士城市进行贸易，结果大获成功，并导致斯堪尼亚集市的经济重要性明显降低，以至变成一个区域性市场。

北海的鱼类加工标准不仅与波罗的海渔场同样严格，而且那里的加工商研制出了更美味的腌鲱鱼。他们把产自丹麦和挪威尚未产卵的年幼鲱鱼放入橡木桶，然后倒入淡卤水，让鱼在桶中发酵 5 天左右，制成口味较为清淡的腌鲱鱼。这种腌鲱鱼之所以广受欢迎，是因为它们可以做成各种菜式，而且比口味较重的腌鲱鱼开胃。

随着斯堪尼亚渔场走向衰落，丹麦商人依靠丹麦北部的利姆海峡大力发展鲱鱼贸易。他们出售的腌鲱鱼质量较差，价格也低得多，专门供应本地市场。这与斯堪尼亚只注重出口的汉萨同盟形成鲜明对比。挪威渔民在布胡斯采用大围网捕捞大西洋鲱鱼，这个地方位于当时还属于挪威的哥德堡的北边。早在 12 世纪，布胡斯渔场就开始活跃起来，并在 1585 年达到巅峰期，出产了 7.56 万桶鲱鱼。北大西洋的涛动会对鲱鱼种群数量产生影响，每过大约 100 年就会出现巨大波动。渔场不断地出现和消失，渔获量也毫无规律可言，人们只在 18 世纪 80 年代得到过特别高的鲱鱼产量。到了 1810 年，鲱鱼变得非常罕见，出口也陷入停滞。

斯堪尼亚商人资金充足，对于鲱鱼的装桶数量的控制异常精准。他们把鲱鱼这种容易腐坏的商品变成了优质产品，它所吸引的不仅是波罗的海城市的消费者，还有更遥远世界的人。在中世纪，拥有完善基础设施的斯堪尼亚堪称欧洲最大的商业渔场。

是渔民，也是海盗

15 世纪，鲱鱼贸易的经济重心转移到了北海。在特定季节，绝大多数早期北海渔民都会前往分布于低地国家沿岸的营地和定居点捕捞鲱鱼。有些定居点是大型港口，如加来（Calais）和奥斯坦德（Ostend），另一些居住地则是较小的城镇和渔村。作为欧洲最古老的城市，安特卫普（Antwerp）和根特（Ghent）不但是沿海集市，也是鲱鱼渔场。

这些渔民定居点现在几乎已经销声匿迹了，不过位于潮汐通道的瓦尔拉维斯德是个例外。瓦尔拉维斯德位于如今的比利时，起初只是一个临时营地，很快便成为永久社群。考古学家在当地挖掘出散落的房屋遗址，它们由泥墙和茅草屋顶建成，而且每间房子的正中央都有一只砖炉。房子附近有小棚，可能是用来存放各种工具的，也有可能被当作船库。当时留传下来的文字记录描述了居民从事海洋捕捞、腌鱼贸易和其他商品的交易活动。房子附近依稀可见泥炭采掘坑。当时，人们把泥炭挖掘出来，将其烘干、烧成灰烬，然后将灰烬与海水混合后变成卤水，用平底锅加热，最终形成盐巴。

14 世纪，渔民和沿海农民过得十分艰难。土地所有权和用水权合并，许多农村因此陷入贫困，渔民和农民只能完全依赖城市市场。贫穷的沿海城镇导致一条沙丘带的形成，而正是这些沙丘保护了村庄免受上涨潮水的影响。1394 年 1 月，北海沿海地区发生了著名的圣・文森蒂乌斯（Saint Vincentius）风暴潮。受大风和巨浪的影响，奥斯坦德的大部分城市都被水淹没，瓦尔拉维斯德也遭遇了严重的洪水侵害和泥沙淤积。洪水过后，村子被沿海沙丘埋没，村民们只能到遥远的内陆重建房屋。新房子呈平行或垂直排列，而建造房子的也许是建造防护堤的工人或是在鲱鱼渔场工作的渔民。

瓦尔拉维斯德逐渐成为一个大型的沿海聚居点。当地贵族和官员实力强大，他们非但不思考如何把瓦尔拉维斯德发展成渔场，反而怂恿居民们成为掠夺商船和英国船只的海盗。最后这些渔民们变得非常具有侵略性，这让布鲁日附近乡村的长老很担心，警告渔民不要在没有上级命令的情况下出海抢劫。

瓦拉尔维斯德变成一个典型的空巢渔业社群，半数居民长期不在村里。渔船主就是村里的负责人。每艘船都有多达 20 人的渔民船员，每个渔民都带着自己的渔网，并且在捕鱼收入中占有份额。从同时代的文献判断，这些渔民拥有一些秘不外传的专业技能，比如驾驶船只进出潮汐通道和腌制鲱鱼，这也是他们受到重视的原因。与此同时，瓦拉尔维斯德也是暴力和海盗活动的温床，它和其他村庄一样依旧游走在社会的边缘。

到了 15 世纪，北海渔民使用了一种名为"巴斯"的新型捕鲱船，并由此引发了一场渔业革命。由多个城镇组成、有"大渔场"之称的瓦尔拉维斯德渔场是这场革命的一部分。它不仅严格遵守产品质量标准，而且拥有一大批深海渔船。

　　从 16 世纪 60 年代到 19 世纪 50 年代，这些城镇组织了一个同业公会，垄断鲱鱼的捕捞、腌制加工和销售等环节。1600 年，该同业公会共拥有多达 800 艘"巴斯"捕鲱船。"巴斯"是一种甲板船，载货量 7 000 ～ 10 000 吨，可由 1 名船长和 10 ～ 14 名船员连续驾驶数月。在海上，他们将稍微腌制过的鲱鱼装满木桶，然后把木桶装载到特种船舶上，再转运到岸上。若有需要的话，那些鲱鱼会在陆地上被进一步加工。到了 17 世纪，除了加工人员和其他工人，还有 6 000 ～ 10 000 名渔民在捕鲱船上工作，他们捕获的鲱鱼数量非常大。在 17 世纪的头 10 年里，每年大约有 3.1 万桶鲱鱼被转运到岸上，总数量达 37.2 万桶。

　　在鲱鱼捕捞季节，捕鲱船队一直都很繁忙。每年 2 月和 3 月，鲱鱼成群地出现在苏格兰北部沿海的设得兰群岛。船队从那里出发，一路追随逐渐向南迁徙的鲱鱼群，一直进入北海。到了 9 月和 10 月，船队在英格兰沿海和多格浅滩上捕猎鲱鱼。11 月和 12 月，船队聚集在东安格利亚的大雅茅斯沿海，那里的鲱鱼贸易已非常成熟。大雅茅斯的鱼市吸引了来自欧洲各地的买主。

　　在当地江河入海口，快速流动的潮水形成巨大的沙洲，为许多临时营地提供了足够多的食物。营地里的男人负责捕鱼，妇女和儿童们则负责去除鱼的内脏，然后把鱼加工好，装入桶里。黎明时分，当载满鲱鱼的船只抵达岸边时，妇女儿童们就要在操作台上开始苦干了。在沙滩后面堆着一排排装满鲱鱼的木桶。

　　19 世纪的时候，鲱鱼加工工人从早忙到晚，每分钟可以处理大约40条鱼,中世纪的从业者必定也同样熟练。这是一项危险的工作,如果小刀打滑,工人可能会终身致残。鱼的内脏通常被当作肥料,不会造成浪费。

仅在1310年,大雅茅斯出口了至少482批鲱鱼,总数量大约为500万条。到了1342年,来自欧洲大陆和英国的500艘船只在大雅茅斯缴纳了入港税。它们大部分来自荷兰、比利时和卢森堡,于鲱鱼捕捞季节抵达大雅茅斯。大雅茅斯港以出产腌熏鲱鱼著称,即采用烟熏和腌制相结合的方法加工鲱鱼。30 ~ 50条船载着装有腌熏鲱鱼的木桶从大雅茅斯港出发,前往波尔多交换葡萄酒。

1599年,伊丽莎白时代的作家托马斯·纳什(Thomas Nash)评论道:"味道浓郁的腌熏鲱鱼……是最珍贵的商品,因为它可以被运送到欧洲各地。"腌鲱鱼起初只是家庭作坊的产物,后来成为北海沿岸的一项巨大产业。

像瓦尔拉维斯德这种规模较小的社群是如何经营到这种程度的?"巴斯"捕鲱船的造价高于早期船只,因此富有的鱼贩会参与实际捕捞活动。绝大多数的瓦尔拉维斯德渔民不再与船主共享利润,而是变成了领工资的工人。村里至少有100间房屋,还有一大片空地,人们在那里制作绳索,并建造了一间酿酒厂和一家兼做妓院的客栈。当地的精英阶级还捐资盖了一座小教堂。教堂的玻璃窗画描绘了富裕家庭向渔民赠送武器等礼物的场面,表明渔民对贵族的忠诚及他们之间的良好关系。对于贵族阶级和定居点的平民来说,这种关系至关重要,因为后者不仅为前者提供了船只和劳动力,还提供劫掠商船的服务。

到了15世纪,瓦尔拉维斯德定居点的房子变成带茅草屋顶的砖瓦结构。显然,村民们仍以海洋捕捞为生,但商船从西班牙东部的巴伦西亚带来了丁香、胡椒、象牙梳子和西班牙奢侈品等外来商品。

考古学家在整个定居点都发现了这些物品，说明该社群已经开始利用海运网络流通货物，这是 17 世纪的纽芬兰等后世渔业社区的典型特征。村里更多的则是平淡无奇的物品，包括大部分带有主人标志的木制网针。从这些网针来判断，村民们所使用的绝大多数渔网网目在 2.2 ~ 3.8 厘米，适合制作沿海拖网，以及带铅沉子和软木浮子的鲱鱼网。渔民们使用铁制鱼钩，其中大多数鱼钩长达 14 厘米，它们可能是用来钓鳕鱼和黑线鳕等大型鱼类的。

在瓦尔拉维斯德，人们主要捕捞鲱鱼、鳕鱼、比目鱼和鳗鱼，它们都是北海南部海域的典型品种。当地有村民们用橡木桶打造的水井，考古学家对桶板上的橡木年轮进行分析，发现木桶来自波兰北部的格但斯克地区，而橡树是在 1380—1430 年被砍伐下来的。这意味着这些橡木桶此前很可能是用来存放斯堪尼亚鲱鱼的。当时，汉萨同盟垄断了斯堪尼亚对低地国家的鲱鱼出口。

1441 年，汉萨同盟的垄断被彻底摧毁，村里不再使用桶井。从 1475 年起，瓦尔拉维斯德受到当时普遍存在的政治动荡影响，海上贸易也变得越发不安全。100 年后，遭到战争蹂躏的村子荒废了，只有小教堂的塔楼幸存了下来，但在 19 世纪的一场风暴中，塔楼也轰然倒塌了。

瓦尔拉维斯德见证了北海鲱鱼业的兴衰。16 世纪初，鲱鱼渔场是荷兰经济的重要组成部分，占荷兰国内生产总值的 8.9%。到了 19 世纪，这一数字仅为 0.3%。在这 300 年中，荷兰鲱鱼渔场的数量和盈利能力都在不断下降。

如今，渔业公司保存下来的资料表明，一艘船每年至少要出海 40 趟，才能支付一年的费用并维持正常运转。这些费用包括采购西班牙盐和木桶（船只每出海一趟需要 4 桶盐来腌制鲱鱼）的支出、当地政府和省级政府征收的税款、船只的折旧费（平均使用年限为

20年）、采购和维修渔网的费用，以及支付船员工资和购买食物的资金。投资鲱鱼业要付出大量的固定成本，但收成极不稳定，后期投资者的损失越来越大。到了18世纪50年代，马斯特兰德和东安格利亚的水域再难出现大量鱼群。荒年越来越多，鲱鱼业进入最后的衰退期，于是荷兰人把目光转向长期以来产生了丰厚利润的北大西洋鳕鱼渔场。

第 19 章

鳕鱼传奇：海洋里的牛肉

中世纪的腌鲱鱼，特别是用质量较差的鲱鱼做的腌鱼非常难吃。这种食品不仅油腻，而且肉质很硬，还带有强烈的鱼腥味。12 世纪，腌鲱鱼是巴黎救济院的 4 000 名穷人在大斋节期间的食物，也是预备部队的口粮。对那些吃不到新鲜鱼的虔诚信徒来说，鲱鱼是宗教节日里为数不多的蛋白质来源之一。

后来，大西洋鳕鱼作为新品种大量上市，鲱鱼的地位被取代。与油性鲱鱼不同，鳕鱼的肉是白色的，肉质紧实，油脂较少。鱼肉在深冬和初春的寒风和阳光下很容易晾干也很容易加工，保质期可达 5 ~ 7 年。鳕鱼干摸起来像木头一样坚硬，但重量轻，便于大批量运输，是船员和军人的理想食物。鳕鱼晒干后就变成了鳕鱼干；而在低纬度地区，人们保存鳕鱼的方式则是腌制和烘干。烘鳕鱼干很简单，只不过有点儿费时。1682 年，约翰·柯林斯① (John Colins) 在他的著作《盐业和渔业》 (Salt and Fishery) 中对烹饪鳕鱼干提出了这样的建议："用木槌用力捶打鳕鱼半小时或更长时间，然后将鱼肉浸泡 3 天。"腌制的鳕鱼干很快成为欧洲各地民众的主食，尤其是在已经延续了 150 多年没有肉吃的宗教节日里。

①约翰·柯林斯，1625—1683 年，英国数学家，以和莱布尼茨与牛顿等人的通信而著称。他的信涉及了当时众多的科学发现和发展细节，他也因此被后人视为那个时代的"情报员"。

大西洋鳕鱼是鳕科鱼类的一种。黑线鳕、青鳕和牙鳕等常见品种也属于鳕科鱼类。大西洋鳕鱼大量繁殖于环极地海域，还有从哈特拉斯角到格陵兰岛，以及从北冰洋到比斯开湾的温带大西洋水域。它们通常生活在距离海床几米以内的水层，偶尔会游到水面觅食。鳕鱼头部很大，身体带黏液，体长可达 2 米，体重可达 96 千克。即使在如今资源接近枯竭的海洋里，27 千克重的大西洋鳕鱼也屡见不鲜。大西洋鳕鱼是冷水鱼，最喜欢待在 0 ～ 13 摄氏度水温的海水中，而且非常贪食。冰期结束后，大西洋鳕鱼成为北欧居民经常捕捞的一种鱼。他们只要用鱼钩和渔线就可以轻易捕获这种食物。

挪威北部罗弗敦群岛和西奥伦群岛之间的水域是鳕鱼的主要冬季产卵地。每年 1 月份，它们从寒冷的巴伦支海向南迁徙到被罗弗敦群岛环绕的韦斯特湾。在冬季的剩余时间，岛民们都在韦斯特湾捕捞鳕鱼，那里的鳕鱼渔场已经繁荣发展了至少 2 000 多年。直至今天，人们仍在该渔场捕捞鳕鱼，他们会在罗弗敦岬角及后面的海港里，将被切掉鱼头的鳕鱼放在大木架上晒干。

北欧拓殖者源源不断地乘坐轻便帆船从家乡出发，一路向南和向西航行。这种航船可载重 20 吨，能载运全家老小和牲畜。到了公元 800 年，他们先在奥克尼和设得兰群岛定居，不久以后又在法罗群岛定居。

公元 874 年左右，一个叫因戈尔弗·阿尔纳尔松（Ingólfr Arnarson）的北欧人和妻子抵达冰岛。那里依山靠海，森林茂密。他在当地遇到了来自爱尔兰的修道士。这些修道士乘坐皮艇从南方来到冰岛，但很快就离开了，因为他们不愿意与异教徒分享这片土地。北欧人带了牲畜，但他们还是以捕猎海豹和在沿海捕捞鳕鱼为生。绝大多数农民在船上捕鱼的时间可能和在田里劳作的时间差不多。

北欧人的远航继续进行。在公元 985 年左右，绰号为"红发埃里克"（Eirik the Red）的北欧海盗到达格陵兰岛。北欧拓殖者们在那里找到了比家乡更好的牧场并且发现西边是大雪覆盖的群山。大约15年后，"红发埃里克"的儿子莱弗·埃里克松（Leif Eiriksson）跨越戴维斯海峡，沿着森林越来越茂密的海岸向南航行，抵达纽芬兰北部。假如没有鳕鱼干，北欧人将无法远航。鳕鱼干可以保存5～7年，能为海员和农民提供轻质且富含营养的蛋白。对北欧水手来说，鳕鱼干的作用相当于牛肉干。

7—10世纪，湖鱼、河鱼和鳗鱼在欧洲占主导地位，但对于那些容易捕获海鱼的地方则例外，尤其是挪威南部和波罗的海西岸盛产鲱鱼的岛屿。考古学家在约克郡和南安普敦等地发掘出可追溯到8世纪的鲱鱼鱼骨。

公元11世纪和12世纪，鳕鱼的重要性有所增加，但鳕鱼资源并未得到充分开发。在诺曼人（Norman）征服英格兰之前，盎格鲁-撒克逊人的语言中甚至没有"鳕鱼"这个单词。北欧人对鳕鱼最感兴趣，在他们于9世纪到达苏格兰之前，当地居民的捕捞规模并不大，而且主要捕捞沿海鱼类。

公元9世纪和10世纪，随着移民人数的增加，苏格兰人转而捕捞大西洋鳕鱼和相关的蛇鳕及绿青鳕，也许这是北欧人把自己的饮食偏好及有关鳕鱼加工的专业知识带到了苏格兰的缘故。

北欧人保存鳕鱼的方法有两种。制作鳕鱼干时，他们会把鳕鱼全方位晒干，且保留鱼的绝大部分脊椎骨；而在制作腌鳕鱼干时，他们要把鱼头切除，然后将鱼身切开，去除上部脊椎骨，最后摊平晾干。罗弗敦群岛和西奥伦群岛一年当中的气温会有连续数月保持在冰点，因此两地都是加工鳕鱼干的理想环境。腌制鳕鱼干则可以在跨度较大的温度范围内进行，人们还可以将部分腌鳕鱼摊开在海滩鹅卵石上晒干。最优质的鳕鱼干来自60～100厘米长的鳕鱼，因为这种体长的鱼在晒干后能够留下大量鱼肉。制作腌鳕鱼干的新鲜鱼体长则最好是 40 ～ 70 厘米。这些看似神秘的统计数字非常重要，因为它们有助于我们研究考古遗址出土的鱼骨并思考发生在 11 世纪的渔业变革。

北欧：渔业变革起始地

公元 950—1000 年，曾在挪威和冰岛广泛分布的非规范性鱼类贸易突然发展成一个国际化产业。英国考古学家兼鱼类专家詹姆斯·巴雷特（James Barrett）把这种剧烈的转变称为"渔业的重大转折点"（Fish Event Horizon），这种转折就体现在随着鱼类加工方式的改变而变化的古代垃圾堆中。

渔业的重大转折点为何会出现？是否因为贸易活动有所增加？事实上，这里面涉及的因素相当复杂。其中一种可能性是粗放耕作、扩建水闸和内陆捕捞活动加剧导致河流和湖泊淤泥堆积，导致淡水鱼类供应随之减少；另一个原因则是涉及斋戒和宗教节日的盎格鲁 - 撒克逊法律被废除。公元 7 世纪，该法律同时适用于宗教和世俗人士。但是在公元 10 世纪，英格兰本笃会进行了改革，而《圣本笃会规》被翻译成古英语就标志着这一事件的高潮。这场改革可能影响到鱼类的消费，也可能没有产生任何影响，但在此之前的很长一段时期，人们普遍遵守《圣本笃会规》。

渔业变革的主要推动力还可能来自城镇的发展，首次发现鲱鱼和鳕鱼的考古遗址就位于那些地方，而不是村庄。公元 11 世纪之前，鲱鱼几乎全出现在城市。公元 1000 年左右，鳕鱼开始加入英国人的日常饮食，但在鲱鱼和鳕鱼变成城市常见食物很久以后，农村地区才开始大批量消费这两种鱼。

与此同时，北欧货船的载货量大幅增加，从公元 1000 年左右的 20 吨提高到公元 1025 年的大约 60 吨，海洋捕捞活动也变得更加频繁。那时，汉萨同盟笨重而缓慢的柯克船和同样慢速的哈克船穿越波罗的海，将货物和鱼从斯堪的纳维亚南部运往英吉利海峡。这些巨大粗笨的船只就是中世纪版本的散货船，专门运输木桶装腌鲱鱼和大捆鳕鱼干等大型货物。欧洲早期城镇人口密集，这很可能导致人们对海鲜的需求无法被满足，尤其是在斋戒期间。

　　渔业变革始于遥远的北欧。在漫长的冬季，鳕鱼干是人们重要的食物来源。罗弗敦地区气候干燥，鳕鱼数量丰富，因此当地鱼类贸易在很多个世纪中和冰岛一样繁荣发展。

　　冰岛保存着一些最完好的鱼骨，考古学家在当地沿海和内陆遗址对它们进行了细致的研究。米湖地区位于冰岛的东北部高地，距离海岸线约 70 千米，考古学家已经在那里找到了公元 9 世纪和 10 世纪的鱼骨。从现存的鱼骨判断，渔民们主要以当地湖泊的渔获物为食，但偶尔也吃一些来自沿海的加工鱼类，其中主要是鳕鱼干和腌鳕鱼干。

　　挪威北部和冰岛的鱼类贸易都是地方性的，而且可能以血缘关系、债务义务、礼物交换，以及不同部落酋长之间的关系等社会机制为基础。这些联系形成一个贸易网络，将各种鱼类、海鸟蛋、海洋哺乳动物肉和其他商品一起运往内陆，类似机制也推动了世界各地自给性渔民和其他人群之间的贸易。加工过的鱼类重量很轻，很容易用驮马运到内陆。

　　也许从定居点成立之时起，鱼类贸易就成为北欧严酷生活环境中不可分割的一部分。几乎可以肯定的是，这些鱼类流通体系的灵感源自本土，并以家庭和家族关系为基础。用于交易的鱼类品种很多，没有统一的标准。另外，人们之间的关系是持续而非正式的。

尽管起点很低，但经过公元 10 世纪的高速发展，北欧渔业逐渐变得高度组织化。

冰岛西北部西峡湾半岛的早期考古遗址记录了这种转变。西峡湾半岛有一处阿克雷里遗址，其历史可追溯到 12—13 世纪。那时，每到捕捞季节，渔民们就会使用当地一些类似于亭子的小型建筑物。它们不是常年有人居住的农业和渔业聚居点，而是一种季节性的专用营地。倘若捕捞到体型较小的鱼类，渔民们会把它们全部扔掉，但绝大多数贝冢出土了很多鱼的胸椎骨和尾前椎骨，这似乎表明当地居民生产了大量鳕鱼干和腌鳕鱼干。加工者在清除鱼的内脏时会把大部分鱼头和鱼嘴切掉，还会扔掉鱼的一部分脊椎骨，同时保留剩余的脊椎骨以便固定鱼肉，方便晾晒。

阿克雷里遗址出土的 13 世纪和 15 世纪的鳕鱼骨尺寸最适合制作鳕鱼干和腌鳕鱼干，这再次表明当时的渔业已经实现了标准化生产。这种观点也在挪威沿海的罗弗敦岛和韦斯特兰岛考古遗址中得到印证。较早期的遗址显示，人们会把各种各样的鱼类运上岸进行加工；但中世纪一处重要的鱼类贸易站斯托尔瓦根表明，当地居民几乎完全专注于捕捞鳕鱼，渔获物中其他鱼类较少。

考古学家还从阿克雷里遗址发现了长期过度捕捞的迹象。研究人员计算了鱼椎骨中央表面的生长环，用复杂的统计分析法进行了分析，结果表明遗址鳕鱼的年龄在 6 ～ 12.5 岁。按照今天的标准，这些鱼的年龄已经相当大了。

如今，2 ～ 10 岁的鳕鱼被捕捞上岸，其中近 3/4 的鳕鱼年龄在 4 ～ 5 岁，然而阿克雷里遗址中却有近 3/4 鳕鱼的年龄在 6 ～ 10 岁。这表明自 15 世纪以来，鳕鱼群的平均生存年龄下降了大约一半。这是一个极其重要的变化，因为年龄较大的鳕鱼可以比年轻鳕鱼多产出数以百万计的鱼卵。根据老龄鳕鱼种群枯竭的数量可以推测，北大西洋的鳕鱼种群在之后的 5 个世纪中遭到了过度捕捞。

公元 1100 年左右，真正的商业鳕鱼捕捞在北欧方兴未艾，当时北欧鳕鱼干的出口量大幅增长。每年 5 月底到 8 月，罗弗敦岛民把鱼干运往南方。其中大部分都运到了卑尔根，那里成为鳕鱼干的主要贸易中心。

1191 年，到过卑尔根的丹麦人宣称当地盛产鳕鱼干，人们买卖鳕鱼干时甚至不用称重。卑尔根港拥有许多优势，比如它是南部一个优良的避风港，而且处于波罗的海地区、英国、德国、荷兰、比利时、卢森堡和法国北部等各大渔场和主要进口国中间。到了 13 世纪，冰岛成为挪威领土的一部分，卑尔根的中枢作用也变得更加明显。挪威西部和北部的人们出口鳕鱼干，以换取自身长期缺乏的谷物。

同位素、贸易站和锤鱼机

借助现代科技，我们能够深入了解中世纪时期的国际渔业情况。例如考古学家在 11 世纪和 12 世纪的英格兰和佛兰德定居点遗址挖掘出鱼骨，用同位素分析法进行分析后，他们发现这些鱼拥有典型的北海南部水域鱼群的特征，即它们是从距离当地较近的水域捕捞上来的。随着城市人口的不断增长，人们对鱼类的需求量也随之增长，然而当地的鱼类供应无法满足需求，这个问题尤以伦敦最为突出。13世纪和 14 世纪的鱼骨带有北冰洋周边地区的特征，包括挪威、冰岛和苏格兰北部，但到了 15 世纪和 16 世纪，当地鱼类开始带有北海以外地区的特征。

由于在批量加工之前鱼头会被切掉，所以在伦敦这种大城市的考古遗址中，鱼头骨出现的频率非常低。从罗马时代到中世纪，伦敦地区共发现了 95 个遗址，它们记录了鳕鱼用途的重大变化。在这些遗址出土的鳕鱼骨中，大约有 70 根来自罗马时代，另有少数几根来自盎格鲁–撒克逊时代；除此之外，大部分鱼骨都要追溯到公元 1000 年以后。

13 世纪，鳕鱼的数量猛增，鱼头骨碎片的数量却更加少见。这是一个重大的转变，说明本地捕捞的鳕鱼数量大幅减少，人们转而进口加工过的鳕鱼。鱼骨的同位素分析恰好印证了这一变化。直到 14 世纪初，汉萨同盟才开始主导盎格鲁和挪威之间的鱼类贸易。那么，来自罗弗敦群岛的鳕鱼为什么会在公元 1250 年左右突然出现在伦敦呢？我们不知道原因，也许是因为渔民换了市场，抑或是北海南部的鳕鱼资源枯竭了。

数个世纪以来，卑尔根一直是鳕鱼干贸易的主导者。这里的一些商人是本地人，而另外一些商人则来自遥远的地区，如英格兰。这群人中绝大多数都是德国人，起初以来自莱茵河地区的商人为主，到了 13 世纪，他们大多来自吕贝克和温德族人（Wendish）居住的城镇。14 世纪，这些商人隶属于汉萨同盟，并享有特定城镇赋予的特权。在卑尔根，汉萨同盟得到了充足资金和完善贸易网络的支持。由于他们能够获得对北方至关重要的粮食和其他商品的供应，所以运作效率非常高。

自 14 世纪 60 年代起，汉萨同盟在卑尔根经营着一个贸易站点。该站点完全是一个独立的殖民机构，通过与之相关的贸易公司向挪威渔民提供信贷。如今，贸易站的建筑物仍然存在。当地居民非常欢迎汉萨同盟，因为即使在渔业歉收的年份，汉萨同盟也能保证粮食供应。16 世纪 60 年代，汉萨同盟的贸易站与 300 名渔夫进行了交易，并将来自卑尔根的鳕鱼干运往吕贝克和英格兰。

12—15 世纪初，英格兰人一直是第二大鳕鱼消费群体，他们也从 15 世纪开始在冰岛南部沿海捕捞鳕鱼。鳕鱼干贸易时起时落，中间出现过两次高潮，一次是在 12 世纪，当时正值挪威人向英国港口出口鱼干；另一次则是在 16 世纪，那时候这个行业在欧洲发生了重大的技术变革。

在德国南部，聪明的德国人发明了一种被英国议会议事录称为"锤鱼机"的装置，其中最大的一台可能是水力驱动的。这种机器专门用来锤打鱼肉，可将鱼肉锤软；而在此之前，锤鱼肉是由手工完成的。锤鱼机可加工的鱼类数量远多于家庭消耗量，因为有了锤鱼机，德国南部居民对冰岛鳕鱼的喜爱超过了挪威鳕鱼，因为经过锤打以后，冰岛鳕鱼的肉质变得更软。另一个长期的变化则是冰岛出产的鳕鱼不仅被运往卑尔根，还直接进入了英格兰市场，满足了大部分英格兰消费者的需求。到了 15 世纪末，冰岛鳕鱼又被卖到汉堡、不来梅和吕贝克。后来，荷兰人参与到北欧的鳕鱼贸易中，而其他地方的商人也开始争夺来自卑尔根北部的鳕鱼，汉萨同盟终于迎来了强劲的商业竞争对手。

所有这些鳕鱼都被卖到欧洲西北部和东北部。即使在纽芬兰向英国西部和诺曼底以南的西欧国家提供鳕鱼很久以后，这种情况仍在继续。15 世纪 70 年代，每千克鳕鱼干的价格等于 6 ~ 7 千克黑麦，这对挪威渔民来说利润可观。毫无疑问，汉萨同盟的商人没有充分利用这个机会。在 16 世纪，卑尔根每年出口约 2 000 吨鳕鱼干。然而到了 17 世纪 20 年代，由于鳕鱼干的价格下跌，经济陷入困境，卑尔根有许多永久性渔村被废弃。

中世纪的渔民们认为海洋资源取之不尽、用之不竭。假如一个渔场因渔船太多而导致渔业资源萎缩，他们便去寻找新渔场。基督教教义认为，神赋予人类砍伐森林、耕种土壤及在江河湖泊捕鱼的权利。他们还认为，这样的劳作能让他们更接近上帝。还有一种更极端的说法称，捕鱼除了给虔诚的信徒提供食物以外，也是一种赎罪的方式。那些出海捕鱼的渔民觉得自己有义务把捕捞活动扩展到更危险的渔场，因为离家较近的渔场已经被过度捕捞了。

抛开宗教义务不谈，在过度捕捞的局面下，为了满足消费者永无止境的需求，渔民们只能去寻找未开发的新资源。冰岛的鳕鱼干早已举世闻名，但在中世纪，冰岛的货物很少离开当地水域。冰岛绝大多数捕捞活动都在近海展开，而且捕鱼在传统上是一种与农耕相结合的兼职活动。

公元1412年左右，来自北海的英格兰渔民被汉萨同盟挡在利润丰厚的卑尔根市场之外，于是他们乘坐双桅深水渔船向北方的冰岛航行。如今，我们对这种渔船的细节知之甚少。

每年11月至次年3月，北欧人为了躲避严寒很少出门，但是为了寻找更多的鱼类资源，英格兰渔民只能冒着2月的严寒乘坐双桅深水渔船向北航行。这种船是渔民们根据自己的痛苦经历逐渐发展完善的，他们知道，要想成功捕捞到鳕鱼，就必须长时间待在海上并且不断航行以追踪鳕鱼的去向。

双桅渔船很可能有两层夹板，船身长约18米，船艄有一间专门用于睡觉和做饭的小船舱；甲板其他地方都是开阔的，以方便渔民捕鱼和腌制渔获物。渔民们站在船舷上缘，每个人都拿着鱼钩和渔线，机械地重复着拖鱼的动作。

冰岛渔场条件艰苦且苛刻，渔民们需要在海上航行长达60天时间。为了捕捞人们所说的"海洋里的牛肉"，成年人和少年人都饱受苦难。他们身上只披着动物的皮毛，在雨雪、狂风和惊涛骇浪中捕鱼，平常以硬饼干或他们最终想要获取的鳕鱼干充饥。他们随时都有丧命的危险，驾驶双桅深水帆船出海的死亡率可能高达60%。那是一个命如草芥的时代，战火连绵不断，军队需要大量粮食，再加上基督教教义的要求，鳕鱼成为不可或缺的商品。

1419 年冬，冰岛附近的一场暴风雨带来了强风和大雪。"岛屿四面八方都是英格兰的沉船，"冰岛的一位匿名作家在《冰岛编年史》①（*Icelandic Annals*）中写道，"数量不少于 25 艘，所有船员都遇难了。"尽管危险重重，渔民们仍然坚持捕鱼，因为鳕鱼可以带来丰厚利润。英格兰商人给鳕鱼开出的价格比卑尔根商人大约高出 50%。

　　以鳕鱼干闻名于世的冰岛渔场吸引着来自英格兰和苏格兰的渔船。大多数情况下，这些渔船都留在海上捕鱼，因为船长志存高远，不愿局限于眼前狭窄的海域。渔民们驶过奥克尼群岛后再向西北方向航行，在冰岛东部的瓦特纳冰原地区登陆，然后继续前往西海岸附近的渔场。

　　英国渔民是一个性格强硬、难以驾驭的群体，他们对于自己掌握的专业知识总是讳莫如深，从不告诉别人哪里能捕到鱼。总的来说，他们与冰岛人没有什么联系，基本不会接近激流涌动和布满嶙峋岩石的海岸线。有些渔民在冰岛西南沿海的避风港登陆并搭建营地，以便加工渔获物。这些人做事不择手段，有时候甚至与海盗没有区别，只想烧杀抢掠。

　　最终，这个利润丰厚的渔场变得更加有序。到了 16 世纪，一些双桅帆船也开始从事贸易活动。根据 17 世纪作家约翰·柯林斯的描述，它们的船员使用 165 米长的钓线、铅制沉子和带饵鱼钩捕鱼。长钓线上都挂着较短的有钩钓线，提高了捕鱼的效率。冰岛人甚至抱怨说，长钓线使鳕鱼远离他们经常捕鱼的浅水区。冰岛海域的捕鱼船数量迅速增加，到了 16 世纪，共有 150 艘渔船在冰岛海域捕鱼，其中一些船的排水量高达 90 吨。每次出海时，它们都会配备成千上万的铁钩、长钓线和大量的盐。

────────────

①《冰岛编年史》是一系列依据时间顺序记录 13 世纪、14 世纪发生在冰岛及其周围事件的手稿，一些部分甚至记录了 15 世纪和 16 世纪的史实。

鱼类贸易中心——布里斯托港

英格兰西南部的布里斯托尔港位于布里斯托尔湾的岬角处。布里斯托尔湾形状狭长，海流时常变幻莫测。布里斯托尔港不是渔港，而是一个积极从事大斋节鱼类贸易的世界性贸易中心。

15世纪，布里斯托尔商人是不安分的企业家，他们愿意投资有风险的事业，经常出入西方渔场，尤其是爱尔兰沿海。当时，爱尔兰渔民正在引进鲱鱼的近亲沙丁鱼（常用木桶腌制）和无须鳕鱼等鱼类。北海渔民只有在鲱鱼产卵时才出海捕鱼，冰岛渔民也只在夏季捕鱼；但在布里斯托尔水域，捕鱼船全年工作，获利可观，为英格兰与西班牙之间本就利润丰厚的葡萄酒和羊毛贸易锦上添花。布料、采矿和富饶的农业为渔民前往冰岛和更远地区进行高风险商业捕鱼活动提供了充足资金。

布里斯托尔商人身处一个人类疯狂探索新世界的时代，并且总是时刻留意着新的机遇。许多来自遥远地域、说不同语言的水手和渔民经常出入布里斯托尔的酒馆，这些人对欧洲的沿海和深水海域了如指掌，其中一些船员经历过冰岛鳕鱼渔场的冬季暴风雨，沿着非洲海岸一路向遥远的南方航行。为了寻找新的渔场，许多船员离开英吉利海峡、北海和冰岛，航行很远的距离。

他们大多数不愿意公开自己的经历，因为渔民天生就是守口如瓶之人。喝了酒以后，他们可能会讲一些奇闻逸事，比如海怪、能够撞沉船只的大鱼及满地都是黄金的西方土地。据说，布拉希尔岛 ①是一座难以找到的天堂岛，它漂浮在遥远的地平线上，永远被浓雾笼罩。前往远洋探险的不仅仅是渔民。1402年，法国人航行至加那

①布拉希尔岛是欧洲人长期着迷的神话般的国家，据说位于爱尔兰海岸的大西洋海域，其名字源于凯尔特神话中的世界之王布拉希尔（Breasal）。

利群岛；16 年后，欧洲船只抵达马德拉群岛；1432 年，葡萄牙占领了亚速尔群岛。

人类对远方总是有着强烈的好奇心，更何况远方土地还可能蕴藏着无穷无尽的财富。在这两个因素的驱使下，克里斯托弗·哥伦布（Christopher Columbus）开始传奇之旅，到达加勒比海，约翰·卡博托（John Cabot）在 1497 年抵达了纽芬兰。尽管这些地方蕴藏着令人难以想象的财富，但北大西洋地区的通用货币却是布里斯托尔的主要商品之一——鱼。

到了 15 世纪 80 年代，人们经常沿大西洋海岸长途航行，抵达加那利群岛、马德拉群岛和亚速尔群岛。在这条长途贸易路线上行驶对于海员来说已经是家常便饭。

近海航行的水手所使用的船只与双桅帆船有很大的区别。这种被称为"卡拉维尔"（Caravel）的轻快帆船起源于北非西部和西班牙沿海附近的阿拉伯和柏柏尔（Berber）渔民所使用的三角帆捕鱼船。卡拉维尔是双桅和三桅帆船，后来又装上了方形帆。按照现代标准，它们的速度非常快，能够合理地顶风航行，它的载货量远大于北欧的"克诺尔"（Knarr）帆船。卡拉维尔帆船把哥伦布送到加勒比海，成为布里斯托尔海上贸易的运输工具。

15 世纪 80 年代，时常有卡拉维尔船队从布里斯托尔出发，向西远航。由于这些船队没有留下任何航海日志或船员的记录，所以它们的航行目的地和探索成果如今仍然成谜。几乎可以肯定的是，船员们航海途中需要捕鱼。根据海关记录，1480 年有两艘从布里斯托尔出发的帆船向西航行，船上携带着可能要用来腌制渔获物的大量食盐。

当时，布里斯托尔船长已经习惯了航行到冰岛的西部海岸开展捕鱼和贸易活动。每当晴朗的天空刮起强大的东风，西边地平线上白雪覆盖的格陵兰山脉便清晰可见，只要向西航行一天时间，他们就能抵达那里。亲身到过格陵兰岛的冰岛人可能向外界提供了历史学家科尔斯滕·塞维尔（Kirsten Sever）所谓的信息链，这可能导致英格兰的渔船为了捕捞鳕鱼而向西航行。然而，这方面的证据很少。首先，考古学家仔细研究过格陵兰岛上北欧人遗留的垃圾堆，没有发现鳕鱼的踪迹。其次，当地居民似乎更喜欢较肥的海豹肉。夏天，除了捕捞鳕鱼，他们还可以饲养奶牛和捕猎海豹。

尽管如此，依然会有几艘船向西航行。有深海航行经验的船长都懂得纬线航行法，这是一种经过实践检验的方法，北欧人常借助它穿越开阔水域。如果目的地在西面水域，船长就会向北航行，先到达北纬 60 度左右的地方，然后再利用东风向西航行。因为在春季和夏初，这些水域盛行东风。接着船只会在格陵兰岛南端费尔韦尔角的浮冰之间小心航行，不仅要充分利用东风，还要利用好向西流动的伊尔明厄洋流和东格陵兰洋流，其间也许会遭遇强烈的大风。穿越格陵兰岛后，距离拉布拉多只有 1 000 千米左右。在北欧的传说中，这是常被人们提及的已知海岸线。

冰岛沿海渔民为什么会向西航行？我们无法得知答案。也许是因为冰岛渔场的竞争过于激烈，或者岛上的政治环境太过恶劣。无论出于何种原因，对于习惯在隆冬时节进入北大西洋水域捕鱼的人来说，通往西部的开阔水道还算不上一个可怕的障碍。不可否认，大海上的浓雾、冰山和强风是非常危险的因素，但孜孜不倦地寻找未开发渔场的渔民们对此安之若素。他们能够坦然接受那些风险，因为这些水域与他们当学徒时经历的海洋环境并没有太大差异。

我们永远无法找到关于冰岛渔民向西航行的明确证据，不过从理论和逻辑上看，我们基本可以确定威尼斯职业航海家佐安·卡博托（Zoane Caboto，又名约翰·卡博托）曾在英王亨利七世（King

Henry VII)的资助下向西航行,准备寻找一条通往亚洲的香料贸易路线,结果阴差阳错地抵达了纽芬兰岛。在此之前,少数欧洲渔民已到过纽芬兰渔场。卡博托原本打算在1496年出发,但由于种种原因中止了计划。第二年,他指挥一艘名为"马修号"(Mathew)的卡拉维尔帆船从布里斯托尔出发,朝北驶向冰岛,然后乘着东风向西航行。

1497年6月26日,卡博托在德格拉德角初见陆地,那里距离兰塞奥兹牧草地只有8千米,是莱弗·埃里克松在贝尔岛海峡的最早定居点。卡博托继续沿着如今的纽芬兰岛东部海岸航行,当地海域结冰不太严重,较有利于船只行驶。大量鳕鱼聚集在"马修号"周围,船员们直接用篮子捞鱼。回到布里斯托尔后,卡博托受到热烈欢迎。时任米兰公国驻英格兰使节的雷蒙多·德·松奇诺(Raimondo de Soncino)向米兰公爵报告说:"他们说那片土地非常肥沃,气候温和……大海鱼群密集,不仅可以用渔网捕捞,人们还可以在篮子里放一块石头,将其放进海里捞鱼。"松奇诺还补充道,船员们曾向他夸口,认为他们可以把那里的鱼全部捞回来,使冰岛的渔场相形见绌。卡博托最终没有找到通往亚洲的海上路线,他在第二次航行中消失得无影无踪。

1502年,商人休·埃利奥特(Hugh Elyot)的帆船"加布里埃尔号"(Gabriel)载着纽芬兰鳕鱼返回布里斯托尔,这是第一批记录在案的纽芬兰鳕鱼。埃利奥特收到了180英镑货款,这在当时已经是一笔巨款。纽芬兰渔场异常富饶的消息迅速传遍欧洲渔业界。随着鳕鱼价格的上涨及城市人口的激增,渔民们纷纷涌向"特拉诺瓦"(Terra Nova),即"新寻获之地"。到了1510年,布列塔尼人(Bretons)和诺曼人每年夏天都到纽芬兰海岸争相捕捞高利润的鳕鱼。

第 20 章

"取之不尽的吗哪①"

当新鳕鱼渔场的消息传到欧洲时，经验丰富的渔民们成群结队地穿越大西洋，前往纽芬兰淘金。纽芬兰及其附近沿海水域盛产与他们家乡几乎一模一样的鱼类，而与家乡资源已近枯竭的大海相比，纽芬兰犹如天堂。1535 年，法国探险家雅克·卡蒂亚②（Jacques Cartier）沿着圣劳伦斯河逆水而上。他说，在他和船员的记忆中，这条河是最富饶的渔场。半个世纪后，英格兰商人安东尼·帕克赫斯特（Anthony Parkhurst）到达纽芬兰附近海域。帕克赫斯特写道："谈及鱼的品种，除了鳕鱼以外，这里还有鲱鱼、鲑鱼、刺背鳐（即鳐鱼）和鲽鱼（也被称为比目鱼）。"

帕克赫斯特的这番话是有依据的。1575—1578 年，他曾亲自驾船在纽芬兰沿海捕鱼。他发现自己在纽芬兰捕到的鱼与在爱尔兰和苏格兰外海捕到的鱼很相似，纽芬兰的天气也和爱尔兰及苏格兰一样变幻莫测，它们的海面都被浓雾笼罩。北美海域拥有很多史前欧洲海域所产鱼类，那里盛产鲑鱼和大型鲟鱼。鲟鱼曾是专供欧洲王室的美味佳肴，遗憾的是，当时欧洲海域的鲟鱼已被过度捕捞。继哥伦布之后的航海家在纽芬兰以南的加勒比海发现了许多五颜六色

---

① "吗哪"是圣经故事中古以色列人经过荒野时获得的天赐食物。

② 雅克·卡蒂亚（1491—1557 年），发现并命名了加拿大，是首个到达蒙特利尔的欧洲人。

的珊瑚鱼，与北方渔场的各种鱼类截然不同。

欧洲渔民驾船航行到纽芬兰的灰色水域捕捞鱼类，他们对岩石嶙峋、森林密布的海岸毫无兴趣，也不想了解美洲的原住民。其实无论以哪种标准来衡量，美洲原住民米克马克人（Mik'maq）都是专业的渔民。米克马克社群分布于如今的新斯科舍省和爱德华王子岛、新不伦瑞克省大部分地区，以及魁北克省南部的加斯佩半岛。他们非常依赖海洋食物，尤其是蛤类、牡蛎和溯河鱼类。米克马克人大量捕捞这些贝类动物和鱼类，将其清洗干净后放在低矮的架子上，再用明火熏烤。他们认为自己是大自然的一部分，与包括鱼类在内的一切动物合作共存。

与所有古代渔业社群一样，米克马克社会是无数代人经验积累的产物，前人以口耳相传的方式将那些与环境和文化相关的深邃智慧代代相传。假如欧洲渔民和毛皮商人没有与米克马克人相遇，后者也许会继续享受这种舒适和可持续发展的生活方式。在欧洲访客眼里，米克马克人和当地其他渔业社群毫无利用价值，因为欧洲人只对云集于海岸附近的鱼群感兴趣。当地渔场有一个显著特征，即到达那里的航程比往常要长得多。布列塔尼人和英格兰渔民已经习惯了四处奔波，即便前往纽芬兰渔场的旅途很长，也只是稍微改变了他们的日常状态而已。

北欧和北美之间辽阔的海域被海洋学家称为北大西洋寒带。海域两边的气候条件大体相似，整个区域的鱼类也基本相同，尤其是鳕鱼、鲱鱼和鲑鱼。北大西洋东部海域盛产丰富的鱼类，基本上能保证可观的利润。鉴于此，欧洲渔民很快形成了一种惯常做法，他们早春向西航行，秋天满载而归。历史学家杰弗里·博尔斯特[①]

①杰弗里·博尔斯特是美国新罕布什尔大学历史系教授，所著《致命的海洋：大航海时代的大西洋捕鱼业》（*The Mortal Sea:Fishing the Atlantic in the Age of Sail*）在 2013 年获得美国历史学界最高奖项班克罗夫特奖。

(Jeffrey Bolster) 曾引用过与他同时代的几位目击者的话，称按照欧洲的标准，纽芬兰渔场显得多么出类拔萃。

1597 年，经验丰富的船长查尔斯·利（Charles Leigh）是这样描述圣劳伦斯湾的："只用了一个多小时，我们就用 4 枚鱼钩钓到了 250 条（鳕鱼）。"另一位风度翩翩的探险家约翰·布里尔顿（John Brereton）说，与纽芬兰海域比起来，"整个英格兰最富饶的水域也显得无比贫瘠。"我们听到很多人描述纽芬兰渔场如何富饶，曾于 1614 年到过缅因州地区的约翰·史密斯船长[①]（Jeffrey Bolster）提到一位渔夫："他是一个非常蹩脚的渔夫，因为在一天时间内，他无法用鱼钩和渔线捕获两三百条鳕鱼。"一个又一个目击者不仅提到纽芬兰海域鱼的种类，还评论了它们的肉质，称当地出产的鳕鱼"营养充足，又肥又大，味道鲜美"。

多个国家的渔民很快开始在纽芬兰水域捕鱼。1501 年，葡萄牙人抵达纽芬兰，诺曼人和布列塔尼人在 1504 年紧随其后，然后法国其他地区的渔民和西班牙北部的巴斯克人接踵而至，后者在纽芬兰西海岸的贝尔岛海峡捕猎鲸鱼。1540 年后，纽芬兰渔场规模显著扩大，每年有数十艘船驶向纽芬兰、圣劳伦斯湾和缅因湾。1559 年，仅从波尔多、拉罗谢尔和鲁昂出发驶往纽芬兰的船只至少有 150 艘。到了 1565 年，法国船只开始在大浅滩沿海捕鱼。虽然英格兰人声称纽芬兰的土地属于他们，但他们只满足于在冰岛和离家乡较近的地方捕鱼，迟迟没有开发渔业资源丰富的近岸浅滩。

自 1565 年起，冰岛渔场日渐式微，英格兰迅速将注意力转向纽芬兰。当时，欧洲的王朝战争和宗教战争如火如荼，而纽芬兰渔民距离欧洲有半个世界之遥，因此他们并没有受到战争的影响，依旧

---

① 约翰·史密斯船长（1580—1631 年），是最早移民北美的英格兰人之一，指导了英格兰最初的北美定居点詹姆斯敦的建设。

无忧无虑地捕捞作为军事行动配给品的鳕鱼。早在英国殖民者在詹姆斯敦（Jamestown）或其他地方设立定居点之前，数以千计的欧洲渔民就已亲身体验过在纽芬兰渔场捕鱼的感受。

竞逐纽芬兰渔场

　　1580 年后，葡萄牙和西班牙发生内乱，英国人转而进军这两个国家的渔业，并将鳕鱼卖到利润丰厚的南欧天主教市场。经过轻微腌制和晒干的鳕鱼干被出售给南欧市场，作为军队的补给品。鳕鱼的加工需要在陆地上进行，所以英国人在纽芬兰岛东部海岸、北部的弗里尔斯角和南部派恩角之间的区域加工鳕鱼，因为那些地方的海岸线距离渔场最近。

　　每年 2 月至 4 月，船队从英格兰和法国港口扬帆起航。英国人经常向南航行到葡萄牙，并在途中收集海盐。整个航程大约持续 5 个星期，有时候时间会短一点，也就是说，船在 4 月或 5 月就能到达目的地。渔民们在 8 月或 9 月返航，随行的是专门运输散装货物的大型船只，即"麻袋船"。它们之所以如此得名，可能是因为船上还有麻袋装的强化酒 ①。

　　纽芬兰岛的鳕鱼捕捞规模很大。1744 年，法国探险家兼殖民者尼克古拉斯·德尼斯（Nicholas Denys）是这样描述布雷顿角和圣劳伦斯湾的："所有港口的渔船每天都能捕捞到 1.5 万 ~ 3 万条鱼，几乎没有例外……这里的鱼简直就是取之不尽的吗哪。"

　　16 世纪的渔民相当于现在随季节迁移的农场工人，从一个渔场迁移到另一个渔场，在冰岛捕一年鱼，第二年再到纽芬兰，随

---

①强化酒是人们在酿造葡萄酒的过程中，加入白兰地以终止其发酵而形成的一种高酒精含量的酒。强化酒不易变质，方便储存和运输。

后可能又回到北方。1638 年，商人兼作家刘易斯·罗伯茨（Lewes Roberts）是这样描写渔民的："他们的生活方式跟水獭差不多，一半时间生活在陆地，一半时间生活在海里。"整个纽芬兰鳕鱼渔场对美洲当地人的影响很小，做这门生意的都是欧洲人。在纽芬兰渔场捕鱼的多是外来渔民，除了几间独立的鱼类加工站以外，他们与森林茂密的海岸线几乎没有实质性联系。

纽芬兰岛丰富的渔业资源似乎取之不尽，用之不竭。1615 年，大概有 350 艘船在纽芬兰沿海捕鱼。这是丰收的一年，平均每艘船能捕获大约 12.5 万条鱼，其中很多长达 2 米、重约 91 千克，与现代鳕鱼相比可谓庞然大物。达特茅斯和普利茅斯等英格兰西部港口在鳕鱼贸易中扮演着重要角色。

宗教改革使人们不再遵守天主教教会的旧规则，争夺陆地和海洋的战争接踵而来。对士兵、水手和货船来说，腌鲱鱼和鳕鱼干是一种重要的主食。由于陆地资源匮乏，各国经济和政治都受到严重影响，英国议会因此通过议案，确立了只吃鱼的"无肉日"。

早在 1563 年，英格兰国务大臣威廉·塞西尔[①]（William Cecil）就大力提倡在"无肉日"吃鱼，因为这样"海岸线上的居民和住宅就会变多，渔船也会比以前多得多"。到了 17 世纪，这些努力成为空谈。当时的英国开始种植耐寒作物，并采用新方法饲养牛羊，最终实现了粮食的自给自足。与此同时，英国几乎把所有经过轻微腌制的鳕鱼都出口到南方天主教国家。

纽芬兰沿海的鳕鱼渔场海面平静，气候干燥，腌制鳕鱼不需要加太多盐，这也是英国腌鳕鱼的特色。渔民们将大船停在海上，卸

---

①威廉·塞西尔（1520—1598 年），是英格兰历史上著名的政治家。他在爱德华六世（Edward VI）时期担任首席国务大臣，1558 年伊丽莎白一世（Elizabeth I）即位后，他成为女王唯一的秘书和主要顾问。

图 20-1 纽芬兰沿海渔场的鱼类加工图，由画家 G. 布拉马蒂（G. Bramati）创作于 1825 年左右（本图片由布里奇曼影像 / 斯台普顿收藏集 / 私人收藏提供）

除船上的索具，然后用他们在陆地上预先组装好的小船捕鱼。他们在岸上搭建加工棚和晒鱼架，到了船只返航的 9 月时，所有这些设施都会被拆除。虽然捕鱼方法变化不大，船只却建造得越来越大。有些船的排水量多达 300 吨，可装载 150 人，包括渔民、鱼类加工者和工匠。他们乘坐的小船是一种双头划艇，专门用来捕捞那些以甲壳类动物和小型鱼类（比如吃近岸浮游生物的多春鱼）为食的鳕鱼。船员们固定住划艇或者让它在海面上随意漂流，然后设置好渔线，用成对的钩子钩住用作鱼饵的鲭鱼。海里的鱼多得不可胜数，人们就算用铁钩和铅制沉子这种中世纪最简单的捕捞工具也能手到擒来。到了下午，有些船已经捕到了 1 000 条鱼。

渔民们把鱼送到岸上，有"鱼肉收割机"之称的加工者会在几秒钟内切掉鱼头，去除鱼的内脏，把鱼切成两半。然后他们将切好的鱼放在盐堆上以防止鱼肉变质，接着用盐水浸洗鱼肉，再将它们放在架子上或石台上晾晒。四五天后，这些晾干的鱼被小心翼翼地堆放在一起。据说每个渔汛期，每名渔夫的平均捕捞量是 10 吨左右。

随着沿海加工点的不断增加，人们对热门捕捞点的争夺更加激烈。英国开始派人留守渔场，尤其是在那些地理位置优越的捕捞点。留守人员负责安排下一个鱼汛期的准备工作，他们和那些没有随船返回欧洲的人一起成为纽芬兰的首批永久居民。由于战争和在欧洲发生的其他事件，纽芬兰的人口数量每年都有所变化。有时候，到纽芬兰捕鱼的渔民甚至会在那里过冬。到了 1700 年，大概有 2 000 人选择在纽芬兰度过冬季。

纽芬兰的人口数量每年变化很大。1713 年，《乌得勒支条约》①(*Treaty of Utrecht*) 结束了"西班牙王位继承之战"(War of Spanish Succession)。此时的纽芬兰渔场也陷入严重的衰退期。早在 1683 年，渔民们就开始担心纽芬兰的鱼类资源会枯竭，毕竟这些渔民大部分都经历过欧洲渔场过度捕捞的结局。一名亲历者这样写道："没有哪个渔场可以源源不断地为大量渔船提供鱼类资源……假如纽芬兰的渔船数量只有现在的一半，它们在一年内对渔场造成的破坏也不至于影响到后面几年。"海面渔船数量过多是问题之一。

此外，渔民们还要争夺海岸空间以便尽量靠近渔场，避免逆着风在波涛汹涌的海上划太久的船。为了成为第一个到达有利捕捞点的人，渔民们展开了激烈竞争。

英国人喜欢在近海渔场捕鱼，它的南边是更大的法国沿海渔场。

---

① 1700 年，由于西班牙哈布斯堡王朝绝嗣，王位空缺，法国的波旁王朝与哈布斯堡王朝由此相互争夺西班牙王位继承权。英国、荷兰与奥地利结盟与法国作战，受哈布斯堡王室影响的神圣罗马帝国也鼓动德意志诸邦与丹麦和瑞典加入反法同盟。后来因为同盟内部的争端和法国、西班牙地位的稳固，各国做出妥协，英国和法国也在 1713 年4 月于荷兰的乌得勒支签订条约。

很多法国渔船只在沿海浅滩捕鱼，他们在不同的地方开发鳕鱼资源，从而减少了与近岸英国渔民的竞争。渔民们驾船横渡大西洋，然后用测深锤确定浅水区方位。在深冬，这是一项艰巨的任务，因为大浅滩附近常有大雾和暴风雨。

到达浅滩后，船员让船只漂浮在海面上，在船的两侧搭建一个简易长廊。他们站在绑到船上的木桶里，木桶里塞着防止船员被锋利鱼钩划伤的稻草。负责加工鱼类的工人也站在木桶里，船员一将鳕鱼捞上来，他们就立刻砍掉鱼头，取出鱼的内脏，然后把它扔进船舱。船舱里的腌鱼工会在鱼身上撒一层厚厚的盐，腌制两三天，最后保存起来。

这项工作极其艰苦，可即使在最艰苦的日子里，船员们也没有时间休息。小说家皮埃尔·洛蒂[①]（Pierre Loti）曾在法国海军担任军官，在冰岛附近与捕捉鳕鱼的渔民一起工作过。

1886 年，他在自己的小说中描绘了大浅滩渔场的单调乏味和令人精疲力竭的捕鱼工作。在那里，渔民们不停地用鱼钩和渔线捕捞大鳕鱼，然后迅速将猎物拖进船舱。一条渔船在 30 小时内捕获了 1 000 多条鳕鱼。"最后，他们强壮的手臂累了，"洛蒂写道，"整个人开始昏昏欲睡。虽然他们的心早就飞到九霄云外，但他们的身体却一直醒着，本能地继续着捕鱼的动作。"大浅滩渔场几乎完全属于法国，直至 1713 年，也就是签署《乌得勒支条约》的那一年，英国船只才驶入大浅滩。

直到 17 世纪末，纽芬兰渔场一直掌握在私人利益集团手里，对于英国西南各郡尤其如此，那里的船长和陆基渔船队队长善于用简单的方法来管理不守规矩的船员。鳕鱼成为一种战略商品，而渔场也被视为培养未来海军的基地，水手们可以在那里接受严格培训。

[①]皮埃尔·洛蒂（1850—1923 年），法国小说家，因作品中的异国情调而享有盛名。

1620—1650 年，重视商业的欧洲国家把大西洋盆地变成一个巨大的贸易区，咸鱼、奴隶和砂糖被商船沿着贸易路线运到遥远的地方。以大西洋鳕鱼为中心，纽芬兰、新英格兰和其他美洲殖民地形成错综复杂的贸易关系。

1634 年，英国国王查理一世（Charles I）颁布了一份《西部宪章》（*Western Charter*），宣布纽芬兰为英国领土，并规定任何违反英国法律的人都将受到严惩。但是随着时间的推移，新英格兰商人在鱼类贸易中逐渐扮演起重要甚至贪婪的角色。西印度群岛的英国人尤其如此，他们把劣质鱼卖给奴隶当口粮。17 世纪 50 年代，波士顿发展成一个拥有 3 000 多居民的繁荣社群，其中很多居民是富裕的商人。这些商人喜欢欺骗缅因州的渔民，让他们烂醉如泥、债务缠身，然后带着食物、廉价朗姆酒、木材和热带产品涌入纽芬兰。他们一心只想赚快钱，这导致腌制鱼的质量不可避免地下降了，尤其是沿海渔场出产的鱼。

数百艘渔船横渡大西洋，其中很多渔船还一年渡洋两次。纽芬兰似乎有捕不完的鳕鱼，而且没有显现出任何资源枯竭的迹象。耶稣会探险家皮埃尔-弗朗索瓦-泽维尔·德·沙勒瓦①（Pierre-Francois-Xavier de Charlevoix）在 1720 年写道："（鳕鱼）的数量似乎跟岸边的沙粒一样多。"他又含蓄地提醒了一句："如果能偶尔禁渔一段时间，让鳕鱼数量有所回升，那就更好了。"然而他关心的不是当地渔业的可持续发展，而是大浅滩里游动着的潜在财富。1747 年，由 27.5 万名渔民组成的 564 艘法国捕鱼船在法国卸下价值 100 万英镑的鳕鱼，这在当时是一笔巨额财富。除了纽芬兰，新英格兰的渔场也得以迅速发展，渔获量巨大。

---

①德·沙勒瓦（1682—1761 年），法国耶稣会士，旅行家和历史学家，被人们认为是北美洲法属殖民地的第一个历史学家。

来自深海的祝福

从纽芬兰开始，美洲大陆的海岸线向西南方向延伸，形成断断续续、连绵起伏的丘陵地貌。海面下同样是由原来的冰川形成的不连贯的海底地貌，那里蕴藏着大量海洋生物，不仅有鲸鱼和其他海洋哺乳动物，还有成群的鳕鱼、鲭鱼和龙虾。

1602 年，巴托洛缪·戈斯诺尔德[1]（Bartholomew Gosnold）从英格兰法尔茅斯港出发，登上"康科德号"（Concord）去寻找芬芳的檫木。"康科德号"在缅因湾靠岸，然后向南航行，抵达一处"巨大的海岬"。随船旅行的冒险家加布里埃尔·阿切尔（Gabriel Archer）写道："在海岬附近，我们找了一个水深 15 英寻[2]的地方抛锚。在那里我们捞到了大量鳕鱼，因此将这里改名为'科德角[3]'。"布里斯托尔商人很快就驾驶着两艘渔船到来，按照他们的说法，戈斯诺尔德并没有言过其实，而且岸上有足够的空间来加工鳕鱼。新英格兰渔场就此诞生。

第一批新英格兰殖民者是农民，由于食物短缺，他们不得不利用家门口的资源。正如历史学家杰弗里·博尔斯特所说："新来者以中产阶级为主，思想顽固守旧。他们在英格兰从未出过海……现在却要被迫投入大海的怀抱。"

在渔场、小溪和河流附近，新城镇不断崛起，同时灰西鲱和银白鱼也在河里不断产卵。根据欧洲的惯例，殖民者建造起鱼梁和水坝，捕捞沿近岸河流产卵的鱼类。他们在科德角沿海采集海鸟蛋，捕猎露脊鲸，组建了专门捕捞沿海鳕鱼的船队。很快，当地鱼类资

---

①巴托洛缪·戈斯诺尔德（1571—1607 年），英国律师、探险家和私掠者，为伦敦弗吉尼亚公司和英国在美洲的殖民地詹姆斯敦的建立做出了关键贡献。
②1 英寻＝ 1.8288 米。
③即"盛产鳕鱼的海角"之意。

源开始枯竭，江河入海口鱼类产量下降。为了应对这一局面，地方治安官制定了相关法规，保护来自深海的祝福。新法规主要以保护产卵鱼类为主，尤其是银花鲈鱼，同时也禁止人们随意将鳕鱼或鲈鱼用作玉米地的肥料。

数百年来，人们普遍认为新英格兰海域的鱼类资源极其丰富，取之不尽，用之不竭，但是新英格兰地方当局并不赞同这种观点。不出所料，当缅因州南部至科德角之间迅速修建起水坝和鱼梁时，这里产卵鱼类的数量便迅速减少。博尔斯特指出，1621—1650 年，修建的鱼梁对该地区溯河产卵鱼类的影响甚至大于 3 000 年以来人们捕捞鱼类所造成的累积的破坏。当地居民面临一个进退两难的局面：是继续大肆捕鱼，还是保护鱼类资源？

新英格兰的殖民者对灰西鲱、鲈鱼和鲭鱼等鱼类情有独钟。与鲱鱼一样，大西洋鲭鱼是一种肉质呈油性的鱼，虽难以储存，但味道鲜美，广受欢迎。作为北大西洋寒带渔场的主要鱼类，鲭鱼白天往往成群结队地在深水区活动，晚上才会游到水面，这时是捕捞鲭鱼的最佳时机。每年春夏两季，它们喜欢成群游到岸边，有时多达 7.5 亿条。在渔民看来，这些鱼群的数量极不稳定。早在 1660 年，人们就担忧鲭鱼被过度捕捞，尤其不放心围网的使用。

如今，我们知道鲭鱼和鲱鱼一样，都是世界上产量最高的鱼类。然而，当时使用小渔船捕鱼的殖民者一直担心鲭鱼种群数量可能会减少，也许这是因为他们当中的一些人曾亲身经历过英吉利海峡和大西洋东岸渔场由盛转衰的过程。

到了 17 世纪中叶，看似取之不尽的鳕鱼已成为迅速发展的新英格兰渔业的主要商品。鳕鱼的商业捕捞起步缓慢，部分原因是商业捕捞需要大量贷款，复杂的腌制鱼加工、储存和销售等环节也是原因之一。

1642—1651 年的英国内战（English Civil War）导致去往北美海域的渔船数量急剧下降。新英格兰商人迅速采取行动，利用南欧不断上涨的鳕鱼价格扩充自己的船队。当时，船只从北美洲出发，将大西洋鳕鱼运往西班牙、葡萄牙和加勒比地区，从此鳕鱼成为加勒比种植园奴隶的口粮。1645—1675 年，腌鳕鱼的产量急剧增加，发展为新英格兰经济的支柱产业。1653 年，马萨诸塞湾总理事会（General Council of Massachusetts Bay）设立了渔业管理委员会，同时通过立法取消了渔船税和设备税。马萨诸塞立法机构也采取行动，制定了鱼类加工标准，并禁止渔民在产卵季节捕捞鳕鱼和鲭鱼。

1668 年，马萨诸塞议会（General Court）禁止渔民在每年 12 月至来年 1 月的产卵期捕捞鳕鱼，这是当局为新英格兰渔场前景担忧的一种表现。至于这些立法维持了多长时间，我们无从得知。当地绝大多数渔民来回新英格兰渔场只需要 1 天时间，但每年仍有数千名北方渔民前往纽芬兰附近的大浅滩捕鱼。

《乌得勒支条约》要求法国放弃对纽芬兰的所有权主张，但允许法国人在纽芬兰陆地上从事鱼类加工工作，只是不能永久居住。与此同时，随着纽芬兰定居人数的稳步增加，英国渔民将捕捞活动迅速扩张到了法国人的渔区。渔获量的波动很大，从每天约 400 公担[①] 下降到约 150 公担，直到休渔期才有所恢复。尽管如此，1760—1775 年，沿海水域仍是纽芬兰渔业的支柱。美国独立战争（War of Independence）爆发之前，那里每年的鱼产量高达 77.5 万公担；但独立战争爆发后，鱼产量便急剧减少。

与此同时，法国人把精力集中在圣劳伦斯湾和大浅滩渔场。那里的法国渔船多达 1 200 艘，而且从不靠岸。法国人采用如今被称为"湿腌"的方法在船上腌制鱼类，并根据鱼的大小进行加工处理。

---

① 1 公担等于 51 千克切开和腌制好的鳕鱼干。——作者注

其中大鳕鱼重达 41 ～ 45 千克，中等个头的鳕鱼重达 27 ～ 45 千克，小个头鳕鱼则不到 27 千克。

在 1713 年之前，新英格兰船只就开始前往新斯科舍浅滩，以解决马萨诸塞海域鱼类资源枯竭的问题，那里的渔民多达 6 000 名。《乌得勒支条约》生效后，一小部分新英格兰人和一支数量极少的驻军在新斯科舍东北端的坎索群岛建立了一个永久定居点，该定居点靠近沿海渔场。每年夏天，数以百计的渔民前往坎索群岛，当中的大多数人来自新英格兰。属于新英格兰的麻袋船在秋季载满渔获物，然后航行到英格兰和地中海港口，再带着盐、食物和其他补给品返回坎索群岛。他们还向加勒比地区供应鱼类。

在 17 世纪 20 年代和 30 年代，坎索渔场每年生产多达 5 万公担鳕鱼，这些鱼需要用 5 000 桶盐进行腌制。市场需求似乎是无穷无尽的。据估计，在 1745 年之前，新英格兰渔场每年生产 22 万公担鱼，仅西班牙市场每年就要消费 30 万公担，意大利半岛的消费量也差不多。大量鳕鱼被运往欧洲，导致供过于求。坎索渔场陷入衰退，其部分原因是消费者普遍对这种草率腌制的鳕鱼质量不满。到了 19 世纪，来自马萨诸塞州格洛斯特的渔船主要在乔治斯浅滩与欧洲船只一起捕鱼。马萨诸塞州渔民大获成功，州议会也把鳕鱼作为该州繁荣昌盛的象征。

密集的近海捕捞活动超出了当地鳕鱼种群的承受力。农业活动、沼泽排水和堤坝使真鳕和黑线鳕等掠食性鱼类的食物供应大幅减少，而这些鱼所捕食的都是沿海溯河产卵的鱼种。鳕鱼并没有灭绝，但体型较大、最高产的产卵鳕鱼早已消失殆尽。渔民们采用的技术与大西洋彼岸中世纪祖先所使用的几乎别无二致。这种技术太过简单，导致渔获量受到限制。为了弥补近海渔获量的不足，渔民只能航行到远方渔场捕鱼，而后者比近海作业的利润更高。15 世纪初，英国人放弃了本国渔场，向北航行到冰岛渔场捕鱼，也正是出于这个原因。"追求更高渔获量"的策略和人类渔业史一样古老。

渔业资源枯竭的迹象已初露端倪，但当时有些人并不为此担忧，自然哲学家就是其中之一。他们认为，海洋资源无穷无尽，人类可以随时取用。很多殖民者甚至相信，捕鱼这种行为改善了鱼类的种群质量。然而只要回顾一下缅因湾和新英格兰沿海鲸鱼的快速灭绝过程，我们就能明白大规模捕捞和捕猎所带来的灾难性后果。

那里的海域曾生活着数千头鲸。早在"五月花号"（Mayflower）到达北美洲的一个多世纪前，巴斯克①人就已经驾驶着捕鲸船在当地海域捕杀鲸了。1530—1620 年，他们在贝尔岛海峡杀死了数以千计的露脊鲸和弓头鲸；1660—1701 年，巴斯克和荷兰捕鲸者在北极西部屠杀了 3.5 万～4 万头鲸。从那以后，新英格兰人为了寻找用作照明的鱼油，开始大批捕杀近海鲸。几代人过后，近海鲸种群便被猎杀殆尽。

鲸并不是照明用油的唯一来源。每头海象都可以熬出一到两桶这样的油，而且它们的象牙和毛皮也很值钱。海象大量聚集在可以分娩的地方，比如圣劳伦斯湾的马格达莱娜群岛和南方新斯科舍外海的塞布尔岛。每年的 4—6 月是母海象的分娩季节，它们会在岸上度过相当长的一段时间。成群结队的猎人用猎狗驱散海象群，然后展开大规模屠杀。频繁的毁灭性屠杀导致从塞布尔岛到拉布拉多的海象完全消亡，如今人们只能在北极海域看到海象。

海豹和鼠海豚也难逃毁灭的厄运。猎人们通常会选定一个地点铺设渔网，使海豹被网缠绕住，然后从容不迫地把它们杀掉。1795 年，在纽芬兰的一次海豹捕猎行动中，船员们乘坐纵帆船到达冰面，并在一周内屠杀了 3 500 头海豹。

---

①巴斯克地区位于西班牙东北部，北滨比斯开湾，东北是比利牛斯山脉。

美国独立战争时期，为了满足西印度群岛种植园工人对鱼类的需求，新英格兰渔场的规模已经扩大了许多。商人们把最优质的鱼卖到欧洲，把未经适当腌制的"垃圾"鱼卖到加勒比地区。例如 1763 年，300 艘商船将 192 255 公担优质腌鱼运往欧洲，然后将 137 794 公担劣质鱼运往西印度群岛。到了加勒比地区，这些船只又把当地的白糖和朗姆酒运回家乡，接着他们会向南航行至非洲购买奴隶，并将这些奴隶运到种植园。

新英格兰渔场的最大问题是产量不够稳定，有些年份异常繁荣，但接下来的时期就会突然陷入萧条。1788 年，近海渔场和大浅滩的鳕鱼捕获量都非常大，结果供过于求导致鳕鱼价格急剧下跌。3 年后，圣劳伦斯湾的鳕鱼产量只有 60 公担。没人能解释鳕鱼产量剧烈波动的原因，可能这是由水温变化、被捕鱼类数量变化及过度捕捞等综合因素造成的。欧洲发生过的事情似乎注定要在北美重演。

没人能预测荒年何时到来，1592 年、1620 年和 1651 年都是歉收的年份。时至今日，我们依然无法找到那几年鳕鱼产量锐减的原因。不管是什么原因，荒年有时会持续两年或更长时间。

17 世纪中叶至 19 世纪中叶，大西洋西北部鳕鱼渔场的产量大幅反弹，多年来年产量一直保持在 15 万 ~ 25 万吨。该产量看上去仍可持续发展，但也有迹象表明，当地渔业资源产量在逐渐枯竭。纽芬兰渔场最明显的衰退迹象出现在 18 世纪中叶，当时纽芬兰人放弃了好几代人赖以为生的近海渔场，长途航行至拉布拉多和纽芬兰之间的贝尔岛海峡捕鱼。

拿破仑战争 [①]（Napoleonic Wars）期间，移民渔场已走向衰落。与此同时，各地近海渔场却被一直开发到 20 世纪。只要一叶小舟和

①拿破仑战争，指 1803—1815 年爆发的各场战争，这些战争可说是自 1789 年法国大革命所引发的战争的延续。它促使欧洲的军队和火炮发生重大变革，特别是军事制度变革，因为实施全民征兵制，使得战争规模庞大、史无前例。

图 20-2　19 世纪 80 年代，渔民乘坐平底小渔船在大浅滩捕捞鳕鱼。此画由 M.J. 伯恩斯（M.J. Burns）创作（本图片由北风画库 / 阿拉米图片库提供）

一根钓线，渔民们就可以在当地水域钓鱼。尽管这种做法仍属于保守主义的捕鱼方式，但多项技术革新也在进行当中，其中的一些技术革新因美国渔民在国家独立后维护自身权利而产生。

1790—1810 年，多达 1 200 艘新英格兰渔船扬帆远航到大浅滩和拉布拉多。从 1835 年开始，随着波士顿市场对鱼类的需求猛增，近海鱼类资源逐渐枯竭，人们开始在乔治斯浅滩采用手钓法捕捞大比目鱼。不到 15 年时间，乔治斯浅滩的大比目鱼数量锐减，渔民们又开始捕捞黑线鳕。到了 19 世纪 50 年代，鳕鱼的捕获量急剧下降。由于在纵帆船上进行手钓的捕获量不高，所以在 19 世纪 50 年代中期，一些船长派船员驾驶平底小渔船到更宽阔的区域采用手钓法钓鱼。

新的策略奏效了，帆船开始搬运堆积如山的多利鱼①。每天黎明时分，渔民们将多利鱼运到岸上卸货，使帆船空出大量空间，晚上再返回母船接货。这种捕鱼方式极其危险，但它增加了渔获量。延

---

①多利鱼又称雪斑鱼、猫鱼、舫鱼，主要分布于南半球，生长于 600～1 200 米的海域。

绳钓法也同样如此。延绳钓法就是在一根长钓线上系许多支线，支线上装的饵钩可达几百个。

美国人采用了延绳钓法，法国的大型船只也采用了类似装置，其长线上挂着多达 4 000 枚鱼钩。加拿大人认为这种装置会使渔业资源枯竭，所以禁止使用延绳钓设备。美国政府也想禁止本国渔船使用这种装置，却以失败告终。渔获量因延绳钓的应用而大幅上升。1880 年，鲱鱼捕获量达到创纪录的 133 336 吨。

1865 年，W.H. 怀特利（W.H. Whiteley）船长发明了在贝尔岛海峡捕捞鳕鱼的专用装置。与用来围捕鱼群的围网不同，鳕鱼捕捞装置是固定的，渔民们可以利用渔网将鳕鱼引入装置。19 世纪末，该装置被广泛应用于禁止使用长钓线的近海渔场。与此同时，蒸汽动力船开始用于捕杀海豹，后来又被投入鳕鱼渔场。蒸汽动力新技术虽对近海捕捞活动效率的影响不大，但它能将大型货物运往市场，于是不可避免地形成了"产品供大于求　价格急速下跌—渔业崩溃—价格上涨"的循环。

市场本身也发生了迅速变化。19 世纪 80 年代，腌鳕鱼的产量达到顶峰。但随后，由于市场对来自加勒比种植园的蔗糖需求疲软、其他食品的竞争加剧及鲜鱼销售渠道迅速扩张，腌鳕鱼的产量开始下降。其实在 19 世纪 70 年代，很多地区的龙虾捕捞业已经超过了传统的鳕鱼产业。而资源早已枯竭的大西洋西北渔场又面临着另一个新的威胁。

第 21 章

最大、最容易捕捞的鱼类消失殆尽

1845 年左右，一艘帆布渔船从缅因湾沿岸的大浅滩悄悄穿过浓雾。船长凝视着黑暗的前方，雨滴顺着他的帽檐滑落。在船长前面，一名船员正在摇晃测深锤。当船缓慢地向前行进时，他要喊出海水的深度。"水深，6（英寻），"接着他又大声喊道，"水深，5（英寻）。"船长向舵手打手势，舵手调转船头，逆风而行。"抛锚！"船长喊道，船锚便缓缓沉入平静的水中。几分钟后，船员们拿着鱼钩和渔线来到船舷钓鱼。过了 1 个小时，他们没有钓到多少鱼，只能重新起锚，继续搜寻鱼群。船依旧悄无声息地向前行进，船长和大副盯着清澈的海水。在抛了 4 次锚后，运气终于降临了，他们从船舷侧拖起了几百条鳕鱼。

回首历史，在大西洋沿海捕捞鳕鱼似乎是件再容易不过的事情，大家谈论得最多的是世界上哪些渔场最富饶、什么时候渔获量可以喜创新高。然而，和其他地区一样，大西洋沿海渔场的渔民要靠脑子捕鱼。经验和观察能力决定了他们是否能丰收，有时候他们还要为此要些小花招。另外，渔民还要对鱼类的习性有所了解。总之，这种捕鱼方式是技巧和机会主义的结合体，过去如此，现在也是如此。那时候没人能透过水面看到海里是否有鱼。他们没有现代电子设备，无法探测海洋里几百米深处的鱼群。

如今，自给性捕鱼依然盛行。印度南部沿海的村民仍然撒网捞鱼，亚马孙热带雨林的居民在亚马孙河用渔网捕捞巨骨舌鱼①，美洲原住民也用鱼钩捕钓从太平洋溯河而上的鲑鱼。数以百万计的人在江河湖海觅食。与过去相比，现在捕捞淡水鱼和近海鱼类的渔民要多得多，尽管世界各地都制定了严格的法规，过度捕捞还是成为一种常见现象。

对考古遗址的研究很难找到渔业资源枯竭的证据，但我们可以从逐渐变小的鱼骨尺寸和不同鱼类比例的变化中找到一些线索，软体动物贝壳就是其中之一。

南非沿海的一些贝冢中的贝壳越来越小，由此可以看出，当地觅食者曾将某个地方的贝类动物采集殆尽，然后转去采集其他类型的双壳贝类。为了防止过度捕捞，古代居民采用的是转移到新渔场或新牡蛎栖息地的传统策略。在人口不太密集的古代世界，这个办法很有效。总的来说，在城市出现之前，自给性渔业是能够维持可持续性发展的，虽然它也存在风险，即看似具备迁徙规律的洄游鲑鱼可能不会出现，或者鳀鱼和鲱鱼鱼群突然消失。

长线固定钓、拖网和蒸汽渔船

西方渔业的最大变革发生在1 000年前，当时的欧洲突然出现了买卖鳕鱼和鲱鱼的国际化市场，詹姆斯·巴雷特将这一事件称为"渔业的重大转折点"。只用了几代人的时间，这一新现象就改变了欧洲渔业的面貌。此次变革的起点是人们首次在北海密集捕捞鲱鱼以及挪威北部罗弗敦群岛的居民开始晾晒鳕鱼。宗教教义和战争刺

①巨骨舌鱼也称海象鱼，成鱼体长可达2～6米，重可达100千克。巨骨舌鱼体形巨大，呈长条形，体侧稍扁。

激了人类对鳕鱼和鲱鱼的需求，并催生了北大西洋鳕鱼渔场的开发。人们大肆捕捞鳕鱼以及沿海和大浅滩的其他鱼类，北大西洋鳕鱼种群从此遭受了长达数个世纪的蹂躏。

有时候，人们会关心不断萎缩的鱼类资源并制定相关法律法规，特别是 17 世纪以后，世界各地沿海人口激增，政府更需要通过制定法规来限制捕捞活动。然而这些法律法规往往无法有效实施。世人普遍认为海洋中的鱼类无穷无尽，根本不存在过度索取一说，担心渔业资源枯竭的人都是杞人忧天。

早在 1609 年，荷兰法学家胡果·格老秀斯①（Hugo Grotius）的观点就反映了当时人们的普遍想法："海洋的所有权和使用权属于所有人，这是一条普遍法则……我们都承认，假如许多人在同一片土地狩猎或在同一条河流中捕鱼，很容易耗尽森林里的野生动物和河里的鱼类。但在大海中，类似事情是不可能发生的。"如前所述，很多人甚至认为渔业捕捞可以改善海洋环境。这种看法存在了很长时间，直至体型最大、最容易捕捞的鱼类消失殆尽。为了阻碍产卵鱼类游回大海，人们还建造了鱼梁和其他人工设施，结果进一步扩大了渔业资源枯竭的范围。

19 世纪初，挪威和英格兰已经尝到了过度捕捞的苦果。想找到鱼群，渔民必须拥有丰富的捕鱼经验，对渔场了如指掌，并且反复试错。关于富饶渔场的信息都是机密，仅在船长和船长之间口耳相传。到达沿海浅滩后，新英格兰渔船的船长用铅锤测量水深。如果发现周围有鳕鱼，船长会命令船员就地抛锚。

在那个普遍追求革新的时代，捕捞活动随着人类需求的上升变得越来越高效，但鱼群也因此越发难以追寻。法国渔民发明了一种

①胡果·格老秀斯（1583—1645 年），荷兰著名国际法学家，著有《战争与和平的权利》《神学政治论》等作品。他也是近代折中法学派的创始人之一。

新的捕捞技术,并称其为"固定钓线法"。他们将许多长钓线固定在海底附近(有些钓线上的鱼钩多达 4 000 枚),然后在捕鲸船带着的小船上监控钓线。美洲居民很厌恶这套新系统,因为它将传统的手钓集成在一起,给鳕鱼种群带来了更大压力。从短期来看,它可以增加渔获量,但从长期来看,它会带来灾难性的后果。

放置于海底的钓线加快了鳕鱼资源的枯竭速度,而沿海浅滩鱼类产量的减少会促使船长派遣船员乘平底小船去更大的海域手钓。手钓是最难的钓鱼方式之一,在天气变幻莫测的海域手钓十分危险。19 世纪 50 年代,围网成为科德角沿海最常见的高效捕鱼工具。近海和外海的渔业资源依旧持续枯竭。

来自欧洲渔业界的强烈反对声促使英国政府在 1863 年成立了皇家专门调查委员会,以研究渔业资源枯竭的问题,托马斯·赫胥黎 ① (Thomas Huxley)是该委员会的成员之一。尽管该委员会收集了数以百计的渔民和其他专家的证词,掌握了大量证据,他们还是得出一个反面结论:如果渔获量太小,渔民就会停止捕鱼,渔业资源就能及时得以恢复。因此,英国政府没有对捕捞活动加以任何限制。所以在极具破坏性的捕捞技术和海底拖网普及后,捕捞活动变得更加无序。

拖网诞生于好几个世纪前。当时的北欧渔民将用于浅水区渔船或岸边捕鱼的围网扔进海中,等围网沉到海底或接近海底时再驾驶渔船拖动渔网。这便是拖网的雏形,它极大地提升了渔获量。波罗的海地区的平底船最适合使用拖网。早在 1302 年,拖网就被当地渔民用来捕鱼。不过,渔民不久后便抱怨拖网会严重破坏海床。荷兰近海渔民采用一种被称为"万德库依"(Wonderkuil)的拖网,这种

---

①托马斯·赫胥黎(1825—1895 年),英国博物学家、教育家,达尔文进化论最有力的支持者。

细眼网需要由两艘船同时拖动。1341 年，荷兰政府明文禁止渔民使用万德库依网。

类似的拖网也曾出现在英国，使用它们的是那些与牡蛎船相似、体型比牡蛎船稍大的船只。1376 年，英国下议院（House of Commons）向国王爱德华三世（King Edward III）提交了一份请愿书，称本国渔民抱怨说，有人使用"一种网眼很细的网，即使是非常小的鱼也无法逃掉"。水下生物和贝类动物被细眼拖网一网打尽，捞上来的小鱼被做成了猪饲料。爱德华三世任命一个委员会专门解决这个问题。实际上，英国渔民所说的拖网正是桁拖网。经过一番研究，委员会建议将这种拖网的使用范围限制在深海水域。其实，有些渔民从一开始就知道桁拖网会对复杂的海床造成破坏和浪费。

桁拖网由一根木梁和一张渔网组成，木梁穿过渔网的一端，使渔网保持张开状态。须得海和低地国家沿海渔民可能是桁拖网的真正发明者。早在 1499 年，佛拉芒人 [①] 便试图限制桁拖网的使用，从而引发巨大争议。1584 年，法国制定法律，规定桁拖网的使用者将被判处死刑。反对使用桁拖网的呼声从未平息，但由于渔获量巨大，直至今天仍有渔民在使用桁拖网。

到了 17 世纪，桁拖网在英格兰南部沿海地区流行开来，其橡木制成的桁梁一般长约 4 米，船上装有桁网架，它可以让桁梁与海底保持 60 厘米左右的距离。桁拖网的捕捞效率实在太高，1714 年，英国议会通过了一项法案，禁止使用细眼拖网捕捞除鲱鱼、沙丁鱼、西鲱或沙鳗以外的任何鱼类。

布里克瑟姆港位于英国西南部，它是一个拥有显赫地位的渔港，也是英国早期拖网捕捞业的中心。使用拖网的一般都是船尾又宽又高的小型双桅横帆渔船，其造型也许可以追溯到中世纪时期。后来，

①佛拉芒人是对佛兰德地区居民的称呼。

双桅横帆被更高效的纵帆取代，后者使船只的驾驶变得更加轻松。

拖网之所以受到限制，部分原因是它不利于保护大量小型鱼类。尽管如此，到了 19 世纪 30 年代，光是在布里克瑟姆港，登记在册的拖网渔船就有 112 艘左右。拖网捕捞技术很快传播到英吉利海峡沿岸和北海地区，以满足人们不断增长的海鱼需求。越来越多的新渔船投入运营，而新铁路的铺设加快了冰镇鲜鱼从主要港口到伦敦的运输速度。

图 21-1 《康沃尔渔民捕捞沙丁鱼：清网》。C. 内皮尔·亨利（C. Napier Henry，1841—1917 年）的习作，创作于 1895 年（本图片由泰恩和威尔档案与博物馆 / 布里奇曼影像提供）

到了 19 世纪 50 年代，冰块也被广泛用于渔获物的保存，这不仅能让渔船去距离海岸更远的地方捕鱼，还极大地扩展了内陆海鲜市场。从 1860 年开始，在英格兰东北部港口格里姆斯比有 800 艘渔船从事捕捞作业。

19 世纪初，采用手钓法的渔民很容易就能钓到 200 条鱼，其中不仅有鳕鱼，还有大比目鱼和鳐鱼。19 世纪末，很多拖网渔船开始集体作业。它们组成多达 200 艘船的船队，由一名"司令"统一指挥。渔民们会在海上连续工作数周时间，把网从船舷一侧抛到海里，让渔船拖着网行进 3 ～ 5 小时，然后众人合力将网拉到船上，最后由快速帆船将鱼运到陆地市场，后来快速帆船的角色又被汽船替代。有时候，拖网里满满都是鱼，甚至能让行进中的渔船停下来。与手钓法捕获的鱼类不同，拖网的捕获物多种多样：有鱼，也有它们的天敌，还有贝类及其他生物。

蒸汽机的面世让世界发生了翻天覆地的变化。1769 年，詹姆斯·瓦特（James Watt）发明了蒸汽机，直到一个世纪后，蒸汽机才被应用于捕捞业。

已知最早的蒸汽拖网渔船分别于 1836 年和 1838 年在法国阿卡雄港投入使用，这两艘船都是特别定制的。不到 10 年的时间，波尔多也拥有了数艘蒸汽拖网渔船。英格兰和美国则分别在 1856 年和 1866 年开始试用蒸汽渔船。1881 年，在格里姆斯比港下水了一艘长 34 米的拖网渔船"佐迪亚克号"（Zodiac）。这艘船具有标志性意义。

事实证明，"佐迪亚克号"的生产并不仅仅是一项疯狂的试验，它还带来了巨大的经济利益。到了 1882 年，一些蒸汽拖网渔船已经在苏格兰海域捕鱼，但帆船仍是主流捕鱼船只，钓线和刺网也是苏格兰地区的主要捕捞工具。与此同时，英格兰人主动接受了蒸汽桁拖网渔船，并把拆散的帆船卖给北海另一端的渔民。荷兰和德国的拖网渔船也发展得很快。

蒸汽拖网渔船带来了巨大变化。蒸汽动力让渔船实现了逆风行驶，这可是破天荒的头一回，而船长们再也不必担心渔船会在飓风的背风岸苦苦挣扎。蒸汽动力让潮汐和水流变得不再那么重要。在蒸汽机面世之前的 19 世纪，每当遇到风速超过每小时 48 千米的天气，渔民就很少乘帆船到深海捕鱼。蒸汽拖网渔船可以在环境更恶劣的外海停留更长时间，还可以把网拖到水深达 400 米的海域，这是帆船极限水深的 4 倍；同时它们的网还能很快张至 15 米及以上宽度。此外，蒸汽动力绞盘和钢索拖动渔获物所用时间也比帆船要短得多。渔民们把铰链绑在拖网渔船的沉子纲 [①] 周围，这样他们就能开采波涛汹涌的海床。

到了 19 世纪 90 年代，制冰厂也解决了长期保存渔获物的难题，平均来说，蒸汽拖网渔船的渔获量比帆船高出 6 ～ 8 倍。

然而，北海的渔获量却大幅下降，尤其是鳎鱼 [②] 和欧洲比目鱼 [③] 等高档鱼类，渔民们又将注意力转向鲽鱼和黑线鳕，这两种鱼的渔获量依旧不容乐观，持续下降。近海渔场的渔民或没有拖网渔船的渔民再次怨声载道。

1883 年，英国又成立了一个皇家专门调查委员会，就海面上漂浮的废弃死鱼和拖网对海床造成的灾难性影响举行听证会。该委员会的委员中没有渔民，他们对深海一无所知，但出庭作证的渔民对深海了如指掌。渔民们很清楚，深海拖网捞走了珍贵的无脊椎动物，而沉子纲清除了一切挡路的海底物体，包括蛤类、贻贝和扇贝。这些生物被拖网捞上船，然后被渔民遗弃掉。

一些拥有丰富经验的渔民义愤填膺地指出，拖网摧毁了鱼类的食物，更别提对产卵鱼类造成的巨大伤害。但是委员们宣称拖网对鱼类的食物没有造成太大伤害，而且"无证据表明桁拖网对未成熟的食用鱼造成不必要或毁灭性的破坏"这一结论遭到人们的一再抵制。海洋保育生物学家卡勒姆·罗伯茨称，委员会的报告简直就是

①沉子纲，指绑在网衣下方边缘或网具下方的沉子，也指本身具有沉子作用的钢索。
②鳎鱼体侧扁，呈长椭圆形的片状，像舌头，头部短小，两眼生在身体右侧。
③欧洲比目鱼在中国被称为多宝鱼，原产欧洲大西洋海域，是公认的优质比目鱼之一。它身体呈菱形，体侧扁而高，两眼均位于身体左侧。

无稽之谈，不仅充满争议而且令人愤怒。渔业并没有因为委员会的工作发生太大变化，真正给它带来巨大影响的是技术变革，格兰顿（Granton）拖网便是其中之一。这种拖网有一块水獭皮做的板与其相连，能够借助水压使网保持持续张开，这样一来人们可以在高低不平的海底地形和大片开阔地上进行深海拖网捕捞。格兰顿拖网的捕获量比标准桁拖网高出 35%。虽然渔获量有所上升，但这一数字容易产生误导。

人们因为渔业资源减少而增加了捕鱼频率，从而使拖网捕捞成本急剧上升。一些地区的鱼类资源变得极其稀缺，供人使用鱼钩和鱼笼捕鱼的传统渔场已经消失。为了恢复鱼群数量，政府下令禁止在一些海湾和江河入海口拖网捕捞，但这并不奏效。由于那些采用手钓方式的渔民是带着一种报复心态进入渔场进行捕捞的，鱼群数量根本无法上升。

工业化捕捞：渔场的终结

内燃机与蒸汽机完全不同。自 1900 年起，蒸汽发动机被广泛使用。到了 20 世纪 20 年代，它们被柴油发动机取代。由于柴油所需的储存空间远小于煤炭，所以渔船的捕捞范围开始延伸至大西洋深处。柴油动力渔船的渔获量比同尺寸的蒸汽拖网渔船高出 40%，船上还有加工空间。这样的技术改进使得加工船只可以在远离近海的海域从事捕捞活动。以前，渔民只能在船上腌制渔获物，而现在，他们有了冷藏室和其他机器，可以在海上加工鱼肉。如今，拖网捕鱼已经成为一种极其高效的工业化捕捞方式。

现在绝大多数商业捕捞都采用拖网或大型围网，后者最早于 19 世纪 50 年代左右出现在罗得岛的鲭鱼渔场。大型围网有一条线穿过下端的网眼，渔民只要把线拉紧，围网就会变成袋子的形状。19世纪80年代，自从围网被证实可用来大量捕捞鲭鱼和小型鱼群后，这种捕鱼方式很快在油鲱渔场和欧洲得到了广泛应用。

大西洋油鲱是鲱科鱼类的一种，不仅可以用作捕捞鳕鱼的诱饵，还能为高速发展的工业化经济提供燃油。在美国内战期间，纽约培科尼克湾共有6家鱼油厂，每周可加工大约200万条油鲱。小型围网渔船每天能捕捞15万条油鲱，以每千条鱼1美元的价格计算，这是一个利润丰厚的行业。尽管人们抱怨大型围网会对渔场造成损害，但鱼油提炼行业依然在不断发展。到了19世纪70年代，蒸汽轮船开始进入油鲱渔场。人们不仅大量投资新型船只，还投资新英格兰的工厂，工厂数量很快增至64家。缅因州成为油鲱加工中心，部分原因在于每年6月油鲱最肥美的季节，它们会游到缅因州沿海，那里也是它们生长地带的最北边。

由于大量油鲱被捕捞和宰杀，抗议者声称油鲱很快就会灭绝。1879年，科德角北部没有出现油鲱，当地渔民和工人在接下来的6年时间里无活可干。沿海生态系统的自然波动和人类的过度开发都是造成这场灾难的原因。随着近海鱼群数量的逐渐枯竭，油鲱开始远离近海，这一现象如今被认为是过度捕捞的征兆。人们曾经认为大自然会自动补充人类攫取的任何资源，这种假设的直接后果就是19世纪末，油鲱、鲭鱼、比目鱼和龙虾的种群数量锐减。大自然是不受人类意志左右的。与此同时，欧洲的柴油机渔船正携带着围网在冰岛沿海寻找鲱鱼。

1882年，日本人开始使用围网捕捞小型中上层水域鱼类，后来又发明了类似渔网的工具来捕捞飞鱼。高效的围网捕捞不仅满足了日益增长的鱼油需求，更重要的是，它还满足了市场对鱼粉的需求。鱼粉是一种利润丰厚的产品。

1876 年，德国农民开始尝试用鱼粉喂羊。随着欧洲和北美洲的动物饲料市场的迅猛发展，鱼粉消费量迅速增加。鳀鱼鱼粉成为秘鲁的主要出口产品。20 世纪 30 年代中期，法国的海上加工渔船不仅配备了腌制、冷冻和储存鱼类的设备，还能生产鱼油和鱼粉。

　　随着时代的发展，渔民开始进入正规公司从事捕捞工作。这些大公司有能力提供购买船只和设备所需的大额资金。然而，由于北海水域资源枯竭，渔民们只能遵照传统的捕鱼策略：迁徙到别的地方，在冰岛和法罗群岛渔场用拖网捕鱼。20 世纪 30 年代，更强大的发动机和载货量更大的船只投入使用，这些捕捞活动才开始盈利。到 30 年代末，冰岛和法罗群岛海域的渔获量超过了北海。

　　随着捕捞成为一个全球性行业，许多国家开始争相开发欧洲以外的渔场。大约 2 000 年前，日本实现了鱼类和大米的自给自足，并将这种情况维持到 19 世纪，其人口规模达到 3 000 万左右。1900 年，日本人口增至 5 000 万左右。人口的暴增导致日本人对鱼类的需求增加，同时日本开始在国际渔业中扮演重要角色。1914 年，日本的渔获量超过了英国，其中包括日本渔民在千岛群岛、西伯利亚海岸和堪察加半岛捕获的大量鲑鱼。

　　日本人特别重视金枪鱼，视其为人间美味。在装备了柴油发动机后，金枪鱼捕鱼船的捕捞范围急剧扩大，从 17 世纪起就使用长线钓鱼的日本渔民开始更密集地捕捞金枪鱼。20 世纪 20 年代，深海金枪鱼的捕捞活动一年四季都在进行，渔民不只是在鱼群迁徙期间进行捕捞。母船率领的小型渔船船队沿着长达 150 千米的海岸线捕捞金枪鱼。1940 年，日本人口已达到 7 800 万，日本人对鱼类的需求也随着人口数量的增加而提高。

　　第二次世界大战结束后，工业化捕捞活动变得更频繁，全球渔业的形势又发生了变化。长期以来，日本一直是世界上最繁忙的渔业国家，其捕捞吨数是美国的两倍。日本人使用拖网在白令海捕捞螃蟹，在南极洲捕猎鲸，在中国海域捕捞较小的鱼类。

第二次世界大战期间，捕捞活动陷入停顿，日本和欧洲的近海渔场终于得以恢复。第二次世界大战结束后，日本和苏联对鱼类资源的需求更加迫切，并开始发展出庞大的渔船船队。技术革新催生了更大的渔网、更大冲程的发动机及容量更大的船用冰柜。船长们发现深海鱼类的质量更好，尤其是在那些资源丰富、海床未被开发的处女地。

到了20世纪50年代中期，日本渔民在整个西太平洋从事捕捞活动，该海域覆盖了日本海到澳大利亚和夏威夷群岛的广阔区域。10年后，他们横渡印度洋和大西洋捕鱼。到了20世纪70年代，日本和韩国渔民的捕捞活动已经遍及全球，导致许多国家不得不把距离本国沿岸370千米以内的区域设为专属经济区。这些限制迫使渔民走向更深的海域。期初，长线和拖网带来了巨大的渔获量，但丰富的海洋资源很快就枯竭了。一项研究表明，渔业处女地的渔获量在15年内下降了80%。按照传统策略，渔民们再次转战其他区域。如今，各大海洋都被长钓线包围，其中一些区域的钓线绵延100千米，上面安装的鱼钩多达3万个。

人类捕鱼的历史已经超过100万年，但只有在过去一个半世纪里，捕捞活动因工业化渔业的诞生才变得无法持续发展。人口的高速增长导致物质需求无止境地增加，枯竭的渔场已经无法满足需求。自然资源的消耗与人口和需求增长之间的矛盾愈发激烈，人们又转而依赖另一种传统的权宜之计——水产养殖。鱼类养殖业呈指数级增长，它可能不足以养活所有人，而且对生态造成的不良后果也鲜为人知。

工业化捕捞植根于理智决策、来之不易的经验和政府行为，这些因素都影响着以海为生的人们。他们中的很多人生活在社会边缘，默默无闻、辛勤劳作且寡言少语。他们大多数都不受历史学家关注，但这些渔民对历史做出了巨大贡献。古埃及人用渔网从尼罗河捕捞到数以万计的鱼，满足了从事公共工程建设的劳动力的需求；古罗马商队用骡子把鱼干和咸鱼运送给在战场上作战的罗马军团；挪威和冰岛北部的数千人加工鳕鱼干，为北欧船长和船员们提供赖以生存的口粮。前面已经提到过，海洋资源之所以大规模枯竭，是由人性中的机会主义心态决定的，即懂得发现机会和利用机会。

在蒸汽拖网渔船和海底拖网登上历史舞台之前，地中海地区渔民早就开始捕捞洄游鲑鱼和迁徙中的金枪鱼了，南美洲居民也开始捕捞聚集在沿海的鳀鱼。总体而言，从中世纪甚至史前时代以来，人类的捕捞技术几乎没发生什么变化。一直以来，无论是渔民群体还是其他人（比如 17 世纪新英格兰的治安官）都呼吁有节制地捕鱼，因为他们希望能为子孙后代保留渔业资源。遗憾的是，对鱼类种群的任何谨慎态度都无法对抗不断增长的需求、渔民的谋生需求及丰厚利润的吸引。或者说，保护渔业资源的呼吁之所以无法制止过度捕捞是因为人们认为鱼类取之不尽。

现代工业化捕捞采用了大型拖网渔船，并配备了先进的电子设备和强力甲板绞车，但即便如此，它也只是史前捕鱼模式的翻版而已。几千年来，人们总是靠更换新渔场来解决鱼类资源枯竭的问题，如今在远洋捕鱼的拖网渔船也不例外。然而，这一策略终究会失效，而唯一的解决办法就是关闭渔场，让鱼群繁衍生息。1992 年，加拿大鳕鱼渔场的渔获量只达到 1968 年峰值水平的 1%，于是加拿大政府关闭了渔场。除了加拿大渔场，其他许多国家的渔场都已经遭到渔业资源枯竭的致命打击。

结 语
Fishing

"捕鱼"是一门艺术

东京市中心的筑地（Tsukiji）鱼市是世界上最大的鱼市。1935—2016 年，筑地鱼市共售出 480 多个品种，总计超过 5 000 万吨的鱼类和其他海鲜。

鱼市内部有一个批发市场，由大约 900 家特许经销商经营的小型摊档组成。蓝鳍金枪鱼的加工和拍卖也在批发市场进行。鱼市外面是混乱的零售市场，专门出售厨房设备、杂货和海鲜；周边还有很多餐馆为那些不便停车的顾客提供最新鲜的寿司。筑地市场拥挤破旧，挤满了鱼贩、拍卖商和三轮机动车，车上堆满了鱼。除了毫不起眼的入口，面积达 23 公顷的市场犹如一个迷宫，到处都是血迹斑斑的狭窄小巷。在电灯的照耀下，每天大约有 1 800 吨海鲜被易手。通常情况下，每天会有大约 4.2 万人到筑地鱼市工作或参观，其中大部分是游客。

有一天，我在拂晓前起床，前往筑地鱼市观看蓝鳍金枪鱼的拍卖过程。一排排内脏已被切除的巨大金枪鱼被放在木制托盘上，鱼身上

图 A-1　2008 年东京筑地鱼市中待拍卖的冷冻金枪鱼。鱼尾被切开，方便买家观察鱼肉质量（本图片由大众世界 / UIG / 布里奇曼影像提供）

挂着标签。拍卖商们在金枪鱼面前来回走动，品尝鱼尾巴上的肉，以评估其质量，然后一条条卖给不断以喊声和手势出价的买主们。我在场的那天，每条鱼售价 4 ~ 20 美元，平时的价格比这要高得多。

古老的东京有很多狭窄和充满神秘感的街道，而破旧的筑地市场则是它的一个组成部分。筑地紧靠着奢华的银座区，那里遍布金融机构和时尚精品店。

2016 年，这座传说中的市场关闭了，准备为 2020 年奥运会建造通信中心让路。市政府将它向南移动了 3 千米，搬到东京湾的人工岛丰洲。很多鱼贩和其他市民强烈反对搬迁，但为时已晚。丰洲鱼市规模比喧闹的筑地鱼市大 1.5 倍，设施先进。整个市场被玻璃包围，内部安装空调，过道宽敞而干净，周边分布着整齐有序的餐厅和商店。

只有一件事没有改变：大型蓝鳍金枪鱼仍然被盛在木制托盘里，放在地板上供人拍卖。不同的是游客只能站在玻璃窗后面观看拍卖过程。新市场使游客得以远离世界最大鱼类市场的噪声和难闻的气味，也许这是件好事。金枪鱼拍卖现场太过血腥，与大众观光注重干净卫生的理念格格不入。此外，新市场还能将游客与如今全球渔业的残酷现实隔离。

日本人对鱼的渴望甚于世界上任何其他民族，他们无止境的需求是日本政府决定投巨资建造丰洲鱼市的原因之一。这笔投资表明，在这个人口爆炸、大城市扩张和人为造成全球变暖的时代，世界渔业规模可以变得多么庞大。更重要的是，这个时代的海洋渔场正变得无法持续发展。据估计，2012 年，全球共有 472 万艘渔船投入使用，其中有 57% 是以发动机为动力的。光是在亚洲渔场就行驶着大约 323 万艘渔船，其数量占全球渔船总数的 68%。

全球的渔获量远超古代。工业化捕鱼船的触角已经延伸到未开发的、更加偏远的海域。工业革命时代的桁拖网和其他捕捞工具所衍生的毁灭性技术让我们的渔场和海床变得支离破碎，而这就是我们要面对的未来。

渔获物对全球粮食安全极其重要，但我们很难获得全球每年渔获量的精确数字。全球渔获量的主要数据来源是联合国粮食与农业组织（United Nations Food and Agriculture Organization，FAO）。据 FAO 估计，全球海洋渔业产量在 1996 年达到历史性的 8 600 万吨，且该数字还不包括被丢弃的鱼类数量。

之后的十几年，全球海洋渔获量保持平稳，但是到了 2010 年，该数字下降到 7 100 万吨左右。不列颠哥伦比亚大学科学家丹尼尔·波利（Daniel Pauly）和德克·泽勒（Dirk Zeller）通过多年来收集的渔场数据得出与 FAO 不同而且更不容乐观的结果。

波利和泽勒计算出全球最高渔获量为 13 亿吨，这个数值在之后的时间中呈急剧下降趋势。据他们估计，包括娱乐性捕捞和自给

鱼宴 人类生存进化史

性捕捞在内，实际渔获量比 FAO 报告的数据高出约 53%，其数量每年下降约 120 万吨。此外，根据他们的计算结果，工业化捕捞在 2000 年贡献了 8 700 万吨渔获物，该数值在 2010 年下降至 7 300 万吨。FAO 提供的数据显示，18 个国家的海洋总渔获量占全球的 76%，每个国家年渔获量达 100 多万吨。这 18 个国家中有 11 个是亚洲国家，包括主要在太平洋开展捕捞活动的俄罗斯。其中渔获量增速最大的国家是中国、印度尼西亚和越南，而日本自 20 世纪 80 年代初以来一直在逐渐减少其渔船规模。在全球范围内，印度洋是渔获量增长最大的区域。

虽然工业化捕捞的渔获量一直在下降，但采用手工捕鱼的小规模个体渔业和休闲渔业的渔获量却从 20 世纪 50 年代初的每年约 800 万吨增至 2010 年的 2 200 万吨。官方渔业数据很少涉及个体渔业，据估计，2000—2010 年，个体渔业的渔获量约为 380 万吨。截至目前，发达国家休闲渔业的年渔获量低于 100 万吨，且呈下降趋势，或许这反映出发达国家民众倾向于"先捕后放"的捕捞方式。但是在发展中国家，休闲渔业的渔获量正在逐渐上升。

尽管这些数字都经过了仔细论证，但它们只是近似值。波利和泽勒的研究结果引发了巨大争议。不过有一点是无可辩驳的：自给性捕鱼对发展中国家的粮食安全至关重要，尤其是对南半球热带地区和太平洋地区，对休闲渔业也是如此。据说休闲渔业每年在全球范围内产生 400 亿美元收入，参与人数达 5 500 万～6 000 万人，并且在全球范围内提供了大约 100 万个就业机会。

全球人口在 2050 年将达到 90 亿人左右，其无止境的需求将导致人类更加贪婪地开发深海鱼类，而工业化捕捞的渔获量也将不可避免地呈下降趋势。这种情况在历史上有迹可循。工业化国家的本地渔场再也无法满足人们对鱼类的需求，为了应对这种局面，鱼贩

330

要么从遥远的发展中国家进口鱼类，要么派遣拖网渔船到发展中国家水域捕鱼。

过去，一些小型本土渔场会向附近的沿海社群供应海鲜，把渔获物卖到内陆地区换回其他商品。现在，小型本土渔场无法与工业化捕捞船队竞争，而当地政府也不会施以援手。在全球范围内，工业化捕捞的渔获量可能正在下降，但其贸易规模和利润确实是巨大的，这也是日本政府投巨资打造丰洲鱼市的原因。

FAO 很清楚，如今世界各国的粮食安全和扶贫政策都严重依赖于各种大大小小的渔场，因此国际渔获量的统计数据并不完整。显然，20 世纪 90 年代的超高渔获量是不可能维持下去的。根据 FAO 最近提供的数据，2011 年，全球 29% 的渔获物是在不可持续发展的生态环境中捕捞的。与 2008 年相比，该数据下降了一些，当时的数字达到历年最高的 32.5%。

换句话说，2011 年，全球 71% 的渔获物是在可持续发展的生态环境中捕捞的，但与 1974 年的 90% 相比，该数值已经大幅下降。只有进行严格的鱼类种群管理，才能将鱼类资源恢复到可持续发展水平。即使是在可持续发展的生态环境，那些被捕捞的种群也需要我们的小心保护，因为我们几乎没有什么办法能扩大鱼类产量。对于那些因其承受的捕捞压力较小而未完全枯竭的种群，我们也必须预先谨慎管理，防止出现过度捕捞的现象。

如今，10 种多产鱼类约占全球海洋渔获量的 24%。在这样的局面下，重建鱼类种群是一项艰巨的任务。随着年龄较长和体型较大的鱼被捕杀，鲨鱼和箭鱼等大型中上层水域鱼类的数量也大幅减少且体型变小。

一般观点认为，太平洋东南部的鳀鱼已经被充分捕捞，没有扩大捕获量的空间，而大西洋东北部和西北部的大西洋鲱鱼也是如此。

除此之外，大西洋鳕鱼在大西洋西北部被过度捕捞，在大西洋东北部也处于被充分开发的状态。2011 年，全球共捕获 450 万吨最具市场价值的金枪鱼品种，其中 68% 是在太平洋捕捞所得。三分之一的金枪鱼是在生态环境不可持续发展的情况下被捕获的，其中近 68% 已被充分捕捞或未完全捕捞。全球市场对金枪鱼的需求正在增长，这是一门利润极其丰厚的生意，但太多的金枪鱼捕捞船队都没有制订行之有效的捕捞管理计划。

面对全球海洋捕获量下降的局面，人们做了很多鱼群重建工作。澳大利亚、新西兰、欧洲西北地区和美国都建立了完善的捕捞限额管理制度。美国制定了相关法律，强制要求恢复过度捕捞鱼群的数量。该法律相当有效，将 79% 的美洲鱼类数量提高到了可接受的水平。加拿大北部鳕鱼生物量已经下降到原先的 1%，起因是人们采用了对海床伤害极大的电子技术和捕鱼方式，捕捞了无数多春鱼和对生态环境非常重要的非商业鱼类。1992 年，加拿大政府宣布全面禁止鳕鱼捕捞。禁令最初的有效期为两年，但由于海洋生态遭受的损害是不可逆转的，所以直到现在为止，鳕鱼的数量仍然没有完全恢复。

生态失衡造成了灾难性的社会后果。超过 3.5 万名渔民和养鱼场工人失业，纽芬兰的情况尤其严重。鳕鱼消亡后，有些渔民转而捕捞雪蟹之类的无脊椎动物。纽芬兰所有居民都要对自己的生活方式进行大幅调整。不过，我们也不必过度悲观。从 2005 年开始，纽芬兰的渔业资源出现了复苏迹象。自 2007 年以来，大浅滩鱼群数量增加了 69%，但它仍只占原始总量的 10%。在全球变暖、海水温度上升的大背景下，这项事业更加显得任重道远。

我们曾认为鱼类资源是取之不尽的，但这样的时代早已一去不复返。20 世纪 70 年代，北海的鲱鱼渔场崩溃了。当时，整个北海除了属于各国领土的海域之外都是自由捕捞区，至少有 14 个国家不受限制地在北海捕鱼。这种情况导致北海的渔获量下降，鱼类价格上涨，然而外界认为无论以什么形式削减捕捞数量，都会给渔业或动物饲料市场带来灾难性后果。局面直到北海沿岸国家将其专属经济区扩大到370千米，取消自由捕捞区并允许各国政府实施自己的保育措施，才最终发生了变化。欧盟也同意了一项渔业公共政策的实施，并承担起管理欧盟成员国海域的责任。效果立竿见影：德国罐头业遭受重创，无数渔业公司破产；荷兰鲱鱼拖网船队规模从50艘船下降到12艘；在英国，很多人早餐不再吃烟熏鲱鱼。

从短期来看，欧盟的管理措施似乎奏效了，但从长远来看未必如此，因为我们对更广阔的生态系统仍缺乏科学理解。目前虽然偶尔出现歉收年份，但北海鱼类资源总体向好，鲱鱼种群数量已大幅上升。2012年，国际海洋考察理事会（International Council for Exploration of the Sea）建议增加16%的鲱鱼捕捞配额，即555 086吨。如今，北海鳕鱼和黑线鳕的数量也大幅增加。另外，国际海洋考察理事会建议将西班牙南部海域的无须鳕捕捞配额减少62%，因为那里的渔业压力一直很大。为了恢复渔业生态，欧洲渔民做出了巨大牺牲，这些牺牲似乎在现在得到了回报。

在世界的其他地方，那些管理不善、被大量开发的渔场已经出现了明显的过度捕捞迹象，这会给当地生态带来严重后果。通过系统化复原，我们可以在全球范围重建约1.65亿吨被过度捕捞的鱼群。我们尤其要对远离陆地的公海渔场进行巡查和管理，以维持其生产力。这需要国际社会表现出一定程度的政治意愿，但此意愿目前尚未出现。另一个潜在的战略是设立海洋自然保护区。海洋生物学家卡勒姆·罗伯茨（Callum Roberts）认为，为了保护濒危鱼群，海洋保护区面积需在目前基础上增加50倍。鉴于各方的海洋经济利益很难协调，这一目标很可能永远无法实现。

　　鱼类已成为全球贸易量最大的商品，世界各地的渔业人口数以百万计。因此，从就业、贸易和营养角度考虑，渔场的细致管理和海洋保护区的设立都至关重要。

　　水产养殖业是最重要的新兴渔业发展模式。早在人类社会实现工业化之前，养殖鱼就一直是人们的主要食物。放眼世界，供人类消费的养殖鱼数量一直在持续增长，但近年来的人工养殖渔业的扩张速度有所放缓。2012 年，养殖食用鱼占全球鱼类总产量的 42.5%，高于 2000 年的 25.7% 和 2002 年的 13.4%。2013 年，仅中国就生产了 4 350 万吨养殖鱼。自 2008 年以来，亚洲的养殖鱼数量一直多于野生鱼类；到了 2012 年，亚洲的养殖鱼占比高达 54%，与欧洲的 18% 形成鲜明对比。也许这反映出了欧洲在管理野生鱼类种群方面所付出的巨大努力。事实上，由于海外生产成本较低，美国、日本和法国国内的水产养殖产量已经有所下降。

　　毫无疑问，水产养殖业已被人们广泛接受。2000 ~ 2012 年，全球食用鱼养殖量翻了一番，从 3 240 万吨增加到 6 660 万吨。2014 年，全球 25 个国家生产了占世界总量 96.3% 的养殖鱼。水产养殖有内陆养殖和海洋养殖两种形式，中国的淡水鱼养殖满足了其国内巨大的市场需求。2012 年，全球 55% 的人生活在人口稠密的国家，如中国、印度、孟加拉国、印度尼西亚和日本。在 2012 年，南亚、东南亚和东亚国家生产的养殖鱼数量占世界养殖鱼总量的 87.5%，足以养活数百万人口。

　　气候变化的威胁笼罩着全球渔场。诸如北大西洋涛动和太平洋厄尔尼诺现象等气候变迁一直影响着鱼类种群。与气候变化威胁相关的信息只能算是差强人意，有时候甚至言过其实，让我们很难评估全球渔场的脆弱程度。

　　对于不断变化的水温和酸度，鱼类往往比较敏感，大西洋鲱鱼和鳕鱼就是很好的例子。被漂白粉污染的海水会影响珊瑚礁的生长，而不断上升的海平面会改变浅水区、江河入海口和红树林湿地渔场的生态环境。即便是小范围的气候变化也会以各种方式影响自给性捕捞和个体捕捞活动。从事深海捕捞的渔民受到的影响较小，这主要是因为他们拥有船只和其他资源，可以在作业水域的生态发生变化时转移到其他区域进行捕捞活动。

对付气候变化最有效的武器也许就是水产养殖，而水产养殖通常在避风的港湾进行。即便如此，养殖户们也必须警惕温度变化和其他容易影响产量的不明显因素。在过去的千百年间，不断变化的海洋温度使鱼类种群数量起伏不定。但是未来的气候变暖将引发更严重、更频繁的飓风和龙卷风，汹涌的海潮能在数小时内摧毁贝类栖息地和江河入海口。那些了解气候变化对渔场影响的人应该多了解和关注古生态学记录和早期渔民的经历，毕竟他们顺利适应了环境变化。

秘鲁北部沿海渔场就是很好的例子。秘鲁的鳀鱼渔场有着错综复杂的历史，原因之一在于该国的鸟粪肥料行业曾经非常强大（鸟粪曾被当作肥料出口）。显然，对于以鳀鱼为食的海鸟来说，鸟粪出口有助于维护它们的种群数量。1950 年，加州沙丁鱼渔业崩溃，秘鲁人以低廉的价格买下了当地的渔船。当时，人们对家禽饲料和猪饲料的需求量很大，这使得鱼粉成为一种低成本的蛋白质来源。1950 年，秘鲁第一家鱼粉厂秘密成立，但直到 1959 年，政府才取消鸟粪肥料利益集团对渔业的限制。政府逐渐意识到鱼粉的价值是鸟粪的 6 倍，鱼粉产量急剧增长。

对于那个时代的人来说，接下来发生的事情就很熟悉了。更大型的钢制渔船取代了木制渔船，尼龙渔网取代了棉质渔网，声呐和吸力泵等高科技设备开始投入使用。高利润吸引了新的投资者进入这个行业。秘鲁鳀鱼渔获量大幅上升，远远超出可持续发展水平。到了1970年，各渔船队共拥有约1 450张围网，理论上可以在175天内捕捞1 300万吨鳀鱼；而渔业专家建议只捕捞750万吨。秘鲁政府意识到本国渔业正在走向困境，于是将其国有化，并将渔获量减半，这些措施给渔业社群带来了痛苦。1976年，尽管秘鲁渔业的可持续性发展的危机仍未解除，可政府仍然取消了渔业国有化。后来沿海地区遭受了一系列严重的厄尔尼诺现象，当局只能对渔业实行临时限制，使鱼群数量得以恢复。

目前，秘鲁渔场的年产量达760万吨左右，接近多年前渔业专家建议的吨数。不过，有时候渔获量还是会出现剧烈波动，过度捕捞现象也时有发生，比如在2014年，秘鲁的渔获量仅为220万吨，而2015年的厄尔尼诺气候使渔获量变得更少。如果渔业管理者能够注意气候变化带来的干扰，实行精细化管理，也许渔业就能保持可持续化发展的势头。然而，秘鲁是世界上最过度开发的渔场之一。

人们一直以为自己应该捕鱼，这也成为人类进行商业性和休闲性捕捞的主要动机。纵观人类历史，我们大多数时候都对环境关心甚少。现在的问题是：我们如何在资源日益枯竭的海洋中既从事捕捞活动又保护渔业资源？

人口的爆炸性增长和人类对鱼类的无止境需求促使人们做了无数次尝试，希望能延缓渔业资源的毁灭速度，并恢复世界各地渔场的产量。这些尝试在全球范围内取得了多少成果，我们尚不清楚。但是未来就在眼前，几代人过后，地球上几乎所有可食用鱼都将是由人工养殖的。人类的野外捕捞活动持续了100多万年，然而这些活动最终将被古埃及官员、古罗马纵情享乐的贵族和中国鲤鱼养殖户制定的战略取代。

正如我在本书开头所说，350多年前，艾萨克·沃尔顿曾写道：

"大海比陆地更具生产力。"工业化捕捞、人口增长和技术革新几乎推翻了他的观点。我们希望广泛且严格的渔业管理和大型海洋自然保护区网络能够与系统化的生物栖息地保护相结合，为鱼类贸易和自然环境保护服务。这需要我们采用一种早已"过时"却放眼长远的思维方式。沃尔顿曾赞赏渔民拥有"勤奋、善于观察、注重实践"等优秀品质，而我们现在要重新唤起这些品质。

千百年来，人们一直保留着这些品质，但在过去的几个世纪里，勤奋已经让位于破坏性捕捞。除非我们想把以前富饶的海洋永远变成沙漠，否则就应该谨记一点：可持续性捕捞是一门艺术，与沃尔顿所说的"安静垂钓"如出一辙。离开了可持续性捕捞，我们的海洋资源很快就会枯竭。

人类生存进化史
How the Sea Fed Civilization

致 谢
Fishing

我这辈子的种种人生经历，其实都是在下意识地为这本书做铺垫。我这一生都在跟渔民和渔船打交道，所以这几十年来，我一直在为这本书做调研。在大部分空闲时间里，我喜欢乘小帆船出海。有时候乘坐的是带发动机的船只，大多数时候坐的是无动力帆船。

几年前，我在出海的时候萌发了一个想法：写一本关于人类早期航海史的书，书名就叫作《越过蓝色地平线》（*Beyond the Blue Horizon*）。该书探讨的是古代水手与变幻莫测的海洋之间的密切关系。在我积累个人航海经验和写作这本书的过程中，我对那些以江河湖海为生的渔民产生了深深的敬意。

机会主义是早期人类捕鱼的驱动力，然而随着渔业的发展，人们对鱼类及其生长水域的了解让他们不再依赖捕鱼的机遇。我非常感谢那些渔民，无论是专业渔民还是业余垂钓爱好者，他们都向我分享了自己的经验，带我去看他们的捕鱼过程，并且在我犯错的时候纠正我的错误。

本书运用了各种各样的学术和非学术史料，涉及考古、历史及一些不为人知的资料，比如渔业数据、鱼笼及软体动物采集数据等。一些历史难题错综复杂，但我很享受将它们抽丝剥茧的过程。毫无疑问，不久以后会有很多不愿意透露姓名的读者善意地向我指出书中大大小小的错误。请允许我提前向他们表示感谢。

本书还借鉴了大量学术文献，其中许多文献极其晦涩难懂，而且经常相互矛盾，但有些却很有见地。这些文献涉及数十位学者的研究。在过去几年里，我与共事五十多年的同事们进行了深入讨论，这些探讨的内容也为本书做出了贡献。这些对话要追溯到很久以前，所以我没能记住所有同事的名字。很抱歉，我只能一并感谢以下这些人。非常感谢你们的友情协助以及提供的意见。

在这里，我要特别感谢约翰·拜恩斯（John Baines）、泽维尔·卡拉（Xavier Carah）、艾丽森·克劳瑟（Alison Crowther）、娜迪亚·杜拉尼（Nadia Durrani）、林恩·甘布尔（Lynn Gamble）、查尔斯·海厄姆（Charles Higham）、约翰·约翰逊（John Johnson）、丹妮尔·库林（Danielle Kurin）、威廉·马夸特（William Marquardt）、乔治·迈克尔斯（George Michaels）、彼得·罗利－康威（Peter Rowlwy-Conwy）、丹尼尔·桑维斯（Daniel Sanweiss）、斯图尔特·史密斯（Stuart Smith）、维姆·范尼尔（Wim Van Neer）、凯伦·沃克（Karen Walker）、瓦桑塔·维良格（Wasanthat Weliange）、大卫·温格罗（David Wengrow）、已故的格雷厄姆·克拉克教授（Professor Grahame Clark）以及其他朋友。

我要特别感谢杰夫·博尔斯特（Jeff Bolster），他的意见和关于北大西洋鳕鱼渔场的精彩著作《海洋末日》（The Mortal Sea）让我大开眼界，使我认识到古代渔业社会的复杂性。

从写作本书开始，我的文稿代理人苏珊·拉宾纳（Susan Rabiner）就一直在鼓励我，给予我很多支持。威廉·弗鲁赫特（William Frucht）是最优秀的编辑，我很荣幸能够再次跟他合作，他对本书提出了极为尖锐却又充满睿智的意见。在过去的岁月里，我从他身上学到了很多写作技巧。我的朋友雪莉·罗文科夫（Shelly Lowenkopf）一如既往地把她丰富的编辑经验传授给我，使我少犯了很多语法上的错误。凯茜·汤姆林森（Kathy Tomlinson）用她的技巧和洞察力审阅本书手稿的每一行内容，而我的老朋友史蒂夫·布朗（Steve Brown）用他特有的专业技能为本书制作了地图。

最后，和往常一样，我要深深感谢莱斯利（Lesley）和安娜（Ana），他们无时无刻不在支持着我，总是在最适当的时候给我带来欢笑。我还要感谢我家里那几只猫，它们不知疲倦地监督我的工作，也许它们对此已经非常老练了。此刻，它们并没有坐在我的键盘上，而是坐在寄件箱里。

READING YOUR LIFE

人与知识的美好链接

20 年来，中资海派陪伴数百万读者在阅读中收获更好的事业、更多的财富、更美满的生活和更和谐的人际关系，拓展读者的视界，见证读者的成长和进步。现在，我们可以通过电子书（微信读书、掌阅、今日头条、得到、当当云阅读、Kindle 等平台），有声书（喜马拉雅等平台），视频解读和线上线下读书会等更多方式，满足不同场景的读者体验。

关注微信公众号"**海派阅读**"，随时了解更多更全的图书及活动资讯，获取更多优惠惊喜。你还可以将阅读需求和建议告诉我们，认识更多志同道合的书友。让派酱陪伴读者们一起成长。

⚆ 微信搜一搜　🔍 海 派 阅 读

了解更多图书资讯，请扫描封底下方二维码，加入"中资书院"。

也可以通过以下方式与我们取得联系：

📱 采购热线：18926056206 / 18926056062　　📞 服务热线：0755-25970306

✉ 投稿请至：szmiss@126.com　　🔊 新浪微博：中资海派图书

更 多 精 彩 请 访 问 中 资 海 派 官 网　　(www.hpbook.com.cn ▸)